21世纪全国应用型本科电子商务与信息管理系列实用规划教材

电子商务概论（第2版）

李洪心　编著

内 容 简 介

本书从电子商务的概念出发，从电子商务的商务应用和技术支撑等多个角度，对电子商务的理论和实践进行了广泛深入的论述。本书的内容包括电子商务概述、电子市场与电子交易、网络营销、电子银行与电子货币；从技术角度介绍了电子商务网络技术、电子商务安全技术；从应用的角度介绍了电子支付与支付系统、网络广告与搜索引擎，以及电子商务物流；在第 10 章介绍了几种不同应用模式的典型电子商务网站，这些网站从不同的角度反映出电子商务网站建设的方向和各个不同着眼点的电子商务网站内容。

本书既可以作为高等院校电子商务专业的基础课程教材，也可以作为相关专业的本科生了解电子商务的内容与操作技术的入门教材或自学教材，还可以供从事电子商务工作的管理人员、业务人员和技术人员学习参考。

图书在版编目(CIP)数据

电子商务概论/李洪心编著. —2 版. —北京：北京大学出版社，2015.8
（21 世纪全国应用型本科电子商务与信息管理系列实用规划教材）
ISBN 978-7-301-26122-4

Ⅰ. ①电… Ⅱ. ①李… Ⅲ. ①电子商务—高等学校—教材 Ⅳ. ①F713.36

中国版本图书馆 CIP 数据核字（2015）第 175328 号

书　　名 电子商务概论（第 2 版）
著作责任者 李洪心　编著
策 划 编 辑 刘　丽
责 任 编 辑 李瑞芳
标 准 书 号 ISBN 978-7-301-26122-4
出 版 发 行 北京大学出版社
地　　址 北京市海淀区成府路 205 号　100871
网　　址 http://www.pup.cn　新浪微博：@北京大学出版社
电 子 信 箱 pup_6@163.com
电　　话 邮购部 62752015　发行部 62750672　编辑部 62750667
印 刷 者 北京溢漾印刷有限公司
经 销 者 新华书店
787 毫米×1092 毫米　16 开本　18.75 印张　432 千字
2008 年 6 月第 1 版
2015 年 8 月第 2 版　　2016 年 12 月第 2 次印刷
定　　价 40.00 元

第2版前言

1. 本次修订的背景

1) 中国电子商务的发展

近年来，中国的电子商务快速发展，交易额连创新高，电子商务在各领域的应用不断拓展和深化、相关服务业蓬勃发展、支撑体系不断健全完善、创新的动力和能力不断增强。电子商务正在与实体经济深度融合，进入规模性发展阶段，对经济社会生活的影响越来越大，正成为我国经济发展的新引擎。

(1) 电子商务进入规模发展阶段。中国电子商务研究中心数据显示，截至2014年年底，中国电子商务市场交易规模达10.2万亿元人民币，同比增长29.9%。其中，B2B电子商务交易额达9.48万亿元，同比增长15.65%。预计未来几年将保持平稳快速增长，2018年我国电子商务市场规模将超过24万亿元。

(2) 网购零售市场交易快速增长。艾瑞统计数据显示，截至2014年年底，中国网络零售市场(包括B2C和C2C)交易规模突破2万亿元大关，达28 167亿元，同比增长48.7%，在社会消费品零售总额渗透率年度首次突破10%。自2008年开始，我国网购交易额增长率从高速转为快速增长。随着基数不断扩大及网购消费理性化，网购增速在未来几年内可能会自然回落，网购交易额将在一定水平上趋于平稳增长。

(3) 移动终端网络购物爆发性增长。随着中国智能手机的普及与移动互联网的发展，手机已经成为人们生活中非常重要的一部分，手机已经不是过去传统意义上的通信产品，而是更多承载了人们的娱乐、消费、商务、办公等活动。在此背景下，中国移动电商行业快速成长起来，用户的移动购物习惯也在逐步养成。其爆发性的增长催生出的市场空间丝毫不亚于现有的基于PC端的网购市场。

据中国电子商务研究中心监测数据显示，截至2014年12月，电子商务服务企业直接从业人员超过250万人。目前由电子商务间接带动的就业人数已超过1 800万人。电子商务正在为中国社会创造新的经济增长点、新的市场和新的就业方式。

2) 中国电子商务的教育

(1) 2008年，根据全社会对电子商务人才在数量和质量方面的需求，教育部高等学校电子商务专业教学指导委员会编写的“全国高等学校电子商务本科专业知识体系”正式发布。该体系明确提出，电子商务专业教育按知识层面划分，包括专业基础知识和专业知识两个层次；按教学内容划分，包括课堂教学和实践教学两个方面；从教学计划角度考虑，包括知识体系和课程体系两个方面；从学科要求角度考虑，包括知识体系、能力体系和素质体系。

(2) 2012年9月14日，教育部印发《普通高等学校本科专业目录(2012年)》，在2013年电子商务专业上升为一级学科，以电子商务类120801开始招生，可授予管理学、经济学或工学学士学位，这标志着电子商务的教育迈上了一个新的台阶。

2．本次修订的内容

中国电子商务发展环境的变化，以及电子商务的发展对高等教育提出的新要求，都促使我们要尽快地在原有教材的基础上推出新的内容。

参考教育部高等学校电子商务专业教学指导委员会制定的电子商务专业知识体系框架，以及出版社对教材更新的要求，我们重点在以下几个方面对2008年版的教材进行重新修订。

(1) 对全书内容进行了适当的修改，对多章内容进行了重新组织及数据方面的更新，对多章内容进行了重新布局和调整，并糅合了近年来国内外电子商务发展各方面的最新资料。

(2) 为保证实用性和可操作性，各章都增加了一个引导案例，并对各章最后的案例进行重新组织和更新。

(3) 对各章内容进行了充实。在第2章电子商务模式创新的内容中，增加了O2O模式；在第6章的第三方支付平台健康发展的措施中引入了中国人民银行最新颁布的《非金融机构支付服务管理办法》的内容；在第7章的网络操作系统中增加了Windows 7操作系统的内容；在第8章充实了服务攻击手段的内容；在第9章增加了对我国发展第四方物流的局限性的分析。

(4) 在某些章节增加了“知识链接”模块，以便读者了解所讲述内容的知识背景，有些章节还增加了“实际操作训练”模块，以便提高学生的实际应用能力；有的章节中间增加了“小思考”模块，列出相关问题让读者在思考中获益。

本书由李洪心教授设计修订方案。参与修订和编写的还有东北财经大学的研究生李婷、李东杰、张莹、张晓娜、高威、宋晶茹、李巍、才雨、郑艺、李淼、张瑜、崔瑜和马海键。最后由李洪心教授统稿。

在本书的再版写作中，参阅了国内外大量资料，包括书籍和网上资料，在此谨向资料的作者和提供者表示由衷的感谢！

书中若有不当之处，恳请广大专家与读者指正。

编　者

2015年5月于大连东财园

目　　录

电子商务概述

学习目标

通过本章的学习，了解电子商务的基本概念和定义、电子商务的特点和优势、电子商务与传统商务的区别，以及同佩雷兹的技术革命模型相对应，了解电子商务发展的阶段性特征，并通过对案例的分析，揭示网络经济给人们的深刻教训。

教学要求

教学模块	知识单元	相关知识点
电子商务的概念	(1) 电子商务的定义 (2) 电子商务的知识体系 (3) 电子商务的支撑环境	电子商务的定义与基本概念，电子商务知识体系的基本内容和整体结构，电子商务发展的社会、经济、技术，以及法律法规等支撑环境
电子商务的内涵	(1) 电子商务的特点 (2) 电子商务的优势 (3) 电子商务与传统商务的比较	电子商务的技术特点和应用特性，电子商务对企业、对个人和对社会的益处，电子商务与传统商务相比，在竞争因素、信息技术和服务质量方面的优势
电子商务的发展历程	(1) 技术革命与商业优势 (2) 电子商务发展的阶段性特征	技术革命对经济发展的作用，技术革命与电子商务发展的关系，互联网经济崩溃给人们带来的思索，电子商务的发展前景

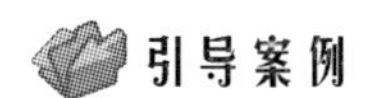
引导案例

双十一，电商季[①]

2014年11月11日，天猫“双十一”交易额突破571亿元。数据显示，本次“双十一”天猫国际共有217个国家和地区成交，其中我国香港地区、俄罗斯、美国是除我国大陆外消费额最高的地区。

1. 成交：单店半天突破10亿元

消费者的下手速度之快超出想象：活动开场3分钟突破10亿元，比去年快了3分钟；14分02秒，突破50亿；38分28秒，交易额冲到100亿元，其中无线占比45.5%。仅用13小时31分，天猫就突破了去年全天362亿元的世界最大购物日成交纪录。

商家也不断刷新成交额。截至11日中午12:00，天猫有12家店铺销售额过亿元，手机、服饰、家具、电器类商家领衔，42家店铺超过5 000万元，其中小米官方旗舰店支付金额更是突破10亿元，成为首个销售额突破10亿元的商家。

11月11日24点，交易额定格在了57 112 181 350元。包括卖了300多万盏台灯，20多万件某品牌洗衣液，6万条轮胎及5万辆新车……

2. 支付：第1分钟支付83万笔

随着11日0点正式开闸，交易峰值被不断刷新，开场1分钟83万笔，3分钟410万笔，30分钟4 086万笔。据支付宝方面透露，11日凌晨1点，支付宝完成的付款已达到6 283万笔，再次刷出新高。

移动支付增长惊人。数据显示，开场第1分钟实现的移动支付笔数达到65万笔。开场后第1个小时，用户通过手机完成的支付笔数则达到3 504万笔。

官方发布的数据显示，“双十一”第1个小时的支付中，快捷支付占到所有支付金额的46%，在所有渠道中占比最高。

3. 竞争：电商短兵相接

2014年“双十一”购物氛围更加火爆，消费者的购物欲望更加强烈，电商之间的竞争也越发白热化。2014年“双十一”从打法上来看，阿里巴巴主要是以红包、折扣及广告投入为主；而苏宁则除了红包、低价外，还有声波二维码、货品极速达、15天无条件退货等新花样；京东则推出了亿元合体红包、优惠券、拼购、秒杀等优惠活动早体验，各品类专场轮番轰炸。总的来说，红包仍然是最主流的比拼方式，也是最吸引消费者的。

“双十一”电商大战告一段落，各大商家都赶着交出成绩单。相比2013年“双十一”的盛况，2014年在红包、折扣等多重比拼下，天猫、苏宁、京东的总销售额都刷新了纪录。值得一提的是，今年移动端销售增长迅猛，贡献不小。不仅如此，“双十一”的效应甚至使得一些实体商家也开始加入进来，趁着这股购物节的热潮分一杯羹。

“双十一”的疯狂是电商势头雄健、锐不可当的一个极具代表性的缩影。电商，作为一大购物服务平台，在信息化时代将占据越来越重要的地位。电子商务已成为21世纪社会与经济发展的核心，也是网络应用的发展方向。这一趋势已成为IT业界的共识，也激起亿万互联网用户对电子商务的关注，因为它不仅在改变人们的购物方式，还带来了一场技术与社会革命，其影响已远远超过商务的本身，给社会的生产、管理，人们的生活、就业，政府职能、法律制度，以及教育文化都带来了巨大的影响。本章以电子商务的概念为起点，介绍电子商务的发展、电子商务与传统商务的关系，以及电子商务的阶段性特征。

① 重庆晨报“天猫‘双十一’交易额突破571亿元”，2014-11-12。

1.1 电子商务的概念

电子商务(E-Business)是网络技术、电子技术、数据处理技术在商贸领域中应用的产物，是当代高新技术手段与商贸实务、营销策略相结合的产物。电子化和网络化环境彻底改变了传统商业实务操作赖以生存的基础，形成了对传统营销策略和市场理念的巨大冲击和挑战。互联网(Internet)改变了社会的信息化进程，将是今后若干年内人们传递信息和从事商务活动的主要载体。本节在介绍电子商务定义的同时，从狭义和广义的角度介绍电子商务的基本组成与全貌，并简要地介绍电子商务赖以生存和发展的基本环境与基础设施。

1.1.1 电子商务的定义

电子商务是指在互联网上进行商务活动。“商务”解决做什么的问题，而“电子”则解决怎么做的问题。电子商务的主要功能包括网上的广告、订货、付款、客户服务和货物递交等销售、售前和售后服务，以及市场调查分析、财务核计及生产安排等多项在互联网上开展的商业活动。

从宏观角度讲，电子商务是计算机网络的第二次革命，是通过电子手段建立的一个新的经济秩序。它不仅涉及电子技术和商业交易本身，而且涉及诸如金融、税务、教育等社会其他层面。从微观角度讲，电子商务是指各种具有商业活动能力的实体(生产企业、商贸企业、金融机构、政府机构、个人消费者等)利用网络和先进的数字化传媒技术进行的各项商业贸易活动。

电子商务是在网络社会化、经济全球化和贸易自由化的驱动下，商务活动与信息技术的发展应用相互融合相互作用的必然产物。发展到今天，电子商务已经成为人们耳熟能详的词语，只是目前还没有形成一个较为全面的、具有权威性的、能够为大多数人所接受的定义。不同的定义反映出人们对电子商务的理解的侧重点不同，而在实际应用中，人们大都会用更加实际的眼光来审视电子商务。

1. 著名国际组织对电子商务的定义

(1) 联合国国际经济合作和发展组织(Organization for Economic Cooperation and Development，OECD)在有关电子商务的报告中对电子商务的定义为：电子商务是利用电子化手段从事的商业活动，它基于电子处理和信息技术，如文本、声音和图像等数据传输。主要是遵循TCP/IP协议和通信传输标准，遵循Web信息交换标准，提供安全保密技术。

(2) 国际标准化组织关于电子商务的谅解备忘录对电子商务的定义如下：电子商务是企业之间、企业与消费者之间信息内容与需求交换的一种通用术语。

(3) 全球信息基础设施委员会(Global Information Infrastructure Committee，GIIC)电子商务工作委员会报告草案中对电子商务的定义如下：电子商务是把电子通信作为手段的经济活动，通过这种方式人们可以对带有经济价值的产品和服务进行宣传、购置和结算。

(4) 欧洲经济委员会在全球信息社会标准大会上，明确提出了一个关于电子商务的比较严密完整的定义：电子商务是各参与方之间以电子方式而不是以物理交换或直接物理接触方式完成的任何形式的业务交易。

2. 从事电子商务的公司对电子商务的定义

(1) IBM 公司提出了一个电子商务的公式，即 E-Business=IT+Web+Business。它所强调的是在网络计算环境下的商业化应用，是把买方、卖方、厂商及其合作伙伴在互联网(Internet)、企业内部网(Intranet)和企业外部网(Extranet)结合起来的应用。

(2) Intel 公司关于电子商务的定义：电子商务是基于网络连接的不同计算机之间建立的商业运作体系，是利用 Internet/Intranet 来使商务运作电子化。电子贸易是电子商务的一部分，是企业与企业之间，或企业与消费者之间使用互联网所进行的商业交易。

(3) HP 公司的描述：电子商务以信息技术作为现代企业的基础结构，是跨时域、跨地域的电子化世界(E-World，EW)，EW=EC(Electronic Commerce)+EB(Electronic Business)+EC(Electronic Consumer)。HP 公司电子商务的范畴包括所有可能的贸易伙伴，即用户、商品和服务的供应商、承运商、银行保险公司，以及所有其他外部信息源的受益人。

(4) 搜狐公司的看法：电子商务将全球市场由网络连接起来，形成与地域、空间无关的一体化市场。商家、消费者、金融机构通过电子手段进行的业务往来、在线支付等一系列贸易活动均称为电子商务，电子商务是一种新的商业运作模式。

3. 电子商务、电子交易与移动电子商务

(1) 电子商务是 E-Business，被定义为使用电子的方法处理组织的内、外部活动。内部的电子商务活动包括通过内部网将组织内的所有工作人员联系起来，以便促进信息共享、方便信息传播和支持管理报告。电子商务活动还包括支持售后服务和与商业伙伴合作，例如，共同研究、开发新产品和制定促销方案。

(2) 电子交易是 E-Commerce，它比 E-Business 更具体，前者可以看成是后者的子集(图 1.1)。E-Commerce 用来简化交易，通过互联网与其他通信网络来销售产品和提供在线服务。它包含交易物理的和数字化的商品，通常包括所有的交易步骤，例如，在线浏览、在线订购、电子支付，对于数字化商品还支持在线配送。E-Commerce 的应用从外部定义为与供应商的买方商务活动和与消费者的卖方商务活动。

(3) 移动电子商务是 Mobile E-Commerce 或者 M-Commerce，它是 E-Commerce 的一个子集。它与 E-Commerce 提到的在线活动不同，M-Commerce 限定于移动通信网络，它通过无线手持设备例如移动电话、掌上电脑和个人商务助理(PDAs)等从事商务活动。

图 1.1 显示了电子商务、电子交易与移动电子商务三者之间的关系。

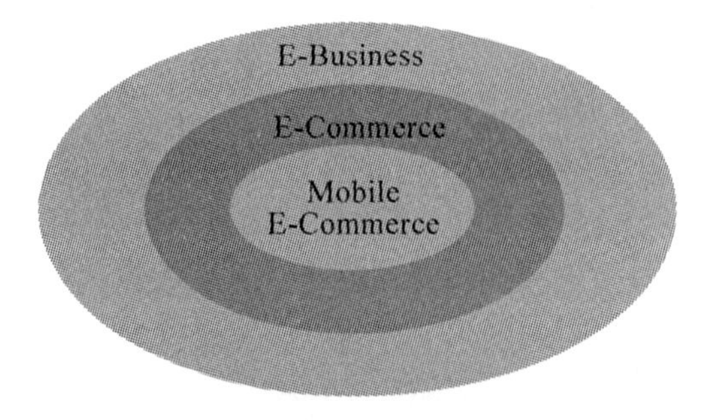

图 1.1　E-Business 包含 E-Commerce 和 M-Commerce

资料来源：D. Chaffey，E-Business and E-Commerce Management, FT Prentice Hall, 2002, p. 9。

1.1.2 狭义的电子商务

狭义的电子商务(E-Commerce)也称电子交易，简单地说，就是买卖交易的电子化，它是指交易双方从收集信息、贸易洽谈、签订合同、货款支付到电子报关，不需要当面接触，均可以运用电子化手段进行，主要是指利用 Web 提供的通信手段在网上进行，包括通过互联网买卖产品和提供服务。产品可以是实体化的，如书籍、电子产品，也可以是数字化的，如新闻、软件、电影或音乐等；此外，还可以提供各类服务，如安排旅游、远程网络教育、各种在线咨询等。除了网上购物，电子交易还大大改变了产品的定制、分配和交换的手段。而对于顾客，查找和购买产品乃至享受服务的方式也大为改进。专门从事电子交易的企业称为电子商务企业。

1. 电子交易的过程

电子交易活动可以分为 3 个阶段：交易前、交易中和交易后。

1) 交易前

交易前主要指交易各方在交易合同签订前的活动，包括在各种商务网络和 Internet 上发布与寻找交易机会，通过交换信息来比较价格和条件，有时还需要了解不同国家的贸易政策。在这个阶段，卖方要根据自己欲销售的产品进行网络信息发布，买方则根据自己所需的产品制订购货计划，进行网上信息查询、市场调查和贸易磋商，最后各自选择交易对象，签订购货合同。

2) 交易中

交易中主要指购货合同签订后的贸易交易过程，这个过程需要办的手续涉及银行、运输、税务、海关、各中介方和运输公司等方面的电子单证交换。在这个阶段，买卖双方利用专用的 EDI(电子数据交换)系统或互联网传递电子票据与单证，直到办完可以将所购商品按合同规定发货的一切手续。

3) 交易后

交易后是一个履行合同的过程。在交易双方办完各种手续后，商品交付运输公司起运，可以通过电子商务服务器跟踪货物行程，银行和金融机构按照合同处理双方的收付款，进行支付结算，出具相应的银行单证，直到买方收到所购买的商品，就完成了整个交易过程。当然紧接着还有售后服务、违约和索赔等需要进一步处理的事务。但电子支付系统的建设、应用和完善，是实现电子交易过程的基础。

2. 电子交易的内容

完全意义上的电子交易由信息共享、电子订购、电子支付、订单的执行、售后服务这 5 部分组成，每一部分在电子交易中都承担了不同的任务。

1) 信息共享

虽然电子交易与传统交易一样，在交易之前都要进行信息的搜寻，但是不同的是互联网为买卖双方提供了一种获取全面信息的先进手段。它为商家提供了网上信息发布功能，商家可将数据库内存储的数据通过互联网向访问其站点的客户发布，可以通过网络上的聊天室、多方会议、电子公告牌和新闻组等提供自己公司和产品的介绍。

2) 电子订购

在电子交易中，商家主要使用电子表格和电子邮件处理订单。客户通过互联网订购公司的产品和服务。最简单的订购方式可以通过电子邮件来实现，客户可以采用自己方便的方式，填写要购买货物的订货单，然后将其发给商家。

3) 电子支付

电子交易的一个重要环节就是支付。电子交易中使用的支付工具和现实购物中使用的支付工具的功能在许多方面是相似的，我们习惯使用的工具如现金、支票，都可以用电子化的手段来表示。但是与现金、支票这些传统支付方式比较，电子现金和电子支票还都处于初级发展阶段。

4) 订单的执行

客户订货之后，卖方要根据货物的形态决定在线或离线供货。货物的形态可以是有形的，也可以是无形的。有形产品是硬性产品，比如电视机；另一种是软性产品或无形产品，例如信息。这两种不同货物的交付是不同的。无形产品例如图像、电影、音乐、软件、游戏等各种数字化商品，可以直接在网络上进行在线供货。有形产品无法通过网络直接供货，但可在网上完成除送货以外的其他业务活动，即实现“在线交易、离线供货”。

5) 售后服务

销售只是建立与客户长远关系的开始，商家不仅要提供客户需要的与产品和服务有关的帮助，商家也需要与客户进行合作以改进产品和服务，以便将来更好地为别的客户服务。这一点在传统交易中和电子交易中都是适用的。

3. 电子交易与传统交易的区别

电子交易和传统交易实质上都是从事商品的交易活动。从操作过程来看，电子交易与传统交易基本相似，但电子交易建立在传统交易原理的基础之上，并利用先进的媒介和技术手段来进行交易活动，所以与传统交易相比它有自己的独特之处。电子交易与传统交易的不同点主要表现在以下 3 个方面。

(1) 传输和获取信息的方式不同。在传统交易中，买卖双方在沟通中需要经过许多不同的媒介，进行协调很困难，从而增加了购物的时间及花费；在电子交易中，每一项交易都以数字方式开始，并以数字方式结束，只是传输和处理数据的应用程序不同。

(2) 商家处理客户订单的方式不同。在传统交易中，商家需要用手工的方式处理客户发来的订单，需要实地考察客户的背景。在电子交易中，商家在收到客户发来的电子订单后，可以通过自己的 Intranet 将订单加入数据库，检查库房中有无存货，然后计划交付产品，商家可以通过互联网对客户的信誉、支付能力等情况进行调查。

(3) 交易中涉及的媒体不同。在传统交易中，一项交易所涉及的媒介和载体有多种；而在电子交易中，所涉及的载体只有一个，就是网络(以互联网为主)。

电子交易利用网络技术手段改善企业经营模式，增加企业收入，提高企业效率。通过电子交易，可以在网上将经销商和生产厂家联系起来，从而优化交易过程，减少文书工作；可以通过建立与供货商直接联系的网络互通信息，削减库存和运输消耗，快速响应用户要求；可以通过网上账单和支付系统改善与客户和供应商的关系。这样，企业不但赢得了客户的信任，更能提高订货效率、降低库存消耗、保持资金全部周转并降低实际销售支出，进而降低成本、增加利润。

1.1.3 广义的电子商务

从广义上讲，电子商务还包括企业内部商务活动，如生产、管理、财务等，以及企业之间的商务活动，它不仅仅是硬件和软件的结合，更是把买家、卖家、厂家和合作伙伴在互联网、企业内部网和企业外部网上利用互联网技术与现有的系统结合起来开展业务活动的综合系统。因此，E-Commerce 集中于电子交易，强调企业与外部的交易与合作；而 E-Business 则扩大了狭义概念的涵盖范围。

1. 企业电子商务系统结构

也有人把广义的电子商务系统称为企业电子商务系统。这个电子商务系统是以实体企业的基本职能和业务模块为背景构建和运行的。

企业的基本职能和业务模块的组成大同小异，都是以某种形式组织生产制造或提供增值服务，向供应商采购生产原料或获得其他公司的服务项目，和客户保持联系，进行商品交易和财务管理，对内部的资源进行统筹和调配，收集经营实践经验，制定企业发展战略。图 1.2 所提出的企业电子商务系统结构，可以把各类企业的共性和个性以及企业赖以生存的生态环境有机地合为一体。

图 1.2 可以分为两部分：一部分是广义的电子商务系统内容；另一部分是企业电子商务系统的生态环境，即电子商务系统的基础设施。

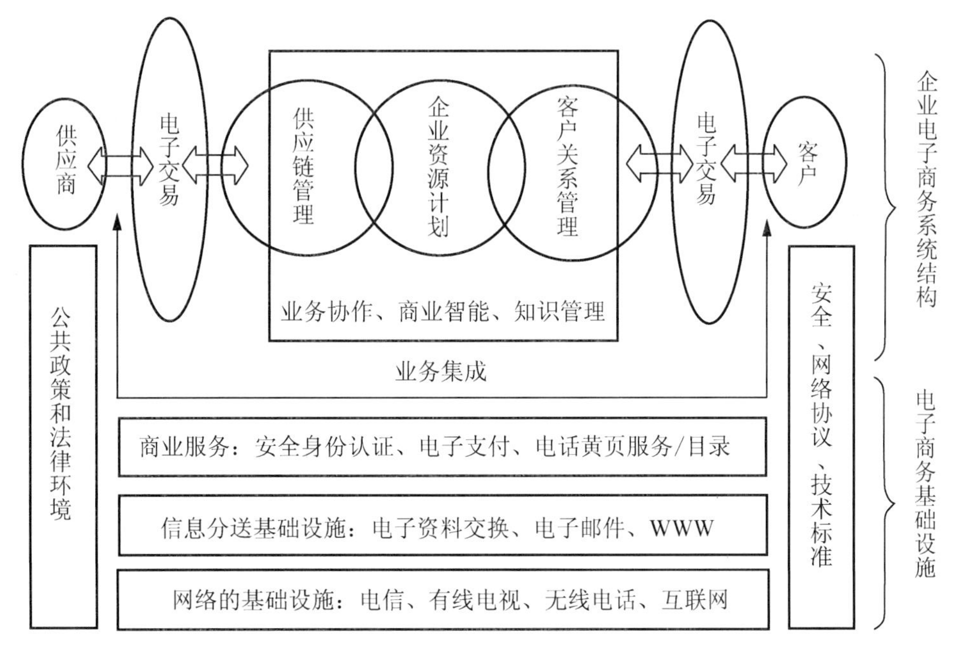

图 1.2 企业电子商务系统结构与基础环境

2. 企业电子商务系统内容

企业电子商务系统是指企业商务活动的各方面，包括供应商、客户、银行或金融机构、信息公司或证券公司以及政府等，利用计算机网络技术全面实现在线交易电子化的全部过程。该系统由多个子系统组成，包括企业前端客户关系管理(Customer Relationship

Management，CRM)系统、企业交易流程中的供应链管理(Supply Chain Management，SCM)系统、企业后台的资源计划(Enterprise Resource Planning，ERP)系统、企业的门户电子商务交易(Electronic Commerce，EC)系统等子系统。企业的电子商务系统以客户为中心，基于供应链管理，组成虚拟企业。所有操作均可以网络为平台进行，实现企业电子商务系统和企业电子商务市场及外部电子商务市场的自动化数据链接。企业的资源计划系统是整个系统的基础，通过企业资源计划系统的建立和完善，解决好内部管理和信息畅通的问题。在此基础上才能顺利扩展到SCM系统和CRM系统，直到扩展为真正意义上的企业电子商务，这样的电子商务系统使供应商、生产商、分销商、客户通过供需链紧密集成，实现物料不间断地流动，使实现零库存成为可能，这样可以在很大程度上提高企业的效率。

1.1.4 电子商务系统的基础设施与环境

无论是狭义的电子商务系统还是广义的电子商务系统，所需的基础设施是一样的，如图1.2的下半部分所示。

1. 电子商务系统的基础设施

电子商务系统的基础设施包括网络的基础设施、信息分送基础设施和商业服务3个重要部分。

1) 网络的基础设施

信息高速公路实际上是网络基础设施的一个较为形象的说法。它是实现电子商务的基础设施。正像公路系统由国道、城市干道、辅道共同组成一样，信息高速公路也是由骨干网、城域网、局域网层层搭建起来的，它使得任何一台联网的计算机能够随时同这个世界连为一体。信息可能是通过电话线传播，也可能是通过无线电波的方式传递。

2) 信息分送基础设施

网上信息的分送有两种方式：一种是非格式化的数据交流，例如用传真和E-mail传递的消息，它主要是面向人的；另一种是格式化的数据交流，像前面提到的EDI就是典型代表，它的传递和处理过程可以是自动化的，不需要人工干涉，也就是面向机器的，订单、发票、装运单都比较适合格式化的数据交流。HTTP是互联网上通用的信息传输协议，它以统一的方式在多种环境下显示非格式化的多媒体信息。用户在各种终端和操作系统下通过HTTP协议使用统一资源定位器(Uniform Resource Locator，URL)找到需要的信息，而这些用超文本标记语言展示的信息还能够方便地链接到其他所需要的信息上去。

3) 商业服务

商业服务是所有企业、个人做贸易时都会用到的服务，所以也将它们称为基础设施。它主要包括安全、认证、电子支付和目录服务等。对于电子商务系统来说，网上的业务需要确保安全和提供认证，以便在有争议的时候能够提供适当的证据。商业服务的关键是安全的电子支付。当用户在进行一笔网上交易时，购买者发出一笔电子付款(以电子信用卡、电子支票或电子现金的形式)，并随之发出一个付款通知给卖方，当卖方通过中介机构对这笔付款进行认证并最终接收，同时发出货物时，这笔交易才算完成。为了保证网上支付是安全的，就必须保证交易是保密的、真实的、完整的和不可抵赖的，目前的做法是用交易各方的电子证书(即电子身份证明)来提供终端的安全保障。

2. 电子商务系统的基础环境

另外，为了保证企业电子商务系统的正常运行还需要有两个支柱：一个是公共政策法规和法律环境；另一个是安全、网络协议和技术标准。

1) 公共政策法规和法律环境

国际上，人们对于信息领域的立法工作十分重视。美国政府在“全球电子商务的政策框架”中，在法律方面做了专门的论述，俄罗斯、德国、英国等国家也先后颁布了多项有关法规，1996 年联合国贸易组织通过了“电子商务示范法”。目前在我国，政府在信息化方面的注意力还主要集中在信息化基础建设方面，信息立法还没有进入实质阶段。针对电子商务的法律法规还有待健全。其他的如个人隐私权、信息定价等问题也需要进一步界定，比如，是否允许商家跟踪用户信息，对儿童能够发布哪些信息等这些问题随着越来越多的人介入电子商务中，必将变得更加重要和迫切。另外，提到政策法规，就得考虑各国的不同体制和国情，因为在电子商务全球贸易一体化的号召下，通过互联网进行电子商务的跨国界交易自然会发生，用户可以很容易地通过网络购买国外的产品，这时就会不可避免地面对不同文化背景的冲突。此外，由于各国的道德规范和法律体系不同，也要求加强国际的合作研究，以便协调互联网络贸易所带来的新问题。

2) 安全、网络协议和技术标准

技术标准定义了用户接口、传输协议、信息发布标准、安全协议等技术细节。就整个网络环境来说，标准对于保证兼容性和通用性是十分重要的。正如在交通方面，有的国家是左行制，有的国家是右行制，这样会给交通运输带来一些不便；不同国家 110V 和 220V 的电器标准会给电器使用带来麻烦，在电子商务中也遇到了类似的问题。目前许多厂商、机构都意识到标准的重要性，正致力于联合起来开发统一标准，一些像 VISA 和 MasterCard 这样的国际组织已经同国际著名的 IT 公司和商业界合作，制定出用于电子商务安全交易的多种技术和协议。

在发达国家，由于企业信息化程度高，基础设施完善，社会信用体制完善，人们法制观念较强，使电子商务发展迅速，通过互联网进行交易已成为潮流。基于电子商务而推出的金融电子化方案、信息安全方案、互联网应用方案，形成一个又一个的产业，给信息技术带来许多新的商机，把握和抓住这些机会，正成为国际信息技术市场竞争的主流。

1.2 电子商务的内涵

1.2.1 电子商务的特点

1. 电子商务的技术特点

电子商务源于 20 年前的专用增值网络和 EDI 的应用，在互联网的商用推动下，电子商务得到迅速发展，而且表现出一些与互联网相关的技术特点。

1) 信息化

电子商务是以信息技术为基础的商务活动，它的进行需通过计算机网络系统来实现信息交换和传输，计算机网络系统是融数字化技术、网络技术和软件技术为一体的综合系统，因此电子商务的实施和发展与信息技术发展密切相关，也正是信息技术的发展推动了电子商务的发展。

2) 虚拟性

互联网作为数字化的电子虚拟市场(Electronic Marketplace)提供了数字化环境，在互联网上的商务活动和交易是数字化的。由于信息交换不受时空限制，因此可以跨越时空形成虚拟市场，完成过去在实物市场中无法完成的交易，这正是电子商务发展的根本所在。

3) 集成性

电子商务是一种新兴产物，其中用到了大量新技术，但并不是说新技术的出现就必须导致旧技术的消亡。互联网的真实商业价值在于协调新旧技术，使用户能更加行之有效地利用已有的资源和技术完成任务。

电子商务的集成性，还在于事务处理的整体性和统一性，它能规范事务处理的工作流程，将人工操作和电子信息处理集成为一个不可分割的整体。这样不仅能提高人力和物力的利用，也提高了系统运行的严密性。

4) 可扩展性

要使电子商务正常运作，必须确保其可扩展性。互联网上有数以百万计的用户，而传输过程中时不时地会出现高峰状况。倘若一家企业原来设计每天可受理40万人次访问，而事实上却有80万人次，就必须尽快配有一台可扩展的服务器，否则客户访问速度将急剧下降，甚至还会拒绝数千次可能带来丰厚利润的客户的来访。

对于电子商务来说，可扩展的系统才是稳定的系统。如果在出现高峰状况时能及时扩展，就可使系统阻塞的可能性大为下降。电子商务中，耗时仅两分钟的重新启动也可能导致大量客户流失，因而可扩展性极其重要。计算机技术的飞速发展为电子商务系统的可扩展性提供了可靠的技术保障。

5) 安全性

对于客户而言，无论网上的物品如何具有吸引力，如果他们对交易安全性缺乏把握，他们根本就不敢在网上进行买卖。企业与企业之间的交易更是如此。

在电子商务中，安全性是必须考虑的核心问题。欺骗、窃听、病毒和非法入侵都在威胁着电子商务，因此要求网络能提供一种端到端的安全解决方案，包括加密机制、签名机制、分布式安全管理、存取控制、防火墙、安全万维网服务器、防病毒保护等。为了帮助企业创建和实现这些方案，国际上多家公司联合开展了安全电子交易的技术标准和方案研究，并发表了安全电子交易(Secure Electronic Transaction，SET)和安全套接层(Secure Sockets Layer，SSL)等协议标准，使企业能建立一种安全的电子商务环境。

6) 系统性

电子商务系统涉及面广(如买方、卖方、中间商、承运商、海关、税务、安检、保险、银行等)，覆盖区域大(如各地区、各国之间等)，一般各单位不太可能单独地组织开发。故在一般系统开发过程中，企业都是以考虑如何建立本单位的商贸管理信息系统为主，并同时规划如何加入已有的电子商贸网络中去。

2. 电子商务的应用特性

电子商务的应用特性可归结为商务性、服务性、协调性、社会性和全球性。

1) 商务性

就商务性而言，电子商务可以扩展市场，增加客户数量；通过将外部网络传入的信息连至内部数据库，企业能记录下客户每次访问、销售、购买形式和购货动态，以及客户对产品的偏爱，这样企业方就可以通过统计这些数据来获知客户最想购买的产品是什么。电子商务最基本的特性就是商务性，即提供买、卖交易的服务、手段和机会。网上购物提供一种客户所需的方便途径。因而，电子商务对任何规模的企业而言都是一种机遇。

2) 服务性

在电子商务环境中，客户不再受地域的限制，像以往那样只做某家邻近商店的老主顾，他们也不再仅仅将目光集中在最低价格上。因而，服务质量在某种意义上成为商务活动的关键。技术创新带来新的结果，互联网应用使企业能自动处理商务过程，不再像以往那样强调公司内部的分工。

企业通过将客户服务过程移至互联网上，使客户能以一种简捷的方式完成过去较为费事才能获得的服务。例如将资金从一个存款账户移至一个支票账户，查看一张信用卡的收支，记录发货请求，乃至搜寻并购买稀有产品，这些都可以足不出户地实时完成。显而易见，电子商务提供的客户服务具有一个明显的特性：方便。这不仅对客户来说如此，对于企业而言，同样也能受益。

3) 协调性

商务活动是一种协调过程，它需要员工和客户，生产方、供货方以及商务伙伴之间的协调。为了提高效率，许多组织都提供了交互式的协议，电子商务活动可以在这些协议的基础上进行。传统的电子商务解决方案能加强公司内部的相互作用，电子邮件就是其中一种。但那只是协调员工合作的一小部分功能。利用互联网将供货方连接至管理系统，并通过一个供货渠道连接到客户订单处理系统，这样公司就节省了时间，消除了纸张文件带来的麻烦，并提高了效率。

4) 社会性

虽然电子商务依托的是网络信息技术，但电子商务的发展和应用是社会性的系统工程，因为电子商务活动涉及企业、政府组织、消费者参与，以及适应电子虚拟市场的法律法规和竞争规则的形成等。如果缺少任何一个环节，势必制约甚至妨碍电子商务的发展，如电子商务交易纳税等敏感问题。

5) 全球性

作为电子商务的主要媒体，互联网是全球开放的，电子商务开展是不受地理位置限制的，它面对的是全球性统一的电子虚拟市场。

1.2.2 电子商务的优势

电子商务蕴涵了丰富的内涵，它不仅包括通过互联网、EDI 所进行的网络上的商业数据交换和电子交易，而且还包括电子化服务、企业协作、企业内部信息化等。随着时代的进步以及电子商务技术与理论的迅猛发展，整个商务活动，从产品生产、商品营销、合同签订到商品分配、商品零售、消费者的商品选购，以及货款结算、售后服务，都将受其影响而发生翻天覆地的变化。

尽管今天的电子商务仍然存在诸如支付手段、物流配送、网络信任等问题，但是较之传统商务，电子商务还是具有极大的优势和广阔的发展前景。

下面从它能够给企业、消费者乃至整个社会所带来的影响方面来理解电子商务的优点。

1. 对企业的益处

电子商务给企业带来的好处主要体现在以下几个方面。

(1) 电子商务扩展了国内市场和国际市场，用最少的资金投入，一家公司可以在全球方便快速地赢得更多的客户，找到最好的供应商和最合适的商业伙伴。

(2) 电子商务降低了企业运营成本，减少了基于纸面的信息创建、处理、分发、存储和查找的费用；降低了通信费用——因为互联网要比增值网便宜得多。

(3) 电子商务提高了企业的效率，缩短了从资本的投入产品和服务的获得之间的时间。

(4) 电子商务通过“拉式”供应链管理可以减少库存和管理费用。“拉式”供应链管理的过程是从客户的订单开始的，并采用即时方式进行生产。“拉式”供应链管理过程使产品和服务的个性化定制成为可能，戴尔(Dell)计算机公司采取这种经营模式大大提高了企业自身的竞争优势。

2. 对消费者的益处

电子商务给消费者带来的好处主要体现在以下几个方面。

(1) 电子商务向消费者提供了更多的选择机会，他们可以选择更多的经销商和更丰富的产品，并且可以在任何时候、任何地点进行购物或交易。

(2) 电子商务使消费者能在更多的地方购物和进行快速的性价比较，因而能获得价格低廉的产品和服务。

(3) 电子商务可以快速地将数字化的产品传递到消费者手中，并使客户在几秒内就收到相应的详细信息，而不再是需要几天或几个星期。

(4) 电子商务使消费者能很容易地参与虚拟拍卖。

(5) 电子商务促进竞争，其结果是让消费者享受到更好的服务，并得到真正的折扣优惠。

3. 对社会的益处

电子商务给整个社会带来的好处主要体现在以下几个方面。

(1) 电子商务使更多的个人能够足不出户地工作和购物，其结果是减少了交通阻塞和空气污染。

(2) 电子商务使消费者容易找到低价产品，从而使不富裕的人也能够方便地买到合适的产品，并提高他们的生活水平。

(3) 电子商务使边远地区的人们也能享受到和大城市的市民同样的产品和服务，而这在传统的商务活动条件下是不可能的。

1.2.3 电子商务与传统商务

1. 电子商务与传统商务的比较

电子商务是一个专门围绕商贸业务而展开的信息系统，它极大地提高了传统商务活动的效益和效率，与传统商务活动相比，它具有以下优点。

1) 降低交易成本

首先，通过网络营销活动企业可以提高营销效率和降低促销费用；其次，电子商务可以降低采购成本，因为借助互联网，企业可以在全球市场寻求最优惠价格的供应商，而且通过与供应商信息共享，可以避免由于信息不准确带来的损失。有资料表明，使用EDI通常可以为企业节省5%～10%的采购成本。

2) 减少库存

企业为应付变化莫测的市场需求，不得不保持一定量的库存产品，而且由于企业对原料市场把握不准，因此也常常需要维持一定的原材料库存。产生库存的根本原因是信息不畅。以信息技术为基础的电子商务则可以改变企业决策中信息不确切和不及时的问题。通过互联网可以将市场需求信息传递给企业决策生产，同时企业的生产信息可以马上传递给供应商适时补充供给，从而实现零库存管理。

3) 缩短生产周期

一个产品的生产是许多企业相互协作的成果，因此产品的设计开发和生产销售可能涉及许多关联的企业，通过电子商务可以将过去的信息封闭的分阶段合作方式，改为信息共享的协同工作方式，从而最大限度地缩短因信息封闭而需要等待的时间。

4) 增加商机

传统的交易受到时间和空间限制，而基于互联网的电子商务则是24小时全球运作，网上的业务可以开展到传统营销人员销售和广告促销所达不到的市场范围，例如我国湖南一位养毒蛇的农民通过互联网将其产品卖到美国一个未曾谋面的公司。

5) 减轻物资的依赖

传统企业的经营活动必须有一定物资基础才可能开展业务活动，而通过互联网可以创办虚拟企业，如网上商店和网上银行的建立基本不需要很多的实物基础设施，同时企业还可以将节省的费用转让给消费者，这正是著名的网上书店Amazon(亚马逊)能给消费者提供传统书店无法提供的优惠折扣的原因所在。

6) 减少中间环节

电子商务重新定义了传统的流通模式，减少了中间环节，使生产者和消费者的直接交易成为可能，从而在一定程度上改变了整个社会经济运行的方式。

2. 电子商务与传统商务的竞争

进入21世纪，全球范围内人们对电子商务的认识都发生了质的变化，升华到了“电子商务既是全球经济一体化的产物，也是全球经济一体化发展的重要推动力”的高度，“互联网正在改变一切”已经不再是人们对未来夸张的预言，而是全球商业发展中不可缺少的决定性因素。那么多年以后，电子商务是不是也会取代传统商务，就像电灯取代蜡烛、汽车和火车取代骑马走路、电话取代信件一样呢？这个问题是没有准确答案的，因为未来是不可知的，我们也只能根据自己的知识来尽可能地预测未来。信息成为一件越来越容易得到的东西，这也造成电子商务和传统商务的竞争越来越激烈。但传统商务仍可以通过采取一些战略与电子商务公司竞争，以保持部分市场。

1) 竞争因素的比较

电子商务与传统商务的竞争，主要取决于两个因素：运作效率和交易效率。

所谓“运作效率”，是指公司内部的成本结构，主要是指边际成本。边际成本越低的公司，在市场上的竞争力就越强，这个边际成本通常是反映一个公司的运作效率，效率越高的公司，其边际成本越低。“交易效率”是指公司之间(或公司和个人之间)为了完成一项交易要消耗的资源。交易效率越低的公司，在市场上的竞争力就越差。互联网的应用能够大幅度提高公司的运作效率和交易效率。

研究显示，当电子商务公司和传统公司的运作效率和交易效率相差不是很大的时候(假设电子商务公司的高)，电子商务公司和传统公司将共享市场，传统公司并不会彻底消失，但很大一部分市场份额会被电子商务公司夺取。直到它们的效率相差到一定的程度，传统公司的市场才有可能被电子商务公司全部占据。

2) 信息技术的应用

其实，在电子商务公司与传统公司的竞争中，传统公司也不是什么办法都没有。传统公司关键是要避免与电子商务公司进行价格上的竞争，因为传统公司的内部边际成本和交易边际成本都比电子商务公司高。所以，传统公司直接能做的就是也采用最新的信息技术来降低它的边际成本。但这是很难的，因为采用新技术通常要大幅度甚至是彻底改造公司的组织模式以及物流系统。例如，众所周知，戴尔计算机公司的直接市场模型非常成功，那为什么惠普和康柏没有把这个直接市场模型搬来自己用呢？他们不是没想过，只不过这个改造是痛苦和高风险的，因为它要求公司把自己的间接销售渠道放弃(就是把计算机卖给零售商)，相当于把自己置之于死地而后生，没有人敢做。“置之于死地”很容易，但谁也不知道还能不能“后生”。

传统公司采用新的信息技术向电子商务公司靠拢，把自己塑造成一个双渠道公司，这样既可以进行电子商务，又可以进行传统商务，这是一个和电子商务公司竞争的有效战略。其优点是两个渠道可以互补，缺点是两个渠道本身可能发生竞争。例如，对于电子商务，反向物流(Reverse Logistics)是个很难实现的概念，但对于双渠道公司，在电子渠道上产生的反向物流可以通过传统渠道实现。另外，电子渠道和传统渠道不可避免地形成竞争。例如，书商 BARNES&NOBLE 发现他们的一些顾客不再来书店买书了，而是通过他们自己的网上零售网站(bn.com)来购书。

3) 服务质量的比较

除了采用信息技术与电子商务公司竞争，传统公司还可以通过增加自己产品的服务方式来与电子商务网站进行竞争。其实产品都是一样的，比如说书，在网上买和在书店买是没有差别的，只要价钱便宜就行。但是，如果把产品和服务加起来就有区别了。传统公司可能没办法在价格上与电子商务公司进行竞争，但完全可以在服务上竞争。假设一家电子商务公司的配送中心在美国的东海岸，那么这个公司能向顾客保证的是 1～3 天投递，东海岸的 1 天，西海岸的 3 天。而传统公司的优势是它更多地投资在实物设施上(电子商务更多地投资在信息技术上)，比如在西海岸建配送中心，那么传统公司就可以向顾客保证 1 天投递，不管是西海岸还是东海岸。这样，传统公司就能够得到那些相对价格而言更关心服务的顾客，以便与电子商务公司进行竞争。

也就是说，在与电子商务公司的竞争中，传统公司尽管在运作效率和交易效率方面存在一定差别，但可以尽可能缩小在信息技术应用上的差距，并把自己的产品通过服务在一定程度上做到比电子商务公司更有特色，提供比电子商务公司更好的售前和售后服务。那么传统公司将会与电子商务公司在竞争中共存，并一直拥有自己的那一部分市场份额。

1.3 电子商务的发展历程

1.3.1 技术革命与商业优势

卡洛塔•佩雷兹是这样描述技术革命的："由新的不断变化的技术、产品和产业组成的强大的、明显的集合，它能引起产业结构的变化并推动产生一个长期的发展高潮。"①

前任联合国秘书长安南说："人类所表现出的创造力，几乎都没有像互联网和其他信息及通信技术在过去10年中的兴起那样，能够如此广泛和迅速地改变社会。然而，尽管这些变革非常显著，消化和学习的过程却只是刚刚开始。"②

1. 技术革命与电子商务

由技术革命引发的产业革命的初期阶段包括将技术转化为商业优势。技术革新可以为增长策略、新的客户价值、新的商务模式和创新产品提供一个坚实的基础。早期阶段，重要的是决定技术革命可以应用于什么地方。这些过去的观念针对现在的电子商务同样适用。如果将互联网技术和它在电子商务中的应用加以区分，很快就会发现有两个主要的战略性选择：一方面，电子商务本身含有大量的不确定性。比如电子商务在医疗保健、教育和公共事业这3个领域的作用就不够完全明确。在这些领域，要实施电子商务必须从改变现有的商务模式开始。另一方面，互联网自身的技术革新潜力还没有被完全发掘。在韩国和日本等许多发达国家，宽带技术已经得到了广泛的应用，这一技术的发展将带来许多新的高速互联网的应用前景，还有由互联网和移动电话技术的合作带来的深远意义。这些应用不仅会创造新的商务机会，还会从根本上改变许多企业的战略，特别是通信和传媒产业。

由此可以看出，技术平台和创新为企业提高竞争优势提供了一个重要的基础，反过来也会在商务应用中体现出来。电子商务技术不仅为我们提供了更多的商务机会，还改变了我们考虑商务战略和竞争优势的方式。原先单一的价值链转换成了价值元素构成的网络，而且可能创造出以前从未想到的组织结构。开放的网络比单一的价值链能提供更多的机会，互联网创建了新型的通信连接，为各行各业的发展创造了机会与空间。

在最短的时间内，电子商务为创造竞争优势提供了条件。这种新奇的事物动摇了市场，虽然经历了互联网经济泡沫的破灭，但事实上，电子商务正在改变着企业管理最基本的模式。

2. 佩雷兹的技术革命模型

不论是印刷术、蒸汽机还是铁路和汽车，所有的技术革命及所带来的商务变革都经历

---

① C. Perez. *Technological Revolution and Financial Capital: The Dynamics of Bubble and Golden Ages. Edward Elgar*, 2002, p. 8.

② 摘自联合国2003电子商务报告。

过相似的动荡过程。佩雷兹把技术革命的动荡过程划分为两段连续的时期：①建立时期，包括快速兴起阶段和迅速发展阶段；②展开时期，包括协同阶段和成熟阶段。这两段时期被崩溃阶段分割开，如图1.3所示。

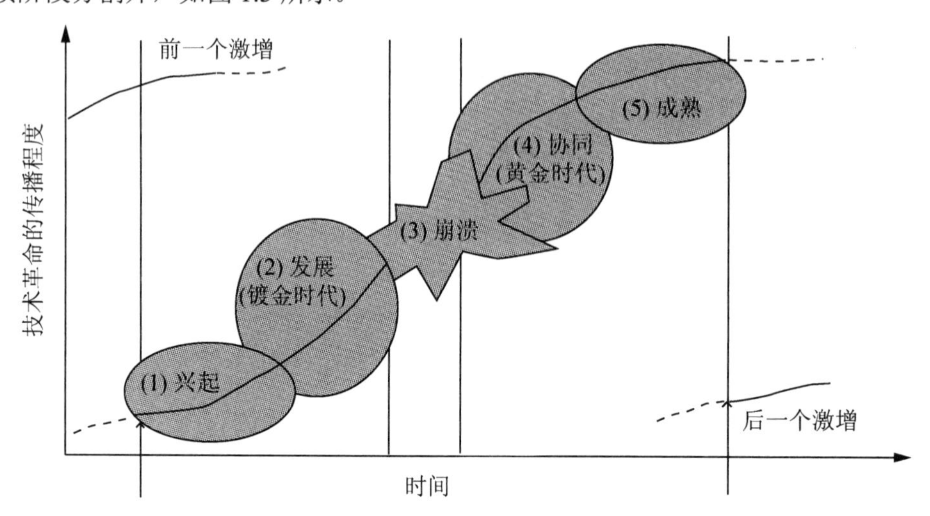

图1.3　不断传播的技术革命经历了不同的阶段

资料来源：C. Perez. *Technological Revolutions and Financial Capital：The Dynamics of Bubbles and Golden Ages*. *Edward Elgar*，2002，p.48。

下面，我们仔细描述一下技术革命的典型激增过程的每一个阶段。

1) 兴起

当一项革命性的新技术被导入市场时，兴起阶段就开始了。它包括18世纪70年代机械化的棉花工业、19世纪30年代的铁路修建和20世纪70年代Intel的首个微型处理器。在兴起阶段，基于新技术但仍被旧体制所支配的创新产品和服务出现并开始渐渐融入经济生活中。

2) 发展

它也被称为“镀金时代”，企业家、技术人员和投资者都在努力寻找由新技术的兴起所带来的最佳机会。投资者资助不同的项目，使用反复试验的方法，促进新技术在经济中的应用。投资者的自信和兴奋与日俱增，他们认为自己无所不能。依靠技术革命，他们可以资助在任何一条河流到另一条河流之间挖掘运河；可以在任何城市和任何可以想到的乡村之间修建铁路；可以在线销售宠物食品、医药、家具等各种可以想象到的产品。这个过程持续发展直到达到一个不能承受的地步，也被称作“泡沫”。在那一点，股票市场的“表面健康”和新技术创造健康的现实可能性之间就失去了任何有意义的联系。

3) 崩溃

当经济中的领先者意识到再增加投资将不会得到高期望时，崩溃期就伴随着镀金时代到来了。结果是投资者失去了信心并将资金从新技术中撤出来。这就引起了一个恶性循环，当每个人都开始从股票市场中撤出时，泡沫收缩，股市就崩溃了。

4) 协同

它也被称为“黄金时代”，在崩溃期后，轻松快速获利的时期过去了。投资者更愿意将资金投入到“真实”经济中，成功的企业也不再是那些敏捷的开创型的企业，而是那些已经建立的有责任心的企业。发展期出现的许多冒险者退出商业市场，少数幸存的几个大型公司开始统治市场并平衡它们的财政力量来扩大经济的深度和广度。至此，重点不再在技术创新，而在如何容易地、可靠地、安全地、低成本地使用技术。

5) 成熟

成熟阶段的特征是市场饱和与技术成熟。新的增长机会和未开发的市场几乎没有，从新技术中也不大可能获得新的创新。在这个阶段，公司把精力集中在提高效率和降低成本上。例如，在今天成熟的汽车工业中，较大的全球性公司戴姆勒与克莱斯勒，雷诺与日产为了获得更大的效益和扩大市场份额已经合并或建立战略合作关系。

3. 电子商务的发展

电子商务的发展历程和佩雷兹对技术革命动荡过程的描述很相似。在过去的20年，电子商务变化很大，根据全美证券交易商协会自动报价系统(National Association of Securities Dealers Automated Quotations，NASDAQ)的显示结果，可以将它的发展经历划分为以下4段时期，如图1.4所示。

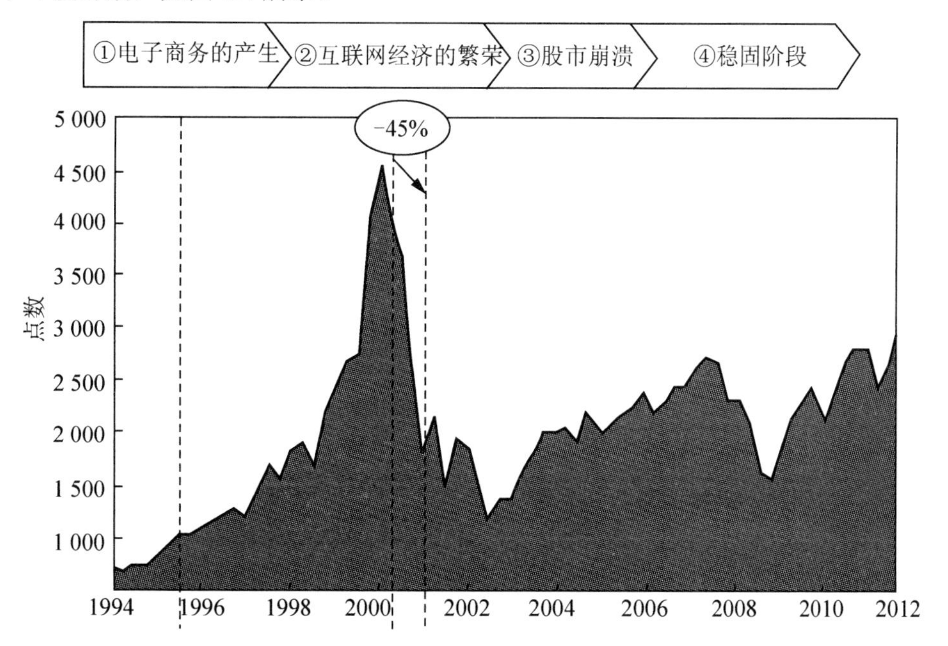

图1.4 NASDAQ在过去近20年的起落反映了电子商务经历的4段不同时期

资料来源：NASDAQ quotes taken from Factiva.com。

1) 电子商务的产生

在商业广泛应用互联网之前，NASDAQ仅显现出轻微的增长。

1983—1993年，它很艰难地从350点上涨到700点。我们把该阶段称为电子商务的产生阶段，以便与佩雷兹模型的兴起阶段相对应。

2) 互联网经济的繁荣

即使不能精确定义dot.com的繁荣是何时开始的，我们还是选择了1995年，在这一年，美国的亚马逊建立，安全第一银行开始了它的网上服务。1995年网景公司(Netscape)开发了网页导航器，成为第一家首次公开招股的主流互联网公司。该阶段和“镀金时代”相对应，反映的是NASDAQ的强势增长，尤其是在20世纪90年代后期。在这个发展阶段的顶峰，NASDAQ的市盈率达到了62，而在1973—1995年市盈率从未超过21。

3) 股市崩溃

在2000年3、4月份，当NASDAQ崩盘时互联网泡沫也破灭了，从2000年3月10日到2000年4月14日，NASDAQ下跌了1 727点或者说34%。到2000年年底，它下跌了45%。

4) 稳定阶段

接下来的稳定阶段的特征是，更加冷静地实施电子商务和将焦点重新转移到价值创造的基础动力上来。NASDAQ在接下来的两年虽然速度减缓，但仍继续下跌直到2003年年初的底端。到2003年冬，有迹象表示电子商务复苏了，近几年，这个趋势的继续发展意味着这个稳定期代表着佩雷兹模型提及的“黄金时代”的到来。

在电子商务由兴旺到衰退的这段时间，大多数学术的和商务的交流都是关注互联网的兴起、创造价值的潜力、增长的股值，以及后来许多企业的破产。从2000年的网络泡沫破灭开始，尽管公众和媒体对电子商务的热情在减少，但世界范围的企业仍在继续开发和实施电子商务战略。就像其他的重要技术革命(如铁路和蒸汽机)一样，互联网也经历了一个由兴旺到衰退的环节。衰退之后就是技术革命的复兴，当下，电子商务已经不仅仅是互联网企业的天下。数不清的传统企业和资金流入电子商务领域，使得电子商务世界变得异彩纷呈。

1.3.2 电子商务发展的阶段性特征

1. 互联网经济的繁荣

1) 投资热情的增长

在1995年7月，互联网的兴旺年代和亚马逊这个今天最著名的在线零售商一起诞生了。接下来5年的特征是互联网的繁荣和人们对互联网无限潜能的自信。在那段时期，公司的盈利率、经济增长性和商业模式并不被看得很重要。相反，“点击率”或者“眼球的数量”也就是访问站点的人数却成了媒体关注和股市成功的主要因素。

为了对这一时期有更细致的了解，我们来看一下priceline.com的案例，这是一家可以让人们通过互联网购买机票的公司。priceline.com是在1999年3月30日向公众开放的，发行时每股16美元的股票立即狂飙到每股85美元。在那天股市结束时，priceline.com的市值接近100亿美元，这要比联合航空、洲际航空和西北航空3家航空公司加起来的市值还要多。这几家航空公司拥有成熟的商业模式、颇有价值的品牌和充实的固定资产，但priceline.com仅仅拥有几个计算机服务器和未经测试过的商业模式。

实际上，这家公司甚至在它的公开招股说明书中声明他们还没有期望将来的某个时间会盈利、新的商业模式还没有被验证、品牌是否会得到认可也不知道。投资者忽视了这些警告是因为他们相信可以将股票以更高的价格卖给其他人。这种在互联网兴旺时期的投资方法就是著名的“大傻瓜理论”。在美国，大约1亿人也就是将近一半的成年人曾在泡沫的顶峰投资股市。随着股市的持续上涨，越来越多的人开始在互联网股市投资。这就意味着在互联网兴旺时期发现“大傻瓜”的概率很高。

2) 繁荣的驱动力

电子商务繁荣的基本驱动力是坚信它能从多方面来增加价值创造，因为正如上面所解释的，互联网能够降低成本，同时增加客户利益。

(1) 低成本。成本被认为会显著降低，因为管理者和分析家相信互联网公司不需要在固定资产方面大量投资，例如，厂房、零售店和运输卡车。相反，他们相信所有的物理活动可以外包给外部提供商而他们只需要关注商业的技术方面和与客户沟通。

(2) 高利益。同时，与传统的企业相比，“纯种”互联网公司可以提供更加优越的客户利益。他们认为可以使用数据库和客户关系管理系统来增强互联网的双方互通，以此创造比传统渠道更高的利益。

(3) 供求曲线的移动。价值创造的结果从逻辑上说会使传统的供给和需求曲线向右移动，如图1.5所示①。首先，较低的市场和配送花费会使供给增加，供给者会将节省的成本转移给消费者，并以较低的价格提供商品；其次，由于消费者花费较低的交易费用，需求就会扩大。这意味着，在任何给定的价格，消费者都会需求更多的商品。两种运动相加的结果就是市场容量的扩大，也就是图1.5所示的电子商务环境下供给和需求的新交点。

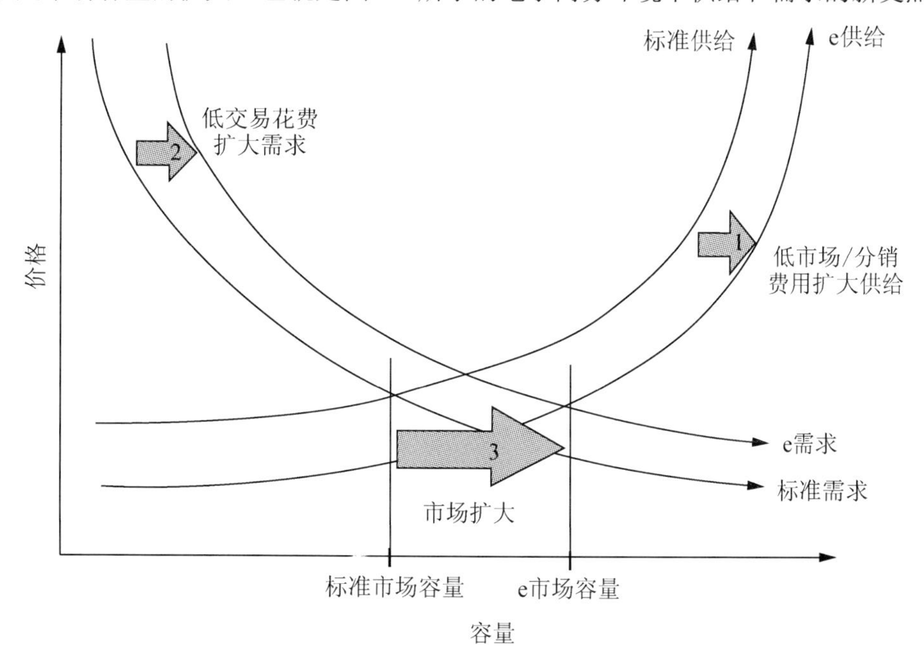

图1.5 互联网使传统需求供给曲线向右移动，扩大了市场容量

3) e市场膨胀的原因

在互联网兴旺时期，众多的企业迅速地进入e市场，试图获得由大量销售所带来的规

① J. Hagel and M. Singer. *Net Gain*. Harvard Business School Press，1997, p.35.

模效应。他们想快速地吸引新客户并建立一个强大的客户基础。接下来的希望就是一个客户使用一个网站好长时间，这样他就不大可能转向竞争对手，因为他已经习惯了新网站的布局和功能。并且，数据挖掘技术可以使在线企业根据具体客户的偏好提供定制服务，如转向其他提供商，客户将失去这些定制服务，并付出很大的转移成本。

互联网风险家也期望通过网络来创造锁住客户的效应。随着越来越多的客户注册并提供他们的信息，就如第2章讲述的eBay的案例和亚马逊的书店那样，客户不大愿意转到竞争者那里，除非后者在网络效果方面做得更好。

特殊的投资环境推动企业快速扩张，而不是采取更加谨慎的方法。1999年，硅谷的风险投资公司和基金创造了空前的高投资，这比1998年高出了150%，这些资金的90%投向了高科技公司和互联网公司。为了有资格获取风险资金，这些公司不得不使投资者确信它们能够快速成长，并由此点燃了对投资快速回报的希望。

这些投资者不一定相信他们资助的这些将建立的公司的未来。但他们知道，只要股市继续增长并且人们持续购买互联网股票，不管商业模式是什么，他们都不会错。同时，投资银行和风险基金也一样，如果他们不玩这个“游戏”，他们将落在竞争者的后面。这些不正当的动机对股市泡沫的产生起了推波助澜的作用。

2. 崩溃

1995—1999年，投资者和管理者人为地扩大了dot.com公司的市场空间并忽视了许多重要的问题，随后导致了互联网兴旺时期的结束。

1) 收入被人为地增加

首先，为了获取市场份额，互联网企业对客户购买的他们的产品实施补贴，例如Amazon.com和宠物食品供应者pets.com为他们的客户提供免费送货服务。其次，许多客户在线购买商品和服务并不是为了满足实际需要而是出于好奇。最后，在许多时候，互联网风险家的收入是通过合伙人公司的股票产生的，这些公司曾经经过了公平的市场评估。

2) 开销没有被真实地体现

这掩盖了企业的真实财务情况。在许多案例中，dot.com公司收到了补贴，因为供应商为了降低成本而渴望与他们交易。更重要的是，许多供应商和员工以资产作为报酬，他们都期待着股市泡沫的持续扩大。

由于不能从花费和收入上真实反映互联网企业的商业模式，导致了资金运作不良。

3) 新闻报道推波助澜

Morgan Stanley的银行分析家玛丽·米克在1996年写了一篇受到广泛关注的文章《互联网报道》，文中指出：“投资者的目光不应放在现在的收入上，而应放在潜在收入上。”如果投资者一味地重视在线客户、单纯的网站访问者和重复在线购买者的数量，就会使管理者尽力迎合投资者的期望，不顾成本地在扩大市场、吸引访问者和客户的广告方面花费巨资。但结果是，这些指标成了网站浏览量的良好指示器，却不是利润率的可靠指示器。

4) 泡沫经济的结果

在2000年3月13日，dot.com泡沫开始破裂了。3天内，NASDAQ下跌了500点。那时，Barron的记者杰克·威洛比发表了一篇文章，他计算了一下互联网公司花钱的速度。得出的结论是大多数的互联网公司在一年内将会无钱可用。文中说：“互联网泡沫什么时候会破灭呢？对于那些互联网暴发户来说，在今年年底以前将会听到那个不悦耳的声音。由于缺少现金，许多这样的公司将试图通过发行更多的股票和债券来获得新的基金。但是他们中的大多数将不会成功。结果是，他们将被出售给较强的生存者或者一起退出商业舞台。”这篇文章粉碎了投资者的希望，也就是不管经济发展能力如何，互联网公司总能获得更多的金钱。

和其他的互联网公司一样，上面提到的 priceline.com 公司的股票价格也从顶峰的 150 美元降到了不足 2 美元。其他的互联网公司也面临相似的命运，或者破产了，或者被其他的被称为“旧经济”时代的传统企业所收购。例如，K·B 玩具，一个具有 80 年历史的传统玩具零售商购买了以在线服务起家、曾经饱受表扬、价值达百亿美元但届时已经破产了的 eToys.com 的资本、软件和仓库，并于 2001 年 10 月重新启动了 eToys.com。

3. 稳固阶段

稳固阶段开始于 2000 年下半年，在发生 2000 年 3 月和 4 月的互联网泡沫的破灭之后。互联网企业家、管理者、投资者和媒体面对现实苏醒过来并开始反省发生过的事情。更重要的是他们在努力理解导致这么多互联网企业失败的原因和他们的商业模式的缺点。

除了扭曲了价值评估之外，更多的互联网企业并没有创造出他们曾经预料的价值，也没有能力获得以利润形式创造的价值。

1) 在线销售成本

总体上说，由于花费更大了而利益却比预测的减少了，所以互联网企业创造的价值就变低了。人们相信电子商务与传统商务相比成本较低，它只需要一些计算机服务器和一个网站来建立一家在线公司。并且认为通过互联网做生意商业范围会更广，因为为了迎合全球客户他们仅需增加计算机的处理能力。

然而对于许多在线商家来说，建立网站的费用只是全部花费的一小部分。例如，在繁荣时期，亚马逊为了一本书的交易和配送平均花费 16 美元。除此之外，还要为市场和广告花费 8 美元，企业管理费用(包括网站开发)花费 1 美元，这样将交易一本书的成本提升到 25 美元。而每本书的平均售价才只有 20 美元。高耗费的主要原因是花费的很大部分(包括市场和销售)都很难度量。事实上，在线客户获取的成本总体上要比传统公司高很多。纯互联网公司不得不首先建立自己的品牌，然后再获取在线客户的信任。

2) 物流成本

提供物流服务的外部供应商并没有预期工作得那么好。为了提供高品质的服务和增强可靠性，像亚马逊这样的在线公司也转向建立自己的仓库和配送中心，因此增加了总体成本。

3) 收入模式

对于大多数的互联网公司来说，建立一个可持续收入的模型还非常困难，因此，他们没有能力确保充分的投资增长来验证他们的股市价值。例如，1998 年 4 月 priceline.com 开张年底销售了价值 0.35 亿美元的飞机票——总花费却是 0.365 亿美元。

许多公司没有能力对它们的产品和服务收取相应的费用，主要包括以下因素。

(1) 互联网降低了进入的门槛。在过去，在零售业竞争建立一个广泛的物理网络是必不可少的。而如今，来自所有领域的许多公司，都试图通过互联网来掠夺市场份额。为了吸引客户从而引起了价格战，一些公司甚至免费提供某种商品或服务。

(2) 战略赌注中包含更严峻的竞争。在知道每个行业只有不多的在线公司能够立足于其中时，这些公司为了市场份额投入了更多的金钱，牺牲了更多的利润。他们还希望把市场份额转变成持久的客户关系。毕竟，电子商务被认为是一个赢者得到一切的市场。但最后，通过耗费和变换网络效果来创造占有效果的情形只发生在少数案例中。随着网站界面变得友好，客户也容易从一家供应商转向另一家。

在不考虑网络效果的前提下，只有那些强烈依赖客户交互的公司，有客户基础并有能力影响它所拥有的客户，使之依赖于这个基础，例如 eBay。而其他的许多在线公司，个体客户通常不会很关心企业客户基础的大小。

4) 稳固发展的基础

通过电子商务发展史上这些兴旺和失败的循环我们能得到什么经验？首先，在稳固阶段回到商务的基本法则上来是重要的。其次，与铁路、钢铁和汽车工业在显示它们真正的经济潜力之前经历兴旺和失败阶段一样，电子商务也经历了相似的过程。互联网的兴旺时期后面紧跟着的是崩溃期。现在已处于一个不那么激动人心的时期，更确切地说是电子商务的展开时期，也是电子商务走向成熟阶段的关键时期，这一时期电子商务的发展具有以下特点。

(1) 适当的战略实施方法。对于大多数选择电子商务的企业来说，他们并没有摆脱原有的结构，并用电子商务代替一切，而是将两者融合在一起。只要想一下金融行业的在线门户网站、客户关系管理和内部信息化进程的设计，就知道这种传统与改革的融合增加了效率、提高了服务质量，并赢得了更多的客户，达到了企业目标。虽然在理论上优势之间的相互影响是有限的，但在实际操作中，企业实施电子商务战略的结果有明显的不同，这通常取决于实施战略的方法。

(2) 加强改革和重组。技术发展正以过去从未有过的方式加速创造性的废除和重建，这是一项无止境的工作。如今，跨越企业和地理边界的不同部分价值链的联结变得越来越容易了。在供应链管理过程中，在日益成熟的 IT 解决方案的支持下，重组这一概念塑造了许多组织。因此，现在的世界仿佛被一条生产线围绕着，使企业可以在全球范围内将生产的各个阶段联结起来。可以用横向代替纵向的组织结构，将企业转化成一个在价值结构中的不同阶段都具有竞争力的整体。很明显，互联网及由此而引起的结构和组织上的变化已经成为经济的主流。

(3) 新旧集成、循序渐进。在很长一段时间内，杰出的运作、注意细节、依靠逐步改进来实施电子商务会取得更好的效果。成功的电子商务企业并没有落入相信早进入市场就能保证获得持久竞争优势的陷阱，因为他们知道：只是最早进入还不够，还必须是最好的。对在线市场进行更实际的评价，可能比早期进入者的预期要慢，但是可以避免很多缺点。如果说从这个大肆宣传的时代能学到一门最重要的课程，那就是：只有新旧集成加上杰出的运作，才能将技术革命转化成持续的竞争优势。

(4) 创新的商务模式。电子商务还创造了全新的商务模式，这种商务模式的涌现在过去是无法想象的。像 eBay、Google 和亚马逊，这些企业都以一种不同寻常的方式改变着市场。这 3 家企业与众不同的特点也说明了他们不只是在过去实施改革，今天仍在继续。他们不仅创建了新企业，还建立了全球知名的品牌。他们之所以能做到这一点，是因为他们能提供突出的客户价值。很多竞争者也认识到了新的潜在的商业机会，但是他们却无法恰当地实施。企业家试验的勇气、数字不再增加时还坚持信念的勇气、在浪潮中游泳的同时还要把握经济现状的勇气，都是打造成功企业的基础。

电子商务的产生和发展过程向我们讲述了一些新事物是如何变为现实的。它所描述的创新历史很值得我们仔细回味。eBay 以电子跳蚤市场起家，现在已经成为最大的零售企业之一，并在不断地赢得客户和扩展新产品的种类。现在，亚马逊不只是网络零售企业，还是一个销售自己的软件和商务过程的软件供应商。

信息技术的进步与网络技术的发展推出了电子商务这种新型的经营模式，电子商务的发展历程使人们认识到，在现有商务模式的边缘常隐藏着新的战略选择，抓住了新机会的并不一定是那些现有的企业，而是局外人，例如全球电子商务的著名品牌阿里巴巴的创始人马云就是其中之一。局外人成为创新型的战略天才并不是一个不寻常的现象。因为电子商务先入者的风险看上去是无止境的，通常是由一些无经验的企业家开始，他们开始大多没有持久的商务计划，而且很快找到了入口，并简单地开始，但只有最好的才能继续生存。

对电子商务历史的准确理解是非常重要的，因为电子商务给整个经济带来了一场新的革命。事实上有许多人都感觉到成为独立的企业家比只看重结果的冒险有价值得多。没有企业家和创新就没有增长，就没有价值创造，也不会有优势，而电子商务就是创造优势的故事。

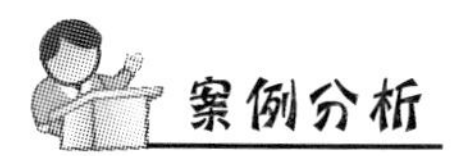

Webvan——10 亿美元的教训

在互联网经济崩溃的日子里，网络企业在利润上见好就收的希望落空，这正是投资者和管理者恢复理智的时候。金融时报发表了一篇文章“10 亿美元的教训: Webvan 的失败向互联网课程交出了昂贵的学费”，用现实的投资失败的案例提醒人们在金钱和承诺背后还有更重要的东西需要考虑。

Webvan 的倒闭使希望破灭了，这个希望就是依靠一个互联网公司可以改变像食品零售这样平凡的商业行为。

在线食品店中，Webvan 是建得最好的也是最出名的，在 1999 年 11 月交易的第一天，它的市值就狂飙到 87 亿美元，而在不到两年的时间内它就花掉了 10 亿美元。

Webvan 的繁盛和衰败是华尔街渴望思索的问题。因为它给早期支持它的大公司的声誉留下了污点。Webvan 由 Borders 书店的路易斯 · 博德斯在 1996 年建立，由爱哲森咨询机构的合伙人担任首席执行官；它的董事会中聚集了好多那个年代备受尊敬的名字；它的钱来自于一些硅谷的巨头，它的股票被华尔街最出名的投资银行所吹捧。

它的执行者还向投资者保证公司会有更大的机会。食品比起电子商务最初涉入的图书、影像或者音乐来说代表着更大的市场。典型的美国家庭每年在食品上的花费是 5 000 美元，每周的食品采购超过两次。

从一开始，公司就有很大的野心。不只是先在一两个大城市开业，它决定 3 年内在 26 个城市开业。每一个配送中心都将有 18 个传统超市那么大，将要耗资 3 500 万美元。将近 5 英里的传送带将把产品送到每一站点的打包机上，装有全球卫星定位系统的冷藏卡车将使每个仓库的服务半径达到 50 英里。

人们不久就发现 Webvan 建筑超量，但那时它已有 9 个已经开放的中心，每一个都在透支的状况下运行。有人相信它从一开始就会繁荣，因为它的商业模式是在重新研究整个系统的情况下做出的，而不是使用任何现成的模式。Webvan的挥霍计划对商业领域低利润的观念提出了挑战。

食品并没有提供高利润的前景，明智的新进入者会以低价进入。许多在线零售商都有这样的问题，为了利益而调整上游市场的价格是一个挑战。就如同食品制造商根据他们的成本提高了价格一样，关键是，许多家庭都密切关注着他们每周的食品账单。

e零售商的总利润将超过那些传统零售商的希望破灭了，不仅因为实施费用过高，而且因为在线食品缺乏购买力，并且为了吸引客户还需要打更大的折扣。

Webvan基础设施的费用虽然令人印象深刻，还是拖累了它与传统超市的竞争。采购者并没有要求改良购买食品的方式，更明显的是超市模式并没有受到什么新的挑战。Webvan究竟提供了什么方便也是有疑问的。虽然它保证食品将在用户选定的30分钟内的最佳时间内送到，但这仍然需要家中有人来接收货物。

导致Webvan失败的另一个原因是来自传统食品店的在线竞争，例如Safeway、Kroger和Albertson's，他们虽然后来进入了互联网，但他们在在线操作方面只投入了少量资金。

大的零售商们也慢慢从Webvan的错误中吸取了教训。Ahold注资一家完全在线的食品店Peapod，后者则从Ahold的美国产业链上分拣货物；Safeway为了和Tesco合作放弃了它的仓储模式，后者是英国的零售商并已经建立了全球最大的在线食品店，它使用的模式是在它的商店收集订单。

同时，超过200辆的Webvan的配送卡车正停在Lawrence-Ville、Georgia的倒闭工厂的外面，等待着下个月的拍卖。它们的估价只是Webvan买它们时的价格的一小部分。Webvan的投资者们正焦急地等待着看是否能从这个虚拟企业残余的物理资产中挽救一些东西。现在看来，只有公司创立时那些技术爱好者中的少数人才真正需要Webvan。

那些日子，许多人都很伤感。萨拉·伦斯戴尔是旧金山的一位自由作家，她曾经是这项服务的推崇者，但也不得不带着她的两个女儿到食品商店了。“我很失望”，她说：“Webvan事实上做得很协调了，订购的便利性也很奇特，但是，那还不够。”

资料来源：P. Abrahams and A. Edgecliffe-Johnson. *A billion-dollar mistake: Webvan's failure has been an expensive lesson for the Internet. Financial Times*，10 July 2001。

案例思考：

1. 导致Webvan失败的原因有哪些？
2. Webvan的失败说明了什么？
3. 什么带来了Webvan的繁盛？

复习思考题

一、名词解释

1．E-Commerce
2．E-Business
3．M-Commerce

二、选择题

1．在科技泡沫期间，那些原本不投资的人，在听信了电视媒体的“忽悠”之后，也进入股市买科技股，这种现象被称为(　　)。

A．动物精神　　　　B．非理性繁荣

C．金融民主化　　D．科技复兴

2．科技泡沫使下列(　　)群体的损失最大？

A．股市投资者　　B．美国政府

C．对冲基金　　D．银行和券商

三、简答题

1．广义的电子商务和狭义的电子商务的区别是什么？
2．电子商务的基础设施包括什么内容？
3．试述技术革命与电子商务发展的关系。
4．试解释电子商务的技术特点。
5．试述与传统商务相比电子商务的优势。
6．在与电子商务的竞争中，传统商务如何保持不败？
7．电子商务经历的4段时期是什么？每段时期的特征是什么？
8．互联网络经济崩溃的案例给人们带来了什么启示？

第2章 电子市场与电子交易

学习目标

通过本章的学习，了解不同类型的电子商务的交易市场以及不同交易模式的电子商务，重点了解基于互联网的交易模式和电子商务交易的一般流程，并通过对案例的分析，揭示网络经济发展的前景。

教学要求

教学模块	知识单元	相关知识点
电子商务交易市场	(1) 水平交易市场 (2) 垂直交易市场 (3) 不同开放程度的电子市场 (4) 电子商务的目标市场	水平交易市场的特点、要素和面临的挑战，垂直交易市场的特点、要素和出现的问题，不同开发程度的电子市场的划分类型，目标市场的选择和种类
电子商务应用模式	(1) B2C 模式的电子商务 (2) B2B 模式的电子商务 (3) C2C 模式的电子商务 (4) 电子商务应用模式创新	B2C 电子商务特点、模式、发展的适应性以及发展前景；B2B 发展概况、不同标准下的模式分类；C2C 电子商务类型与运作方式、特点。其他电子商务模式如 G2B、B2G、G2C、C2B
电子商务交易流程	(1) 基于互联网的交易模式 (2) 电子商务交易的一般流程 (3) 典型电子商务应用案例	商品网络直销模式、企业之间网络交易模式、网络商品中介交易模式流程，电子商务交易的一般流程的3个环节

引导案例

万达电商将搭建全球最大O2O平台①

2014年8月29日上午，万达与百度、腾讯共同召开发布会，就电商层面达成合作。万达、百度、腾讯宣布共同出资在中国香港地区注册成立万达电子商务公司，全力发展O2O电商商务模式。三家公司对万达电商的首期投资额高达50亿人民币，其中万达持股70%，腾讯和百度各持股15%。万达集团董事长王健林、百度公司董事长兼首席执行官李彦宏、腾讯公司董事会主席兼首席执行官马化腾共同出席签约仪式。

万达、百度、腾讯将打通账号与会员体系，打造支付与互联网金融产品，建立通用积分联盟、大数据融合、Wi-Fi共享、产品整合、流量引入等方面展开深度合作。三方将联手打造线上、线下一体化账号及会员体系。万达电商上线后，将与万达金融版块合作，推出一系列互联网创新金融服务。此外，万达电商还将推出万达会员权益积分及多账户管理"一卡通"、统一积分联盟、互联网众筹投资业务等新平台。

万达电商首席执行官董策表示，万达电商将成为全球最大的O2O电商平台，今年将在全国开业的107个万达广场开通电商服务，2015年开通万达所有广场、酒店、度假地的电商服务，实现对万达消费终端的全面覆盖。他还预测，明年万达电商会员将超过1亿人。董策还透露，万达电商已经注册了一个很酷的新名字，将在万达电商全面上线之日公布。

此次三家巨头合资成立电商公司，可能是为挑战阿里巴巴。而阿里巴巴自成立之日起，挑战者就层出不穷，但电商领域的龙头地位从未被撼动，此次王健林、李彦宏、马化腾三位历届中国首富联盟狂砸50亿，发力O2O电商业务，为挑战马云的电商帝国增加了不少想象空间。

如今的O2O领域，的确还没有一个平台性的企业出现，包括阿里巴巴在内，也在踱路。此次腾讯与百度联合万达进入电子商务领域，无异于是在阿里巴巴虎口拔牙，但这对于腾讯和百度而言，这是他们长期发展而必须要做的战略选择。三大巨头的联手，将会使我国电子商务市场的竞争更趋激烈。

电子商务企业的成功与其低成本、高效率有着直接的关系，但电子商务企业能实现利润的高速增长还依赖于其经营者的创新意识和不拘一格的经营模式。本章首先从不同的角度介绍不同类型的电子商务交易市场和电子商务应用模式，然后重点介绍电子商务的交易流程。

2.1 电子商务交易市场

电子商务交易市场简称电子市场，它是供商家实现交易的网站，就像我们生活中的商场，它对参与者进行了一系列的规范，同时提供各种各样的服务，从而吸引买卖双方来此进行交易。电子商务的实现通过电子交易来完成，而电子交易的实现需要一个完善的电子

---

① 海南日报，http://finance.ifeng.com/a/20140830/13031336_0.shtml。

市场。电子商务交易市场可以按买方和卖方的集中程度和业务范围来划分，也可以根据电子市场开放的不同程度来划分。如果根据企业对目标市场的定位，还可以将电子交易市场分为水平交易市场和垂直交易市场。

2.1.1 水平交易市场

水平交易市场是跨行业、综合的市场，即可以向所有的目标市场提供各种产品。

1. 水平交易市场的特点

水平交易市场将买方和卖方集中到一个市场上来进行信息交流与交易等。之所以用“水平”这一概念，主要是因为交易市场服务的行业范围广，很多行业都可以在同一市场上进行交易活动。典型代表有阿里巴巴网站(http://china.alibaba.com)。

水平交易市场可以产生多种利润。比如，广告就是一种很好的盈利模式，也可以靠出售网上店面来赚钱，此外，还可以举办网上拍卖会，向成交的卖方收取一定比例的交易费。

2. 水平交易市场的要素

水平交易市场因其提供的商品众多、厂家众多，面向的又是大众消费者，所以其竞争也非常激烈。水平交易市场应该具备以下基本要素。

(1) 公司商业程序的标准化。一家公司的商业程序越标准化，它就越容易被人们认可。同时，标准化代表着规范、正规，给人以信誉优良的形象，使人们能放心购买。程序标准化与非标准化的企业的区别，正如路边的小杂货店与沃尔玛仓储超市的区别。

(2) 进入市场的提前化。一个市场的建立需要很长的时间，企业越早进入市场，就越能更好地和市场沟通，同时获得市场最原始客户的信赖，对于日后的发展极为重要。而当一个市场发展成熟了，人们就习惯于曾经的消费习惯，不愿意去做新的尝试；越晚进入，所遇到的困难也越大，因为你要打破消费者原有的习惯，而且人们更愿意相信有资质的企业。

(3) 信息沟通的即时化。换句话说，就是要与供应商、消费者做好沟通工作。沟通是成功的关键因素，一个市场赖以生存的是供应商和消费者，两者缺一不可，只有同时做好这两方面的工作，市场才能繁荣。

3. 水平交易市场面对的挑战

水平交易市场可以为许多行业的企业提供服务，因此，交易平台要不停地更新各种信息，提供许多互不相关的服务。水平交易市场追求“全”，即行业全、服务全，这样才有竞争力，但恰恰这个“全”，使水平交易市场要冒每一个行业都做不好的风险。如何在“全”与“好”之间找到一个平衡点，是水平交易市场面临的一个难题。

2.1.2 垂直交易市场

电子商务垂直交易市场是将特定产业的上下游厂商聚集在一起，让各层的厂商都能很容易地找到供应商和买主。之所以用“垂直”这一概念，是因为它具有很强的专业性，并将自己定位在一个特定的专业领域内，如信息技术、化工、钢铁或农业等。典型代表有东方钢铁在线(http://www.bsteel.com.cn)。

1. 垂直交易市场的特点

1) 收入模式稳定

由于垂直交易市场的专业性强，其面临的客户很多都是本行业的，因此其购买力比较强，广告的效用也相对较大。正因为如此，垂直交易市场的广告费与水平交易市场相比要高。一般来说，其广告的千次点击费用是 200 美元，即广告条每被点击 1 000 次便会向客户收取 200 美元广告费。除了旗标广告外，垂直交易市场还可以通过产品列表以及网上商店门面收费。同水平交易市场一样，垂直交易市场也可以举办一些拍卖会，并向交易成功的卖方收取一定比例的交易费，此外还可以收取客户的信息费，即数据库使用费等。

2) 专业性强

专业性强是垂直交易市场的明显特征。一个垂直交易市场面对的是一个特定的行业和特定的专业领域。因此，交易平台本身应该对这个领域相当熟悉，不但能够洞察全行业的需求，而且还能一针见血地指出各家“进场入市”企业的需要，并向他们提供灵活有效的解决方案。

3) 有效的会员机制

垂直交易市场具有聚集性、定向性的特点，它吸引着众多专业领域的参与者，尤其是团体会员。依靠这些团体会员易于建立起忠实的用户群体，吸引固定的回头客，且大多数是有效客户。结果将形成一个集中化的、拥有有效购买者的、有价值的市场。这种市场一旦形成，就具有极大的竞争优势。

2. 垂直交易市场的要素

1) 分散的行业(即中间环节多的行业)

垂直交易市场在越是分散的行业中越容易取得成功。因为垂直交易市场所提供的标准化目录和全面比价的服务，为特定产业的采购部门人士免去费时费力地搜寻商品及供应商的工作。行业越分散，采购人士越愿意在垂直交易市场上购买其所需的物品。

2) 精湛的专业知识

每个行业都有其各自的专业特色，只有懂得善用专业知识来建造符合交易双方专业特点的平台，才能在众多的竞争对手中获得成功。专业知识越精湛，越能了解双方对市场功能及服务的需要，越能更好地完善市场。

3) 完善的服务

谁能提供完善的目录内容和搜寻功能，谁成功的概率就大。如果买方企业能够找到一个垂直交易市场并能一次购足其所需的产品与服务，那么该买方企业对该市场的忠诚度将大大提高。

4) 跨产业的沟通能力

能够与其他垂直交易市场进行沟通的企业，其综合效益就越大，也就越容易成功。当用户在垂直交易市场进行交易时，倘若能够了解一些其他交易市场的动态，那么他将会很乐意经常来该市场“逛逛”。

3. 垂直交易市场面对的挑战

垂直交易市场专业性强，并拥有行业资源的背景，更容易集中行业资源，吸引行业内多数成员的参与，同时也容易引起国际采购商和大宗买主的关注。因此，近一段时期以来，垂直交易市场的建设备受推崇。但因其“专”，也面临着专业性强、涉及面窄、客户数量有限的困境。

垂直交易市场的运作需要较高的专业技能。专业化程度越高，越需要投入昂贵的人力资本来处理相对狭窄的、专门性的业务，以发挥该市场的商业潜能；此外，垂直交易市场由于其鲜明的行业特征和客户关系，难以转向多元化经营或向其他领域渗透；再者，垂直交易市场受其专业所限，无法拓展更多的有效客户。因此，垂直交易市场在发展专业性基础业务的同时，还需要进一步整合资源，拓展新的市场范围，创造新的盈利模式。

2.1.3 不同开放程度的电子市场

我们可以根据开放程度的不同来对电子市场进行划分。如图 2.1 所示，有箭头的一端代表高度的开放性，任何企业都可以公开地进入市场。在箭头的另一端代表较低的开放性，只有被邀请的企业才能进入电子市场。基于这种区别，可以识别 3 种主要的电子市场：公共电子市场、联合电子市场和私人电子市场。

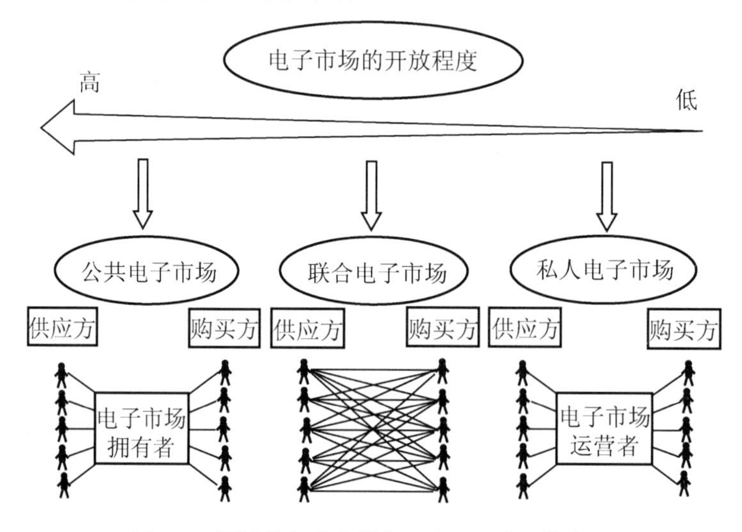

图 2.1 不同的电子市场表现出不同的开放程度

(1) 公共电子市场一般由第三方企业所有和经营。公共电子市场对任何想通过电子市场购买或出售产品的企业都是开放的，由于进出电子市场很容易，所以交易程序都是标准的、非私人制定的，在公共电子市场中出售的商品多数都是低个性化或无须个性化的日用品。阿里巴巴就是一个公共电子市场。

(2) 联合电子市场一般由参与在线交易的企业共同所有和经营。与公共电子市场相比，它的进入有较多的限制，因为只有合法的拥有者和选定的交易方才允许进入。由通用汽车、福特，以及黛姆勒·格莱斯勒创建的 Covisint 就是一个典型的联合电子市场。

(3) 私人电子市场是进入最严格的电子市场。一般由单一的公司所有，这些公司通过将供应商与其商业过程密切相连来优化其采购活动。私人电子市场的运营者邀请一些特定的供应商加入该电子市场中，并向他们提供有关销售预测和生产统计等方面的详细信息。为了实现紧密结合，通常需要建立专门的系统来整合买方和卖方的信息系统。结果是，私人电子市场中企业之间的关系比公共电子市场中的企业之间的关系更趋长久。戴尔与其供应商之间的关系是私人电子市场中最典型的案例。

2.1.4 电子商务的目标市场

1. 目标市场的选择

将市场划分为许多不同的细分市场后，还必须决定怎样选取特定的目标市场。关于目标市场，主要有两种选择：一要决定将哪个细分市场定位于目标市场；二要决定为选定的细分市场提供多少种产品和服务。例如，一家汽车制造公司的一位经理可能会决定只为高收入阶层客户生产高档轿车；而另一位经理可能会认为，为其他类型客户生产运动型汽车(SUVs)和家用汽车会更合适。当决策者在仔细思考这两种选择时，应该关注的是以下两个问题。

(1) 细分市场或者说细分市场的客户群是否具有吸引力？为了查明细分市场的吸引力，我们可以分析市场的整体增长趋势、当前盈利情况，以及市场内部的竞争情况。

(2) 企业能否成功进军该细分市场？这主要依赖于企业利用现有资源和技术创造价值的能力。

2. 目标市场的种类

企业确定目标市场有 5 种可能性选择(图 2.2)。它们分别是：集中的单一细分市场、有选择的专门化、产品专门化、市场专门化和完全市场。

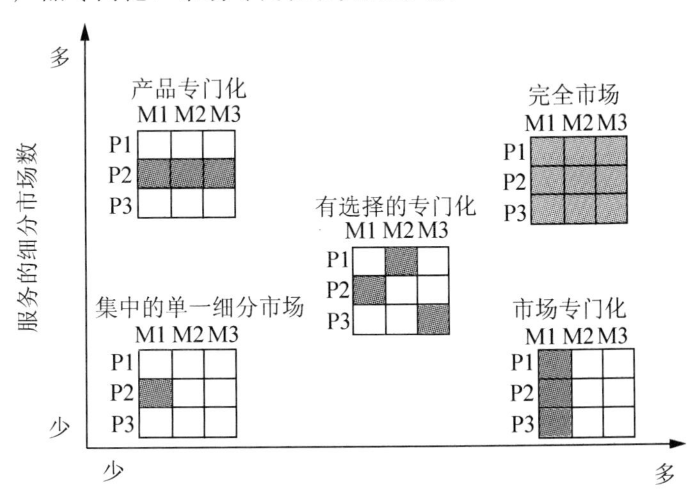

图 2.2 目标市场的类型

1) 集中的单一细分市场

例如，意大利的摩托车制造商杜卡迪就是专门为高收入阶层生产摩托车的。它经常专注于某一个细分市场，其独立在线实体 Ducati.com 甚至专门销售限量版和珍藏版的新产品。这样一来，它不但深入了解客户，而且开发了专门的生产技术，并满足了特定客户群的需要。杜卡迪把品牌明确定位于高档品，非但没有受到低档品的冲击，甚至为它的产品确定了很高的价格。而定位较宽的市场的竞争者或者放弃这个特定的客户市场，或者不能很好地服务于这个市场。集中的单一细分市场的缺点在于：如果不能从目标市场中获得必要的收益，那么整个企业将面临危险。

2) 有选择的专门化

有选择的专门化的企业定位于向不同的细分市场提供不同的产品。其优点在于能够分散企业风险；缺点是它容易使企业失去重心，使企业容易受到其他更专一的竞争者的攻击。例如，德国传媒集团贝塔斯曼针对不同的目标客户群在互联网、印刷、电视、广播等领域提供不同的传媒产品。

3) 产品专门化

例如，德国的移动支付公司 paybox.net 主要集中于为在线及离线交易者提供移动支付服务。它专注于一种产品，希望尽可能地拓宽市场。产品专门化的目标或者是形成规模经济，或者是产生不同于其竞争者的特殊效果。产品专门化的风险是：如果客户不再喜欢企业的产品，企业将不能通过其他产品来弥补收益下降带来的损失。

4) 市场专门化

定位于市场专门化的企业专注于特定的目标市场以获得良好的声誉以及客户的信任，进而扩大提供给该目标市场的产品范围。跨领域销售是增加收入的一个有效选择，因为它降低了消费者的购买成本。例如，德国的在线银行 Advance bank 定位于高收入客户市场。自从其创立时推出活期存款服务后，一直致力于推出其他更有利可图的金融产品，如公共基金和保险产品。然而，市场专门化的风险是：目标市场被认为太小，以至于不能维持企业运营。

5) 完全市场

定位于完全市场的企业试图覆盖整个市场，从而向所有的目标市场提供各种产品。其背后的经济学原理是：充分利用企业现有的生产能力、技术平台或者强大的品牌优势实现范围经济。亚马逊就是完全市场的一个例子。公司最初只出售新书，随后又推出旧书销售服务，产品目录的范围也从儿童玩具到宠物食品、消费性电子产品到服装等。

戴尔公司也在向完全市场转型。最初它仅是一个专门的 PC 生产商，之后进入外围设备和互补产品市场，如打印机和手提设备。现在戴尔公司甚至还通过增加其他的消费性电子产品，如高保真音响系统和纯平电视等来扩大其产品范围。同时，公司还不断扩大目标细分市场。到目前为止，戴尔公司的目标市场已经覆盖了公司客户、个人客户及公共部门客户等。

2.2 电子商务应用模式

电子商务应用模式是指人们在实现电子商务的过程中所形成的一些交易的标准形式。按照电子商务双方当事人的不同，电子商务应用模式有企业对消费者的电子商务(Business to Customer，B2C)、企业之间的电子商务(Business to Business，B2B)、消费者对消费者的电子商务(Customer to Customer，C2C)和企业对政府的电子商务(Business to Government，B2G)等许多种。其中，B2B、B2C 和 C2C 是 3 种最基本的电子商务应用模式。

2.2.1 B2C

1. B2C电子商务的特点

B2C 电子商务以互联网为主要手段，是需求方和供给方在由网络所构造的虚拟市场上开展的买卖活动，也是由网上商城或企业通过网站向消费者提供商品和服务的一种商务模式。它是随着 WWW 技术的出现而迅速发展起来的一种商务模式，也可以被看作是一种电子化的零售方式。它最大的特点是：供需直接“见面”、速度快、信息量大、费用低。B2C 网站是网络深入人们生活的必然趋势。

未来是网络和信息交融的世界。如今的互联网上布满了各种类型的 B2C 网站，它们向客户提供鲜花、书籍、音像制品、计算机、机动车等各种商品和服务。在世界上任何一个角落，只要拥有一台计算机、浏览器、互联网连接和信用卡，就能通过 B2C 商务网站完成商品的选购，同时还能享受到完善的服务。虽然目前这种类型的电子商务在网络交易中所占的比重不大，但从长远来看，B2C 的电子商务模式会快速发展，并在电子商务领域占有重要地位。美国的亚马逊网站就是典型的 B2C 电子商务模式。

B2C 电子商务模式中，企业为主的方式较多，也就是企业以卖方或提供方的角色出现，而个人则以购买方或接受方的角色出现。但也有另外一种情况，比如企业网上招聘人才，在这种模式中，企业首先在网上发布需求信息，然后由个人上网洽谈，这种方式在当今人才流动量大的社会中极为便捷，因为它建立起了企业与个人之间的联系平台，使人力资源得以充分利用。

2. B2C典型运作模式

1) 网上商店模式

消费者登录网上商店购买商品是 B2C 电子商务的典型应用之一。消费者通过网上商店浏览、选购自己喜欢的商品；通过网上购物可以获得更多的商业信息，买到价格较低的商品，节省购物时间；足不出户就可以通过“电子钱包”来购买商品，安全地完成网上支付，享受网络的便捷性。对于企业来说，则可以通过网上商店将商品销售出去，同地减少租用店面的开销，减少雇用大量销售人员的支出，还有可能实现零库存销售，极大地减少占用资金和降低风险。

网上商店和传统的门市商店在部门结构与功能上没有本质的区别，它们的不同点在于实现这些功能和结构的方法手段及商务运作方式上的巨大变化。一般而言，网上商店主要包含 4 项主要内容：商品目录(含商品搜索引擎)、购物车、收银台和后台管理系统。商品目录的作用在于使顾客通过最简单的方式找到所需要的商品，并向顾客提供文字说明、图像、客户评价甚至包含音频、视频的多媒体资料，便于消费者对相似商品进行对比分析，作出购买决策；购物车则是用来衔接商店和消费者的工具，顾客可将欲购买的商品放入购物车，也可将放入购物车中的商品取出(改变购买决定)，直到最后付款确认；收银台是顾客网上购物的最后环节，消费者在收银台选择付款方式，输入其账号和密码，即可完成付款，上述过程均可在互联网上实现；支持网上商店正常运转，还需要一套后台管理系统，后台管理系统用来处理顾客订单、组织货源、安排发货、监控库存、处理客户投诉、开展销售预测与分析等，后台管理系统是顾客看不见的部分，它一般由网上商店的管理人员来运作，为网上商店的正常运转提供支持。

如同传统的商店一样，网上商店也有专卖店和大型商场两类。专卖店就是企业自行组织网上商店，提供销售的商品和开展商店的管理；大型商场就是多家企业共同组成一个购物中心，每家企业在该购物中心占有一定区域。这两种运作方式都有各自的优、缺点，企业一般根据自己的实际情况选用。

2) 网上订阅模式

网上订阅模式指的是企业通过网页向消费者提供网上直接订阅、直接信息浏览服务的B2C电子商务模式。网上订阅模式主要适用于商业机构在互联网上销售报纸、杂志和电视节目等。网上订阅模式有3种主要的方式：在线服务、在线出版和在线娱乐。

(1) 在线服务是指在线经营商通过每月向消费者收取固定的费用而提供各种形式的在线信息服务，例如美国在线(AOL)和微软网络(Microsoft Network)等在线服务商都使用这种形式，让订阅者每月支付固定的订阅费以享受其所提供的各种信息服务。

(2) 在线出版指的是出版商通过互联网向消费者提供除传统出版物之外的电子出版物。在线出版商在网上发布电子刊物，消费者可以通过订阅来下载该刊物所包含的信息。

(3) 在线娱乐是无形产品和服务在线销售中令人注目的另一个领域。一些网站向消费者提供在线游戏，并收取一定的订阅费。目前该领域成功的实例有不少。

3) 广告支持模式

广告支持模式是指在线服务商免费向消费者或用户提供在线信息服务，而全部营业活动都要靠广告收入来支持。例如，雅虎(Yahoo)和Lycos等在线搜索服务网站就是以广告收入来维持经营活动的，新浪(Sina)和搜狐(Sohu)在某种程度上也是如此。

由于广告支持模式决定了网站的主办企业要依靠广告收入来维持生存与发展，所以网页能否吸引大量的广告就成为其生存的关键。而能否吸引网上广告又主要依赖于该网站的知名度，与此同时，为访问者提供信息的质量成为吸引广告的决定因素。

4) 网上赠予模式

网上赠予模式是一种非传统的商业运作模式，它是指企业借助于Internet的全球广泛性优势，向互联网上的用户赠送软件产品，目的在于扩大知名度和市场份额。企业通过让消费者使用该产品，从而让消费者下载一个新版本的软件或购买另外一个相关的软件，达到实现收益的目标。

因为赠送产品是无形的计算机软件，所以用户可以通过网络传输自行下载，无须配送服务，因而企业投入较低。只要软件确有其实用之处，很快就会得到消费者的认可。这种电子商务模式一般用于软件公司和出版商。

3. B2C电子商务发展的适应性

适应性就是B2C电子商务模式最可能优先在哪些行业发展。要回答这一问题，首先要分析最基本的消费者决策模式。互联网最大的优势在于大大提高了信息搜索的效率。然而，对于那些低风险和经常性购买的产品如日常生活消费品，互联网的影响力非常有限。同时，互联网对于那些价值表现型商品(如礼品)的影响力也要小于对那些功能型商品的影响。这主要是因为功能型商品的各种属性更容易拿到网上进行比较，充分的信息对功能型商品的购买决策过程会产生较大的影响。另外，未来网络发展的一大潜能就在于如何帮助消费者对各种可供选择的产品进行评价，越是能够提供产品的专业评估和专业建议，或者提供的产品具有高信息含量，或者低接触性的产品，互联网越能帮助这些产品实现在线评价；反之，不符合这些特性的行业和产品在向互联网进军时就会举步维艰。

下面一些行业已经在B2C电子商务模式中得到了较好的应用和发展。

(1) 房地产业。房地产商最大的商机是宽带网时代的到来。一个社区就是一个小市场，建设这个小市场的自然是房地产商，而负责这个小市场的后台服务运作的也是房地产商。因此房地产商可以把它的物业管理整合成配送，在B2C电子商务市场上分一块蛋糕。

(2) 网上教育业。以美国为例，在其国内的3 500所高等学府中，已经在互联网上开班授课的多达1/3。此外，许多大、中型企业早已利用网络开展员工培训与再教育。在中国，从2000年开始进行试点工作以来，网络教育发展迅速，并已经取得明显成效。

(3) 电子邮政。电子邮政是以电子信息技术为基础，为适应用户和消费者快速、高效、便捷、低成本的消费需求而产生的。它的实施使邮政行业进入一个更广阔的市场。电子邮政依托邮政的实物投递网、邮政综合计算机网和邮政储蓄网，并使“三网”有机地结合起来，为用户和社会提供邮政电子商城、邮政电子银行、电子邮局、网上邮局、信息服务等业务，这也是它与传统邮政业务相比而言的优势所在。

(4) 证券业。证券交易与服务系统从分散式走向集中式，信息技术在证券市场的大规模应用是必然趋势，同时也是证券机构集中化管理和金融业务创新的必然结果。证券经营机构将根据自身的规模、信息系统的现状及发展战略，审时度势，循序渐进地设计和实现新一代系统。因此，证券商会从集中式交易中心开始，进而建立以社区、证券服务部和机构用户为代表的分布式服务网络，创造证券营业部以外的客户收益，最终改造传统的分散证券营业部经营模式。

(5) 在线专业经纪人业务。下一轮电子商务高潮的一个巨大的机会出现于专业知识和专业技能提供行业的兴起和发展，它们帮助消费者获得相关的专业知识或技能，并作出更好的消费决策。典型的例子是保险代理商和金融投资顾问。

4. B2C电子商务模式发展前景

根据艾瑞咨询发布的2014年中国网络购物市场数据，2014年，中国网络购物市场交易规模达到2.8万亿元，增长48.7%，仍然维持在较高的增长水平。根据国家统计局2014年全年社会消费品零售总额数据，网络购物交易额大致相当于社会消费品零售总额的10.7%，年度线上渗透率首次突破10%。从2013年开始，美国的网购市场与中国网购市场交易相比，不管是总金额还是增长率都落后一大截。中国在2013年实现了购物市场远超美国成为全球排行第一！并且在未来的几年，中国的网络购物市场规模将会持续增长。如图2.3所示。

艾瑞咨询数据显示，2014年中国网络购物市场中B2C交易规模达12 882亿元，在整体网络购物市场交易规模的比重达到45.8%，较2013年的40.4%增长了5.4个百分点。从增速来看，B2C市场增长迅猛，2014年中国网络购物B2C市场增长68.7%，远高于C2C市场35.2%的增速，B2C市场将继续成为网络购物行业的主要推动力。预计到2015年，B2C在整体网络购物市场交易规模中的比重将超过C2C。

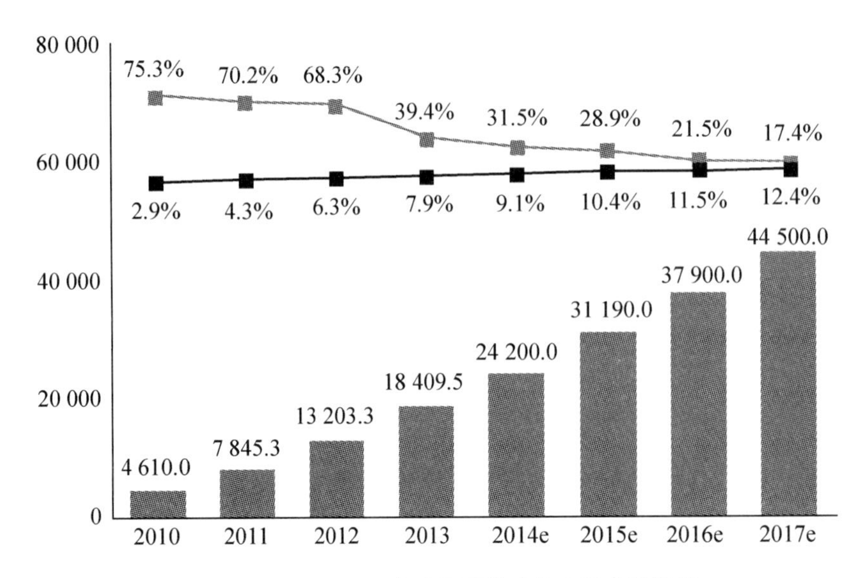

图 2.3　2010—2017 年中国网络购物市场交易规模

注：网络购物交易规模(亿元)，增长率(%)，占社会消费品零售总额的比重(%)，网络购物市场规模为 C2C 交易额和 B2C 交易额之和。

资料来源：综合企业财报及专家访谈，根据艾瑞统计模型核算。

虽然我国的 B2C 发展非常迅速，但是仍然遇到了网上购物的体验感不强、企业与消费者的互动性不足、传统企业对 B2C 电子商务的利用率比较低，以及第三方支付的风险始终存在等一系列问题。针对这些问题，B2C 电子商务企业需要做到以下几点。

(1) 增强网上购物的体验感。提供种类齐全的商品、在售商品应保证质量、信息真实。可以大量借助 3D 网络游戏、BBS、专题新闻、流行音乐等表现手法营造购物氛围，进一步提高网络交易的真实感。使用虚拟现实的技术，开发虚拟模特，达到网上试衣的效果，提高消费者的购物体验感。

(2) 提高网店综合管理能力。选用有保障的第三方支付平台、第三方物流，聘用高素质的、有经验的网店管理人员。

(3) 提高互动性、提供个性化服务。丰富互动方式，利用现代化计算机手段，开发适用于电子商务的即时通软件，提高与消费者的交流互动。

(4) 提高传统企业对电子商务的利用率。国家应积极引导传统企业走向电子化交易活动之路，将丰富的零售经验与电子商务有机地结合起来，有效地整合传统零售业务的供应链及物流体系。

2.2.2　B2B

B2B 电子商务是企业对企业的一种电子交易模式。1996 年，全球的电子交易额只有 28 亿美元，这其中有 60%的交易额是发生在企业与个人之间的，企业与企业的在线交易额仅占 28 亿美元中的 40%。此后 B2B 业务占电子商务的比例一直在持续增长；现在，世界上 90%以上的电子商务交易额是在企业之间，而不是企业和消费者之间完成的；基于互联网的 B2B 电子商务以其较大的交易数额、较规范和成熟的交易条件代表着电子商务发展的主流方向。从事B2B的电子商务公司在电子商务市场中占有绝对优势的份额，更多的资金流向这些企业，又使它们能不断壮大自己的实力，并在激烈竞争的市场中立于不败之地。中国的阿里巴巴就是全球B2B电子商务的著名品牌。

B2B电子商务是指以企业为主体，在企业之间进行的电子商务活动。电子商务能够降低经营成本，给商家带来巨大的利益，因而商家是电子商务最热心的推动者。B2B电子商务会为企业带来更高的生产率、更低的生产和劳动成本，以及更多的商业机会。与传统商务活动相比，B2B运作模式具有更大的竞争优势，例如它可以使买卖双方的信息交流方便快捷，可以降低企业之间的交易成本、减少企业的库存、缩短企业生产周期、保持无间断运作等。

目前，虽然B2B交易数量在市场上所占的比重远不及B2C，但B2B电子商务交易额大、交易规范，是电子商务中的重头戏，它蕴藏着巨大的商机，有着极为广阔的发展空间。实施B2B电子商务，是企业迎战激烈的市场竞争、改善竞争条件、建立竞争优势的重要手段。

根据不同的分类标准，B2B电子商务模式有以下几类。

1. 不同交易机制的B2B模式

1) 产品目录式

产品目录式B2B模式集中了大量产品和服务，为卖方提供低成本的销售渠道，为买方提供一站式的采购站点。产品目录式产生价值的根源在于将高度分散市场中的需求方与供给方聚集到一起，提供“一店买全”的服务。产品目录式一方面可以为卖方带来更低的销售成本和处理费用，更高的顾客满意度和更新的销售渠道和收入来源；另一方面为买方带来更低的采购成本，扩大了潜在的供应商来源，使买方更容易获得多种产品之间的比较信息。

2) 拍卖式

拍卖式B2B模式提供一个销售和购买特殊商品的场所，例如使用过的固定资产、中止生产的产品等。拍卖式为买卖双方带来的主要好处在于提供更多的选择与机会。通过拍卖式B2B模式，卖方可以吸引更多的竞价者、获取更高的销售价和存货周转速度；买方可以找到更简便的购买特殊产品和服务的方法，获得更多的选择余地，并在卖方竞标的反向拍卖(Reverse Auction)中获得更低的采购价格。

3) 交易所式

交易所是为按产业或行业的“大宗商品”(如钢铁、农产品等)提供的交易市场。由于采取相对标准的合约与严格的交易管理方法，安全和交易量都比较容易解决。通过交易市场提供的价格信息，卖方可以及时减少过量存货；买方也可以通过快捷、方便、规范化的交易，满足即时购买的需求。

4) 社区式

社区式B2B模式聚集一群买方和卖方的目标用户，为他们提供行业或产业专门信息以及与业内专业人士相关的社区式服务。通过提供行业新闻、评论、市场信息、工作机会、在线聊天、公告板，以及专家服务等方式，吸引特定行业的买卖双方。

2. 不同商务关系的 B2B 模式

1) 以交易为中心的 B2B 电子商务

这种模式以企业之间的在线交易为主，关注的重点是商品交易本身，而不是买卖双方的关系。其主要形式为在线产品交易和在线产品信息提供。

2) 以供需为中心的 B2B 电子商务

这种模式以企业之间的供需关系为主，关注的是生产过程与供应链，而不仅仅是商品交易。其主要形式为制造商和供应商所组成的 B2B 供应和采购市场。这种模式实现了产品生产过程中企业与企业之间供应链的无缝链接。

3) 以协作为中心的 B2B 电子商务

这种模式以企业之间的虚拟协作为主，不仅重视生产过程与供应链，而且更加关注协作企业虚拟组织中价值链的整体优化。

3. 以不同交易主体为中心的 B2B 模式

1) 买方集中模式

买方集中模式也可称为集中销售，是指一个卖家与多个买家之间的交易模式，其结构如图 2.4 所示，卖方发布欲销售的产品信息，如产品名称、规格数量、交货期和参考价格等，吸引买方前来认购。

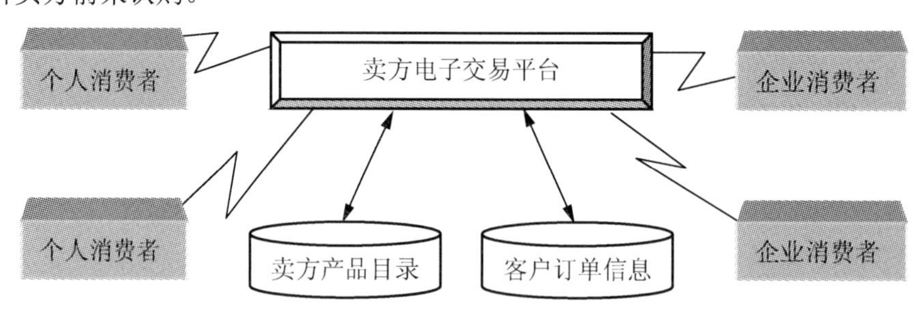

图 2.4 买方集中模式的结构图

目前，买方集中模式中也出现了几家大型的卖家联合起来组建交易平台，面向多个买家的运作方式。买方集中平台可以加快企业产品的销售过程，特别有利于新产品的推广，在降低销售成本的同时拓展卖方渠道。此种运作模式比较偏向于为卖家服务，相对而言较少考虑买家的利益。本模式与 B2C 模式比较相似，而且其采购流程也比较相似。

2) 卖方集中模式

卖方集中模式也称集中采购，类似于项目招标。它是指一个买家与多个卖家之间的交易模式。买方发布需求信息，如需求产品的名称、规格、数量和交货期等，召集供应商前来报价、洽谈、交易。卖方集中模式的结构如图 2.5 所示。

这种模式也可以有几家大买方共同构建用来联合采购，因为投资者希望通过联合买家的议价力量得到价格上的优惠。这类电子商务运作模式的显著特征是它比较偏向于为买家提供服务，而不会更多地兼顾到供应商的利益。它汇总诸多卖方企业及其产品的信息，便于买方综合比较，绕过分销商和代理商，加速买方的业务开展，同时可以使买方获得透明的价格。

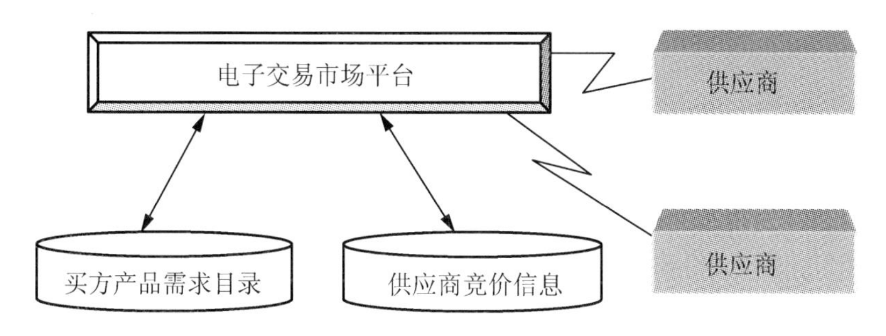

图 2.5　卖方集中模式的结构图

一般企业自建的、服务于本企业的电子采购就是这种模式，它适用于大型企业。大型企业负责管理其下属所有企业的统一采购，网络采购能使采购过程公开化、规范化，加速信息流动、扩大询价比价的范围、降低交易费用、强化监督控制体系、提高整个运营环节的工作效率。企业不仅能依靠这种运作方式产生规模效益，而且能够掌握整个竞购流程，有利于对整个交易的监督、管理、考评和分析。此外，这种模式非常适用于政府采购和大型工程项目的招标。

3) 中立的网上交易市场模式

中立的网上交易市场模式是指由买方、卖方之外的第三方投资建立起来的中立的网上交易市场，它采用买卖多方参与的竞价撮合模式，是买方集中和卖方集中交易模式的综合，其结构如图 2.6 所示。

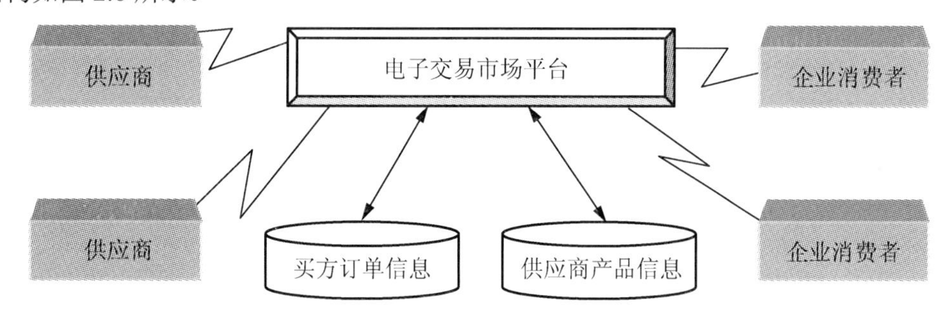

图 2.6　中立的网上交易市场结构图

网上交易市场是一个由内向外、内外整合的供需价值链。与一般概念上的交易市场不同，网上交易市场绝不意味着一堆企业的简单排列。事实上，进入网上交易市场的企业必须获得一定的资格，这个资格就是企业内部必须有一套合格的电子化管理系统，并且这套系统能与外部实现无缝对接，从而实现企业生产、采购、销售全过程的信息化整合。这是网上交易市场有别于以供需信息为主导的 B2B 网站的根本所在，意味着网上交易市场中的每个成员都拥有自己的交易系统，可实现内部运作与交易的一体化，从而明显提高信息的价值。网上交易市场另一个显著的特征就是很强调开放性和标准化，因为只有满足这两个条件，网上交易才能真正开展起来，企业才能真正参与到网上交易市场中去。

B2B 电子商务是伴随互联网经济发展的产物，是信息时代企业经营的主要模式，与其他电子商务模式相比，具有很强的竞争力和优越性，为网络企业及传统企业提供了无限的发展空间。随着从探索性运作走向理论和实践的逐步成熟，B2B 电子商务必将前途光明，一步步走向成熟，为我国市场经济的高速发展做出贡献。

2.2.3 C2C

C2C 电子商务模式指的是消费者对消费者的电子商务。在 C2C 市场中，除了买卖双方以外，还有一个电子商务交易平台供应商，它负有对买卖双方的诚信进行监督和管理的职责，对交易行为进行全程监控，避免欺诈等行为的发生，保障买卖双方的权益。C2C 电子商务模式体现了互联网跨地域、24 小时在线的精神，发挥了网络覆盖面大、用户数量多的优势，虽然 C2C 电子商务交易过程看起来类似于拍卖市场，但与传统的二手市场相比，它不再受时间和空间的限制，节约了大量的市场沟通成本，因此它不仅吸引了大量的用户，而且能够为用户带来真正的实惠。C2C 电子商务模式受益的不仅是买卖双方，而且还有提供交易环境的电子交易平台供应商，如美国的 eBay.com。

C2C 的电子商务运作模式的本质是网上拍卖。它通过为买卖双方提供一个在线交易平台，使各地的卖方可以方便地提供商品上网拍卖，各地的买方可以自行选择商品并且可以自由竞价。

1. C2C 电子商务的类型与运作方式

C2C 电子商务模式是一种公民之间的自由贸易模式，通过网络完成跳蚤市场的交易，从而沟通了个人之间的商品流通(特别是二手商品)。

(1) 以卖方为主的 C2C 电子商务模式是一种由出售商品的个人在网上发布消息，有多个买者竞价，或与卖方讨价还价，最终成交的模式。这种模式的代表有易趣(eachnet)、雅宝(yabuy)等拍卖网站。拍卖的物品种类包括计算机软硬件、家电、图书、影视等多达数千种。

(2) 以买方为主的 C2C 电子商务模式是一种由想购买商品的个人在网上发布求购信息，由多个卖者竞卖，或与买方讨价还价，最终达成交易的电子商务模式。这种模式的代表有世纪商贸港(http://www.ctn168.com/)等拍卖网站，在这类网站中，二手商品的求购者与欲出售相同二手商品的卖方进行洽谈并交易。

(3) 图 2.7 所示为目前较流行的 C2C 电子商务网站运作模式。

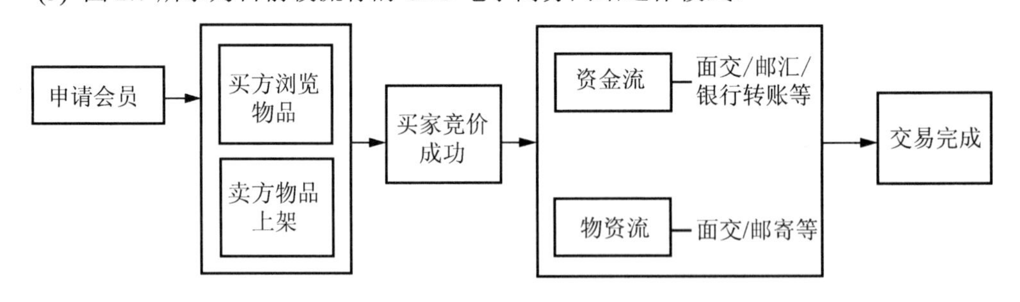

图 2.7 C2C 电子商务网站运作模式流程图

2. C2C 电子商务的特点

作为用户对用户的电子商务模式，C2C 商务平台的性质与传统的二手市场相似，然而，它不同于传统二手市场活动在网络上的翻版，其自身的特点决定了它必然要优于传统的二手市场，具体表现在以下几个方面。

1) 较低的交易成本

C2C 电子商务采用了基于开放式标准的互联网通信通道，大大降低了通信费用。同时，传统二手市场由二手商收购、控制和保存二手商品，而在 C2C 电子商务模式下由各个卖家保存商品，从而最大限度地降低了库存。而且 C2C 电子商务通过减少交易环节，使交易成本更低。

2) 不受限制的经营规模

传统二手市场在经营规模上严格由其营业面积的大小所控制，当其经营规模扩大时必须相应地扩大其营业面积。但 C2C 电子商务利用互联网提供的虚拟经营环境，可以轻易地通过增加网页来扩大其经营规模。

3) 便捷的信息收集

C2C 电子商务基于网络信息技术，使买卖双方很容易获知对方的信息，打破了传统二手市场信息不对称的问题，也加大了销售范围和销售力度。

4) 不断扩大的货源

交易成本的降低、销售范围和销售力度的加大，必然带动客户的数量，客户数量增加的同时也扩大了货物的来源。

2.2.4 电子商务模式创新

除了 B2B、B2C 和 C2C 这 3 种最基本的电子商务模式外，针对不同的应用场合，业界还提出了很多其他的电子商务模式。

1. 政府对企业的电子商务模式(Government to Business，G2B)

政府作为国家管理部门起着引导经济、管理经济和调控经济的重要作用，同时政府在推动电子商务发展方面也起着重要的作用。对于电子商务时代的到来，一方面，政府要对电子商务市场进行有效的管理，通过电子政务系统更好地为企业和公民服务，从而提高政府办公的公开性和透明度；另一方面，政府还可以通过这种方式树立政府形象，通过示范作用促进电子商务的发展。除此之外，政府还可以通过电子商务实施对企业的行政事务管理，如政府用电子商务方式发放进出口许可证、开展统计工作，对企业税款实施在线征收，使企业可以通过网上办理缴税和退税等业务以适应电子商务在公共计算机网络上进行经济活动的时代特点，政府的职能也应该深入公共的互联网上来，建设一个为虚拟空间服务的电子政府，使其成为电子商务活动支撑环境中的重要组成部分。

2. 企业对政府的电子商务模式(Business to Government，B2G)

企业对政府的电子商务模式指的是企业与政府机构之间进行电子商务活动的商务模式。例如，政府本身是一个大规模的消费集团，政府的消费需求完全可以利用电子商务平台实行公开招标和政府采购。政府将采购的细节在互联网上公布，通过网上竞价方式进行招标，企业以电子商务的方式通过互联网进行投标。由于交易活动是在网上完成的，所以企业能随时随地了解政府的动态，还能减少中间环节的时间延误和费用。

企业与政府之间的电子商务涵盖了政府与企业之间的各项事务，包括政府采购、税收、商检、管理条例发布、法规政策颁布等。政府一方面作为消费者，通过互联网发布政府采购清单，公开、透明、高效、廉洁地完成所需物品的采购；另一方面，借助于网络及其他信息技术，政府职能部门能更及时、全面地获取所需的宏观经济和市场信息，快速、直接地将政策法规及调控信息传达到各个企业，起到宏观调控、监督、管理与服务的作用。所以 G2B 与 B2G 的电子商务模式是交互和相融的。

3. 政府对个人电子商务模式(Government to Customer，G2C)

政府对个人电子商务模式的主要运作方式就是政府上网，在网上成立一个虚拟的政府，实现政府的职能工作。政府一般在互联网上发布政府部门的名称、职能、机构组成、工作章程，以及各种资料、文档等，并公开政府部门的各项活动，增加办事执法的透明度，为公众与政府打交道提供便利，同时也接受公众的民主监督，提高公众的参政议政意识。此外，由于互联网是跨国界的，因此政府上网能够让各国政府相互了解，加强交流，适应全球经贸一体化的趋势。

目前政府对个人的电子商务主要有 3 种方式：电子福利支付、电子资料库和电子身份验证。电子福利支付是指运用电子数据交换、磁卡、智能卡等技术，处理政府的各种社会福利工作，直接将政府的各种社会福利交付受益人，如民政部门发放困难补贴和各种抚恤金，还有下岗补贴等；电子资料库用来汇总各种资料，包括一些法律法规、办事程序、发展计划和政府报告等，以方便人们通过网络查看和获得有关资料；电子身份认证提供对个人身份的电子证明，目前一般是以一张智能卡集合个人的医疗资料、个人身份证明、工作状况、个人信用、个人经历、收入及纳税状况、公积金、养老保险、房产资料和指纹身份识别等信息，通过网络实现政府部门的各项便民服务程序。

4. 消费者对企业的电子商务模式(Customer to Business，C2B)

消费者对企业的电子商务模式是从客户到商家的电子商务模式，也称作“集体议价”或“联合购买”。在这种模式下，不同地区购买同一物品的不同消费群体，通过电子商务网站集合起来，由网站去和商家议价，由于是大量购买，消费者可以获得批量购买的优惠条件。集体议价的好处是消费者可以通过亲自参与购买到实惠的商品，而商家也可以通过这种形式了解到顾客对商品的需求，从而更合理地配置各种资源。这种电子商务模式唯一的缺点是由于其建立在数量的基础上，所以如果顾客需要一些特殊的个性化的商品，就无法享受到这种便利。也就是说，这种方式适合于无差异性的(或差异较小的)产品和服务，如演出门票等。

5. Online To Offline(O2O)

Online To Offline(在线离线/线上到线下)，是指将线下的商务机会与互联网结合，让互联网成为线下交易的前台，这个概念最早来源于美国。O2O 的概念非常广泛，只要产业链中既可涉及线上，又可涉及线下，就可通称为 O2O。主流商业管理课程均对 O2O 这种新型的商业模式有所介绍及关注。2013 年，O2O 进入高速发展阶段，开始了本地化及移动设备的整合，于是 O2O 商业模式横空出世，成为 O2O 模式的本地化分支。

O2O 商务模式的关键是：在网上寻找消费者，然后将他们带到现实的商店中。它是支付模式和为店主创造客流量的一种结合(对消费者来说，也是一种“发现”机制)，实现了线下的购买。它本质上是可计量的，因为每一笔交易(或者是预约)都发生在网上。这种模式应该说更偏向于线下，更利于消费者，让消费者感觉消费得更踏实。

实际上，多数企业网上销售并不仅仅采用一种电子商务模式，而是采用综合模式，即将各种模式结合起来实施电子商务。Golf Web 就是一家有 3 500 页有关高尔夫球信息的网站，这家网站采用的就是综合模式，其收入的 40%来自于订阅费和服务费，35%来自于广告，还有 25%是该网站专业零售店的销售收入。由此可见，在网络销售中，一旦确定了电子商务的基本模式，企业不妨可以考虑一下采取综合模式的可能性。例如，一家旅行社的网页向客户提供旅游在线预订业务，同时也接受度假村、航空公司、饭店和旅游促销机构的广告，如有可能，还可向客户提供一定的折扣或优惠，以便吸引更多的生意。在网上尝试综合的电子商务模式，有可能会带来额外的收入。

目前已经出现了各种各样的电子商务应用模式，以后还会不断出现更多、更新的电子商务模式。商务的复杂性和不断的发展变化决定了电子商务没有固定的模式，各种各样的电子商务应用模式充分反映了市场变化的需要。盈利空间是判断电子商务应用模式好坏的基本依据。

2.3 电子商务交易流程

商务流程是指一个商贸交易过程中具体的实际操作步骤和处理过程。商品流程是以物流(商品的实际流动)为物质基础，信息流(商品相关信息的流动)贯穿始终，引导资金流(货币流动)正向流动的动态过程。

对于电子商务系统而言，交易模式和商务流程是极为重要的。电子商务交易流程基于传统商务流程，但又与传统商务流程有所不同。

2.3.1 基于互联网的交易模式

根据电子交易的参与者销售方式的差别，下面分别来了解这 3 种交易模式的基本业务流程：网络商品直销、企业之间网络交易和网络商品中介交易。

1. 网络商品直销模式

网络商品直销是指生产厂商借助联机网络、计算机通信和数字交互式媒体且不通过其他中间商，将网络技术的特点和直销的优势巧妙地结合起来进行商品销售，直接实现营销目标的一系列市场行为，其流程如图 2.8 所示。

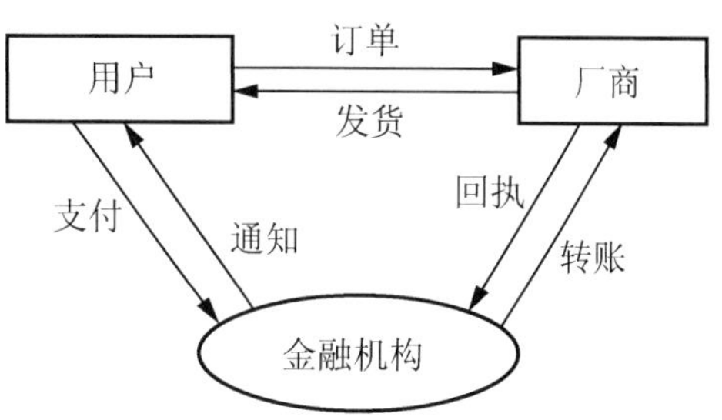

图 2.8 网络商品直销流程

1) 网络商品直销过程

由图 2.8 可以看出网络商品直销流程包括以下几个步骤。

(1) 用户通过互联网浏览厂商页面，向商家发出购货订单。

(2) 用户选择支付方式。

(3) 厂商验证支付信息。

(4) 用户付款信息得到确认后，厂商通知销售部门给用户送货。

(5) 用户的开户银行将支付款项转账到商家的开户行，并通知消费者，网络商品直销完成。

为保证交易过程的安全性，需要有一个认证机构对在互联网上交易的买卖双方进行认证，以确认其真实身份，图2.8演变为图2.9。

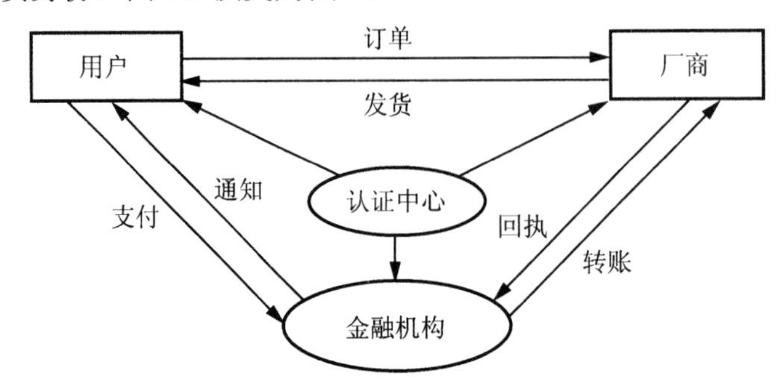

图2.9　包含认证中心的网络商品直销

2) 网络商品直销的优点

网络商品直销的最大特点是供需直接见面、环节少、速度快、费用低。

(1) 对用户来说，只需访问企业的网页，即可清楚地了解所需商品的品种、规格、价格等情况，而且主页上的价格既是企业产品的出厂价，同时也是用户接受的最终价。网络商品直销有效地减少了交易环节，大幅度降低了交易成本，从而降低了用户所购商品的最终价格。另外，许多使用中经常出现的问题，用户都可以通过查阅企业的主页找到答案，或者通过E-mail与企业的技术人员直接交流。

(2) 对厂家来说，减少了分销商层层加价的过程，从而使企业的销售利润大幅度提高，竞争力不断增强。网络商品直销还能够有效地减少售后服务的技术支持费用，减少技术服务人员的数量和技术服务人员出差的次数，从而降低企业的经营成本。

3) 网络商品直销的不足

(1) 购买者只能从网络广告上判断商品的型号、性能、样式和质量，对实物没有直接的感知，在很多情况下可能产生错误的判断，而某些生产者也可能利用网络广告对自己的产品进行不实的宣传，甚至可能打出虚假广告欺骗顾客。

(2) 购买者利用信用卡进行网络交易，不可避免地要将个人银行信息输入网络终端，使犯罪分子可能利用各种高新科技的作案手段窃取用户的信用卡卡号和密码信息，进而盗窃用户的钱款，支付过程的安全性受到威胁。

2. 企业之间网络交易模式

企业之间网络交易模式是B2B电子商务的一种基本形式。企业以信息化的内部管理作为网络交易的起点，从寻找和发现客户出发，企业利用自己的门户网站或网络服务商的信息发布平台，发布商品供求、合作、招投标等商业信息。借助互联网超越时空的特性，企业可以方便地了解到世界各地其他企业的购买信息，同时也有随时被其他企业发现的可能。通过外部的商业信用平台，买卖双方可以进入信用调查机构申请对方的信用调查；通过产品质量认证平台，可以对卖方的产品质量进行认证；然后在信息交流平台上通过对价格协商，运输与交货环节的确认，签订购物合同后，就可以实施电子支付并委托物流企业给用户发货。用户反馈产品信息可以直接进入企业网站，整个B2B的电子商务交易流程如图2.10所示。

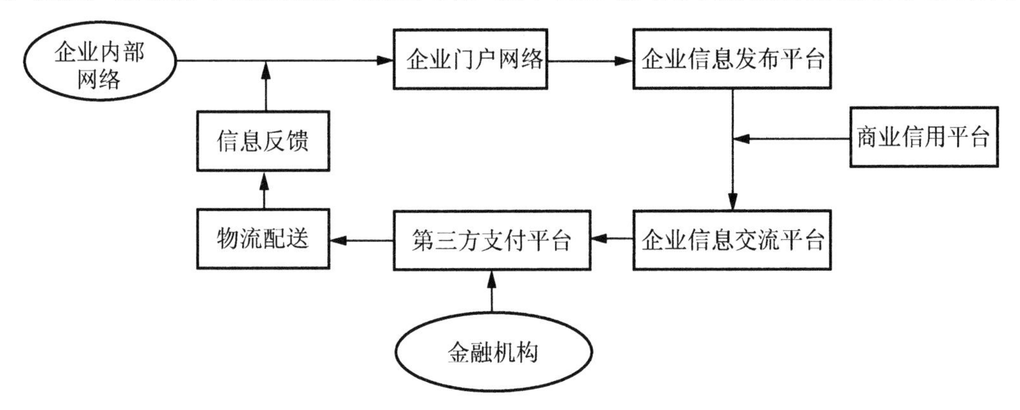

图2.10　企业之间网络交易流程

3. 网络商品中介交易模式

网络商品中介交易模式是指交易的双方不发生直接的沟通，而是通过网络商品交易中心，即虚拟网络市场进行的。在整个过程中，交易中心以互联网为基础将商品供应商、采购商和金融机构紧密地联系起来，配合认证中心对交易各方的身份认证，为交易的各方提供市场信息、商品交易、仓储配送、支付结算等全方位服务，其流程图如图2.11所示。

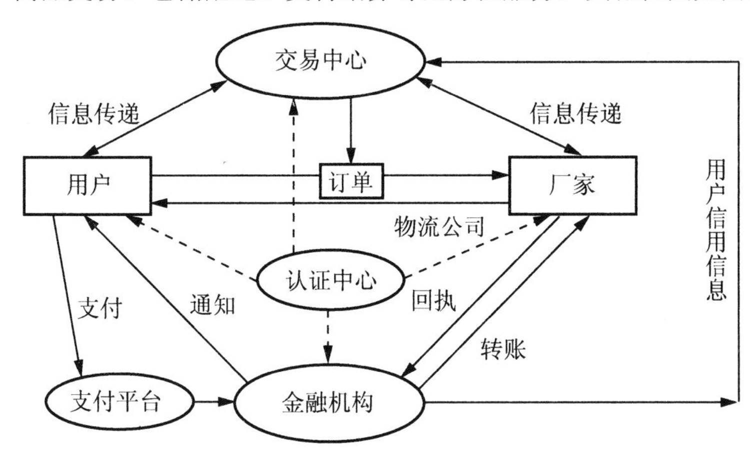

图2.11　网络商品中介交易流程

网络商品中介交易流程可以分为以下几个步骤。

(1) 交易双方将供需信息通过网络上传给网络商品交易中心，交易中心向参与者发布大量的、详细的交易数据和市场信息。

(2) 交易双方根据交易中心提供的信息选择自己的贸易伙伴，交易中心从中撮合，促使交易双方签订合同。

(3) 买方在交易中心指定的支付平台办理付款手续。

(4) 交易中心委托物流公司将卖方的货物送交买方。

(5) 金融机构向交易双方发送收、付款信息。

(6) 交易中心向交易双方发送发货信息。

金融机构向交易中心提供用户的信用信息，认证中心在交易执行之前确认交易各方的合法身份。如果对交易过程有较高的安全性要求，也可以启用更高级别的动态认证方式，即在交易进行的每一次信息传递过程中，都使用一次对参与交易各方的认证程序。

2.3.2 电子商务交易的一般流程

通过电子商务，企业可以更及时、更准确地获取消费者信息，从而确定订货数量、减少库存，并通过网络促进销售，以提高效率，降低成本，获取更大的利益。

对于商品生产企业来讲，它的传统商务流程大致可以描述为：需求调查→材料采购→生产→商品销售→收款→货币结算→商品交付。

引入电子商务之后，这个流程就变成：以电子查询的方式进行需求调查→以电子单证的形式调查原材料信息并确定采购方案→通过电子广告促进商品销售→以电子货币的形式进行资金接收→通过电子银行进行货币结算→商品交付。

至于处在流通领域的商贸企业，由于没有生产环节，因此对它们而言，电子商务活动就几乎覆盖了全部的企业经营管理活动，它们主要是通过获取的信息进行订货、运输、促销等一系列的经营管理活动，从而提高企业效率，达到赢利的目的。

具体来讲，电子商务流程可以从消费者和销售商两个方面考虑。从消费者来看，商务流程指出了一个采购者在购买一个产品或服务时所发生的一系列活动；从销售商来说，商务流程定义了订货管理系统为了完成消费者的订单所采取的一切措施。

这里主要考察在引入电子商务前后，一般商贸实物操作所需要的常规步骤。通过比较进一步了解电子商务交易所要完成的常规任务，这主要包括：供求信息发布、贸易磋商和签订合同、结算付款环节3部分。

1. 供求信息发布

供求信息发布过程主要是指买卖双方在交易合同签订之前的准备活动。

传统的做法是：买方根据自己的需要，通过广告等媒体了解所需购买的商品的信息、供货商，以及价格等，进行货源市场调查和市场分析，修改购货计划，并按计划确定购买商品的种类、数量、规格、购货地点和交易方式等。整个过程费时费力，加上所能得到的信息有限，很难获得最佳货源和最低价格。卖方则用各种各样的电视广告、报纸、户外媒体来宣传自己，千方百计地想办法推销自己的产品。从这个意义上讲，传统的交易前的准备实际上就是买卖双方通过广告等传统媒体进行商品信息发布、查询和匹配的过程。

在网络环境下，这一切活动都有所演变。演变成卖方利用互联网和各种贸易网络发布商品广告，积极上网推出自己商品的信息资源，寻找贸易伙伴和交易机会，扩大贸易范围和商品所占的市场份额；买方则随时上网查询自己所需的商品信息资源，推拉互动，共同完成商品信息的供需实现过程。在电子商务系统中，贸易信息的交流通常都是通过双方的网址和主页来完成的。电子商务环境下的供需实现方式如图2.12所示。这种信息的沟通方式无论从效率上，还是实践上都是传统方法无法比拟的。这个过程以计算机和网络为主要工具，支持信息查询过程的软件系统一般称为支持交易前的系统。支持交易前的系统是电子商务中应用得最成功的一部分。

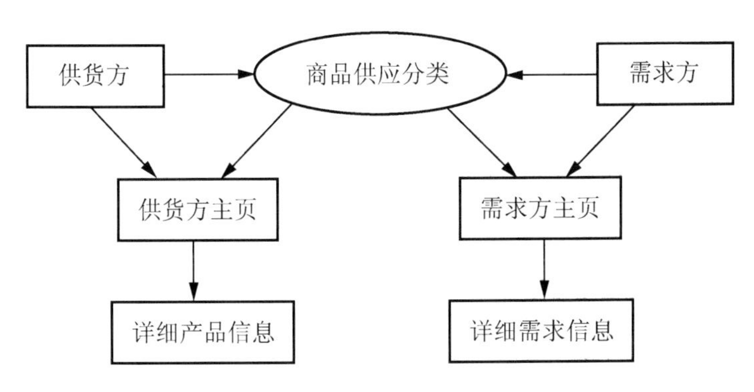

图 2.12 电子商务环境下的供需实现方式

2. 交易磋商和签订合同

交易磋商和签订合同主要是指买卖双方对所有交易细节进行磋商，将双方磋商的结果以书面文件形式签订合同。

在商品买卖双方都了解了有关商品的供需信息后，具体的商品交易磋商过程就开始了。在传统的贸易过程中，常常通过邮寄、电话、传真等方式传递单证，受到时间与空间的限制，安全性也无法得到保证，并且比较昂贵，特别是交易磋商回合较多时更是这样。

电子商务环境下，整个磋商过程可以在网上完成。原来交易磋商中的单证交换过程，在电子商务环境下演变为记录、文件和报文在网络中的传递过程。各种各样的电子商务系统(如 EDI)和专用数据交换协议自动地保证了网络信息传递过程的确定性和安全可靠性。各类商务单证、文件，如价目表、报价单、询盘、发盘、还盘、订单、订购单应答、订购单变更请求、运输说明、发货通知、付款通知等，在电子商务中都变成了标准的报文形式，从而提高了整个交易过程的效率，减少了漏洞和失误，规范了整个贸易过程。交易磋商过程如图 2.13 所示。

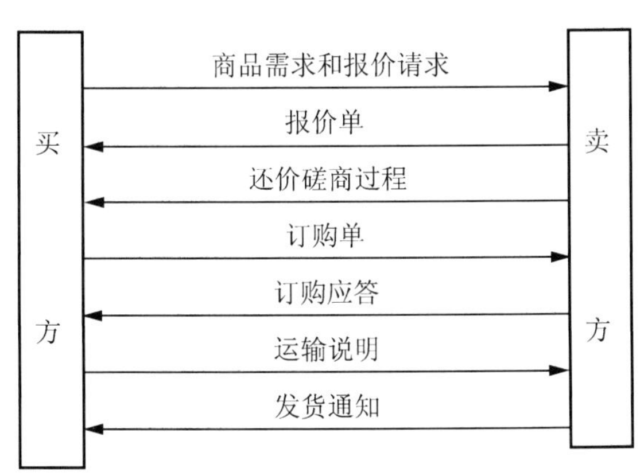

图 2.13 交易磋商过程

在电子商务应用过程中，以计算机和网络为主要工具的交易磋商和签订合同的过程称为支持交易过程中的系统。该系统实际上就是在支持交易前系统的基础上更进了一步，它支持买卖双方完成交易磋商直到电子合同签订的整个过程。

3. 结算付款环节

买卖双方“签订”电子合同后，交易涉及的有关各方如中介方、金融机构、信用卡公司、海关系统、商检系统、保险公司、税务系统、运输公司等将参与到交易过程中来。买卖双方要利用与电子商务有关的各方面进行各种电子票据和电子单证的交换，直到办理完可以将所购商品从卖方按合同规定开始向买方发货的一切手续为止，其间最重要的是电子支付环节。

传统的以现金和支票为基础的付款方式在网络环境下有很大的改变。改变的结果是，原来的支票支付方式被电子支票方式所取代，原来的现金支付方式被信用卡和电子现金所取代。电子商务中的电子支付系统即支持交易后的系统。该系统是在前两者的基础上再进一步，能够完成资金的支付、清算、承运、发、到货管理等。这类系统由于涉及银行、运输等部门，所以运行机制的复杂程度和系统开发的难度会大大增加。

这一阶段是从买卖双方完成所有各种手续之后才开始的，卖方要备货、组货，同时进行保管、保险等，卖方将所卖商品交付给运输公司包装、起运、发货，买卖双方可以通过电子贸易服务器跟踪发出的货物。银行和金融机构按照合同处理双方收付款、进行结算、出具相应的银行单据等，直到买方收到自己所购的商品，才完成整个交易过程。索赔是在买卖双方交易过程中出现违约时需要进行违约处理的工作，由受损方向违约方索赔。电子支付环节的完善是电子商务真正实现的基础，目前只有少数发达国家建立了完善的电子支付体系。

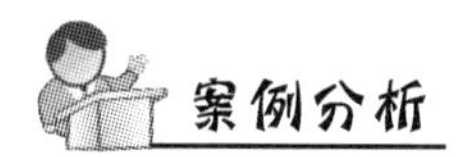

拍卖网站引导网上交易的复苏——eBay

网络经济的复苏使人们对电子商务的各种交易模式开始进行重新审视。现在的市场证明，B2C烧钱容易挣钱难；也有人认为，B2C的盈利只是时间长短的问题，关键是把用户培养起来，当数量达到一定的程度时，盈利肯定没问题。但电子商务的发展历程使人们有理由相信：B2C的盈利既不会像前者说得那么难，也不会像后者说得那么容易。在全球B2C盈利之前，人们发现了虽然不是电子商务的主流，但代表了电子商务的重要发展方向的C2C电子商务网站eBay。

eBay公司成立于1995年9月，总部设在美国，目前是全球最大的网络交易平台之一，为个人用户和企业用户提供国际化的网络交易平台。eBay一成立就开始盈利，从1998年股票上市开始，eBay股票一直排在纳斯达克的前十名，众多投资者都看好它的盈利模式。

2001年，通过eBay完成的交易超过90亿美元。公司的报告收入为7.5亿美元，经营收入为1.4亿美元，净利润为0.9亿美元。eBay是当时唯一报告收益稳定增长的互联网公司。公司的市场资本股本高达100亿~200亿美元。eBay同时积极寻找新的市场和产品，努力开辟世界市场。eBay在加拿大、英国、德国、新西兰和澳大利亚等20多个国家都经营或开通了贸易网站。2002年3月收购了中国最大的网上拍卖网“易趣”。如今eBay已有1.471亿注册用户，有来自全球29个国家的卖家，每天都有涉及几千个分类的几百万件商品销售，成为世界上最大的电子集市。2003年交易额为238亿美元，净收入22亿美元。2014年2月19日，eBay宣布收购3D虚拟试衣公司PhiSix。

《金融时报》以题为“就像网络按下了‘刷新’按钮，eBay引导着在线服务的复苏”的报道，提请人们关注互联网经济黄金时期的到来，以期恢复投资者对互联网经济的信心。

eBay，这个互联网上的跳蚤市场，它的市值再一次与 Sears、The Gap 和联邦百货店的总和一样多。在线旅游服务商 Expedia 现在比美国最大的 6 家航空公司加起来还要值钱。亚马逊股票的交易量是 Barnes&Noble 和 Borders 之和的 4 倍。

随着少量的幸存者从废墟中挣扎出来，互联网兴旺时期的股票价格又回来了。只有在这个时期，网页才成为非同寻常的商业战场。现在股票价格的主要评价标准是真实的销售量和收入，而不是眼球和点击率。

看一下美国，媒体企业家巴里·迪勒终于摆脱了网页排行的最后一名，正在商谈收购财经服务网站 LendingTree。通过 Expedia 和 Hotel.com，迪勒先生已经成为世界上最大的在线旅游代理商。但他说这只是开始，美国旅游只有 15%是通过在线销售的，而欧洲只有 1%，还有很大的增长空间。行业预言家认为，接下来的某个时间，通过在线方式订购旅游服务的美国人将达到一半以上。

现在的股票价格已经把增长视为定局。eBay 的股票价格已经回升到它在.com 繁荣期的顶峰。据华尔街著名的一家投资公司梅里尔·林奇公布，过去 12 个月科技股中唯一上涨的就是互联网股票。

eBay 的收入已经从 2 亿美元(1.28 亿英镑)上升到了 12 亿美元，而利润却从 0.1 亿美元跳跃到 2.5 亿美元。亚马逊的收入虽然是原来的两倍多，却没有为它的股东创造可观的利润。

梅里尔·林奇的技术战略家斯蒂夫·米鲁诺维奇说，“互联网是现实的，其他技术正在摆脱原来的束缚创造更大的市场”。“在微软面世以前，人们写作是不用电脑的”。

网络企业今年的收入虽然大涨，但与传统的股票相比，互联网公司现在仍然属于另类。为了保持指数的增长，互联网的幸存者应该掌握新的技能。下面是战胜其他传统公司的 3 个要点。

(1) 并购。.com 公司已经开始收购小型幸存者巩固自己的地位和开拓新的市场。除了迪勒先生的获取计划外，雅虎已经购买了互联网搜索和在线招聘公司，eBay 购买了最大的在线支付公司。

(2) 新技能。当进入新市场时对已经存在的客户提供跨业务的销售和服务。迪勒先生的承诺是，他可以对为了订购机票访问 Expedia 的顾客销售运动场馆门票和宾馆房间——这听起来很简单，但那些大的客户公司却不愿意这样做。

(3) 必须征服世界。虽然这并不算成熟，听起来有些困难，但美国的互联网市场却在逐步朝着这个方向发展，保持指数增长的最好机会是将美国的.com 公司成功输出。Fahnestock 的分析家彼德·米尔斯基说，“例如 Hotels.com 和 Expedia，一些增长最快的公司已经面向海外了。”

eBay 的国际收入在狂涨，同时雅虎为了获得更大的海外市场，正在计划减少美国的商业活动。

也许并不是所有的消费者都像美国人那样喜欢网络。米尔斯基说，“欧洲人拥有更少的信用卡和 PC，对于新技术存在更多的怀疑。”安全问题的挫折将阻止国际扩张的步伐。但是华尔街“买”的征兆，标志着下一代电子商务跨国公司已经为征战世界做好了准备。

资料摘自：R. waters. *eBay leads online revival as net hits the refresh button. Financial Times*，9 May 2003。

案例思考：

1. 互联网公司如何战胜其他传统公司？
2. eBay 是如何走向国际化的？
3. eBay 是如何创造它的盈利神话的？

复习思考题

一、名词解释

1. B2B
2. B2C

3. C2C

二、选择题

1. 垂直交易市场的明显特征是(　　)。

A. 专业性强　　B. 务范围广

C. 利润来源广　　D. 有效客户多

2. (　　)的企业定位于向不同的细分市场提供不同的产品。

A. 市场专门化　　B. 有选择的专门化

C. 产品专门化　　D. 完全市场

三、简答题

1. 简述水平交易市场与垂直交易市场的区别。
2. 基于市场开放程度不同，电子市场可以分为哪3种市场，它们各有什么特点？
3. 试述电子商务目标市场的种类及各自的特点。
4. 简述基于互联网络的交易模式的交易流程。
5. 电子商务交易的一般流程分哪几步，每一步的具体任务是什么？

第3章 网络营销

学习目标

通过本章的学习，了解网络营销的概念和网络营销的特征，网络产品价格策略及定价方法，网络营销活动的三个过程，网络营销五个层次的特征和实现条件，网络营销呈现的新特点，了解现代化的网络营销服务的内容及特征。

教学要求

教学模块	知识单元	相关知识点
网络营销概述	(1) 网络与网络营销 (2) 网络营销特征 (3) 网络营销战略规划	网络营销的概念，网络营销的功能及优势，网络营销活动的内容，网络市场的特征，网络产品价格策略及定价方法，网络营销战略规划
成功电子商务站点战略评析	(1) 排序结果与分析 (2) 必备的服务内容 (3) 结论和建议	电子商务网站服务环节排列次序分析，合格的电子商务网站应具备的内容，建设电子商务网站时应注意的方面
网络营销的过程、层次与策略	(1) 网络营销过程 (2) 网络营销层次 (3) 网络营销策略	网络营销活动的三个过程，网络营销的五个层次，网络营销策略，网站通过访问量获取利润的要点
网络营销的新特点	(1) 网络营销服务渐成气候 (2) 网络营销的欺诈行为呈现新的特点 (3) 亚马逊的网络营销策略	网络营销服务的特征，网络营销欺诈行为的新特点，以亚马逊为例分析如何利用高科技手段开展网络营销，实现让客户满意的现代服务

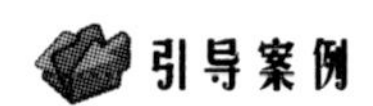
引导案例

南航微信营销：服务即营销式①

2013 年 8 月 5 日，微信 5.0 于苹果商店上线，该版本或许是微信发展史上最重要的一个版本之一。为了防止公众账号对普通用户的骚扰，微信将公众账号分为订阅号和服务号两类，与此同时，微信官方开始大力提倡企业微信公众账号做服务而非营销。

南航作为服务号的代表从中脱颖而出。2013 年 1 月底，南航微信发布第一个版本，随着功能的不断开发完善，机票预订、办理登机牌、航班动态查询、里程查询与兑换、出行指南、城市天气查询、机票验真等这些通过其他渠道能够享受到的服务，用户都可通过南航微信公众平台来实现。

截至 2013 年 4 月 25 日，南航微信用户达到 20 万人。其中有 2 万～3 万人通过微信绑定了会员卡，绑定后，用户还可以直接通过微信获取里程查询、里程累积等会员服务。南航并没有用营销而是用服务实现了粉丝的迅速增长，这在之前可能并没人预料得到。南航通过微信进行线上服务与营销，正是当今企业开展网络营销的一种主要手段。

南航总信息师胡臣杰在接受媒体采访时说道："对今天的南航而言，微信的重要程度，等同于 15 年前南航做网站!"胡臣杰的话体现了从传统媒体时代到新媒体时代的变迁。

小思考

结合引导案例，思考一下，南航为什么适合做微信营销？企业开展网络营销具体需要什么样的环境？什么样的企业适合做网络营销？

互联网正在现实的基础上构筑并发展成一个新的时空，这种发展已从根本上改变了原有的经济格局，使网络正在成为新的商业环境。如今，随着移动网络的飞速发展，越来越多的企业需要借助网络手段进行营销，因此，对于网络媒体及网络营销的研究就显得尤为重要。网上营销的迅猛发展，正在打破陈旧的商业习惯，创造新的机遇，对企业管理形成新的挑战。对于从事网络营销的企业来说，营销策略正确与否关系到企业的生死存亡。因此，在新的营销环境下必须合理运用新的营销手段，吸引越来越多的消费者转向网络购物，以提高企业在网络市场的知名度和占有率。本章将介绍网络营销的概念、商务网站建设、网络营销的要领和层次，以及网络营销的新特点。

3.1 网络营销概述

电子商务是指利用互联网进行的各种商务活动，是一个比较广泛的概念，而网络营销是电子商务的一个子集，是在互联网的基础上主要面向消费者的商务营销活动。全程电子商务必须解决与电子支付相关的技术、安全和法律问题，同时也要有高效率、低成本的配

① http://tech.qq.com/a/20130703/014394.htm，有整理改动。

送系统的支撑；而网络营销只需要在网络平台上进行有效果的推广活动以吸引消费者的关注，增进消费者对企业的认知程度。因此，网络营销的成熟是实现电子商务发展的推动力。

3.1.1 网络与网络营销

随着互联网技术的发展和电子商务的普及，传统的营销手段已经难以适应时代的发展，新的营销手段——网络营销悄然产生。那么，什么是网络营销(Cyber-Marketing)呢？字典中“cyber”一词解释为“控制复杂系统的科学”，而在实际应用中，其含义还演化为计算机和通信实现交汇的无形“空间”。这样，“网络营销”即被理解为借助联机网络、计算机通信和数字交互式媒体的威力来实现营销目标的一种营销方式。网络营销是直接市场营销(Direct Marketing)的新形式，只是由互联网替代了诸如报纸、邮件、电话、电视、广播等中介媒体，但不是直销(Direct Selling)。

1. 网络与营销

企业在进行经营的过程中，为了有效地把握市场以实现其营销目标，从创意开始，直到产品、服务观念和销售渠道等商务活动的全过程，都需要悉心地规划和具体地执行。从这个角度看，互联网实际上具备以下几种营销的特质。

(1) 互联网无所不及，它超越时空限制，并具备传送文字、声音、动画和影像的多媒体能力，较之传统的媒体，在表现的可能性和内容的丰富性上要杰出得多，可以使营销人员的创意得到充分的发挥。

(2) 互联网可以展示丰富的商品类型和详细的商品目录，可以和顾客做双向沟通，可以收集市场情报，可以进行产品测试与消费者满意调查等，是产品设计、商品信息提供以及顾客服务的最佳工具。

(3) 互联网上的促销是一对一的、理性的、消费者主导的、非强迫的、循序渐进的，同时也是一种低成本与人性化的促销，因此符合分级与直销的发展趋势。

(4) 由于互联网使用者数量快速增长并遍及全球，因此这是一项极具开发潜力的市场渠道。互联网上的营销可由提供商品信息开始直至收款、售后服务一气呵成，因此也是一种全过程的营销渠道。

2. 网络营销的功能及优势

网络营销是以现代营销理论为基础，由以推销产品为中心的传统营销的“4P”(Product、Price、Place、Promotion，即产品、价格、市场、促销)转向以满足客户需求为中心的“4C”(Customer、Cost、Convenience、Communication，即客户、客户愿意付出的费用、对客户的方便性、与客户的沟通)。

(1) 网络营销的功能。网络营销贯穿在企业经营的整个过程中，包括市场调查、客户分析、产品开发、生产流程、销售策略、售后服务、反馈改进等环节。网络营销功能的实现可由浅入深，由简到全，从做一个主页到经营网站；从做广告到建立客户关系管理系统；从发电子邮件到建立供应链管理系统。

(2) 网络营销的优势。从传统的直接市场营销发展到数据库营销，再到网络营销，网络营销是直接市场营销的最新形式。网络营销具备其他直接市场营销形式的一切优点，如直接面向客户、可定向服务、可获得反馈信息、无地域限制、相对成本较低等。同时网络营销又具有自身特有的优势：广域性——覆盖全球，交流通畅；实时性——即刻送达，即刻反馈；互动性——客户参与，充分沟通；低成本——建设费少，维护费低；可扩展——支持其他营销，可发展为电子商务。

3. 网络营销活动内容

就目前应用而言，企业通过互联网开展的营销活动主要包括以下几种。

1) 发布电子广告，传递产品信息

目前，已有为数众多的公司在互联网上建立了自己的服务器，即时向全球发布产品信息，例如IBM公司、福特汽车公司等。这些信息有声有色，图文并茂，是一种非常好的广告宣传手段。它与传统的广告相比，无论是在宣传范围的广度和内容的深度方面，都具有无与伦比的优点。目前，网上主要的宣传、促销工具有：电子邮件、搜索引擎、网络视频、微信、微博、手机App，以及个性化服务等方式。

2) 建立电子商场

将商场的商品以多媒体信息的方式，通过互联网供全球顾客浏览、选购，这是国外一些大商场正在探索的一种促销方式。顾客可以在家“逛商场”，通过互联网浏览分布在不同商场的商品。顾客见到的可以是商品的图像、文字介绍、技术参数指标、同类产品比较等，价格和售后服务内容也一目了然。

3) 获取商情动态

互联网还提供对商业活动十分有用的信息，用户可以免费索取。例如美国商务部在互联网上设立了一个电子公告，提供数万份有关国际贸易的资料，其中700多份每日更新一次。该公告有20个专题，内容包括全球的最新经济动态、经济发展指数、金融指数等。它还提供分类商品清单等。

4) 开展网络服务

国外近年来出现了一批利用互联网资源为用户服务的公司。这些公司大致可分为：互联网访问、信息检索、软件开发，以及用户咨询与培训4大类，其中第一类公司数量最多，约占90%，它们为用户提供互联网的硬件接口，利用自己拥有的网络与通信资源，为用户提供互联网连接。还有一些公司将互联网的信息作为“原料”进行加工，制成“商品”后销售给用户。它不但解除了急需获得信息的用户大海捞针之苦，而且经过翻译还排除了文字上的障碍。当然要想顺利开展网络营销活动，创建一个好的网上商务站点是前提。

3.1.2 网络营销的特征

1. 网络营销的内涵

对网络营销(有时也称为网上营销、网络行销、互联网营销等)的理解，不同的人可能会有不同的方式，比如，有些人认为网络营销就是在网上卖东西，也有些人认为在网上发布一些供求信息或者向潜在用户发送电子邮件就是网络营销。一些学者或网络营销从业人员对网络营销的研究和认识也往往侧重某些不同的方面：有些人偏重网络本身的技术实现手段；有些人注重网站的推广技巧；也有些人将网络营销等同于网上销售。当然，这些活动都和网络营销有着直接的关系，在某些方面反映了网络营销的思想，但这些并不是网络营销的全部内容，也不可能反映出网络营销的全貌。

为了理解网络营销的全貌，有必要为网络营销下一个比较合理的定义：“网络营销是企业整体营销战略的一个组成部分，是为实现企业总体经营目标所进行的，以互联网为基本手段所营造的网上经营环境的各种活动。”

据此定义，网络营销的核心思想就是“营造网上经营环境”。所谓网上经营环境，是指企业内部和外部与开展网上经营活动相关的环境，包括网站本身、顾客、网络服务商、合作伙伴、供应商、销售商、相关行业的网络环境等，网络营销的开展就是与这些环境建立关系的过程，这些关系处理好了，网络营销也就卓有成效了。

网上经营环境的营造主要通过建立一个以营销为主要目的的网站，并以此为基础，通过一些具体策略对网站进行推广，从而建立并扩大与其他网站之间以及与用户之间的关系，其主要目的是为企业提升品牌形象、增进顾客关系、提高顾客服务质量、开拓网上销售渠道并最终扩大销售。

2. 网络营销的特点

1) 网络营销是手段而不是目的

网络营销具有明确的目的和手段，但网络营销本身不是目的，网络营销是营造网上经营环境的过程，也就是综合利用各种网络营销方法、工具、条件并协调其间的相互关系，从而更加有效地实现企业营销目的的手段。

2) 网络营销不是孤立的

网络营销是企业整体营销战略的一个组成部分，网络营销活动不可能脱离一般营销环境而独立存在，在很多情况下，网络营销理论是传统营销理论在互联网环境中的应用和发展。由此也确立了网络营销在企业营销战略中的地位，无论网络营销处于主导地位还是辅助地位，都是互联网时代市场营销中必不可少的内容。

3) 网络营销不是网上销售

网上销售是网络营销发展到一定阶段的结果，网络营销是为实现产品销售目的而进行的一项基本活动，但网络营销本身并不等于网上销售。这可以从以下3个方面来说明。

(1) 网络营销的效果表现在多个方面，例如提升企业品牌价值、加强与客户之间的沟通、拓展对外信息发布的渠道、提高顾客服务质量等。

(2) 网站的推广通常不仅仅靠网络营销，往往还要采取许多传统的方式，如在传统媒体上做广告、召开新闻发布会、印发宣传册等。

(3) 网络营销的目的并不仅仅是为了促进网上销售，很多情况下，网络营销活动不一定能实现网上直接销售，但是可能会促进网下销售量的增加，并且增加顾客的忠诚度。

4) 网络营销不等于电子商务

网络营销和电子商务是一对既紧密相关又具有明显区别的概念，但是许多人对网络营销的认识还存在一定的误区。网络营销是企业整体营销战略的一个组成部分，无论传统企业还是互联网企业都需要网络营销，但网络营销本身并不是一个完整的商业交易过程，而只是一种促进商业交易的手段。电子商务主要是指交易方式的电子化，可以将电子商务简单地理解为电子交易，电子商务强调的是交易行为和方式。所以，可以说网络营销是电子商务的基础，开展电子商务离不开网络营销，但网络营销并不等于电子商务。

5) 网络营销不是“虚拟营销”

网络营销不是独立于现实世界的“虚拟营销”，只不过是传统营销的一种扩展，即向互联网上的延伸，所有的网络营销活动都是实实在在的。网络营销的手段也不仅限于网上，而是注重网上与网下相结合，网上营销与网下营销并不是相互独立的，而是一个相辅相成、互相促进的营销体系。

网络营销具有传统营销根本不具备的许多独特的、十分鲜明的特点，主要表现在以下几点：具有鲜明的理论性、市场的全球性、资源的整合性、明显的经济性、市场的冲击性、极强的实践性。

小思考

结合网络营销的特点，根据你自己的理解，谈谈什么是网络营销。

3. 网络市场的特征

随着互联网及万维网的盛行，利用无国界、无区域界限的互联网来销售商品或提供服务，成为买卖通路的新选择，互联网上的网络市场成为21世纪最有发展潜力的新兴市场，从市场运作的机制看，网络市场具有以下基本特征。

1) 虚拟的经营方式

互联网技术的发展使企业可以在网上实现虚拟经营，不需要实体店面，即可完成企业的运作流程。现在，很多微店的店主都没有实体仓库，他们在微店中只需将商品图片上传，如果有顾客订货，店家就通过微信或其他电子通信方式联系货主，直接在上游供货商手中购买商品，直接从供货商方发货，再通过移动支付手段收钱。不需要接触实物，即可完成一次网上贸易。

2) 无存货的经营形式

互联网上的商店可以在接到顾客订单后，再向厂家订货，而不需将商品陈列出来以供顾客选择，只需在网页上打出货物菜单以供选择。这样店家不会因为存货而增加其成本，其售价比一般的商店要低，这有利于增加网络商家和“电子空间市场”的魅力和竞争力。

3) 低成本的竞争策略

网络市场上的虚拟商店，其成本主要涉及自设Web站成本、软硬件费用、网络使用费，以及以后的维持费用。它通常比普通商店经常性的成本要低得多，这是因为普通商店需要昂贵的店面租金、装潢费用、水电费、营业税及人事管理费用等。Cisco在其互联网网站中建立了一套专用的电子商务订货系统，销售商与客户能够通过此系统直接向Cisco公司订货。此套订货系统的优点是不仅能够提高订货的准确率，避免多次往返修改订单的麻烦；最重要地是缩短了出货时间，降低了销售成本。据统计，电子商务的成功应用使Cisco每年在内部管理上能够节省数亿美元的费用。EDI的广泛使用及其标准化使企业与企业之间的交易走向无纸贸易。在无纸贸易的情况下，企业可将购物订单过程的成本缩减80%以上。在美国，一个中等规模的企业一年要发出或接收的订单在10万张以上，大企业则在40万张左右。因此，对企业，尤其是大企业，采用无纸交易就意味着节省少则数百万美元，多则上千万美元的成本。

4) 无时间限制的全天候经营

虚拟商店不需要雇用经营服务人员，可不受劳动法的限制，也可摆脱因员工疲倦或缺乏训练而引起顾客反感所带来的麻烦，而一天24小时，一年365天的持续营业，这对于平时工作繁忙、无暇购物的人来说有很大的吸引力。

5) 跨地域的经营范围

联机网络创造了一个即时全球社区，它消除了同其他国家客户做生意的时间和地域障碍。面对提供无限商机的互联网，国内的企业可以加入网络行业，开展全球性营销活动。如浙江省海宁市皮革服装城加入了计算机互联网跻于通向世界的信息高速公路，很快就尝到了甜头。把男女皮大衣、皮夹克等17种商品的式样和价格信息输入互联网，不到两小时，就分别收到10多家海外客商发来的电子邮件和传真，表示了订货意向。服装城通过网上交易仅半年时间，就吸引了美国、意大利、日本、丹麦等30多个国家和地区的5 600多个客户，仅仅一家雪豹集团就实现外贸供货额1亿多元。

6) 精简的营销环节

顾客不必等经理回复电话，可以自行查询信息。客户所需资讯可及时更新，企业和买家可快速交换信息，网上营销使商家在市场中快人一步，迅速传递出信息。今天的顾客需求不断增加，对欲购商品资料的了解，对产品本身要求有更多的发言权和售后服务。于是精明的营销人员能够借助联机通信所固有的互动功能，鼓励顾客参与产品的更新换代，让他们选择颜色、装运方式、自行下订单。在定制、销售产品的过程中，为满足顾客的特殊要求，让他们参与得越多，售出产品的机会就越大。总之，网络市场具有传统的实体化市场所不具有的特点，这些特点正是网络市场的优势。

在网络市场中进行营销有什么优势？

答：

(1) 虚拟的经营方式——无须投入过多的人力，占用少量物理资源即可正常运营。

(2) 无存货的经营形式——虚拟生产，不或少量占用库存。

(3) 低成本的竞争策略——投入较少，网络贸易节省成本。

(4) 无时间限制的全天候经营。

(5) 跨地域的经营范围。

(6) 精简的营销环节——过程电子化、智能化，不需要过多的环节，精简过程。

3.1.3 网络营销的战略规划

1. 企业创建网上商务站点需要考虑的基本因素

创建经营一个网上商务站点除了有相应的技术支持，还需要考虑很多因素，其中最重要的是市场性分析。企业要想通过互联网出售产品或提供服务，必须分析其产品与服务是否适合于电子商务，一个成功的电子商务应为其上网产品考虑以下6个要素。

1) 目标市场情况

产品或服务的目标应与互联网用户一致，定位成功是关键。因为互联网所销售的产品或服务的消费者首先是作为互联网的用户，他们比较年轻，收入水平在中等以上，教育水平也高于平均水平，他们喜欢创新，对新产品和新技术情有独钟。当然，随着上网人数越来越多，目标市场也在不断变化，而且，国内外的情况也有较大差别。像亚马逊和戴尔这样的企业网上销售成功的原因，首先在于其市场定位的准确。

2) 市场环境

如果企业的竞争对手尚未使用电子商务，那么首先进入电子商务的企业无疑更可能成功。此外，良好的国际和地区经济环境、政府部门的支持，以及市场所在地互联网设施的完备程度都对电子商务的成功有影响。

3) 产品、服务与品牌

如果顾客熟悉企业的名字或其品牌，无疑会给企业电子商务的成功带来动力。此外，电子商务是否方便了顾客，有没有采用吸引顾客的高技术，有没有提供传统商务不具备的服务等，都将对其成功产生很大的影响。

4) 其他推动力

要采用各种方式推动电子商务的发展，例如，利用传统的报纸、电视等广告媒介可以宣传企业的网站和企业的电子商务。

5) 价格

对于价格经常变动的产品与服务，电子商务无疑是报价的理想方式。

6) 送货渠道

顾客在网上购物后，企业如果有发达的送货网络迅速将产品送到顾客手中，无疑会提高电子商务的成功性。如果有国际送货渠道，市场潜力将更强。

2. 网络营销的适用产品

不同的产品适合采用不同的销售渠道，网络营销也有其适用范围。准备上网的企业必须考虑自己的产品利用网络营销这种方式是否能获得成功？首先应该清楚的是，并不是所有产品与服务都能够上网销售，比如，对在所谓“网上生存72小时”活动中大出风头的豆浆油条，网上销售至多只能是一个辅助销售渠道。那些在作出购买决策之前需要尝试或详细观察的产品或服务在网络上销售成功的可能性就不大。

据统计，目前在网上销售中比较成功的有以下产品。

1) 计算机软硬件产品

计算机软硬件产品在网上的销售一直很活跃。其原因主要有两点：首先，网络用户大多数是计算机发烧友，对于这类信息最为热衷，而且，计算机技术的发展速度可以用“突飞猛进”这个词来形容，产品的升级、更新换代使这一市场有着永不衰退的增长点；其次，计算机软件通过网络传输是非常便利的，可以采用试用或免费赠送等方法引起消费者的兴趣，在使用过软件的网上试用版后，就可决定是否购买这款软件了。

2) 知识含量高的产品

通常，知识含量高的产品在网上销售易于获得成功，例如书籍、音像制品等。事实上，网络营销就是从网络书店的红火开始的。最典型的例子是亚马逊书店。

音像制品还可以借助网络音频、视频、多媒体、动画技术产生的丰富效果将产品的优点淋漓尽致地展现出来，更可以使用免费下载部分产品的方法增加顾客对产品的了解和兴趣。

3) 创意独特的新产品(“炒新”)

利用网络沟通的广泛性、便利性、创意独特的新产品的别致之处，可以更主动地向更多的人展示，满足了那些品位独特、需求特殊的顾客先睹为快的心理。

4) 纪念物等有特殊收藏价值的商品(“炒旧”)

古董、纪念物或是其他有收藏价值的商品，目标顾客群非常小也比较分散，由于信息不易传递，再加上传统营销方式的局限性，使这部分市场显得比较沉闷而保守。

在网络上，可使这类商品为大众所认识，世界各地的人都能有幸在网上一睹其“芳容”，这无形中增加了许多商机，通过网上淘金收获的机会肯定大得多。

5) 服务等无形产品

这类产品包括：旅馆预订、机票预订、鲜花预订、文艺演出票的订购、旅游路线的挑选、储蓄业务和各类咨询服务等。

借助于网络，这类服务显得更加方便、快捷、有效，也更加人性化。当你休假想出门走走时，服务提供商将为你提供多套路线方案，甚至请你自己设计旅游路线，并在计算机屏幕上为你展现一路的民俗风情，使你如身临其境，感觉不虚此行。

网络营销中，企业还必须考虑到自身产品在营销上的覆盖范围，以取得更好的营销效果。谨防利用网络营销全球性的特点，忽视企业自身营销的区域范围，使远距离的消费者购买时，出现无法配送而使企业的声誉受到影响，或在配送时物流费用过高的现象。

3. 服务策略

1) 服务的构成

在网络营销中，服务是构成产品营销的一个重要组成部分。作为企业在网上提供的服务，按其营销过程来划分，一般有售前、售中和售后服务3种。

(1) 售前服务：主要是指企业在进行产品销售前，通过网络向消费者提供诸如产品性能、外观介绍、消费者在购买产品后如何能迅速得到产品以及用户咨询回答等方面的服务。

(2) 售中服务：主要提供针对用户在购买过程中的咨询服务。

(3) 售后服务：主要回答用户在购买产品后，在使用过程中所遇到的问题。

2) 服务内容

提供良好的服务是实现网络营销的一个重要环节，也是提高用户满意度和树立良好形象的一个重要方面，企业在进行网络营销过程中大致可以提供以下服务内容。

(1) 建立完善的数据库系统。以消费者为中心，充分考虑消费者需要的服务及可能要求的服务，建立完善的服务数据库系统。

(2) 提供网上自动服务系统。依据客户的需要，自动、适时地通过网络提供服务。例如，消费者在购买产品的一段时间内，提醒消费者需要注意的问题。同时，也可根据不同消费者的不同特点提供相关服务。

(3) 建立网络消费者论坛。通过网络对消费者的意见、建议进行调查，借此掌握和了解客户对于产品特性、品质、包装及式样的想法，协助产品的研究开发和改造。在条件许可的情况下，也可根据一部分消费者对产品的特殊需求，提供相应的产品和服务。例如，顾客对颜色、式样的特殊要求等。

4. 信息策略

为用户提供完善的信息服务，是网络营销的一个重要组成部分。与实体产品网络营销、服务网络营销相比，在现阶段为用户提供完善的信息服务，可以说是网络营销的主要功能，也是目前网络营销的一项主要任务。企业在进行网络营销，为用户提供信息服务时可采取以下策略。

1) 建立“虚拟展厅”

用立体逼真的图像，同时辅以方案、声音等展示自己的产品，使消费者如身临其境一般感受到产品的存在，对产品的各个方面有一个较为全面的了解。在建立“虚拟展厅”来传递信息时，为了更好地满足消费者的需求，企业应在“展厅”中设立不同产品的显示器，并建立相应的导航系统，使消费者能迅速、快捷地寻找到自己所需的产品信息。

2) 设立“虚拟组装室”

在“虚拟展厅”中，对于一些需要消费者购买后进行组装的产品，可专门开辟一些空间，使消费者能根据自己的需求，对同一产品或不同产品进行组合，更好地满足消费者的个性化需求。

3) 建立自动的信息传递系统

在该方面，企业一是要建立快捷、及时的信息发布系统，使企业的各种信息能及时地传递给消费者；二是要建立信息的实时沟通系统，加强与消费者在文化、情感上的沟通，并随时收集、整理、分析消费者的意见和建议，在改进产品开发、生产及营销的同时，对给予企业帮助和建议的信息提供者，应给予相应的回报。

5. 价格策略

价格策略是企业营销策略中最富有灵活性和艺术性的策略，是企业营销组合策略中的重要组成部分，是企业的一种非常重要的竞争手段。一般来说，影响企业产品网上定价的因素主要是：成本因素、竞争因素和供求关系。

1) 定价目标

在网络营销中，企业定价目标主要有以下几种。

(1) 以获得理想利润为目标。

(2) 以获得适当的投资报酬率为目标。

(3) 以提高或维持市场占有率为目标。

(4) 以稳定价格为目标。

(5) 以应付或防止竞争为目标。

(6) 以树立企业形象为目标。

2) 定价程序

在网络营销中，确定企业产品营销价格的程序一般包括8个步骤。

(1) 分析测定市场需求。

(2) 估计产品成本。

(3) 分析竞争对手的营销价格与策略。

(4) 选择定价目标。

(5) 选择定价方法。

(6) 确定可能的价格。

(7) 征询消费者的意见。

(8) 确定最终价格。

其中，需求测定是企业确定营销价格的一项重要工作。主要包括市场需求总量、结构的测定以及不同价格水平上人们可能购买的数量与需求价格弹性等。需要注意的是，在目前的网络发展阶段，企业通过网络所获得的资料是有局限性的。

3) 网络定价策略

网络上定价的策略很多，既有心理定价策略，也有折扣定价策略、地理定价策略和信用定价策略等。本部分主要根据网络营销在国内外发展的特点，着重阐述个性化定价策略，声誉定价策略，自动调价、议价策略和竞争定价策略。

(1) 个性化定价策略。消费者往往对产品的外观、颜色、样式等方面有具体的内在个性化需求，个性化定价策略就是利用网络互动性和消费者的需求特征来确定商品价格的一种策略。利用网络的互动性能即时获得消费者的需求，使个性化营销成为可能，也使个性化定价策略有可能成为网络营销的一个重要策略。这种个性化服务是网络产生后营销方式的一种创新。

(2) 声誉定价策略。在网络营销的发展初期，消费者对网上购物和订货还存在许多疑虑，例如在网上所订购的商品，质量能否得到保证，货物能否及时送到等。对于形象、声誉较好的企业来说，在进行网络营销时，价格可相应高一些；反之，价格则低一些。

(3) 自动调价、议价策略。根据季节变动、市场供求状况、竞争状况及其他因素，在计算收益的基础上设立自动调价系统，自动进行价格调整。同时，建立与消费者直接在网上协商价格的集体议价系统，使价格具有灵活性和多样性，从而形成创新的价格。这种集体议价策略已在现今的一些中外网站中采用。

(4) 竞争定价策略。通过顾客跟踪系统经常关注顾客的需求，时刻注意潜在顾客的需求变化，才能保证网站向顾客需要的方向发展。在许多购物网站上，经常会将网站的服务体系和价格等信息公开申明，这就为了解竞争对手的价格策略提供了方便。随时掌握竞争者的价格变动，从而调整自己的竞争策略，时刻保持同类产品的相对价格优势。

3.2 成功电子商务站点战略评析

以亚马逊为代表的电子商务网站已经成为网上商业活动的新热点，并将成为新世纪商业的主要潮流。完整的电子商务概念既包括企业对企业的网上业务活动，也包括企业对顾客的网上营销活动，本节讨论的范围仅限于后者。并希望通过对互联网上最佳电子商务网站服务特色的分析，来了解成功的电子商务网站的战略眼光、应该具备的服务功能和一般的发展趋势。

美国《计算机世界》与 Delahaye Group 公司共同发起了评定互联网上最佳商务网站的活动。由一些互联网专家依据几个主要条件(如订货是否简便、产品介绍是否充分、浏览是否方便等)对每个网站打分。

Biznate 是互联网上一家专门从事网上商店评测的网站，他们用 40 项条件来评测网上商店，包括订货的便捷性、价格、网页设计、隐私政策和及时退货等来评测其中每项条件所达到的水平，制定了目前网络上评价电子商务网站战略目标的较为客观和权威的标准。

3.2.1 排序结果与分析

以美国《计算机世界》和 Delahaye Group 公司评定的最佳商务网站排列的次序为依据，并结合 Biznate 公司评定的结果来了解各电子商务网站对各个服务环节的重视程度，并按排列次序进行评析。

1. 产品信息

显然各公司最重视的是充分介绍产品信息。例如亚马逊网站上有关图书的介绍，除了基本的书名、作者名、价格、出版社及出版时间以外，还有内容介绍、相关的书评和读者撰写的书评，便于读者全面了解所要购买的书籍。Garden 公司对花卉和种子的介绍也很全面，包括植物的生长类型、适合生长的区域、花卉的颜色、开放时间、花卉的高度、对土壤酸性的要求和种植深度等 16 个项目，数据简明准确，使人一目了然。由此可见，应该让顾客充分了解商品外在和内在的信息，使他们在心理上产生信任感和亲近感，以便于他们购买商品，并成为一个网上商店的旧顾客。

2. 送货及时

如果一家网上商店不能把货物及时送到顾客手中，便会失去信誉，并且存在失去顾客的风险，无论是传统商店还是网上商店，确保商业信誉都是至关重要的。至于送货方式，各家网站有所不同，既有普通邮寄，也有快件递送和航空邮寄，亚马逊公司甚至安排了 6 种送货方式供顾客选择。

3. 订货方便

对于一家电子商务网站，这是一项最基本的要求，事实上，在这方面每家公司都做得很好。

4. 隐私政策

网上隐私涉及顾客的个人信息和信用卡信息。如何保护这些信息，一直是网络上严肃讨论的问题，也是广大网络用户和潜在顾客十分关心的问题。由于这是关系到网站能否扩大和电子商务能否发展的大事，因此各网上商店对此绝不能掉以轻心，而应反复表明公司在这方面的政策和所采取的安全措施，以赢得顾客的信任。一般而言，顾客的个人信息对于电子商务网站来说是一笔潜在的资产，如何使用这笔财富，取决于各公司的经营理念和政策。由顾客来选择是否公开其本人的信息，不失为一种稳妥的商业政策。

5. 网站设计

该领域一直是网络高手们大显身手的地方。但在一个有限的屏幕中既要便于顾客浏览大量信息，又要使网页美观，并且不能降低浏览速度，这实在是难为了众多网页设计者。如在 Garden 网站顾客能感受到大自然的多姿多彩并产生由衷的亲近感。当然，网页的设计者也采用了最新技术来强化各项服务功能。在色彩和图案的搭配方面也进行了有益的尝试。

6. 顾客支持

这方面的内容包括是否在网页上开辟网上购物问答栏目，是否有专人快速回答顾客的电子邮件，是否有 24 小时的专用电话接受顾客的咨询等。要做好这项工作并不容易，特别是对商品单一、规模较小的网上商店更属不易。一家网上商店要在这方面提高层次服务的话，就需要投入更多的资金和人力。

7. 价格

价格被排在最后，有些出人意料。通常人们认为网上商店之所以能够吸引顾客前往购买，其商品价格便宜是头等重要的因素，因此低价商品应是网站特别注重的事情。但事实是商品有其内在的价值，加上商家还要赚取一定的利润，因此，网上商品即使价格低廉但在总体上也不会超出一个度。换言之，商品的价格将在一个低点上止步不前，不存在无底限降价。而唯一一个在价格方面获得绝对优势的亚马逊公司也是由于其巨大的销售量，而得到图书批发商给予的大幅度折扣。由此可以得出以下 3 点关于价格的结论。

(1) 商品有其内在的价值。

(2) 商品的价格与商品的销售量成反比。

(3) 在网上销售商品，价格低廉是一个重要的因素，但不是唯一的因素，因而网上商店要注重整体的服务功能和服务水平。

3.2.2 必备的服务内容

在很大程度上，下列服务项目是一个合格的电子商务网站应具备的内容。

1. 无条件退货

网上商店都声称在一定时间段内允许顾客无条件退货或者换货，这对顾客来说无疑是提供了最大限度的承诺，确实令人放心，还有的公司甚至提供退换货费用。

2. 网上商品检索功能

对顾客来说，在网上商店快速找到自己所需的商品是必不可少的，此外，一个分类浏览的商品目录也是必须具备的。

3. 网上促销

在商言商，这些公司都在网上开展促销活动，其手段呈现多元化。既有传统的方法，例如折扣优惠，包括批量优惠折扣(其折扣甚至能够达到 5 折)及热销商品、廉价商品和专家精选商品推销；也有利用网络技术促销的方法，例如亚马逊公司与其他网站的联合销售，即一个网站在主页上放置亚马逊公司的图书目录或一个类别的书目，如果有顾客在该网站选择购买了图书，其利润由两家网站按比例分配；甚至一个网站在其主页上放置亚马逊公司的链接标志，用户单击链接标志后曾访问了亚马逊公司的主页，也能得到一笔收入。后一种方法受到许多网站和个人主页的热烈欢迎，因而在互联网上广为流行，成为一种新的促销手段，当然这种促销手段需要庞大的资金支持，不是任何公司都能采用的。

4. 信息服务

信息服务是指围绕商品提供的附加信息，其内容呈现多样化。化妆品商店提供美容建议；销售体育运动服装的公司提供有关的室外运动课程；而有的服装商店则提供实用的男女服装、鞋子尺寸表及世界主要国家的尺码对照表；图书商店有热销图书排行榜和各类获奖图书一览表；园艺商店提供免费的园艺杂志、家庭园艺设计辅助软件和全国各地适合种植的植物表；电器商店则为顾客提供挑选音响产品的专家建议；向顾客递送新产品通报的电子邮件也是大多数商店普遍采取的信息服务手段。

5. 个性化服务

个性化服务是互联网上的一个流行热点，反映了满足用户个人需求的趋势，其特点是针对个人的不同需求提供相应的信息服务。例如 Avon 公司让顾客填写自己的年龄、皮肤状况、眼睛、头发的颜色和个人对色彩的偏爱，并据此提供相应的美容建议，由于采用计算机处理数据，故很快就能在网上把信息反馈给顾客。Land' End 公司在推出新时装时，顾客可以填写自己的身体类型，并当场看到试穿服装的效果。亚马逊公司让读者撰写书评，表达个人的观点，此外提供作者、模糊分类和阅读倾向等 8 种方法让顾客选择，并据此推荐书籍。在调查中，各家公司提供的个性化服务各有千秋，很受顾客欢迎，这表明此项服务应该是网上商店必备的项目。

6. 免费赠送商品目录

这样做的公司大部分属于服装行业，这在某种程度上表明服装商店更愿意让顾客看到商品目录上的鲜艳产品。

7. 保留顾客的购货记录

通过这些记录，顾客可以知道自己的购货情况，公司可以了解顾客的购货特点，并据此向其进行有针对性的商品推荐。同时网上商店也可以通过这些信息了解某个消费层次或者某个年龄层次的消费倾向，并据此组织货源，掌握进货的时间和数量，使资金和仓储的利用达到最佳效果。这些借助于计算机统计和分析的数据将整体提高网上商店的管理水平和经济效益，是具有一定规模的电子商务网站必不可少的服务项目。由于这种服务需要功能很强的计算机，管理成本相应提高，因而不太适合营业额较小的网上商店。

订货方式和付款方式的多样性决定了网上商务活动必须具有灵活性，不能拘泥于仅仅使用在线订货和网上信用卡支付，允许多种方式订货和付款是目前的电子商务阶段的一种可行方法。

实际操作训练

通过阅读，找出你认为几个比较重要的电子商务网站服务项目，并以“美丽说”网站为例，综合评价一下该网站的服务水平并作出数据统计。

提示：可以从订货是否简便、产品介绍是否充分、浏览是否方便等，以及订货的便捷性、价格、网页设计、隐私政策和能否及时退换货几个方面考虑。

3.2.3 结论和建议

电子商务网站的建立涉及方方面面，工作千头万绪，网站的管理层既要维护日常的运作，又要从战略的角度考虑投资效益，而其中的每一方面都没有前人提供的现成经验，这对管理人员来说确实是一种挑战。因此，在建设一个电子商务网站时，应特别注意以下事项。

1. 注重整体的服务功能和服务水平

在商品丰富的市场经济条件下，网上商店提供低价商品是一个相当重要的条件，但不是唯一的取胜之道，应该注重整体的服务效果，包括充分介绍产品信息、及时送货上门、隐私政策和顾客支持等，它们之间是相辅相成的，对于提高营业额起着重要的作用。网上营销的组织者应在起步阶段就对此有全面的规划，同时在每个项目的服务水平上达到最佳点。因为在今后的网络商务竞争中，服务水平的高低至关重要。

2. 基本服务项目

根据各个电子商务网站的营销理念和经营商品的不同，每家公司的服务项目也会有所不同，但是除了赠送商品目录和费用较高的购货记录外，其余均可以视作一个网上商店应该具备的服务项目，这些是衡量一个电子商务网站的标准。当然，某些在国外盛行的服务项目在国内是否能够做到也是一个问题，例如无条件退货就是一个典型的例子。因此，基本服务项目所包含的内容是一个可以讨论的问题。

3. 品牌意识

亚马逊是电子商务的一面旗帜，其成功有多方面的因素，但其核心策略是以服务和广告迅速创出品牌，产生品牌效应，进而占领市场。凭着这种品牌效应，亚马逊扩大了销售图书之外的营业范围，销售礼品、CD 和录像带，并在 CD 的销售方面超过对手，成为网上最大的 CD 销售商。亚马逊的经验提示人们：要注重培养品牌。或许对中国的电子商务网站来说，在建设初期，宁可规模小一些，也要有自己的经营特色，以形成品牌效应。

4. 应用新技术

亚马逊公司总裁贝索斯认为，“技术使亚马逊在零售业出人头地”，这是一条相当重要的经验。评优条件的服务项目，除了退货政策和赠送商品目录外，都是通过应用新技术而产生，并导致了传统零售业所没有的交互式服务效果，这些技术使顾客在购物时更加方便，选择商品的范围更广。可以预见，随着技术的发展，会有更多运用新技术而推出的服务项目，给顾客带来更多的便利。电子商务网站的生存在很大程度上将依赖对新技术的应用。

电子商务作为一种新的商业形式充满了勃勃生机，前景看好。欧美各国的投资正在源源不断地进入这个领域，从全球经济的角度看，这些电子商务网站进入我国的零售业只是时间问题。因此，我国的商业界应特别重视电子商务，认真研究国外成功的经验，积极稳妥地开展电子商务活动，并利用国际上已经形成的网上消费市场，推出有中国特色的商品，参与 21 世纪国际电子商务的竞争。

3.3 网络营销的过程、层次与策略

网络营销已经成为不可回避的商业命题，它不仅仅是一种新的技术或手段，更是一种影响企业未来生存及长远目标的选择。网络营销是以互联网为营销环境，传递营销信息，沟通厂商及消费者需求的信息化过程。

3.3.1 网络营销的过程

研究网络营销的过程就是将网络营销的实施阶段化，并由此来对网络营销进行新的定义：网络营销是一个基于互联网的营销过程，通过网络营销各个阶段的投入与运营，以实现特定的网络营销目的。一个完整的网络营销活动包括构建网络营销平台、获取网络营销流量及流量转化为商机3个过程。

1. 构建网络营销平台

不论是大型生产企业，还是街边小店，只要打算开展网络营销，构建自己的网络营销平台都是必经的第一步。网络营销平台是企业通过互联网面向客户或消费者的通道，这个通道可以是企业自己建设的网站，也可以是在一些B2B网站上注册的商铺，甚至是黄页网站上面一张小小的电子名片。

网络营销平台主要的职能就是信息传递和营销互动。不同类型的企业所需要传递的信息和期望的营销结果各不相同。制造类企业希望能够发布产品供应信息，借助互联网获取目标客户；零售类企业则希望通过互联网拓展销路，产生更多的订单。由此可见，独立网站、商务平台、门户站点的推广页面等都可以成为网络营销平台。构建网络营销平台成为网络营销过程的第一步。

2. 获取网络营销流量

网络营销活动过程的第二步就是获取访问流量。流量是网络营销活动的基本元素，通过采取一些推广活动，使网络营销平台在互联网上受到关注、浏览、查阅，这使网络营销的开展具备了现实意义。没有流量概念的网络营销是虚无缥缈的。

流量来源是多样化的。访问者一般通过直接输入网络营销平台地址和访问第三方网络链接两类方式来实现访问。第三方网络链接包括搜索引擎搜索结果、网络广告、第三方推荐等多种形式。

流量是有成本的，可分为免费流量和付费流量。免费流量包括搜索引擎自然搜索结果、友情链接、第三方免费推荐等形式。需要注意的是，免费流量并不代表是零成本，免费流量的获取也包含了人力成本和资金成本，如免费信息发布和搜索引擎优化等，都是有成本的。付费流量则指通常意义的网络广告，它包括网站文字和旗帜广告、搜索引擎关键词广告、邮件广告等形式。

3. 流量转化为商机

流量转化为商机是网络营销产生实际效果最重要的过程。它包括着陆页优化和转化工

具应用两个环节。

1) 着陆页优化

着陆页是一个网络广告名词，指的是迎接广告流量到来的第一个页面。随着企业网络推广的深入，企业网络营销平台上的每一个页面都有可能是着陆页。着陆页优化主要是指从用户、客户体验出发，结合心理学特征，在网站链接导航、网页设计、站点内容设计、站点交互设计等方面实现最优化的一系列工作的总称。

着陆页优化使访问者能够第一时间获取想要的信息，并在决定采取下一步行动的时候能够方便快速地作出转化工具的选择。

2) 转化工具

转化工具是访问者与网络营销实施方建立联系的桥梁。一般情况下，只要能够促进访问者与网站方进行互动，并采取下一步有效措施的方式，都属于转化。例如电子名片、在线留言、在线订单是最普遍的转化工具，此外还有注册会员、邮件列表、用户评论、电子地图、网络电话等，都属于广义的转化工具。

对于不同类型的企业，所需要的转化工具各有侧重。例如日用消费品的零售商，他们一般使用在线订单来获取客户，并注重引导客户进行评价，建立口碑；而像工业品、原材料的制造商、批发商，他们则希望目标客户能够直接通过电话或留言进行咨询，同时一些在线洽谈的工具也能够帮助他们与目标客户建立长期、高效的沟通。

3.3.2 网络营销的层次

根据企业对互联网作用的认识及应用能力的划分，将企业网络营销划分为五个层次，以下分别论述各层次的特征及其实现条件。

1. 企业上网宣传

企业上网宣传是网络营销最基本的应用方式。它是在把互联网作为一种新的信息传播媒体的认识基础上开展的营销活动。

建立企业网站是企业上网宣传的前提。互联网让企业拥有一个属于自己而又面向广大网民的媒体，而且这一媒体的形成是高效率、低成本的，这是其超越传统媒体的一个特点；企业网站信息由企业定制，没有传统媒体时间、版面等的限制，也可伴随企业的进步发展不断实时更新；企业网站可应用虚拟现实等多媒体手段吸引观众并与访问者双向交流，及时有效地传递并获取有关信息。这些都是吸引企业上网宣传(使其由内部或区域宣传转向外部和国际信息交流)的重要因素。

媒体宣传的关键在于是否被关注并给用户留下印象。与传统媒体相比，互联网上浩如烟海的信息很可能使企业网站成为浪花一朵，目前已有超过40万家企业在互联网上安家建站，并且各式各样的网站还在争分夺秒地创建，因此，企业网站如何让人知晓并让上网者留步就成为网上宣传的难题。

尽管企业可以通过在ISP或网址搜索工具中留下链接网址以帮助上网者进入，或者以新颖的媒体形式引人注意，但要真正获得长期的宣传效果，仍然要回到现实经济世界，在现实世界形成特色，创立让消费者接受的声誉，这样才可能充分发挥网络的威力，实现借助网络宣传扩大市场影响力的目标。

企业上网宣传是网络营销的起步和基础，也是目前大部分企业建立网站的基本目标。然而，上网并非一上了事，建立网站并不断更新、增添信息，网站才会有生命力，否则，像传统媒体宣传广告那样的一种陈年老面孔，只会成为被上网者遗忘的角落。

2. 网上市场调研

调研市场信息，从中发现消费者的需求动向，从而为企业细分市场提供依据，是企业开展市场营销的重要内容。

网络首先是一个信息场，为企业开展网上市场调研提供便利场所。软件业对此已经进行了较为充分的利用，如各种软件测试版、共享版在网上发布，供上网者下载使用；通过留言簿、E-mail、数据抓取工具等手段收集软件使用信息，从而为确定软件性能、市场对象等提供强有力的依据。这一无形的调研过程是高效而低成本的，同时还能起到扩大网站和企业知名度的作用。一般企业开展网上市场调研活动有以下两种方式。

1) 借助ISP或专业网络市场研究公司的网站进行调研

这对于那些市场名气不大、网站不太引人注意的企业是一种有效的选择。企业制订调研内容及调研方式，将调研信息放入选定的网站，就可以实时地在委托商的网站获取调研数据及进展信息，而不仅仅是获得最终的调研报告，这与传统的市场调研方式截然不同。

这些站点上网民众多，可以扩大调查面，专业市场研究公司所具备的市场调研能力也能提高调研效果。这种方法的弊端是：由于这些网站内容繁多，企业市场调研对上网者的吸引力可能会降低，另外，上网者如果想与企业交流，必须重新链接进入企业网站，从而增加了操作，这可能是上网者不太愿意的。

2) 企业在自己的网站进行市场调研

就知名企业而言，其网站的常客多是一些对该企业有兴趣或与企业业务有一定关系的上网者，他们对企业有一定了解(也便于直接在网站上了解)，这将有利于访问者提供更准确有效的信息，也为调研过程的及时双向交流提供了便利。

网上市场调研作为一种新的市场调查方式，已经受到一些国内企业的重视，一些网络服务企业开展了一系列网上调研，但如何在大量信息的包围中吸引上网者参加调研并积极配合，仍需进行更多的探索。

3. 网络分销联系

电子商务尽管在迅猛发展，但相对于传统营销渠道而言，其份额仍然是很小的。传统的分销渠道仍然是企业的宝贵资源，但互联网所具有的高效及时的双向沟通功能，为加强企业与其分销商的联系提供了有力的平台。

企业通过互联网构筑虚拟专用网络，将分销渠道的内部网融入其中，可以及时了解分销过程的商品流程和最终销售状况，这将为企业及时调整产品结构、补充脱销商品，以至分析市场特征、实时调整市场策略等提供帮助，从而为企业降低库存、采用实时生产方式创造了条件；而对于商业分销渠道而言，网络分销也开辟了及时获取畅销商品信息、处理滞销商品的巨大空间，从而加速销售周转速率。

从某种意义上看，通过互联网加强制造企业与分销渠道的紧密联系，已经使分销成为企业活动的自然延伸，是加强双方市场竞争力的一股重要力量，这种联系方式已经成为美国企业生存的必然选择，并迅速向国际化发展。

中国的制造企业和商业企业必须抓住这个机会，或许在建造大型豪华商厦的同时，更应注意建立加强沟通的网络；否则，华美的商厦只能是一件增加营销成本的外衣。利用互联网构筑商家与供货商的新型实时联系框架，是企业提高市场竞争力的最佳途径。

4. 网上直接销售

互联网是企业和个人相互沟通的乐园，是直接联系分散在广阔空间中数量众多的消费者的最短渠道。它排除了时间的耽搁和限制，取消了地理上的距离与障碍，并提供了更大范围的消费选择机会和灵活的选择方式，因此，网上直接销售为上网者创造了实现消费需求的新机会。

网上直接销售不仅是面向上网者个体的消费方式，也包含企业之间的网上直接交易，这是一种高效率、低成本的市场交易方式，代表了一种新的经营模式。国外有人称这类公司为“旋涡式公司”，一旦某个网站通过提供有用的产品信息吸引到大批买主，卖主便会蜂拥而上，他们的产品就会以一种快速循环的方式吸引更多的顾客。

由于网上直接销售合并了全部中间销售环节，并提供了更为详细的商品信息，买主能更快更容易地比较商品特性及价格，从而在消费选择上居于主动地位，而且与众多销售商的联系更为便利。对于卖方而言，这种模式几乎不需销售成本，而且能即时完成交易，好处是显而易见的。

1) 美国的网上直接销售

美国企业是这一模式的创造者和先锋，网上直接销售模式在美国的发展有其特殊的环境。

(1) 成熟的市场机制及信用服务体系。网上直接销售实现了购买和交易的信息过程，是与实物流程分离的。这个信息过程包含着大量的反映交易双方信用能力的信息及市场机制下的商业规则信息的认同，而实物流程则是以产品质量、便捷高效的运输服务体系为保证的，因而现实经济体系仍是实现网上直接销售的基础。

(2) 拥有先进的网络基础和众多的网民。美国不仅网络基础设施先进，上网人数的比例大，同时又有高速的网络及低廉的上网费用作为上网消费的保证。

(3) 追求创新的社会文化环境。美国是一个缺少传统的国家，不断创新是其社会文化的一项重要内容，新事物更易于被人们接受和推广，并进而成为创新的动力，这对消费观念和行为有很大的影响。

2) 中国的网上直接销售

网上直接销售模式被国内一些企业在探索中应用，但从目前看，国内的市场环境对其有较大制约，主要有以下表现。

(1) 企业信用水平和个人信用能力较低。

(2) 市场机制不健全，市场体系不完善。

(3) 产品和服务质量难以保证。

(4) 网络建设有待提高，配套的电子商务法规、银行、运输服务体系尚未确立。

(5) 消费观念尚存差距。

(6) 企业应用互联网的能力有待提高。

从网上直接销售的低成本优势看，由于大多数国内消费者对价格十分敏感，因此一般能够接受这一消费方式，但其发展的前提是尽快完善上述环节和克服众多制约因素。

5. 网上营销集成

互联网是一种新的市场环境，这一环境不仅是企业的某一环节和过程，还将在企业组织、运作及管理观念上产生重大影响。一些企业已经迅速融入这一环境，依靠网络与原料商、制造商、消费者建立密切联系，并通过网络收集传递信息，从而根据消费需求，充分利用网络伙伴的生产能力实现产品设计、制造及销售服务的全过程，我们称这种模式为网上营销集成。应用这一模式的代表有Cisco、Dell等公司。

在Cisco公司的管理模式中，网络无孔不入，它在客户、潜在购买者、商业伙伴、供应商和雇员之间形成“丝丝入扣”的联系，成为一切环节的中心，使供应商、承包制造商和组装商队伍浑然一体，成为Cisco的有机组成。其70%的产品制造通过外包方式完成，并由外部承包商送至顾客手中；有70%的技术支持的要求也是通过网络来满足的，这些客户的满意程度比人际交往方式的客户满意度要高，不仅节约了开支，也节省出更多的人力资源充实到研究开发部门，进一步加强了竞争优势。1998年，Cisco在互联网上销售的网络设备产品超过50亿美元。

“按用户订单装配计算机”的Dell公司利用互联网进一步提高了效率，加强了成本控制。Dell公司通过互联网每隔两小时向公司仓库传送一次需求信息，并让众多的供货商了解生产计划和存货情况，以便及时获取所需配件，从而在处理用户定制产品和交货方面达到了无人能比的速度。就这样，每天约有价值为500万美元的Dell计算机在网上卖出，而且由于可以在网络上实时联系合作伙伴，其存货率远远低于同行。

网上营销集成是对互联网的综合应用，是互联网对传统商业关系的整合，它使企业真正确立了市场营销的核心地位。企业的使命不是制造产品，而是根据消费者的需求，组合现有的外部资源，高效地输出一种满足这种需求的品牌产品，并提供服务保障。在这种模式下，各种类型的企业通过网络紧密联系，相互融合，并充分发挥各自优势，形成共同进行市场竞争的贸易伙伴关系。

互联网是信息时代的一次新的革命，计算机不仅是计算的机器，它已经成为一个商业环境中的商务代理。变革中的国内企业该如何把握这次机会？这里关于网络营销的层次划分反映了一种从初级到高级、从简单到复杂的渐进应用过程。根据中国目前的互联网应用状况，我们认为国内企业可先在前三个层次上开展工作，尤其是第三个层次——网络分销联系，它将为企业之间加强商业联系、改造传统商务模式、建立网络伙伴关系，进而深化互联网应用，为开展网上营销奠定基础。

3.3.3 网络营销的策略

企业信息化有两条路径：①由内向外，即先建立和整合企业内部管理信息网络，然后再连接Extranet及Internet；②由外促内，即先在互联网上建立富有活力的网站，根据市场和客户的反映有步骤地解决内部管理信息网络的问题。结合我国企业目前信息化的现状，以及对网络营销的理解，网络营销是企业信息化恰当的目标定位，而建设商务网站只是开展网络营销的第一步。然后企业再利用这个窗口扩大影响、方便客户、提高服务质量，通过成功的网络营销促进企业电子商务活动的顺利开展。

但在上网的人中，在线购物的人所占的比例并不大，因为这种消费方式对于他们来说多少有些陌生，或者说他们还没有习惯这种看似简单的购物方式。作为一个商业网站经营者，必须想方设法去建立他们在线购物的信心，使其认为在线购物在某种程度上是一次愉快的经历。下面来讨论把网站的访问量转换成利润的要领。

1. 勤奋工作

勤奋工作是通向成功的必由之路，这条成功的黄金定律同样适用于网站的经营。网络上，公司与个人处于同一起跑线上，经常可以发现，一个由高中生制作的个人网站要比不少公司的网站更为出色。所以，在网络上，不管有多么好的方案和构思，都必须努力去兑现。

2. 正确的市场定位

一般来说，如果可以通过印刷制品来推广某种产品，那么，这种产品也可以在互联网上进行推广，并可得到同样的推广效果。

当然，应该将那些必须经过试用才能促成正式购买行为的产品排除在外，因为客户显然不能从印刷制品或互联网上直接得到对相关产品的比较强的感性认识，这些感性认识包括触觉、味觉、嗅觉和听觉。

事实上，可以上网的人一般都会拥有个人的计算机，所以，在网上销售与计算机相关的产品会获得较好的销售业绩。相关的统计数据表明，计算机相关产品的交易额在整个网络交易中排名第三(交易额排名第一的为汽车，排名第二的为图书)。

与此同时，一些高档的消费品如果在互联网上推广得力，或许也能得到一定的市场，因为上网的人一般会比较富裕并拥有较好的知识背景。

在这里必须说明一点，比产品类型定位更重要的是市场定位。在现实生活中，市场的地域性是非常明显的，但在互联网上，这种市场的地域性几乎是不存在的。市场的细分将完全按照互联网的相关法则来进行，所有想在互联网上获得成功的公司，都必须找到适合自己的细分市场。总能发现许多小型的企业最终成为互联网上的大赢家，原因之一就是他们作出了正确的市场定位。

3. 网站的质量与专业性

当看到印刷精美的产品目录或广告时，相信或多或少会对有关的产品形成一种好感，即使不会购买，也必然对这些产品形成一定程度的认同。实际上，网站的页面就是无纸的印刷品。因此可以得出结论：精良和专业网站的设计，如同制作精美的印刷品，会大大刺激消费者(访问者)的购买欲望。

4. 把方便留给访问者

如果想促使访问者在线购买产品或使用有偿服务，那么必须先为他们建立一条方便的通道，以便他们能得到各种想要的信息，不能在这条通道上设置任何障碍，任何强迫访问者进行注册的手续都应该尽可能地省略。例如，在网页的顶部或左边添加快速进入网站各级页面的导航条，因为很多人习惯以这种方式来探索网站；在网站上加入网站内部的搜索引擎；一个简单的“返回”按钮肯定会使公司的网站看起来更加友好。

5. 更加坦诚

没有必要对访问者隐藏某些东西，包括姓名、电话号码、邮件地址、住址等。要向他人证明公司的坦诚，以便增加产品或服务的可信度。

6. 强调服务质量

必须利用尽可能多的机会，向访问者传达这样一种信息：公司所提供的产品和服务是一流的，并且不会给客户造成任何麻烦，比如在产品的维修方面或服务的技术支持方面。当收到客户的邮件时，要迅速回复。

7. 推广网站

优秀的网站同样需要成功的推广。利用搜索引擎、友情链接等方式大力地宣传公司的网站，具有针对性的 Banner 广告会大大提高网站的知名度。

8. 关注交易额，而不是点击率

公司的网站有上百万的页面访问量吗？又有多少访问量最终转化为销售额了呢？也许我们应该更重视财务报表而不是页面的计数器。

目前，网上消费对于大多数人来说，仍是一种冒险，但有一个非常有趣且有利的现象，几乎所有在网上成功消费的人士都会乐此不疲地向他们的朋友介绍有关的消费经历。另外，网络营销其实还处于“幼年”时期，所以，对于大多数公司来说，这是一个好时机，因为还有大量的市场空间等待有心人去发现。

9. 网站的更新与改版

经常更新网站内容，并定期进行网站改版，既有利于网站的发展，也可以始终保持访问者对网站的兴趣。可以用一个简单的方案来保持网站的“新鲜度”。在网站的首页摆放一张更新列表，并经常滚动更新这张列表，这样可以使整个网站看起来“充满活力”。

10. 互联网无国界

在互联网上，永远不会缺少潜在的需求，客户普遍存在于世界的每个地方，所以，对网站推广人员的要求是：思维模式的全球化。

3.4 网络营销的新特点

近年来，中国网络营销发展迅速并呈现出明显的新特点，如搜索引擎营销得到广泛应用、网络会员制营销快速发展、网络营销服务市场初步形成等，但与此同时，网络营销中的欺诈行为也更为突出，流氓软件和垃圾邮件对网络营销的影响也更加严重。这种状况说明：一方面，网络营销在企业中的应用正逐步走向深入；另一方面，国内的网络营销离规范经营还有很大的差距。

3.4.1 网络营销服务渐成气候

1. 网络营销迎来搜索引擎营销时代

自2003年以来，以Google和百度为代表的搜索引擎不断推出新功能和新服务，引发了搜索引擎在网络营销中的多层次应用，国内搜索引擎服务商在竞价排名、网站付费登录等方面也做了大量的推广，众多的服务商在推广各种网络营销服务活动中付出了积极的行动，以搜索引擎为主的网站服务推广已经为许多企业所认可，也成为网络营销服务领域的核心业务之一。

2. 网络会员制营销得到快速发展

网络会员制营销是电子商务中一种有效的营销模式，现在已经在国内大型网络公司获得了广泛应用，它不仅受到大型电子商务网站的重视，而且也扩展到其他网络服务领域，如搜索引擎的竞价排名、竞价广告等。但由于对这种营销模式还缺乏足够的认识，因此在实际操作中还存在一些问题。尤其是以“短信联盟”为代表的网络会员制营销模式几乎到了过热和失控的状态，最终这种短信联盟被有关部门取缔，而在其他正常的业务领域中，网络会员制营销模式的表现效果不如预期的理想。

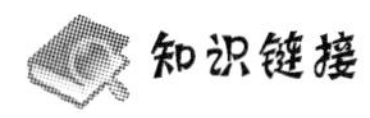

网络会员制营销(Affiliate Programs)的定义

描述网络会员制营销：“如果说互联网是通过电缆或电话线将所有的计算机连接起来，因而实现了资源共享和物理距离的缩短，那么，网络会员制计划则是通过利益关系和计算机程序将无数个网站连接起来，将商家的分销渠道扩展到地球的各个角落，同时为会员网站提供了一个简易的赚钱途径。”可见，这种模式是一种商家与加盟会员利益共享的网络营销方法。

3. 网络营销服务市场初步形成

网络营销服务是一个新兴的领域，现已展现出勃勃生机，并形成一个巨大的、快速增长的市场，也成为网络经济最坚实的基础。根据时代营销对中国网络营销服务市场进行的调查研究，目前最常见的网络营销服务内容包括域名注册、虚拟主机、网站建设、搜索引擎登记，以及网络实名注册、关键词广告业务代理、供求信息发布、通用网址等。在网站推广服务方面，服务商的主要业务模式为：代理主要门户网站的搜索引擎付费登录、网络实名代理注册业务、百度搜索引擎竞价排名服务等。此外也有相当数量的服务商经营Yahoo!和Google等搜索引擎的国际推广业务。

4. 网络营销服务出现3大特征

1) 网站建设与推广一体化

有一定实力的服务商通常都提供域名注册、虚拟主机(主机托管)、网站建设，以及搜索引擎登记等网站推广服务，网络营销服务一体化趋势比较明显，Google 并非只使用关键词或代理搜索技术，它将自身建立在高级的 PageRank(tm)(网页级别)技术基础之上。这项正在申请专利的技术可确保始终将最重要的搜索结果首先呈现给用户。

2) 网络营销服务产品化

网络营销服务具有产品化的趋势，像在线销售商品那样采用购物车销售模式，一些常见的网络营销服务如搜索引擎付费登录、竞价排名、网络实名等，已经形成了规范的定价和销售模式，可以方便地实现在线销售。另外，虚拟主机、网站建设套餐等服务也出现规范化和产品化经营的趋势。

3) 网络营销服务仍处于较低层次

尽管网络营销服务已经取得了明显的发展，但总体来说服务层次仍然较低，主要表现在目前的网络营销服务主要集中于网站建设与推广相关方面，这只是网络营销服务的最基本内容，一些深层次的网络营销服务如市场研究、网络营销顾问服务等尚未形成气候，这些“看不见”的网络营销服务还不太容易被企业认可。

3.4.2 网络营销的欺诈行为呈现新的特点

1. 网络营销过程中的欺诈行为

网络营销中一直存在一些欺诈现象，如虚假网络广告、交付给用户的商品与网站介绍的不符、产品质量及售后服务无法保证等，这种现象一向只是个别信誉不高的公司存在的问题，但近年来网络营销的欺诈行为比以前更加明显，涉足欺诈经营的范围有扩大的趋势，并且某些领域出现行业欺诈现象，很多服务商甚至不少知名企业也参与了种种欺诈活动。比较突出的领域如短信服务、网络广告恶意点击、网络会员制营销中的佣金欺诈等。

2. 垃圾邮件严重破坏网络营销环境

垃圾邮件近年来发展成为影响网络通信的公害，对于网络营销的影响十分严重，这种状况已引起有关部门的重视，目前反对垃圾邮件的呼声虽然很高，但却没有行之有效的方法，不仅从技术上很难杜绝垃圾邮件，在法律上也难以做到有效地监督和控制，因此垃圾邮件数量仍然在疯狂增长，若在一个网站上公布服务邮箱，每天收到 600 封以上的垃圾邮件已经司空见惯，这个数字比一年前又有大幅度增长。电子邮件的泛滥与一些打着网络营销旗号的“网络营销软件”“分类邮件地址”等密切相关，也与一些企业对规范的电子邮件营销缺乏必要的了解有关。多数垃圾邮件发送者以“定向发布信息”“收集潜在客户”“邮件群发是最好的网络营销手段”等口号混淆垃圾邮件与许可 E-mail 营销的概念，使一些企业和个人在对正规的 E-mail 营销缺乏了解的情况下发送垃圾邮件，或者委托垃圾邮件发送者发送广告信息。因此，反对垃圾邮件、宣传和普及正规 E-mail 营销知识成为网络营销的任务之一。

3. 流氓软件成为互联网第一大公害

流氓软件是介于病毒和正规软件之间的软件，大多以牟利为目的，恶意弹出骚扰广告和工具条，窃取用户信息，危及用户隐私，消耗系统资源；少数流氓软件也用做宣泄私愤、暴露他人隐私等非商业目的。因为这种软件具有安装未经授权、卸载非常困难、粗鲁和胡搅蛮缠的特性，故称为流氓软件。

流氓软件的发展从2001年至今，先后经历了5段时期。最初流行的是广告弹窗；接着发展为间谍软件，在用户不知情的情况下收集用户信息；后来是劫持浏览器，网民上网时会被恶意地强行带到某些商业网站；接下来是行为记录软件，这种软件可以窃取用户的隐私数据，进行网络诈骗；最后发展为恶意共享软件，把不相干的软件，在没有提示的情况下强行安装给用户。现在的流氓软件已经形成了产业规模与利益链条，目前主要靠两个途径盈利，安装和广告，买单的是广告商。据一些从业人员透露，流氓软件每次成功在一台计算机“安家”，广告商就会为此支付一定的费用，流氓软件侵占的计算机越多，其“价值”就越大，这样就可以跟广告商要更高的价格。之后，用户上网时，每次通过该流氓软件弹出广告，广告商也要按次付费。一些大的流氓软件企业月收入可超千万元，有的甚至能达到三千万元。流氓软件也成了2006年网民最为关心、网上讨论最为激烈的话题。这属于一种另类的网络营销手段，严重干扰了正常的网络营销环境。

3.4.3 亚马逊的网络营销策略

1. 亚马逊的业绩

电子商务是关于创造和改革的。为了发现一个新的市场，需要一个企业家，但是，技术过程所起的作用不可替代，互联网技术的发展为创造和探索新概念提供了新思路。亚马逊正是恰当地将互联的网络与内部的可操作技术和新的商业应用相结合，创造性地进行了B2C电子商务每一环节的探索，它从2002年年底开始盈利，成为全球B2C电子商务发展的福音。在B2C电子商务发展受挫，许多追随者纷纷落马之时，亚马逊却顽强地活了下来并脱颖而出，创造了令人振奋的业绩。

亚马逊网上书店自1995年7月开业以来，经历了十多年的发展历程，为消费者提供了近150万种英文图书、音乐和影视节目。自1999年开始，亚马逊网站开始扩大销售的产品门类。现在除图书和音像影视产品外，亚马逊也同时在网上销售服装、礼品、儿童玩具、家用电器等20多个门类的商品。2003年亚马逊网站销售额已达到40亿美元，2005年净利润为5 200万美元，2006年盈利9 800万美元，2007年盈利2.07亿美元。2012年为6.76亿美元，2013年亚马逊全年运营利润年增长10%，达7.45亿美元，2014年净销售额为889.9亿美元，比2013财年的744.5亿美元增长20%，而运营利润仅为1.78亿美元，相比2013财年有所下降。全球最大的网络零售书商亚马逊是一个典型的面对消费者的零售网站，其案例向我们展示了如何利用高科技手段、通过网站来开展营销活动，提供让客户满意的现代服务。

2. 亚马逊网站内容与服务项目

“以客为尊”“以人为本”是亚马逊网站的最大特色与最高宗旨。亚马逊书店的网络售书属于“无店铺营销”，因此它知道在没有面对面的亲切笑容下，更需要以无微不至的贴心服务来征服消费者。亚马逊书店广受欢迎，主要是因为网络本身具有的特性，不过，亚马逊公司设计的种种贴心的人性化服务功能也扮演了不可或缺的角色。

亚马逊书店提供的人性化服务主要包括提供方便的选取和创造互动功能。这些虽然是见仁见智的问题，但是从使用者的角度来看，有效率的搜索引擎、网络购物车服务、贴心的礼品包装、多样化的商品选择与简便的购物流程，确实都是以方便消费者的立场为考量，创造最高的服务价值。

1) 多样化选择与互动

简单浏览亚马逊网站的内容，不难发现这个网站所提供的选择之多，内容之丰富甚至可以与网络社区相媲美，而且这个网站的内容每天都会编辑更新。就商品项目而言，除了可以购买各类书籍，还可以购买电子用品、玩具游戏、音乐CD、影视光盘、计算机配件、美容保养品、厨房器具、婴儿用品等，不一而足。其他服务如杂志订购、旅游导览、拍卖交易等，也是包罗万象，囊括东南西北，而且服务对象从个人到特定公司以及团体都有，可谓面面俱到，甚至还利用网站本身的知名度提供给厂商作为贩售商品的连接通路。

2) 个性化的服务

就商品内容而言，亚马逊网站会根据商品的不同属性，给予顾客相关的商品信息与消费情报。以图书为例，除了价钱与折扣之外，还给予不同等级的推荐，从1颗星到5颗星，5颗星最高，而且还让顾客留下自己的意见或体会，作为其他消费者的参考书评，使人与人之间的互动关系通过网络接口愈显密切。此外，顾客若购买其中一本书，还可以得到购买同类图书的推荐或图书清单，无形中开拓了顾客的阅读视野，刺激了顾客消费欲望，可以说是一举多得。

3) 现代化的服务流程

就购物的服务流程而言，同样以图书为例，顾客在网络下单后，会先收到确认的订单，里面包括运送的方式、运费、到达日期、图书数量与价格，然后将顾客订单数据传回配送中心，通过特殊的书橱设备以红灯显示顾客订购的图书位置，交给负责的员工从架上取货，然后放到流动的配送带上，再转送到一处斜槽，经由计算机扫描分类与人工包装后，将货物送抵顾客手中，完成交易。

4) 交易安全服务

亚马逊对交易的安全性做出了专门的“安全消费保证”：如果客户在亚马逊网站的消费遇到了错误的索取信息，可以分文不付。另外，用户可以在亚马逊网站开设一个账户，并存入一定数额的钱。在每次订购后，亚马逊会自动结账。在付款方式上，顾客可选择信用卡、现金汇款或支票等方式。亚马逊接受的卡有很多种，用户为自己的支付渠道设置密码，可通过全显示卡号或只输入后5位卡号来支付款额，亚马逊不在互联网上公开顾客的卡号，卡号将被存入专门的机器保存。

3. 特色检索与推荐服务

亚马逊还有许多特色的服务使读者尽可能全面地了解所需的图书，其中包括推荐中心窗口。亚马逊编辑筛选了一批图书供读者选择，畅销书窗口专门用来查询最畅销的图书。亚马逊不仅设计了丰富的检索入口，而且在这些入口位置和层次的设计上也下了很大的功夫，以方便读者，其包括以下具体做法。

(1) 尽量利用主页空间，使某些检索入口可以以不同的形式反复出现，便于读者查询时使用。

(2) 它的推荐中心以8种不同的思路向读者进行推荐，或根据时间界限进行推荐，或根据获奖作品进行推荐，或从读者喜欢的特定作者入手，甚至还能根据读者不同的心情进行推荐。

(3) 每个检索入口都提供了许多“帮助信息”，在查询作者、书名和主题中提出具体的建议或给出实例供作者参考，在主题查询的开头部门设立“浏览最流行的标题”等。

4. 快捷服务

在快捷方面，亚马逊网站从以下 3 个方面体现了快速特征。

1) 搜索快速

亚马逊不断更新其技术设备，使用最先进的网络服务器，因此搜寻极为便捷。另外，除了搜寻选项之外，顾客也可以同时浏览 23 种不同的主题，这样也节省了上网的时间，提高了搜索的速度。这也是网络书店虽然没有传统书店的临场感，但是货比 3 家却显得更为容易。

2) 订购快速

亚马逊中有两套订购的操作方式。一种是常规方式“5 步走”，分别是：把选择的书放入购物篮→单击“购物篮”按钮→单击 Proceed to checkout 按钮查看购物篮内的商品→选择服务方式→提交订单。一本书在这几步后便可以买到。当用户在亚马逊上消费过一次后，可以得到一种更为便捷的服务“One-Click-Ordering”，所有与订购有关的个人信息已被存入个人账户之中，不用再填写任何文字，只需按一个键就可完成之后的手续，其中包括消费者的收件资料，甚至刷卡付费也可由网络系统代劳。

3) 送货快速

亚马逊快速的送货时间，是其深受好评的重要原因。亚马逊书店对于订货到达的时间有一个恒等式：找到订货商品+装运时间=所需的送货时间。举例来说，许多种类的商品在亚马逊书店都标榜可以全天候 24 小时购得，如果在美国当地的消费者选择美国境内标准的送件方式，那么装运时间约 3～7 个工作日，其间的差距是依据居住地的不同而定的。套进上述公式，就是以一天的时间加 3～7 天，所以购物者可以预期在网络下了订单后的 4～8 天就能看到货品了。

5. 亚马逊的经营策略

1) 低价销售

在价格方面，亚马逊曾经自称是全球最大的折扣者，它提供的所有商品，其价格均低于市价，包括图书、音乐磁带以及唱片和光盘在内，它提供的折扣商品有 40 多万种，折扣率在 20%～40%，对于特别选定的书给予 40%的折扣，精装本可打 30%的折扣，平装本为 20%的折扣。对于音乐 CD，折扣可多达 40%，其中亚马逊推出的前 100 种畅销 CD 给予 30%的折扣。亚马逊还大量投资于营销以加强品牌，提高网站的访问次数，建立顾客忠诚度。不过，大部分的特价书和所有绝版书均不再享有折扣的优惠。购书总费用=商品价格+运营费用(不计销售税)，其中，运营费用随着运输途径的差异而有区别。

2) 广告与营销成本

营销成本主要包括广告、促销、公关和工资，以及员工参与经营、销售、实践等活动中的相关支出。这些支出从 1997 年的 40.486 亿美元增长到 1998 年的 133.023 亿美元，主要原因在于广告和促销开支的增加、更高的工资、较大规模销售所带来的更多的信用卡手续费。1998年的支出增长，还因为亚马逊进入了音乐和影视在线销售领域，并在德国和英国开设了新公司。

亚马逊使用的广告形式有纸张类宣传和网络形式。印刷式广告刊登在发行量较大的报纸上，如美国的华尔街日报、纽约时报；这些广告也出现在杂志上，例如德国的Der Spiegel和Focus。网络广告主要通过网上搜索引擎实现，例如Excite和Yahoo!，还有亚马逊的在线合作伙伴，亚马逊向他们提供信息，通过访问其网站的人数和实际购买人数来评估广告的成果。

3) 库存控制与管理

亚马逊库存图书很少，只有200种最受欢迎的畅销书。一般情况下，亚马逊只有在顾客下订单之后才从出版社那里进货。购书者用信用卡向亚马逊支付书款，而亚马逊却在图书售出46天后才向出版商付款，这就使它的资金周转比传统书店要顺畅得多。

4) 降低退货率

虽然亚马逊经营的商品种类很多，但由于选择适当、价格合理、商品质量和配送服务满足顾客需要，所以保持了很低的退货率。传统书店的退书率一般为25%，高的可达40%，而亚马逊的退书率只有 0.25%。低退货率不仅减少了退货成本，而且还保持了较高的服务水平，并取得了良好的信誉。

6. 客户服务

1) 建立客户数据库，完善客户信息

在亚马逊网站上，每个客户必须注册登录，创建唯一的用户名，其对应的客户信息被保存在亚马逊庞大的数据库中。当客户在亚马逊购物时，有关信息也会及时地添加到客户的个人信息库中。通过这些信息，亚马逊可以基本掌握客户的消费习惯，并会通过电话、传真、E-mail等多种方式与客户沟通，推荐客户可能感兴趣的产品。

2) 加强与客户的交流

设立客户反馈服务和读者论坛，通过与客户的交流互动获得关于客户的信息，对客户信息进行分析。亚马逊书店的网页还提供了电子邮件、调查表等获取客户对其服务站点的反馈，来不断完善它的虚拟商店和在线服务。

3) 利用免费送货促销

亚马逊从99美元、49美元到25美元3次降低免费送货门槛，极大地促进了销售。此外，亚马逊通过减少开支、裁减人员、使用便捷订单处理系统消化高昂成本，形成了良性循环。

4) 图书退还

亚马逊的图书退还政策在行业内是唯一的，顾客可以通过它的网站退还购买的任意图书，即使读过也可。亚马逊的CEO杰夫·贝佐斯解释说："不管图书有没有折页或毁损，读者觉得书的内容太烂而故意撕去几页，也一样可以获得全额退款。"

亚马逊在网站上明确标出什么该付费、什么免费。贝佐斯解释说："我们拥有最大的在线和非在线图书编辑团队，对于不符合我们标准的书，我们不会投入一分钱。作为一个拥有真正读书爱好者社区的网络商店，我们始终坚持高标准。"

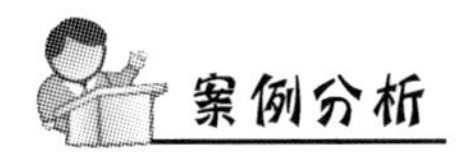

聚美优品的广告片

最近，一则广告片在电视上悄然走红，随后引起了网络上的追捧热潮。这则国内化妆品网上特卖平台聚美优品的CEO陈欧亲自参演的宣传片，由于其中充满正能量的广告词而受到观众的欢迎，该广告因陈欧的出演和广告词中“我是陈欧，我为自己代言”而被称为“陈欧体”或“代言体”。除了广告片本身在网络上爆红，各种改编版的“高校体”“城市体”“行业体”等也迅速蹿红。“陈欧体”的成功营销，在很大程度上提高了聚美优品的品牌知名度和影响力。不到两分钟的“陈欧体”广告片，究竟有什么魔力，能够取得如此大的反响？在本文中，作为一名专注研究和服务企业的品牌与网络营销专家及培训师，刘杰克老师将就“陈欧体”的成功关键要素来与读者进行相关的探讨。

1. 内容出彩，激发消费者内心共鸣

根据《营销三维论——低成本打造强势品牌之路》品牌营销课程中的精准营销论，刘杰克老师认为，出色的广告文案应该能够给消费者，尤其是目标客户群体留下深刻的印象，而想要达到这一点，则需要通过多种形式激发消费者内心对品牌、产品的好感，而不是硬性的语言推销。“陈欧体”能够受到消费者的普遍关注和欢迎，出色的内容功不可没。

可以说，聚美优品的这则广告是以梦想之名来讲述奋斗故事，配合着充满穿透力的台词，唤醒了大家内心深处的梦想和回忆，很容易引起消费者的心灵共鸣。而让消费者产生情感上的共鸣，现在已成为很多广告的主攻点，比如中华牙膏的“闪亮未来、我的微笑”活动、益达口香糖的酸甜苦辣系列、雪佛兰汽车的老男孩微电影等。

2. 改编热潮，SNS营销助力病毒传播

聚美优品的这则广告最初是在电视上播出的，但最终走红还是借助于网络媒体的力量。虽然聚美优品在《快乐大本营》投放此条广告取得了一定的反响，但社交网站、视频网站上的广泛传播与评论才是“陈欧体”得以爆红的真正途径。如果没有社会化媒体和网站的助力，它的传播不可能扩散得这么广，影响如此大，也不可能取得如此巨大成功。根据刘杰克老师原创网络营销培训课程《网络营销实战——中小型企业如何借网络营销实现战略突围》中的口碑病毒营销论，它可以称得上是一种强于任何广告的免费的营销策略。

“陈欧体”制造了一颗小病毒——一套简单、“百搭”、朗朗上口的广告配词，配合SNS平台的影响力，成功实现了病毒的大范围深层次传播。现在网络上随处可见各式“陈欧体”，朋友之间聊天的主题也会有陈欧和他的广告，此广告在网络的爆红，也意味着聚美优品将为更多的人所知道、认识，将为其吸引更多的潜在客户。

3. 形式新颖，CEO营销获认可

聚美优品这次的广告取得巨大的成功，除了内容上引起目标消费者的共鸣，运作上借助社会化网络进行病毒式营销之外，还有一个值得企业家和营销人注意的亮点是其以CEO而非明星出演广告，与其他广告相比，这在形式上让观众有眼前一亮的感觉。刘杰克老师指出，随着市场竞争的加剧与营销策略的不断创新，一种新型的营销策略——CEO营销开始浮出水面。所谓CEO营销，就是借助网络、图书、演讲、活动等传播方式宣传CEO的成长经历、管理风格、社会责任等方面的特点和优势，塑造和提升CEO的个人品牌形象，以进一步达到提升企业知名度、美誉度的营销策略。通过策划、传播、整合CEO自身各方面的优势资源，塑造一个出色的个人品牌形象，对企业来讲，具有长期性和稳定性的营销传播效果。

像陈欧的形象、经历就非常适合进行CEO营销。聚美优品的主要购买力来自于为梦想奋斗中的80、90后，而陈欧作为一个80后有着和这群消费者类似的人生经历，并且刚满30岁的陈欧依靠自己的努力取得了今天的成就，对于同一代的人来说本身就是一个极大的鼓舞。再加上陈欧的外形比较帅气，化妆品类产品的购买者以年轻女性居多，所以他让自己来为聚美优品代言非常合适。除了这次出演聚美优品广告“为自己代言”，陈欧还经常出现在各种电视节目中，如当红节目《天天向上》《非你莫属》等都可以看到他的身影。

陈欧作为CEO，经常做客电视节目，现在又出演广告，被一些声音评为“不务正业”，而笔者却认为，作为聚美优品CEO，陈欧个人无论是在电视屏幕上还是社交媒体上的露脸，都是在为聚美优品进行品牌传播。陈欧的这种CEO营销，使其广告费用得到控制的同时，却让品牌获得了急需的知名度。

综上所述，刘杰克老师认为，“陈欧体”能够走红网络，并为聚美优品的销售带来极大的正面影响，是因为品牌正确辨识目标客户群体、深入体察特定顾客群体内心呼唤，并有效结合多种营销手段与途径进行整合推广的结果。在今天这个竞争日益激烈、广告成本日趋高涨的市场大背景下，值得所有的企业家和营销人深思、学习和借鉴！

资料来源：http://blog.sina.com.cn/s/blog_832b4c4b0101d1gj.html.

案例思考：

1. 结合上述资料，简述聚美优品的网络营销的特点。
2. 阅读后思考“陈欧体”网络营销成功的原因。
3. 这种模式的网络营销的成功给我们带来哪些启示？

复习思考题

一、名词解释

1．网络营销
2．网络会员制营销

二、选择题

1．以下对网络营销概念的理解，错误的是(　　)。

A．网络营销离不开现代信息技术　　B．网络营销的实质是顾客需求管理
C．网络营销就是网上销售　　D．网络营销是现代企业整体营销的一部分

2．“企业可以借助互联网将不同的营销活动进行统一规划和协调，以统一的资信向消费者传达信息”这体现了网络营销的(　　)。

A．交互性　　B．对称性　　C．模糊性　　D．正反馈性

3．传统的网络营销手段是(　　)。

A．搜索引擎营销　　B．建立关键词列表
C．充分利用友情链接　　D．博文营销

4．以下选项中最流行的网络营销方式是(　　)。

A．搜索引擎营销　B．博文营销　　C．视频广告　　D．关键词营销

三、简答题

1. 网络营销的功能及优势有哪些？
2. 网络营销活动内容具体包括几种？
3. 网络营销的特点是什么？
4. 成功的电子商务网站应为其网上产品考虑哪些要素？
5. 建设一个电子商务网站时，应特别注意哪些方面？
6. 完整的网络营销活动应包括哪几个步骤？
7. 网络营销划分为几个层次，各层次的特征及其实现条件是什么？

第4章 网络广告与搜索引擎

学习目标

通过本章的学习，了解网络广告的产生、发展及网络广告的特点和形式、网络广告的创新、网络广告模式及在中国的发展；了解搜索引擎的类型和应用，通过具体案例比较分析中外搜索引擎在服务、投资收益、商业模式方面各自的特点。

教学要求

教学模块	知识单元	相关知识点
网络广告概述	(1) 网络广告的产生及发展 (2) 网络广告的特点和形式 (3) 网络广告的效果评估及计价模式 (4) 网络广告策划	网络广告的产生及发展，网络广告的分类形式及特点，网络广告效果评估，网络广告效果的测定方法，网络广告的计价模式，网络广告的策略与战术规划，网络广告测试设计
网络广告的创新与发展	(1) 网络视频广告 (2) 网络广告在中国	网络视频广告的优势，网络视频广告模式，中国网络广告市场特征，中国网络广告发展预测
搜索引擎	(1) 搜索引擎的类型 (2) 典型的搜索引擎 (3) 搜索引擎注册 (4) 搜索引擎应用	搜索引擎的不同分类，搜索引擎的各种注册使用，增加搜索引擎注册的广告效果，搜索引擎登记后的跟踪管理
中外搜索引擎比较——百度与 Google	(1) 中文搜索引擎历史 (2) 搜索服务比较 (3) 推广投资收益比较 (4) 商业模式比较	百度与 Google 在搜索服务、推广投资收益、商业模式方面的比较分析

互联网是信息的海洋，搜索引擎相当于一部巨大的电话号码簿，帮助人们检索网站信息。目前，全世界的网站总数已经超过1亿个，并且还在不断增加，因此，搜索引擎对于那些在互联网上寻找信息的人们已经变得非常重要了，同时也成为企业通过互联网进行网络营销的重要途径。搜索引擎市场近年来发展快速，与门户网站共同构成了网络广告的主流媒体。根据iResearch的调研数据显示，我国网络营销市场规模从2001年的约6.1亿元人民币增到预计2015年的约1 640亿元人民币。其中搜索引擎广告占市场总份额的30%。

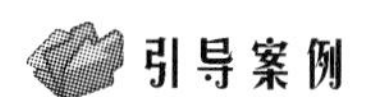

引导案例

搜索引擎的作用

据报道，浙江某生产锚链(Anchor Chain)的厂家，在建立企业网站之后，为扩大企业宣传效果，将网站提交到了搜索引擎注册。由于该企业的相关人士了解搜索引擎的特点，事先将网站进行了专门的优化，因此其网站在各大搜索引擎中都占据了较好的位置，排名靠前，这使企业在搜索引擎中的链接容易被相关顾客搜索得到，能产生较高的点击率，并可以增加交易的成功率。同时，随着网站的访问量的提升，产品出口也大大增加。目前该厂年销售额已达600万美元，其中60%的订单都是来自网络。

那么该企业成功的秘诀到底在哪儿？要了解这一点，就需要对搜索引擎的工作原理有一个初步的认识。用过搜索引擎的人都知道，可以输入关键字来查找信息。搜索引擎在以用户的查询条件检索信息时，它会根据一定原则判断数据库中哪些信息与用户所需相关。

以上述企业为例，当以“锚链”(anchor chain)一词进行搜索时，搜索引擎会在其数据库中检索包含该词的网页，并根据特定的评判标准确定某个网页与用户查询条件的关联程度，并按关联度的高低顺序将结果反馈给用户。

由于锚链生产厂家在登录搜索引擎之前做了充分准备，因此当客户以“anchor chain”一词搜索时，其网页在搜索引擎上排名有时会排在第1位，所以该企业的网络营销能取得成功也就是很自然的事了。

由案例可以看出，虽然网络营销现在可以借助的手段多种多样，但最主要的依然是搜索引擎排名，这也是根据互联网用户的使用习惯来决定的，由于我国互联网用户中大多数人依然依赖搜索引擎来寻找想要登录的网站，所以，在搜索引擎上的排名对于企业营销来说是重中之重，而本章主要介绍网络广告中的视频广告和搜索引擎广告两种主要的网络营销方式。

4.1 网络广告概述

互联网作为一个崭新的媒体在全球快速普及，促使网络广告业迅速崛起。根据艾瑞最新发布的中国互联网广告核心数据，2014年中国网络广告市场规模达到1 540亿元，同比增长达到40.0%，增速较上年小幅下降。网络广告市场进入相对平稳的增长期.网络广告已经成为继短信、游戏和电子邮箱后网商的又一收入增长点。

4.1.1 网络广告的产生及发展

1. 网络广告的出现

网络广告在1994年起源于美国。1994年10月14日，美国著名杂志Wired推出了网络版Hotwired(www.hotwired.com)，其主页上开始有AT&T等14个客户的Banner(旗帜)广告。这是广告史上的一个里程碑。而中国的第一个商业性的网络广告出现在1997年3月，传播网站是China Byte，广告表现形式为468像素×60像素的动画旗帜广告。Intel和IBM是国内最早在互联网上投放广告的广告主。

2. 网络广告的发展

将一种传播媒体推广到5 000万人的历程，收音机用了38年，电视用了15年，而互联网仅用了5年。互联网诞生之初，是作为一个在国防、科技、教育领域使用的通信交流工具。直到20世纪90年代初期万维网(WWW)出现后，大量的信息源以超文本格式(Hyper Text Markup Language，HTML)进行全球链接，终于形成了一个跨国界的全球性新型媒体。联合国新闻委员会1998年5月举行的年会正式提出第四媒体的概念。在1998年的法国世界杯和克林顿绯闻案等事件中，互联网以其特有的交互性，第一次压倒报纸、广播、电视等传统媒体，确立了它第四媒体的地位。

由以上可以看出，网络广告无论是在国外还是在国内，都是一个蓬勃发展的产业，以网络为依托的网络广告大发展是挡不住的潮流。被誉为继报纸、广播、电视以后的第四媒体的互联网，以其快速、高效的优势使信息传递达到了一个全新的境界，同时也为企业创造出前所未有的商机。各大企业需要向广大消费者宣传自己的商品，使消费者认同并且购买。广告在构筑品牌的知名度和影响消费者作出购买决定的过程中，正起着更加重要的作用。互联网的成熟与发展，为广告提供了一个强有力的、影响遍及全球的载体，它超越地域、疆界、时空的限制，使商品的品牌传播全球化。网络广告的发展从其出现直至现在都非常顺利。

4.1.2 网络广告的特点和形式

1. 网络广告的特点

一般来说，网络广告有以下3大特点。

1) 传播范围广

网络广告的传播不受时间和空间的限制，它通过互联网把广告信息24小时不间断地传播到世界各地。只要具备上网条件，任何人在任何地点都可以阅读。它具有交互性和针对性强的两个明显特征，这是传统媒体无法做到的。

(1) 交互性强。交互性是互联网媒体最大的优势 ，它不同于传统媒体的信息单向传播，而是信息互动传播，用户可以获取他们认为有用的信息，厂商也可以随时得到用户反馈的信息。

(2) 针对性强。分析结果显示，网络广告的受众是最年轻、最具活力、受教育程度最高、购买力最强的群体，通过网络广告可以直接命中最有可能的潜在用户。

2) 受众数量可准确统计

利用传统媒体做广告，很难准确地知道有多少人接收到广告信息，而在互联网上可通过权威公正的访客流量统计系统精确统计出每个投放的广告被多少个用户看过，以及这些用户查阅的时间分布和地域分布，从而有助于广告主正确评估广告效果，审定广告投放策略。

3) 实时、灵活、成本低

在传统媒体上做广告，发版后很难更改，即使可改动，往往也需要付出很大的经济代价。而在互联网上做广告能根据需要随时变更广告内容。这样，经营决策的变化也能及时实施和推广。

网络广告具有强烈的感官性。其载体基本上是多媒体、超文本格式文件，受众可以对其感兴趣的产品了解更为详细的信息，使消费者能亲身体验产品、服务与品牌。这种以图、文、声、像的形式传送多感官的信息，让顾客如身临其境般感受商品或服务，并能在网上预订、交易与结算，会更大地增强网络广告的实效性。

由以上叙述可以看出网络广告不同于传统广告，它具有以下独特优势。

(1) 广泛性：24 小时连续播出，任何人在任何地方均可随意在线浏览。

(2) 节省性：收费低廉，节约成本，可随时更改广告内容，绝无资金浪费。

(3) 互动性：受众主动点击想了解的信息，商家在线查询得到反馈信息。

(4) 目标性：不同广告内容针对不同受众，通过点击直达可能用户。

(5) 计量性：精准统计浏览量，受众群体清晰易辨，广告效果明显。

(6) 感官性：图、文、声、像多种形式应用，多媒体技术令人身临其境。

2. 网络广告的形式

可以从两方面对网络广告的形式进行分类：一是从广告在网页上所占的面积及表现形式来分；二是从广告信息传播时所处的页面位置状态和渠道来分。

1) 按广告在网页上所占的面积及表现形式不同分类

(1) Banner 广告。这是最常见的网络广告形式，也称横幅广告，将以 GIF、JPG 等格式建立的图像文件放置在网页中，它们大多放在网页的最上面或是最下面。广告横幅通常会写上公司的名称，一段简短的信息或吸引用户浏览该网页的文字，这些横幅可以是静态的，也可以是动态的，并且变化多端，随着软件技术的开发，其表现形式越来越丰富多彩。据统计，这是互联网上最流行的广告方式，约占所有互联网广告的 60%。该类广告还可分为以下几种。

① 扩张式广告。不像报纸有较大的尺寸，网络广告创意常受限于空间，为了提供更多的信息，只要受众的鼠标移到 Banner 上，它就会自动扩张成一个更大的页面。

② 动态传送广告。以轮替、随机的方式传送广告。可让不同使用者在同一页面上看到不同的广告，同一广告可在整个网站内轮替，也可以根据关键词检索出现。

③ 互动式广告。运用 2D 与 3D 的 Video、Audio、Java、Flash 等动画软件制作，是目前在网络上被广泛应用的技术。它可以将网络上的广告转换成互动模式，而不仅仅是一个静态的广告信息，可让用户不用离开正在使用的网页，便可享受到互联网提供的其他服务，还可增加广告的浏览时间，增强广告效果。

(2) 按钮广告。它一般表现为图标，通常是广告主用来宣传其商标或品牌等特定标志的广告形式。常用的按钮式广告尺寸偏小，表现手法较简单，容量不超过2KB。这类按钮和旗帜广告相比所占的面积较小，可以放在相关的内容旁边。一般来说这些按钮并不是互动的，当客户选择点击这些按钮时，就会被带到另外一个网页。有时候，这种类型的广告会提供音效和影像，但因为要花很多的时间下载，所以不是很受欢迎。

(3) 插页广告，又称弹跳式广告。广告主选择在自己喜欢的网站或栏目打开之前插入一个新窗口显示广告内容。插入式广告还指那些在页面过渡时插入的几秒广告，可以全屏显示，但在带宽不足时会影响正常浏览。

(4) 墙纸广告。把广告主所要表现的广告内容作为背景页面，以“墙纸”的方式出现，这种方法用得较少。

2) 按照广告信息传播时所处的页面位置状态和渠道不同分类

(1) 首页广告，也称为主页广告。打开某个站点，首先映入受众眼帘的就是站点的主页，在主页上做广告会获得较高的注目率，受众印象也会比较深刻。

(2) 内页广告，也称为链接页广告。进入某站点后，如果选择点击某些内容就能进入新的页面，在这些页面上做广告，相对首页来说注目率要低一些。

广告是出现在网站的首页还是内页，这要取决于广告主的广告信息传播的需要。在首页出现能够在单位时间内提供比较高的显示次数，对于受众定向性不明显的广告，在首页出现可以获得最低的成本。分类页面的访问者一般已经有了明显的内容偏好倾向，因此价格会高一些。当然，经过合理选择的分类页面上的广告能提供高的点击率。所以选择广告出现的位置，主要取决于广告主对受众广度的要求。

(3) 赞助广告。一般来说赞助广告分为 3 种形式：内容赞助、栏目赞助及节目赞助，广告主可选择自己感兴趣的网站内容与网站节目进行赞助，如大型电影制作公司可以赞助一些影片做评论的网页等。

(4) 竞赛和促销广告。广告主可以与网站一起合办网上竞赛或网上促销推广活动，甚至为了提高网民参与的兴趣，还可以用互动式游戏广告的方式进行。如在某一页面上的游戏活动开始、中间或结束时，广告都可随之出现，也可以根据广告主的产品要求为其制作一个专门表现其产品的互动游戏广告。

(5) 直邮广告。直邮广告可以分为两种：一种是邮件列表广告，即利用网站电子刊物服务中的电子邮件列表，将广告加在读者所订阅的刊物中发放给相应的邮箱所属人；另一种可称为E-mail电子邮件广告，即在得到个人电子邮件地址的情况下，直接向其邮箱里发送广告。

当然网络广告的形式还有其他的分类方法，比如根据网站性质不同，可分为综合服务(搜索引擎)网站上的广告、商业网站上的广告、专业信息服务站点上的广告、特殊服务站点上(如免费电子邮件服务的网站)的广告等。总之，对于一个公司来说，选取合适的一种网络广告形式或者用几种网络广告形式结合的方式来推销产品并提升公司的知名度是非常必要的，因此一定要对网络广告的特点及形式有深刻的理解，用最直接、最适合自己公司的方式来做网络广告。

4.1.3 网络广告的效果评估及计价模式

1. 网络广告效果评估

说起网络广告的效果评估，绝大多数人首先想到的就是广告的网上点击率。从广告播发系统中即时查到的网上点击率确实是一个非常重要的广告效果评估指标，但这并不是全部。更重要的是广告效果，即广告作品发布后所产生的经济作用、心理作用和社会作用，广告效果可以分为经济效果、心理效果和社会效果。网络广告效果测定主要是测量上网者对网络广告所产生的反应，比如对于通栏广告来说，上网者有以下 3 种选择：没注意、浏览但不点击和点击。网络广告效果监测在收集以上数据的基础上，再综合上网者的其他变量，从而得出一系列指标，作为衡量网络广告效果好坏的标准。

网络广告效果测定包括以下标准。

(1) 被动浏览。主要是以浏览者进入广告页面的次数为标准。

(2) 主动点击。这种效果评估标准是指网络广告效果的好坏关键要看浏览者是否点击了该广告，点击的次数有多少。

(3) 交互。交互是网络媒体与传统媒体的又一重要区别，网络广告很好地体现了交互性，浏览者在浏览广告的同时还要与广告赞助商形成信息的交流，这样的网络广告才是有效的。该指标评价广告效果的好坏主要看目标受众主动与广告赞助商联系的次数。

(4) 销售收入。能引起销售收入的广告才是有效的，问题在于销售收入在多大程度上依赖于网络广告。因为引起销售的因素很多，包括促销、公关、产品、价格、销售渠道、消费者的消费行为特性等，所以，用销售效果为标准来衡量网络广告效果是困难的。

一般来说，达到 4 种衡量标准的难易程度与衡量广告的准确程度是正相关的，即衡量广告效果的标准越易达到，这种衡量的准确程度就越低。所谓衡量效果的准确与否是相对的概念，对于不同类型、不同目的的广告要选择不同的测量方法，如衡量企业形象广告效果，就应该用浏览率或点击率作为标准，采用销售效果为标准就不太适合。每种效果测定的标准都要通过具体的试验及实践经验检验并最终确定。例如，对于 Banner 广告来说，研究点击率和广告的面积、文件类型、广告与页面内容的相关性的关系是非常有意义的。

2. 网络广告效果测定的方法

(1) 点击率=看到广告并点击的次数/网页被浏览次数(page views)。

(2) 交互率=点击该广告并进一步与广告赞助商联系的数量/网页被浏览次数。

3. 网络广告的计价模式

网络广告的计价模式有很多种，下面是常见的几种。

(1) CPM(Cost Per Million)。其含义是：广告显示 1 000 次所应付的费用。它所反映的定价原则是：按显示次数给广告定价，这种定价思路与传统广告中的定价思路一致。

(2) CPC(Cost Per Click)。在这种模式下广告主仅为用户点击广告的行为付费，而不再为广告的显示次数付费。

(3) CPA(Cost Per Action)。按照用户的每一次交互行为收费。

(4) 按位置、时段和广告形式的综合计费。这是目前中国互联网广告的主要计价模式。它以广告在网站中出现的位置、时间段和广告形式为基础对广告主征收固定费用。在这一模式下，发布商按照自己的需要来制定广告收费标准。

4.1.4 网络广告策划

企业投放广告的最终目的就是达到品牌传播从而改变其产品销售量。网络广告的最大特点是它的互动性与可选择性。当受众在计算机屏幕前移动鼠标主动地选择信息时，许多因素在影响着广告信息的传播，同时也在影响着受众的决定，进而影响着广告的传播效果。

高效的网络广告必须依赖于策略性的事先策划，做到让合适的网络广告展现在适合的对象面前，从而吸引实效受众来点击和浏览，并参与广告信息活动。

1. 建立资讯平台

网络广告策划活动中要构建的资讯平台主要包括以下几个方面的内容。

1) 明确的广告目标

广告目标指引着广告的方向，这一点在网络广告中也同样成立，随后进行的各种行动都取决于广告目标的确定。只有明确了这次网络广告活动的总体目标之后，广告策划者才能决定网络广告的内容、形式、创意，甚至包括网站的选择和广告对象的确定。

网络广告传播能达到的广告目标大体可分为两种，一是推销品牌，以信息传播为手段来达到影响受众的目的，这一点与传统媒体广告相同；二是获得受众的直接反应，这是网络广告与传统媒体广告所能达到目标的最大不同。受众主动操作性增强及授受之间互动性的传播方式，使网络广告能达到全新的传播效果，及时获取受众信息，甚至让受众在浏览广告后立即付款下订单，达到销售的目的。

受众的直接反应是网络媒体最吸引广告主的因素。直接反应表现为：让受众来访问站点，从而让他们知道某个企业、某种产品在某一个 Web 站点上；让访问站点的受众认识企业的产品；让受众填写一份调查表，配合企业进行市场调查；使消费者购买产品；让受众知道如何使用产品。

2) 准确的目标对象

广告的目标对象决定着网络广告的表现形式、广告的内容、具体站点的选择，影响着最终的广告效果。广告的目标对象是由产品消费对象来决定的，所以透析产品特性是准确定位广告目标对象的关键。目标对象是男人还是女人，是十七八岁的少年还是三四十岁的中年人，是在校大学生还是上班白领……这些不同的目标对象都有各自特有的生活习惯，如上网时间、所感兴趣的网页内容、对信息的反应速度等，针对不同的对象就要采取不同的广告战略。

此外，广告目标对象的素质水平与网络操作技巧决定着网络广告表现所需的技术程度和使用的软件。那些文化水平高、经常与网络打交道的受众，有熟练的网络操作技术并具有轻易学会操作技术的能力，他们能轻松掌握网络广告的复杂展现形式，所以在网络广告策划时就可以想到通过增加操作技巧来提高网络广告的活泼性与趣味性。不同的对象会使用各自所习惯的软件，如工程师习惯用 UNIX 系统，软件开发人员常用 NT 系统，一般职员与普通网民则喜欢使用 Windows 系统，这些不同的操作和应用软件也可能影响网络广告最后的接受效果与操作方法。

3) 掌握竞争对手的情况

“知己知彼”是军事谋划的思想精髓，在网络所带来的高度信息化的社会里，它同样是广告商战必须要考虑的前提。企业的竞争对手在网上做广告了吗？他们在哪些网站做广告？怎么做的？投入量大不大？他们是否换了代理商等，这些都是要考虑的因素。

只有考虑到竞争对手的情况，在网络广告策划中才会做到有的放矢；否则，可能会导致广告行为的盲目性，造成以下不良后果。

(1) 重复别人已做过的事情，使用别人已经用过的广告形式和创意，会失去广告的吸引力与新鲜感。

(2) 不能敏锐地洞悉竞争对手的新动作。如果竞争者已由产品广告向品牌形象广告转变了，或实施了一种新的广告方式，而你对此一无所知，就不会及时施展广告对策。

(3) 不能及时捕捉最新网络广告动态。这包括网络广告本身的制作与创意的新动态，还有最新的制作网络广告软件的出现。目前信息技术正以难以预测的速度发展，已有软件不断完善与升级，同时还有更新的软件出现。而网络广告与技术密切相连，密切注视竞争对手的最新动态能获得最新的创意与技术信息，以便为自己的网络广告策划做好应战的战略部署。

去捕捉最新的竞争对手情况，这一点在技术上是可以达到的(如搜索引擎等)，所以在策划网络广告时应对竞争对手做一个全面浏览，并对之进行研究、做好应对对策。

4) 资金与技术支持

资金与技术支持是一个成功的网络广告策划与制作的后勤保障。脱离这两个基础，一切想法与创意都是空中楼阁。

(1) 资金是制约与影响网络广告制作、设计、创意的重要因素。资金费用主要包括广告制作费用和网站投放费用两大块。有时即使能制作一个非常生动、具有吸引力的网络广告，但是它要耗费超过广告主预算的费用，这则广告也就没有办法实现。同时，资金还决定着网站的投放选择，一些知名网站、网站首页、页面重要位置都具有较高的价格，还有你的广告投放时间问题，具体费用预算可参照不同网站的收费标准。

(2) 技术也制约与影响网络广告制作、设计和创意。网络广告技术问题涉及制作与设计技术、网络传输技术、终端接受技术。即使有一个能制作一条非常精彩的网络广告的想法，但在目前技术上还达不到，这个想法便失去意义，另外网络传输速度和终端用户接受技术的条件和水平，同样是应该考虑的因素。

2. 网络广告的策略与战术规划

1) 网络广告媒体选择

网络广告媒体选择就是对广告主所要发布信息的站点的确定，甚至包括具体页面位置的确定。不同的站点有不同的受众对象，所以站点的选择对网络广告的最终效果影响很大。因此还要考虑站点的传播范围问题，网站在技术上不存在传播范围大小问题的，但由于语言、文化、专业特色、知名度等因素的作用，网站从某种意义上来讲还是存在一个传播范围的问题的。

目前的站点有全国性站点、地方站点、中文站点、英文站点、内容综合型站点、内容专业型站点，还有企业自己的专有网站或主页。如何去选择一个合适的站点，这就要根据策划平台来综合考虑了。具体可分析广告对象的特性、广告目标要达到的程度、资金支持的能力，还要根据竞争对象的媒体选择情况来考虑。

2) 网络广告时段安排策略

为了实现网络广告的实时传播，让更多的目标受众来点击或浏览广告主的 Web 页面，这就要考虑网络广告的时段安排。例如，上班族习惯在工作的时候上网，学生习惯在节假日上网且时间不会很晚，大学老师习惯晚上上网，这些都是不同受众的不同生活习惯，不同的生活习惯对网络广告的传播效果会产生很大的影响。在进行网络广告时段安排时必须要意识到这一点，并根据具体的广告对象、广告预算、所期望广告效果的强弱等，参照竞争者的情况来选择。网络广告的时段安排可以采用持续、间断或实时方式，选择哪一种广告时段安排方式，还要在策划平台的基础上根据具体的情况来决定。

3) 广告形式确定策略

网络广告具体形式有新闻组式广告、电子邮件广告、条幅广告、游戏式广告、背景品牌式广告、交流式广告、弹出式广告、旗帜广告等，每一种形式都有其各自的特点和长处，网络广告策划中选择合适的广告形式是吸引受众、提高浏览率的可靠保证。在选择广告形式时，也同样存在一个策略问题。例如，如果广告目标是品牌推广，想让更多人知道、了解这个品牌的产品，那么网络广告形式就可选择旗帜式或背景品牌式；如果广告对象是 30 多岁的成熟女性，那么广告形式就可考虑用交流式的。另外竞争者情况、技术难度和费用预算要求也是制约广告形式选择的因素，竞争者正在使用的，就要防止因为雷同而失去新意与吸引力，预算与技术也决定着广告形式的制作成本。

4) 创意策略

网络广告策划中极具魅力、体现水平的部分就是创意了。无论是广告代理商还是广告主自己在进行网络广告策划时，任务都是使广告表现的内容适合目标受众的要求，在策划的前期部分已经相当完善的情况下，广告创意就是决定广告表现的关键了，它也是吸引受众注意并来浏览广告信息的决定性步骤。

网络广告的创意是技术、内容、形式和视觉表现等方面的完美结合。在进行网络广告的创意时，应该考虑的问题有：广告在主页的位置、广告停留的时间、广告播出的频度、广告语的效果、是否用动画或更多的广告表现形式、是否安排一些具有吸引力的赠奖活动来提高受众的参与性。

例如，有一则关于游戏软件的网络广告，在网站的主页里有一个动态条幅，文字是："游戏爱好者请点击这里，有大奖!!!"链接的是关于这个游戏的页面，开始介绍了这个游戏的玩法，接着让浏览者试玩一段这个游戏，然后进行抽奖，只要填写一个调查表格(关于对游戏的看法、职业、兴趣等)就有资格进行抽奖了。这样的网络广告对游戏爱好者有很大的吸引力。

3. 网络广告测试设计

在网络广告策划过程中，为网络广告设计一个测试方案是很重要的。测试的内容主要包括对技术的测试和对广告内容的测试。

(1) 技术的测试主要是检查广告能否在网络传输技术和接收技术上行得通。有时一条网络广告在设计者的电脑上能很好地显示，但通过传输后，在客户终端却显示不出来，所以要对客户终端机的显示效果进行检测。对技术的测试还包括对服务器的检测，以避免网络广告设计所用的语言、格式在服务器上不能得到正常处理，以致影响广告效果。同时，技术的测试还包括网络传输技术测试，即对网络的传输速度的检测，防止因为广告信息量太大而影响广告的传输效果。

(2) 内容的测试是检测网络广告内容与站点是否匹配、与法律是否冲突。如果广告内容是关于食品类产品的，但站点却选择了一个机械工程技术类的专业网站，这就是内容与网站的不匹配。内容的法律问题就是检查广告内容是否在法律的规定范围之内，如香烟、色情广告就是违法的。对内容的测试还包括比较所设计的几个不同网络广告式样，以便选择其中最好的一个。

网络广告测试的策划就是要根据本次广告策划中所规划的广告形式、广告内容、广告表现、广告创意及具体网站、受众终端机等方面来设计一个全方位的测试方案。

4.2 网络广告的创新与发展

4.2.1 网络视频广告

2014年，中国视频广告出现跨越式发展，无论是广告主数量、投放费用，还是广告互动效果都较之以往有快速提升。与此相对应，网络视频用户规模增至4.33亿人，超过三分之二的中国网民成为网络视频广告的受众。网络视频广告所具备的优于电视广告和传统网络广告的潜质是其发展的核心动力。

1. 网络视频广告的优势

1) 内容与互动优于电视广告

电视广告推送式的播放方式对网络视频用户的影响力在逐步降低，而网络视频所具有的随时点播和下载播放的优势及多样化的互动方式正好满足了用户的需求。除此以外，广告主选择视频广告的原因在于该类广告在制作发布成本、精准的用户定位和形式多样性等方面都远远高于电视广告，网络视频广告正在开拓电视广告之外的一块新市场。

2) 形式与效果好于传统网络广告

视频广告作为新的广告形式正在通过门户网站和视频网站等媒体进行传播。随着中国宽带服务的普及，网络已经不再成为该广告推广的门槛。视频广告所承载的信息量、信息展现方式，以及互动效果等指标均优于普通网络广告，而且视频广告在品牌记忆度、购买率和忠诚度等指标上相对传统网络广告也有大幅度提升。

3) 营销价值日益凸显

2007年中国网络视频网站收入实现快速增长，其中视频广告收入的增长成为其主要推动力。目前网络视频运营商主要分为6类：门户类、视频分享类、电视机构类、在线影视类、视频搜索类，以及P2P流媒体类，其中P2P流媒体和视频分享网站的视频广告收入增长最为迅速，主流P2P流媒体运营商广告收入均已突破千万人民币，而视频分享网站在经历了用户积累及用户体验的培养阶段以后，如今，P2P 流媒体运营商的视频广告技术逐渐成熟，收入占总体收入的主要部分。随着视频网站用户规模的不断增大以及视频网站受众集中度的进一步提高，可以预见，未来的网络视频广告市场将出现快速增长。图 4.1 是 iResearch 公布的各类营销方式的统计结果，可以看出网络视频的营销价值正在日益凸显。

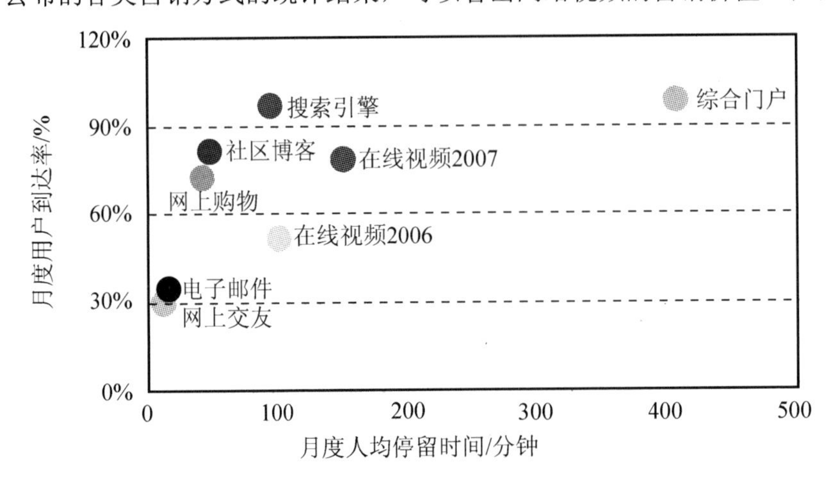

图 4.1　网络视频的营销价值日益凸显

资料来源：iUserTracker 2007.11，基于对 5 万多名样本的长期网络行为监测，代表 1.2 亿中国家庭及工作单位(不含网吧等公共上网地点)网民的整体上网属性数据，www.iresearch.com.cn。

2. 网络视频广告模式

综观中国网络广告的发展阶段，其载体已经由最初的图片文字方式发展到今天的网络视频形式，而网络广告思路也已经由“推送式”向“交互性”方向发展。网络视频的出现，正契合了网络新营销的发展要求，兼具内容丰富性、广告主与用户交互性，以及定位精确性等优点的网络视频广告将成为网络广告市场的主流。

目前中国的网络视频广告主要有 3 种模式：推送模式、赞助模式和 UGA 模式。依据视频载体不同，网络视频营销的模式也有差别。图 4.2 显示了这 3 种不同的网络视频营销模式。

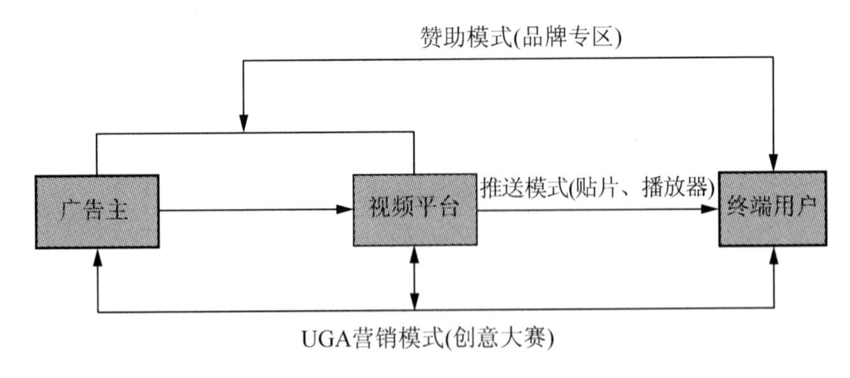

图 4.2　网络视频营销模式

1) 推送模式

推送模式适用范围最广，也是目前主流的视频广告形式，通常以视频贴片或在视频播放器周边进行广告投放。由于用户的目的在于视频内容的观赏，此过程中插播的视频广告具有较高的视觉聚焦，一方面起到与电视广告同样的效果；另一方面，与传统网络广告相比，回避广告的概率极大降低。但与此同时，由于绝大部分网络视频具有“微视频”特点，广告又必须让受众在较短时间内知道所宣传的品牌，因此富含创意的视频广告将会有利于受众提高广告的接受度及品牌记忆度，并且还能有创意地将视频内容与品牌关联。

2) 赞助模式

赞助模式是国际上比较流行的新型网络视频广告形式，广告主以赞助的形式将网站中与自身企业品牌相关联的视频内容聚合成一个视频频道，聚合的视频内容并非一定与企业直接相关，但所要表达的个性化层面(如价值观)与其潜在的消费群体具有较高的契合度，受众通过主动点击相关主题进入广告主的视频专区，并在浏览相关视频过程中看到广告主投放的广告。此模式的优点在于广告主可以更加精准地锁定目标受众，通过将品牌与主题视频的融合实现受众对企业品牌的认知和认可，广告主不仅可以在用户基本属性方面实现精确定位，在用户高级属性(如价值观和生活态度)上也可以实现更加有效的传播。

3) UGA 营销模式

UGA 营销模式主要适用于视频分享类平台的网络视频营销，也是视频分享平台区别于其他视频网站的主要特征之一。UGA 营销模式的出现，打破了传统广告“单向”传递信息的局面，受众通过参与品牌主题的创建和制作，实现广告主与受众的“双向”沟通。所以，从这一点看，UGA 营销模式不但节省了广告主的成本，更多的是对消费者参与品牌创建的认可，不仅是强调消费者是否看到了这个广告，而是更多的强调他们看到、理解并愿意讨论它，同时分享自己的观点。这种以网络视频为载体的品牌传播具备了受众精准和高信任度传播的特点，在提升企业品牌的同时，也更易于激发销售行为。另外，用户既是受众群体又是传播渠道，很好地把媒体传播和人际传播有机地结合起来，并通过网状联系传播出去，放大传播效应。

中国的网络视频行业在经历了用户积累及用户体验的培养后，正逐步向体现营销价值的商业化应用平台转变。无论是基于 P2P 技术的长视频发布平台还是基于分享模式的微视频平台都将成为企业品牌与营销传播的重要载体，而单纯以追求受众覆盖量及采用推送方式的传统网络广告将面临越来越多的挑战。借鉴中国互联网市场所推崇的精准定位和有效到达的营销理念，网络视频广告市场在快速的发展过程中正在完成从大众到分众、从被动到主动、从孤立到融合的变革。

4.2.2 网络广告在中国

1. 中国网络广告市场特征

1) 网络广告形式多元化

目前中国网络广告市场中占比例最大的为搜索关键字广告，达到 28.5%，较 2013 年上升 2 个百分点。份额排名第二的广告形式为电商广告，占比为 26.0%，较去年小幅下降。品牌图形广告份额位居第三，占比为 21.2%。另外，富媒体广告[①]及视频广告、游戏嵌入式

① 富媒体(Rich Media)广告，是指能达到 2D 及 3D 的 Video、Audio、Java 等具有复杂视觉效果和交互功能效果的网络广告形式。

广告、软件类广告等新兴广告形式增长强劲，成为未来推动品牌广告市场快速增长的新动力。

凭借声音、影像加上良好的展示创意，富媒体技术让网络广告更具观赏性和互动性，不仅吸引网民的眼球，而且强化网民的用户体验。随着网络带宽的不断扩展，富媒体技术也日臻完善，富媒体在广告创意及制作方面的优势越发明显。如今，富媒体广告的兴起和快速发展正在对网络营销方式发起强有力的冲击，生动形象的特质加上超高的性价比，使富媒体广告成为目前网络广告投放渠道中增长速度最快的一个。

2) 关键词搜索成为网络广告新的增长点

不管是传统媒体上的广告，还是网络媒体上的旗帜广告、按钮广告等，都以吸引受众的注意力为目的，因而被称为“注意力经济”或“眼球经济”，而网络搜索引擎则代表了一种新的虚拟经济形态，即“搜索力经济”。搜索引擎的出现很好地契合了“受众本位”的传播方式，使受众可以根据自己的需要主动搜索信息。

搜索引擎的出现改变了以往广告形态中受众被动接受信息的状况，而是将受众处在信息的中心位置，受众具有极强的选择权和主动性；另外，由于搜索引擎用户在搜索信息时具有极强的针对性和确定性；因而极有可能就是所搜索产品或服务的潜在购买者，这种有效到达的广告模式也深受广告主欢迎，因而因搜索引擎发展而带动的关键词搜索广告得到了迅速发展，国内网站如百度、雅虎中国、新浪、搜狐和网易纷纷涉足付费搜索领域。

3) 视频网站备受关注

随着视频网站用户规模的不断增大及视频网站受众集中度的进一步提高，未来视频广告市场将出现快速增长。驱动视频广告市场快速发展的主要因素有：中国网络广告市场的快速发展及网络营销进入新的发展阶段；视频广告的营销价值日益凸现；高性价比的视频广告使越来越多的广告主开始关注视频营销。未来几年，视频行业受众集中度将进一步提高，成规模的视频网站和垂直型视频网站将具备与广告主谈判的资本。2008年奥运会使网络视频出现前所未有的发展，这极大地推动了网络视频的应用及广告主对视频营销的关注。

现在几乎没有人会怀疑网络视频广告市场是一块诱人的大蛋糕，精确定位、用户自主选择、低成本制作、低投放成本，以及全方位的数据反馈都是视频广告成为未来网络广告的主要动力的重要因素，为视频广告提供了最具动力的引擎，而市场也不断地向人们证明着这一点。

2. 中国网络广告发展预测

1) 中国网络广告市场发展特征

(1) 中国网络广告市场发展将呈现十大趋势：网民继续快速增长推动网络营销产业快速发展；中小企业成为网络营销的中流砥柱，搜索引擎成为最大的网络媒体；品牌广告投放向网上整合营销方向发展；品牌网络广告形式多元化，富媒体及视频广告成为主流形式；社区营销从概念变为应用，成为越来越常见的营销形式；网络广告载体向多元化方向发展；品牌广告投放主流计价方式向人群定向的CPM转变；搜索联盟快速发展，联盟广告生存方式和计价方式多元化；网络广告代理公司出现专业化、集团化趋势；网络广告产业链更加成熟，市场更认同第三方数据公司。

(2) 互动广告将逐渐成为主流。互联网提供了表达丰富的网络广告创意平台，其互动特质是报刊、广播、电视等任何传统媒体都无法比拟的。中国网络广告虽然发展较缓慢，仍然以旗帜广告、弹出广告等强迫式广告为主，但随着中国互联网技术的发展，互联网的互动特质将在网络广告中得到充分利用。随着中国经济的发展，这种呈现网络特质并迎合受众的双向互动广告模式正在中国迅速发展，并逐渐成为网络广告的主流。

(3) 网络广告与传统广告的融合加快。网络和传统媒介融合的加快是网络广告与传统广告融合加快的主要原因。网络技术经过长期发展，越来越注重和传统媒体的相互融合和促进，网络广告也因此更加注重文字、声音、图像的充分融合和全面利用。一个明显的例子是网络视频广告的兴起，如今随着宽带接入的普及，网络视频广告最终发展成为主流。根据 Arbitron 公司及 Edison 媒体调查公司发布的报告，在美国，每周约有 2 000 万户的互联网用户点击视频广告并观看其内容。虽然现在网络视频广告的市场规模还很小，但随着网络技术的发展和成熟，这一作为电视广告延伸的网络广告必将在网络广告市场上占据更大的比重。伴随网络视频广告增长的是网络广告与传统广告的进一步融合，彼此之间界限的日趋模糊。

根据市场研究，在中国的网络市场中，自 2005 年之后，网络广告模式创新持续深入发展。在网络广告投放和管理模式上，广告用户自助投放、自助管理将成为一种趋势，这样极大地提高了网络广告投放和管理的效率；在网络广告媒体选择上，将不仅仅局限于少数事先选定的网站，每一个相关内容和服务的网站都可能成为网络广告媒体；在网络广告传递信息的形式方面，语音广告、视频广告等将以多种形式呈现。因此网络广告这一形式将会在不久的未来成为主流的广告形式存在于中国的市场中。

2) 中国网络广告市场预测

根据艾瑞咨询 2015 年年初发布的 2014 年度中国网络广告核心数据，国内网络广告市场规模达到 1 540 亿元，同比增长 40.0%，与前一年保持相当的增长速度，整体保持平稳增长。在网络广告高速发展几年之后，网络媒体的营销价值已经得到广告主的较高认可。艾瑞分析认为，国内网络广告市场规模在突破千亿大关之后，随着市场的成熟度不断提高，将在未来几年放缓增速，平稳发展，如图 4.3 所示[①]。

广告细分市场将快速发展，网络新媒体市场增速最快。综合门户、搜索引擎、垂直网站仍然是推动网络广告市场快速发展的主要动力，与此同时，视频网站、社区网站等新媒体广告市场也将实现快速发展，在最近的几年内实现爆发式增长，网络新媒体的广告市场规模比重在逐年扩大。

艾瑞预计，到 2016 年搜索引擎、电商平台广告营收占比均在 30%以上，而其余各大媒体形式的广告营收规模也将保持平稳增长。丰富的媒体形式不仅能够满足企业营销的多元化需求，也将推动网络广告市场的新变革。

---

① 艾瑞咨询：2013 年中国网络广告市场规模突破千亿大关，达到 1 100 亿元，http://a.iresearch.cn/others/20140109/224661.shtml。

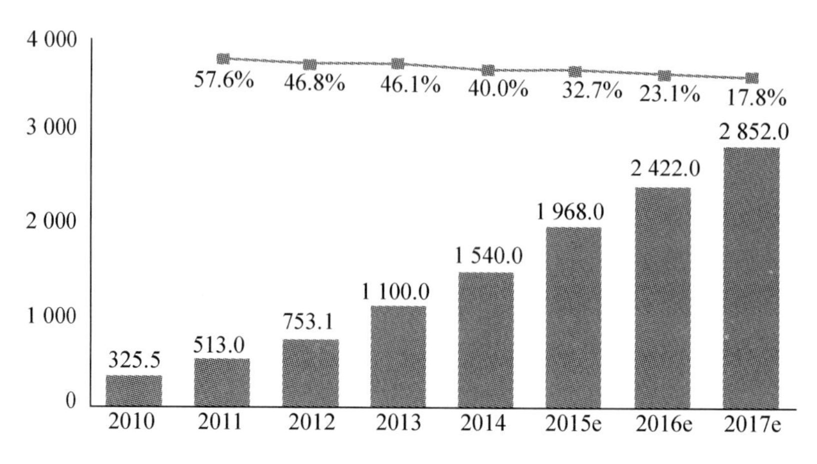

图 4.3 中国网络广告市场规模及预测

注：网络广告市场规模(亿元)；同比增长率(%)。(1) 互联网广告市场规模按照媒体收入作为统计依据。不包括渠道代理商收入；(2) 此次统计数据包含搜索联盟的联盟广告收入，也包含搜索联盟向其他媒体网站的广告分成。

资料来源：根据企业公开财报、行业访谈及艾瑞统计预测模型估算。

3. 中国网络广告发展龙头

1) 市场增长迅速，门户网站优势明显

自从 1997 年网络广告在中国出现，发展历程中网络广告的增长幅度一直高于报刊、广播、电视等传统媒体。根据 iResearch 发布的《2004 年中国网络广告研究报告》显示：1998 年、1999 年是中国网络广告的起步阶段，占广告总额的 0.1%，2004 年该比例已经增长为 1.5%。广告市场这几年来由于中国经济的快速发展而不断发展和扩张，网络广告所占比例的大幅提升更能显示出网络广告市场的迅速增长。

根据艾瑞咨询集团对企业广告营收最新预估数据，2014 年，百度广告营收超过 490 亿元，同比增长为 53.5%，位居第一。淘宝广告营收超过 375 亿元，位居第二。百度与淘宝广告营收占整体网络广告市场营收比重达 56.2%，是中国网络广告市场的中坚力量。

2) 阿里集团

2007 年 8 月，阿里巴巴推出阿里妈妈(Alimama)投入网络广告领域试运营。阿里妈妈以 C2C 的交易模式，针对中小网站和中小企业甚至个人用户提供广告交易和投放、数据监测、效果评估等服务，让网络广告的买家和卖家直接见面交易，省去了中间的价格损耗。阿里妈妈的推出，整合了阿里集团的营销资源，充分借鉴和利用了阿里巴巴在电子商务交易平台上的成功运营经验和运营模式(如信用评价体系和安全支付等)。经过试运行中爆发式的增长，阿里妈妈一举成为中国最大的网络广告交易平台。

3) 百度搜索

百度作为中国付费搜索领域的领跑者，2007 年广告收入实现了 100%的增长，已成为中国最大的网络营销媒体。与此同时，品牌广告市场也实现了平稳增长，但从增长速度来看，仍然没有搜索类广告成长快。随着多元化的网络新媒体形式不断出现，品牌广告形式也继续朝多元化的方向发展，社区营销已经从概念转变为应用，富媒体及视频广告也将面临前所未有的发展机遇。品牌广告主投放正向着整合网络营销方向发展，广告主更加注重网络广告的实际回报，而不仅仅是点击。

2007年9月，百度推出视频广告发布平台——“百度TV”，这是继当年2月推出视频搜索服务之后，百度在网络视频服务领域做出的又一次重要举动。“百度TV”依然采用百度联盟的方式，由随视传媒帮助广告主在百度联盟网站上投放广告，提供配套的网络视频广告服务，并向广告主提供广告效果监测报告。此次合作中，随视传媒获得了英特尔、百度等数百万美元的风险投资。“百度TV”在整合中国网络视频广告服务链上迈出了重要的一步。

4. 中国网络广告存在的问题与展望

1) 网络广告形式和创意落后

中国网络广告规模的增长程度很大程度上受益于外生性增长，对网络广告理念、模式的创新并不明显。2001年前后，西方国家网络广告受到冲击，铺天盖地的强迫性广告已经很少见，可在我国，某些老套的浮游式广告、弹出式广告仍是主流。虽然各大网站纷纷宣布整肃网络广告、取缔或逐步取缔弹出广告等影响用户浏览和阅读网页的广告模式，但事实上，弹出广告等传统的网络广告依然是中国各大网站的主要广告模式。

2) 网络广告监管缺失

网络广告市场是中国一个新兴的广告市场，加上网络传播主体的多元化、虚拟化、跨行政区域性等特点，给网络监管造成了一定的难度。但不能因此就放弃对网络广告的监管。目前，中国并没有形成完善的网络广告监管体系，网络广告监管基本缺失，从而在一定程度上造成了网络广告从发布、收费到内容的无序发展，不实广告、侵权广告等情况时有发生。

3) 与国外差距在缩小

中国的网络广告从诞生到现在虽然经历了一个快速增长的阶段，而且依然会持续增长，但如果和美国等西方国家的网络广告市场相比，仍然有很大差距。美国互动广告局IAB Interactive Advertising Bureau，2005年4月28日发布的数据显示，2004年美国互联网广告市场增长33%，广告收入达到创纪录的96亿美元。该金额是当时中国网络广告收入的几十倍。

但是，中国网络广告市场孕育着极大的市场发展潜力。一是由于中国经济的持续强势发展，生产的商品和服务越来越多，企业主的广告投放需求将持续增加，从而促进中国广告市场的发展；二是中国网络广告所占总体广告业比重虽然一直在增长中，但依然低于国际平均水平，所以还有较大的增长空间。

互联网的发展随着技术进步以及Web 2.0的出现，已经到了个性化的时代，这也是一个讲究效率的年代。效率需要由各类指标来衡量，它可以来自于网站流量，又高于网站流量，在流量的基础之上，对网站营销效果提出了高于流量的数据标准，这成为当下如何寻找和评估网站真正价值的时代命题。应该说，互联网价值的评价标准不再单一，而是在向多元化的方向发展。

4.3 搜索引擎

与其他形式的在线付费广告相比，在搜索引擎上只要获得好的搜索排名就可以得到良好的行销效果，并且是免费的。

在电子黄页或其他形式的在线广告中，往往需要一个显著的位置，一个更大的广告。但在搜索引擎上，根据几个重要的搜索关键字，如果能够达到前20位的排名，就能够得到飞涨的访问率。

尽管网络营销不是“注意力经济”，但是网站没有人注意是不行的，不进行合理地推广，无法获得尽可能多的访问者，网站当然也就发挥不了其应有的作用。网站建设完成之后，接下来最重要的任务之一就是网站推广，网站推广是网络营销的基本职能和主要任务。

搜索引擎注册是最经典、最常用的网站推广手段，并且一直是人们发现新网站的最基本的方法。中国互联网络信息中心(China Internet Network Information Center，CNNIC)最近几次发布的统计报告表明，在用户得知新网站的主要途径中搜索引擎占首位。因此，在主要的搜索引擎上注册并获得最理想的排名，是网络营销的基本任务。搜索引擎注册成为网站推广的第一步，而且与其他网站推广方式相比，搜索引擎注册具有相对稳定性，在完成注册后的相当长时间内(至少半年)一般都不需要重新登记，除非网站内容和定位做了重大调整，或者排名过于靠后。另外，注册搜索引擎数量的多少，也是判断一个网站质量的标准之一，也被认为是评价网络营销绩效的一个量化指标。

4.3.1 搜索引擎的类型

1. 按照信息收集方法不同分类

1) 目录式搜索引擎

目录式搜索引擎(Directory Search Engine)是最早出现的基于WWW的搜索引擎，由分类专家将网络信息按照主题分成若干个大类，每个大类再分为若干个小类，依次细分，形成了一个可浏览式等级主题索引式搜索引擎，一般的搜索引擎分类体系有五六层，有的甚至十几层。

目录式搜索引擎通过人工方式来收集信息，并对信息进行归类。首先，编辑人员通过查看相关网页，根据网页的内容提炼出主题词和网页摘要，并将该网页的链接归入事先确定好的分类目录中，这种做法与图书馆的分类人员所进行的工作类似。由于此类搜索引擎的分类主要是由人工进行的，所以信息准确度高，能够比较好地满足查询者的需要。但人工信息收集速度较慢，不能及时地对网上信息进行实时监控，其查全率并不是很好，是一种网站级搜索引擎，这类搜索引擎的代表是雅虎和搜狐。

2) 机器人搜索引擎

机器人搜索引擎的信息采集使用网页自动搜索工具网络蜘蛛(Spider)，通过一个URL列表进行网页的自动分析与采集。

Spider是一些基于Web的程序，它遍历Web空间，不断地从一个站点移动到另一个站点，自动建立索引，并加入网页的数据库中。它利用HTML语言的标记结构来搜索信息及获得指向其他超文本的URL地址，完全不依赖用户干预就能实现网络上的自动“爬行”和搜索。Spider 在搜索时往往采用一定的搜索策略，以深度搜索策略为例，它沿着一条选中的链路搜索，每遇到一个新文档，都要分析它上面的链接，并把新的URL添加到URL列表，一直查询到不再含链接的Web页，再沿原路返回到出发点，选择下一个链接继续搜索。

基于机器人搜索引擎的Web搜索模块主要由URL服务器、网络蜘蛛、网页数据库、URL解析器等几部分构成。Spider根据URL服务器发送的URL将每次搜索的结果(每个Web页的所有链接和相关的重要信息)存入网页数据库中，由URL解析器解读库文件并分析URL，然后再把网页数据库中的文本变成顺排索引，结果反馈给提请信息查询的用户。

为保证页面数据库信息与Web信息同步，网页数据库要定期更新。数据库的更新是通过派出网络蜘蛛对Web空间的重新搜索来实现的。

由于目录式和机器人式的搜索引擎各有优点，因此目前各门户网站上的搜索引擎通常是将两者结合起来使用，例如，新浪在使用人工分类的同时，也使用了机器人搜索引擎，用户在查询时，可以同时得到两种不同的搜索引擎所反馈的结果。

3) 混合式搜索引擎

混合式搜索引擎是对搜索引擎进行搜索的搜索引擎，是一个在统一的用户查询界面与信息反馈的形式下，共享多个搜索引擎的资源库并为用户提供信息服务的系统。

混合式搜索引擎与一般搜索引擎的最大不同在于它没有自己的资源库和页面搜索工具，它充当一个中间代理的角色，接受用户的查询请求，将请求翻译成相应搜索引擎的查询语法，在向各个搜索引擎发送查询请求并获得反馈之后，首先进行综合相关度排序，然后将整理抽取之后的查询结果反馈给用户。混合式搜索引擎查全率高，搜索范围更多、更大，查准率也并不低。

混合式搜索引擎包括Web服务器、结果数据库、检索式处理、Web处理接口、结果生成等几个部分，其中用户通过Web服务器访问混合式搜索引擎，混合式搜索引擎则通过Web处理接口访问外部的其他搜索引擎，其工作原理图如图4.4所示。

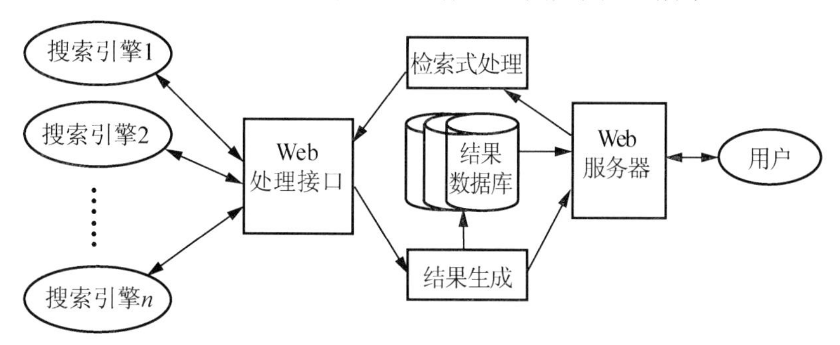

图4.4 混合式搜索引擎工作原理图

用户通过WWW服务访问混合式搜索引擎，向Web服务器提交检索式。当Web服务器收到查询请求时，先访问结果数据库，查看近期是否有相同的检索，如果有则直接返回保存的结果，完成查询；如果没有相同的检索，就分析检索式并转化成与所要查找的各搜索引擎相应的检索式格式，然后送至Web处理接口模块。Web处理接口通过并行的方式同时查询多个搜索引擎，把所有的结果集中到一起。根据各搜索引擎的重要性，以及所得结果的相关度，对结果进行抽取并排序，生成最终结果反馈给用户，同时，把结果存到自己的数据库里，以备下次查询参考使用。

2. 按照检索软件不同分类

按照检索软件不同，搜索引擎可分为3大类：全文数据库检索、非全文数据库检索、主题指南类检索。

(1) 全文数据库检索。能够提供完整的文献和信息检索，查全率很高，但由于信息量非常大，检索起来比较困难，对检索技术的要求很高。

(2) 非全文数据库检索。仅提供部分全文检索，有时需要二次检索，令人感到不太方便，但具有速度快、使用简便、索引量大的特点。

(3) 主题指南类检索。这是目前网络检索中最常用的检索软件，这种软件查准率高、速度快、使用方便，现在的大部分网站都具备主题指南类检索功能。

3. 跨语言搜索引擎

跨语言综合搜索引擎在一般的搜索引擎基础上加了两项功能：不同语言提问之间的翻译和不同搜索引擎检索结果的集成。跨语言搜索引擎有两种情况：一种是架构在单一搜索引擎的基础上；另一种是架构在多搜索引擎的基础上。

目前研究最多的是跨语言文本检索和跨语言语音检索，跨语言检索主要涉及信息检索和机器翻译两个领域的知识，但又不是这两种技术的简单融合。跨语言检索系统的检索功能，可以利用现有的检索系统来实现，也可以重新构造新的检索系统或检索功能模块来实现。

跨语言搜索引擎的工作过程如下：用户向系统提交检索词，形成一个源语言的搜索式，系统对搜索式进行语言识别，识别出语种后，就对提问式进行词法分析和结构分析，然后把这个分析过的搜索式翻译成各种语言的搜索式，最后把这一系列的搜索式提交给系统进行检索即可。

检索结果是含有多个语种的页面。如果使用多搜索引擎，转换成不同语言搜索式时还需要注意，各种搜索引擎搜索式表达方法的不同。例如，新浪网搜索中文信息的结果比较好，那么就把提问词是中文的搜索式转换成新浪网的搜索式；雅虎对英文信息的搜索结果比较好，那么就向雅虎提交提问词是英文的搜索式。

关于多语种搜索有两种情况：一种情况是，检索词为不同语种，检索结果也不同，这种情况是不经过翻译的，对搜索引擎来讲是不区分的。比如在Google里输入“知识发现knowledge”，选择所有语种，那么只要网页里既有“知识发现”又有“knowledge”就可以检索出来，不管该页面是中文的还是英文，或者是日文的，搜索引擎并不识别检索词的语种，这不是真正的跨语言搜索引擎；另一种情况是，检索词为同一语种，检索结果为不同语种。

4.3.2 典型的搜索引擎

1. Google搜索引擎(http://www.google.com)

Google是目前全球最优秀的支持多语种的搜索引擎之一，约能搜索3 083 324 652张网页，提供网站、图像、新闻组等多种资源的查询，包括中文简体、繁体、英语等35个国家和地区的语言资源。

2. 百度中文搜索引擎(http://www.baidu.com)

百度是全球最大的中文搜索引擎，提供网页快照、网页预览/预览全部网页、相关搜索词、错别字纠正提示、新闻搜索、Flash 搜索、信息快递搜索、百度搜霸、搜索援助中心等。

3. 搜狐搜索引擎(http://www.sohu.com)

搜狐于 1998 年推出中国首家大型分类查询搜索引擎，到现在已经发展成为中国影响力最大的分类搜索引擎。搜狐的每日页面浏览量已达 1.2 亿人次，用户可以查找网站、网页、新闻、网址、软件、黄页等信息。

4. 新浪搜索引擎(http://www.sina.com.cn)

新浪搜索引擎是互联网上规模最大的中文搜索引擎之一。设大类目录 18 个，子目录 1 万多个，收录网站 20 余万个。提供网站、中文网页、英文网页、新闻、汉英辞典、软件、沪深行情、游戏等多种资源的查询。

5. 雅虎中国搜索引擎(http://cn.yahoo.com)

Yahoo!是世界上最著名的目录搜索引擎。雅虎中国于 1999 年 9 月正式开通，是雅虎在全球的第 20 个网站。Yahoo! 目录是一个 Web 资源的导航指南，包括 14 个主题大类的内容。

4.3.3 搜索引擎注册

1. 蜘蛛式搜索引擎的注册技巧

根据蜘蛛式搜索引擎的工作原理，可以采用以下方法使自己的网站排名尽量靠前。

1) 确定恰当的网页标题

网页标题是出现在 Web 浏览器顶端名称栏的内容，即是网页文件源代码中<title>标记符与</title>标记符之间的那段文字。有些搜索引擎通过对网页标题的判断来确定网页的主题内容。所以，标题与主题的相关程度对决定页面的级别是非常重要的，在设计标题的时候应该紧扣页面的主题。

2) META 标记

<meta>具有多种功能，具体的功能由它的两个参数指定。

(1) http—equiv 参数：具有多种功能，具体的功能由它的内容指定。http—equiv=content — type 用来指定浏览器所使用的编码种类。

(2) content 参数：具有多种功能，具体的功能由它的内容指定。Content=“text/html; charset=gb2312”用来指定浏览器只使用 GB 编码汉字。注意，这行语句的内容与格式基本上是固定的，不必深究它的细节，只要将它添加到网页首部即可。加入这行语句后，不管浏览器目前处于哪种编码状态，“网上音像店”总是自动显示 GB 编码汉字。

此外，<meta>标签能使搜索引擎更容易找到你的位置。在你的网页中<HEAD>标签和</HEAD>标签之间加上<META>标签，当然别忘了把自己的信息填入引号之内。

<META name=“key words”content=“online marketing，online，marketing，high technology，Web，Internet，dummies，geniuses，veeblefetzer”>

<meta name=description content=“在互联网上订购、销售中外音像制品”>：该行为搜索引擎提供简介信息；

<meta name=keywords content=“音像”>：该行为搜索引擎提供关键词信息。

注意：某些公司在他们的META标签内容上走了极端，他们使用与之竞争的公司及其产品的名字作为关键字，以使访问者浏览自己的网站，这种行为是不道德的，很可能会招致法律责任。

3) 拟定准确的头行和主体的内容

除了页面的标题之外，页面文件主体内容靠近主标题的正文部分的内容非常重要，通常也对搜索引擎判定页面的内容有较大的影响。并且有的搜索引擎，比如Excite就不支持META，它的“蜘蛛”软件自动将正文的前20行视为描述文字，并将其中重复次数最多的单词视为关键字。

4) 制作站点的通道页

多数搜索引擎拒绝对所递交的URL的第二级或第三级以下层次的网页索引。解决方法就是做一个“通道页”(Hallway Page)，“通道页”中放置网站的所有链接。注意，某些搜索引擎限制接受同一域名下的网页数，所以建议在“通道页”中按网页的重要程度对链接进行排序，而且每个“通道页”中的链接数应当控制在50个以内。

5) 优质的页面

其一，检查链接是否正确，避免死链接；其二，蜘蛛软件对包含在图像中的超链接是不能识别的，也就是说，蜘蛛软件是不能沿着图像中的超级链接过渡到下一个页面的，因此，除了图像链接之外还要包括文本链接；其三，避免提交含有帧的页面，许多搜索引擎软件是不识别帧的，因此最好将主页设计成无帧的页面；其四，经常更新，为了鼓励网页更新，搜索引擎将清除长期没有更新的网页。

2. 目录查询站点的注册技巧

1) 提供良好的网页

由于网页经过人工的判断来决定是否纳入分类目录，所以设计良好的网页会增加进入搜索引擎的可能性，在雅虎网站中就明确指出了这一点。

2) 优秀的内容

根据搜索引擎的统计结果来看，尽管人们可以采取许多提升排名的方法，但是优秀的内容仍然是保证排在搜索结果前列的保证。

3) 选好适合的目录

企业应当对自己的网站有一个准确的定位。企业需要研究搜索引擎的分类目录，看看企业的产品或服务最适合于哪个分类目录，选择合适的网站目录对于企业的成功是非常重要的。

3. 搜索引擎注册前的准备

尽管大多数互联网用户对搜索引擎并不陌生，但真正能将搜索引擎推广方式发挥到最大的网站并不是很多。同类的两个网站，在同一搜索引擎中输入同样的关键词，两个网站的排名结果可能差距很大，这就是专业与否的差别。人工注册有一些技巧，需要仔细研究才能取得理想的效果。一般来说，在注册之前，应该先做好充分的准备，这包括关键词、网站描述、网站名称、URL、联系人信息等。另外，不同的搜索引擎对关键词的要求也不同，最为苛刻的要数雅虎，要求总共不能超过35个汉字，要既能充分表达网站的信息，又要文字通顺。

在决定要注册搜索引擎之前，最好做一个搜索引擎登记计划列表，先熟悉一下各网站的特点，比如有哪个目录最适合自己的网站，对关键词和描述的要求如何，资料提交后大约多长时间可以更新等，有的放矢地针对各个不同的网站设计最理想的资料。

4.3.4 搜索引擎应用

1. 增加搜索引擎注册的广告效果

增加搜索引擎注册的广告效果，主要是访问者在使用搜索引擎时能在显著位置找到你的站点。搜索引擎使用方式有两种：一种是分类目录式查找；另一种是按关键字检索查找。

对于第一种情况，就是在网站注册时就要将其排在最前面，如通常说的Top10和Top20，因为页首的网站的访问率比后面要高，这就要求在搜索引擎注册时要了解搜索引擎是如何排名的。

对于第二种情况，就是提供足够多的关键字，以便于访问者在访问时能检索到网站，同时还要了解网站的检索排序算法，尽量采用按搜索引擎的算法来排列关键字，不过许多搜索引擎排序算法是不公开的，所以需要不断尝试。

2. 在搜索引擎登记后的跟踪管理

在向搜索引擎提交注册表单之后，如果超过了搜索引擎正常的更新周期，网站仍然没有被收录，应再一次注册，不过，有些网站需要等待一段时间才可以重新登录。对于已经在搜索引擎登录的网站，当你的网站有较大的改变(如网址和网站主题等)时，也应该重新注册，而不是被动地等待搜索引擎的定期回访。

另外，需要不定期到登录的搜索引擎查看网站排名的变化情况，如果位置不断地靠后，靠前的都是竞争者的时候，就需要分析原因，如果是自己的原因，那么就需要重新优化网页并再次向搜索引擎提交网站。

当网站被搜索引擎收录之后，还应该对网站访问日志进行比较分析，分析了解顾客来源，如他们是从哪个搜索引擎过来的，使用的是什么关键词，在这些反馈页面上，网站的排名位置如何，是否有很多竞争者的网站比自己领先等。当掌握了这些信息之后，可以有针对性地对网站进行优化设计，以便取得最佳效果。

4.4 中外搜索引擎比较——百度与Google

自2001年9月Google中文网站悄然开通以来，搜索引擎已经成为中文互联网上最热门的话题之一。作为互联网重要的搜索引擎，在中国市场上以惊人的爆炸式方式释放着能量。在中文搜索引擎领域中，百度和Google中文搜索引擎凭借其较大的市场占有率遥遥领先、傲视群雄。

虽然百度的发展环境不及国外的著名搜索引擎Google成熟，但不能否认的是其发展迅猛的速度和有目共睹的成绩，并且在某些方面甚至要比Google更完善。然而，也不能因为某些优势而忽视其他方面的不足，例如在搜索引擎推广投资收益上，百度相比Google来说，还要弥补一些不足。但总体来说，Google和百度搜索引擎依靠自身的特点和优势受到了中国网民的欢迎，开辟出了一片市场。

4.4.1 中文搜索引擎历史

1. Google历史

Google公司成立于1998年9月。2000年6月，雅虎正式宣布以Google搜索技术取代原先采用的Inktomi技术，Google由此踏出了走向成功的第一步。2004年8月在纳斯达克上市，开创了第二代搜索引擎技术。

Google利用蜘蛛程序在互联网上抓取各个网站的网页，对网页内容进行分析处理，并进行超链接分析，然后做Page Rank方式排序(按照此网页被引用次数的多少进行排序)，这种Page Rank机制类似于SCI论文被引用次数统计排序机制。Google还独创了多语言搜索技术，支持世界上几十种主要语言。

Google技术成熟、稳定，是全球最大的搜索引擎，其企业文化开放而独特、品牌优势明显，推出了GB级电子邮箱、桌面搜索、专业搜索、把美国庞大的图书资料搬上网络等服务，开创了许多互联网先河。

2. 百度历史

百度创办于2000年1月，为eNet提供了eSearch和原ChinaRen的“孙悟空智能搜索”之后，国内如新浪、搜狐、网易等20多家门户网站和专业网站均采用了它的搜索引擎服务。2002年9月百度开始转型，推出www.baidu.com，但没有开创自己的搜索引擎风格，而是全部照搬Google。

百度立足国内、专注中文搜索市场，研究汉语特点和国内网民的上网习惯，在中文分词、相关性搜索、特色搜索等方面已经超越了Google，摆脱了早期的照搬风格并逐渐自成一体。百度自己研发并较早地推出国人喜爱的MP3搜索，吸引了大量年轻网民。2003年12月百度推出了贴吧这样的个性搜索服务来聚集人气，因而逐步奠定了其成功的基石。2003年、2004年百度推出新闻搜索、下吧、IE搜索工具条等一系列搜索产品。2004年8月收购Hao123.com进入网站网址搜索市场，逐步成为中国搜索引擎的领头羊。2004年6月引入包括IDG、JDF、Google等多家风险投资的1亿美元，其中Google投资1 000万美元，占3%的股份。

4.4.2 搜索服务比较

1. 网页搜索服务

网页搜索是搜索引擎的立业之本，Google和百度都提供了很多搜索引擎功能，以下面一些功能为例来做一下比较，见表4-1。

表 4-1 网页搜索服务比较

网页搜索服务	Google	百 度
网页数量	在全球拥有 80 多亿网页，其中有 4 亿多中文网页	6 亿多简体中文网页、繁体和英文网页很少，没有其他语言的网页
搜索反应速度	亚秒级	
搜索选项	搜索所有网站、所有中文网页和中文(简体)网页	
搜索结果	搜索结果显示网页标题、链接(URL)及网页字节数，匹配的关键词以粗体显示	
信息更新速度	信息更新速度很快，时效性很强	使用竞价排名服务[①]，影响了搜索的准确性和时效性，更新速度较慢
搜索限制	语言、文件格式、日期、区域、事件	
中文分词处理	功能一般，对许多中文人名和特殊词汇不能很好地加以区分	研究过汉语特点，功能强大，反映很好
中文拼音输入搜索[②]	均提供此功能	
相关性搜索	不能提供很多的相关词，实用性方面欠佳	自动积累网民搜索用词数量，并可以提供相关性词的关联度表
高级搜索	二者的功能都很出色，其中关键位置、文件格式和发布时间等非常详尽	
分类搜索[③]	搜索结果的准确性一般	搜索结果中附带有文件大小和速度标识，准确率很高
特色搜索[④]	提供如计算器和度量衡转换、股票查询、天气查询、邮编区号、手机号码归属地、中英文字典等服务	提供和 Google 一样的服务，并且在股票查询、中英文辞典等方面进行优化，还增加了列车/航班查询
按时间筛选结果	利用高级搜索功能，可以任意设定开始时间和结束时间	
按链接搜索结果[⑤]	使用搜索语法，比如 link：www.yahoo.com.cn	
指定网站内搜索[⑥]	使用搜索语法	与 Google 一样，还可以限定在 URL 链接中进行搜索
英文网页翻译	可以提供 60 种语言，采用 BETA 版，但翻译效果一般	不提供此功能
网页快照[⑦]	解决了用户上网访问经常遇到死链接的问题：搜索引擎已预览各网站，拍下网页的快照，为用户储存大量应急网页，深受网民欢迎	

① 竞价排名服务是搜索引擎网站按付费厂商出价高低将刊登在搜索结果页面上的厂商信息依次排列。

② 当输入一个拼音时，搜索引擎会自动提示“是否要输入中文词汇？”

③ 分类搜索引擎采用网站登录/收录方式，依据主旨、用户对象及网络资源状况构建分类体系，把收集到的本地网站页面进行人工编辑，层层类分，形成纵向隶属、横向关联的网站目录数据库。这样可以进一步缩小搜索范围，从而减少用户的搜索时间。

④ 特色搜索指在搜索框中提供一些和日常生活相关的应用服务。

⑤ 用于查找所有指向该网址的网页。

⑥ 在某个特定域或站点中进行搜索。

⑦ 网页快照是把原始网页拍个“照片”，在原有网页打不开或打开较慢的情况下，使用网页快照功能非常方便，而且关键词以高亮形式显示，方便网民阅读，同时在网络信息监察方面，网页快照起到取证作用。

续表

网页搜索服务	Google	百　　度
类似网页[①]	提供此功能，帮助网民更好地查找信息	不提供此功能
不良信息过滤	一般，有些色情信息没有过滤	功能性强
关键词自动提示		用户输入拼音，就能获得正确的中文关键词提示
中文搜索自动纠错	如误输入错别字，可自动给出正确关键词提示，例如输入“电恼”能正确建议是否查找“电脑”	
在线帮助	Google 大全有网页形式介绍，比较详细，同时有在线建议功能	百度大全有网页介绍，较详细
搜索结果感受	保持了和其他语言网页的一致风格，简洁，色彩单调，但没有中文特色，搜索结果数量较少，有时未配有关键词	简洁、风格单调、色彩较少、字较小，视觉感受不佳，搜索结果数量较多，一般都配有关键词

在中文简体网页搜索方面，不论 Google 还是百度在搜索性能和效果方面都不错，难分伯仲。

Google 尽管开发了众多的搜索功能，并最早推出中文搜索，但由于不太专注于中文搜索的开发，在汉语理解、中国人搜索习惯的把握等方面均要落后于百度。

与 Google 相比，百度更专注于中文搜索，甚至可以说只重视中文简体搜索，因而提供的中文搜索服务最全面、功能和性能经得起长时间考验，而且根据中国网民的使用习惯进行了优化。

2. MP3 搜索服务

(1) MP3 搜索服务包括各种音频文件、Flash 和歌词专辑等服务，目前使用最多的是搜索歌曲和音乐服务。2003 年，Google 就与大多数国外门户网站尚未开设专业音乐搜索频道，这让中国的搜索引擎公司抓住机会得以发展。其中百度是开设 MP3 搜索服务的最大受益者，许多人知道百度是从搜歌曲开始的，而且许多坚持使用 Google 的早期网民还保持一个习惯：找网页到 Google，搜歌曲到百度。

(2) 百度自主研发出了非常实用的 MP3 频道，继承了以往百度网页搜索的简洁风格。百度 MP3 频道拥有近 600 万中英文歌曲，同时每天都要对歌曲链接功能进行分析以排除死链接和下载慢的链接。如对“MP3”进行搜索：Google 搜索到 331 000 项查询结果，搜索用时 0.08 秒，百度搜索到 865 296 项查询结果，搜索用时 0.001 秒，由于其 MP3 频道歌曲链接的准确性和下载速度都很不错，所以深受广大网民的欢迎。从 Alexa.com 显示的数据看，mp3.baidu.com 占百度访问量的 20%，成为国内影响力最大的搜索引擎，其影响力已经超越了互联网，成为许多广告商投放广告的首选。

3. 图片搜索服务

图片搜索主要根据页面上图像附近的文字、图像标题，以及许多其他元素来确定图像的内容。

---

① 单击“类似网页”链接时，搜索引擎便开始查找与这一网页相关的网页。

(1) Google 图片搜索服务推出较早，支持 GIF、JPG、PNG 等图片格式搜索，支持灰阶、黑白、彩色形式图片搜索，支持大、中、小型图片搜索。其搜索结果页面有 4×5 幅图片，同时配有一个针对儿童的不良图片的屏蔽功能，但中文版却未提供此功能。并且由于 Google 对中文图片搜索功能不进行改进，很少有网民使用该功能。

(2) 百度图片搜索结果页面有 4×6 幅图片，其中一个比较大的特点是支持新闻图片搜索，而且在搜索结果页面最后一行配有最新的 4 张相关新闻图片。

4. 新闻搜索服务

1) Google 新闻搜索

Google 新闻搜索主要具有以下功能。

(1) 按照关键词和智能语义，把汇集好的新闻分类：体育、财经、科技等新闻栏目。

(2) 根据新闻被关注的程度，自动把焦点新闻排列在主要位置。

(3) 把相同或相关的新闻条目归类。

(4) 新闻摘要显示。

(5) 搜索的新闻内容能按相关性排序、按时间排序。

2) 百度新闻搜索

百度于 2004 年推出新闻频道，百度新闻每天发布 20 万～22 万条新闻，每 5 分钟对互联网上的新闻进行检查，即时在百度上发布最新新闻。其新闻完全由程序自动采集生成不含任何人工编辑成分，不会因为编辑的个人好恶和才识限制产生新闻上的偏见或欠缺，尽可能保证了新闻的客观性和完整性。百度 2005 年初新闻频道升级后，界面得到优化，自身新闻搜索处于竞争优势位置。其具有以下特点。

(1) 支持新闻内容关键词或新闻标题搜索。

(2) 有滚动和图片新闻阅读方式。

(3) 完善个人的新闻偏好功能，有地区新闻并可以自选订阅新闻的方式。

新闻搜索和自选订阅方式的结合，使个人可以根据自己的喜好构建新闻阅读方式，潜移默化地改变网民在网络上阅读和查找新闻的习惯，成就了百度在新闻搜索方面的领先位置。虽然 Google 拥有众多新闻源，在多语言新闻方面可以作为网民的首选，但其新闻经常不能正常访问。

5. 文档搜索服务

互联网上除一般网页外，还有 PDF、DOC、RTF、XLS、PPT(S)等格式的文档文件，虽然这些文件不像 HTM 文件那样多，但这些文件通常会包含一些别处没有的重要资料，因此具有独特的价值和吸引力。对网络中这部分资源的挖掘和利用也是搜索引擎的重要功能之一，对这部分资源的挖掘和分析的水平也成了衡量搜索引擎完整与否、成熟与否的重要指标，多文档搜索是高级搜索的重要内容，与其他高级搜索功能一起，构成高级搜索功能体系。

下面就文档数量、语法使用的灵活性、准确性和多语法混合等对 Google 和百度进行比较，见表 4-2 和表 4-3。

表 4-2　文档数量比较　　单位：个

数据查询	Google	百　度
Filetype: xls 报表	1 890	9 940
Filetype: xls 名单	3 000	32 300
Filetype: ppt 课件	1 480	13 900
Filetype: doc 搜索引擎	743	1 050
Filetype: ppt 软件模型	697	919 000
Filetype: pdf 服务器安全	6 240	17 800
Filetype: doc 计算语言学	214	546
Filetype: doc 计算机检索	6 080	17 700
Filetype: ppt 软件开发模型	697	560
Filetype: pdf xml 高级编程	116，但匹配质量差	55

表 4-3　其他参数比较

<table>
<tr><th>性　能</th><th>Google</th><th>百　度</th></tr>
<tr><td>灵活性</td><td colspan="2">支持 3 种查询方式：
(1) Filetype:格式 关键词；
(2) 关键词 Filetype:格式；
(3) 在高级搜索里选择</td></tr>
<tr><td>准确性</td><td>强行截断分词造成结果数量多，精确性不高</td><td>比较符合搜索目标</td></tr>
<tr><td rowspan="2">多语法混用</td><td colspan="2">支持一般逻辑搜索：+ - |
Filetype:doc 演讲稿 吴敬琏
Filetype:doc 演讲稿 - 教师
Filetype:doc 演讲稿 | 演讲</td></tr>
<tr><td colspan="2">其他高级搜索指令：
吴敬琏 Filetype:doc site:pku.edu.cn
历史 Filetype:doc inurl:org
经济 Filetype:doc inurl:title</td></tr>
<tr><td>其他支持</td><td>(1) 不支持对所有文档类型的搜索；
(2) 支持对更多文档类型的扩展，如 swf/xml，目前 Google 不支持更多；
(3) 支持原来文档转换成 html 格式文档浏览</td><td>(1) 支持对所有文档类型的搜索；
(2) 不支持对更多文档类型扩展，但可在 MP3 搜索中选择 Flash 搜索；
(3) 支持原来文档转换成 html 格式文档浏览</td></tr>
</table>

总体来说，百度多文档搜索无论是搜索的质量和数量都与 Google 相当，甚至超出 Google，因此可以认为中文搜索引擎在应用的深层次挖掘上已经不再落后于外来服务商。

6. 个性搜索服务

1) Google：手气不错、论坛搜索、目录搜索

(1) 手气不错：输入搜索关键字单击“手气不错”按钮，可以快速找到 Google 推荐的最佳网页。

(2) 论坛搜索：网络上有部分信息，论坛中的发布时间要早于网站，而且有的信息只能在论坛上才可以看到。为此，Google 也特别设置了“论坛搜索”功能，专门用来查询并观看各讨论区里的留言信息。

(3) 目录搜索：Google 的网页目录能够帮助用户了解各分类主题的相关程度，使用网络目录检索，能将搜索范围局限于特定的分类内，略去类似但无关的其他网页。例如检索“大学”，如果将搜索范围设定于“教育机构”的分类内，便可略去其他网页，像“大学书城”等信息。

2) 百度：贴吧

百度的贴吧功能类似 BBS 的功能，用户可以在里面随意发表信息，而贴吧搜索则是用户可以在这些发表的信息中进行搜索。

4.4.3 推广投资收益比较

1. Google 推广形式

Google 目前主流的推广形式是通过搜索引擎优化，使企业网站获得 Google 正式搜索前 10 名，从而具有近乎 100%的机会被访问者点击。

预算：9 000 元(按照企业指定关键词优化难易程度略有波动)。

效果：市场占有率 40.13%，也就是说企业只要在 Google 一个搜索引擎获得前 10 名的排名，就有几乎 100%的机会使 40.13%的目标客户访问自己的网站。

2. 百度推广形式

竞价排名，即按照单次点击价格预付费，单次点击价格较高者排在前列。

预算：市场占有率 39.80%，投入资金不确定，但部分案例显示投资高于 Google 的 3 倍。单次点击价格至少是 0.3 元，此价格会因为同行竞价而显著提高。而恶性点击的问题，也使得投入金额具有更高的不确定性。

4.4.4 商业模式比较

百度和 Google 都是凭借自身的技术力量取得收入的，但从双方的收入来源上可以看出各自的不同策略。

1. Google 的创始人希望能长期保持 Google 的独立性

为维护网民的利益，Google 拒绝用广告来填塞屏幕并减少反应时间，其广告主要是文字性的并且是与搜索结果相关的。Google 表示将放弃弹出式广告及传统的旗帜广告，同时也不出售搜索结果靠前的位置。

2. 百度与 Google 的商业策略有很大的不同

百度正在全力推广搜索引擎竞价排名服务。可事实上，愿意出价的厂商未必是用户需要的搜索目标，同时因为竞价排名服务提倡的“出钱越多、搜索排名越靠前”会直接影响搜索结果的准确性，这样可能引起网民的反感和访问量、点击率的下降。例如对 “下载”一词进行搜索，出现的搜索结果是提供法国留学和法语学习服务的网站，“决战法兰西”居然排在第一位；对“MP3”进行搜索的结果是前 3 位全部都是付费的厂商，第二位“万方数码网”和第三位“华荣掌上电脑总汇”，实际上与“MP3”没什么关系。

当搜索结果是由厂商的出价来决定时，百度是否还能保持搜索引擎的独立性、用户是否还会满意其给出的搜索结果，同时不断出现跃跃欲试的竞争对手和新一代的搜索引擎服务时，百度是否依然会选择竞价排名服务，这些可能要依赖于市场和时间来说明了。

麦包包的SEO优化[①]

麦包包是国内近年迅速成长起来的在线零售电子商务网站，其销售额每年都以几何级的数字在增长：2008年380万元，2009年4 000万元，截至2014年9月，其无线业务月销售额已突破1 000万元，在官网整体销量中所占的比例超过50%。而作为销售型的电子商务网站，最重要的是获取庞大的潜在客户，而搜索引擎成为其主要来源。麦包包能取得如此好的销售业绩，很大程度上取决于其搜索引擎营销上的成功。目前，麦包包网站的“女包”“淘宝”“淘宝网”“淘宝商城”“开心网”等非常热门的高流量词汇在百度、Google等主流搜索引擎均有非常好的排名，这些热搜词为麦包包网带来了每日数以亿计的访问和无数的潜在客户。

下面来具体看看麦包包网站SEO优化的成功之处。

(1) 网站主关键词(目标关键词)精准到位：title和deion发力够狠。麦包包网站的title和deion设置相当精准，且语句通顺简洁。显然，麦包包对自己的用户群体分析得很透彻，用户主题把握得很精准。搜索淘宝网、淘宝商城、开心网、包包，都是有购物趋势、时尚、消费能力非常强的年轻人，因此麦包包把这些搜索量非常大，用户群体集中的热门搜索词作为网站关键词。这里特别要提到搜索引擎分词组合法的灵活运用，如“淘宝网商城”可以拆分为“淘宝”“淘宝商城”。

(2) 注重细节，关注用户体验，该Alt的坚决Alt。Alt的添加不仅是有利于搜索引擎蜘蛛抓取相关信息，同时也利于提升网站访问用户的体验。例如其logo的Alt属性的设置——麦包包：时尚包包流行第一站，淘宝网包包优秀网商！

(3) nofollow属性应用。麦包包网站对于nofollow属性的运用非常灵活，除了给注册、登录、购物车、去结算等没有实际内容和意义的链接添加nofollow属性外，最新动态新闻、包包专题促销页面，最新评论，底部的新手指南、如何付款、配送方式、常见问题、售后服务、联系我们等，以及合作联盟的图片链接全部nofollow掉了，不过特别要说明的是友情链接页面没有添加nofollow。用nofollow告诉索引擎此链接不跟踪，且不传递链接的权重，尤其是对于这种大型的电子商务网站，nofollow可以极大地提高爬虫(baiduspider、Googlebot等)的工作效率，让爬虫在有限的时间内去抓取重要的、有实际意义的页面。

(4) 重视优化栏目页，提升栏目页关键词的排名。

(5) 网站结构：树形结构，层级控制在3层内。树形结构是一种对搜索引擎很友好的网站结构，便于搜索引擎蜘蛛逐层访问和抓取.URL链接方面，麦包包大部分使用静态链接，层级一般控制在3个层级之内，就算是搜索结果页面，也不包含无效参数。

(6) 外链及锚文本建设：麦包包网外链建设很到位。麦包包网站建立了大量的外链，其锚文本形式也多样化。

(7) 善于借势，借力发力。

① http://column.iresearch.cn/u/lyhua/316030.shtml.

案例思考:

1. 结合上述资料，简述麦包包网站在 SEO 中的独到之处。
2. 结合自己的观点，回答如何确认关键字。
3. 麦包包的 SEO 能给我们带来什么启示?

复习思考题

一、名词解释

1. CPM(Cost Per Million)
2. CPC(Cost Per Click)
3. CPA(Cost Per Action)
4. 目录式搜索引擎(Directory Search Engine)

二、选择题

1. 美国著名杂志 Wired 在(　　)年推出了网络版 Hotwired(www.hotwired.com)，这是广告史上的一个里程碑。

A. 1990　　B. 1992　　C. 1994　　D. 1996

2. 在(　　)年的法国世界杯和克林顿绯闻案等事件中，互联网以其特有的交互性，第一次压倒报纸、广播、电视等传统媒体，确立了它第四媒体的地位。

A. 1994　　B. 1996　　C. 1998　　D. 2000

三、简答题

1. 试述网络广告的特点及形式。
2. 网络广告效果测定的标准是什么?
3. 说出几种网络广告的常见计价模式。
4. 网络视频广告的优势有哪些?
5. 试述网络视频广告的主要模式。
6. 试述中国网络广告存在的问题。
7. 搜索引擎按信息收集方法分哪几类。
8. 百度和 Google 在商业模式方面有哪些不同?

电子银行与电子货币 第5章

学习目标

通过本章的学习，了解电子银行和电子货币的概念与发展、中国支付体系的发展情况，以及电子货币的作用；了解电子银行的支付清算过程，电子银行支付系统主要的运作模式，以及电子货币的相关知识，并通过案例来理解电子银行的业务。

教学要求

教学模块	知识单元	相关知识点
电子银行系统	(1) 电子银行概念 (2) 电子银行的业务渠道 (3) 电子银行业务系统 (4) 电子银行综合业务服务系统体系结构	电子银行和网络银行的概念，电子银行各种业务渠道，电子银行的客户以及电子银行面向客户、往来银行、网络银行、银行内部的4大类资金划拨系统
电子银行清算体系	(1) 支付与支付清算 (2) 中国电子支付模式及发展趋势 (3) 中国的支付清算与结算服务	支付、清算和结算的含义，支付结算体系概述，中国电子支付主要运作模式，以及各种模式之间的竞争及优势，中国结算支付体系现状
电子货币及特点	(1) 电子货币概述 (2) 电子货币发展 (3) 电子货币与传统货币的区别	电子货币的概念及作用，电子货币的发展历程，以及电子货币与传统货币的区别
电子货币类型	(1) 银行卡 (2) 电子支票 (3) 电子现金	银行卡的种类、应用领域，电子支票简介以及电子支票运作机制，电子现金的特点及分类

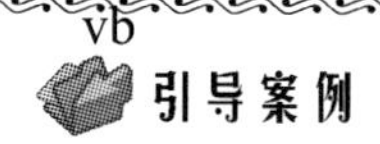

引导案例

中国建设银行的电子银行服务

自1998年3月，中国银行在国内率先开通了网上银行服务。1999年4月，建设银行启动了网上银行，并在我国的北京、广州、四川、深圳、重庆、宁波和青岛进行试点，这标志着我国网上银行建设迈出了实质性的一步。近年来，建行陆续推出网上银行，开通了网上支付、网上自助转账和网上缴费等业务，初步实现了真正的在线金融服务。

1. 个人网上银行和企业网上银行

个人网上银行是建行客户通过因特网享受的综合性个人银行服务，包括账户查询、转账汇款、缴费支付、信用卡、个人贷款、投资理财等传统服务功能，以及利用电子渠道服务优势提供的网上银行特有服务功能，合计有八大类、百余项服务。

企业网上银行：用建设银行网银，企业理财可以更轻松。高级版企业网上银行服务：可进行账户信息查询、资金划转、财务人员权限管理等功能。

2. 电话银行

电话银行的功能主要有：业务介绍、电话自助转账、永久口头挂失、账户余额快报、信用卡还款、简单密码控制等功能。只要拥有一部电话机，随时拨打95533进行一些简单操作，就可以让电话成为我们身边的银行，轻松享受建行便捷的金融服务。

3. 手机银行

手机银行的功能主要有：手机快捷查询、手机到手机转账、手机信用卡还款、手机跨行转账、手机股市、手机缴费等功能。只需将手机号与建行账户绑定，就能让我们的手机成为一个掌上的银行柜台，随时随地体验各项金融服务。

4. 短信金融服务

短信金融服务的功能主要有：服务功能、开通流程、申请开通、申请注销等功能。通过建设银行短信平台，并依托建行业务系统，以手机短信的方式为客户提供的建行相关金融信息通知的服务。

5. 自助银行

自助银行的功能包括：使用自动取款机、自动存款机、存取款一体机、自助服务终端、外币兑换机、夜间存款机(也称夜间金库)等专用电子设备，不受银行营业时间和空间的限制，具有方便、灵活、保密性良好的特点。

6. 家居银行

家居银行的功能主要有：服务功能、申办流程、特点优势等。通过家居银行不仅可以实时缴纳有线电视费用，还可享受建设银行为我们提供的多项银行服务，体验数字化生活的乐趣。

电子商务离不开电子支付，而电子支付是以银行业务的电子化为基础的。电子银行是数字化和信息化了的高效率、低运行成本的银行，它通过电子传输的办法，向其客户提供全方位、全天候、高品质又安全的银行服务，从根本上改变了传统银行的业务模式和管理体制，建立了以信息为基础的自动化业务处理和以客户关系管理为核心的科学管理新模式。本章介绍电子银行系统与电子银行的清算体系，并介绍了各种类型的电子货币。

5.1 电子银行系统

进入20世纪90年代后，随着电子商务的兴起，万维网技术被引入银行，银行进入电子商务发展时期，并开始通过开放性的互联网提供网络银行服务。银行电子商务的实现和发展，使银行从手工操作的传统银行演变为高度自动化和现代化的电子银行。

5.1.1 电子银行概述

1. 银行的电子化

银行的电子化进程主要经历了4个阶段：手工操作转为计算机处理、提供自助银行服务、提供金融信息服务和提供网上银行服务。

20世纪中期，在人们还没有电子商务这个概念时，银行就开始了自身的革命。由于当时银行传统办公手段的效率已经无法满足社会对银行服务的需要，人们逐渐将计算机和通信技术(Computer & Communication，简称C&C技术)引入银行的业务处理，如各种银行卡和电子销售点POS的推出，电子资金转账(Electronic Funds Transfer，EFT)等系统的建立和推广应用，使商务中资金支付活动的各方真正有机地联系在一起，形成应用于不同场合的电子支付结算系统。

电子资金转账系统用于银行与其客户进行金融数据通信，是各银行自行开发应用的专用金融系统，它用于传输同金融交易有关的信息，为客户提供基于网络的支付结算服务。通过EFT系统，银行把通过它进行的支付服务从其分支机构的柜台利用网络延伸到零售商店、超级市场、企事业单位以至家庭和个人。

银行为充分发挥电子化处理的效率，开发了大量新型的自助银行服务项目。在实现支付结算服务电子化的基础上，又积极将信息技术融入银行业务中，比如银行利用交易数据的统计和分析结果向客户提供金融信息增值服务，强化银行的经营管理，完善银行的电子监控体系，从而使传统银行进入电子银行时代。

2. 电子银行的概念

1) 网络银行

在研究电子银行的概念之前，先来看一下什么是网络银行。

网络银行是一个宽泛的概念，从不同的角度可以有不同的解释。一般来说，网络银行是指银行借助客户的个人计算机、通信终端(包括电话、手机、掌上电脑等)或其他相关设备，通过银行的内部专用通信网络或互联网，向用户提供金融服务的方式，网络银行业务就是指银行在这种方式下提供的服务。

网络银行的概念可以从服务载体、服务场所和服务内容3个层次理解。这里的服务载体不局限于互联网，还包括银行的内部计算机网络、专用通信网络或其他公用信息网络；从服务场所看，网络银行的终端既可以是计算机设备，也可以是电话等通信工具；网络银行业务的服务内容包括了电话银行业务、网上银行业务，以及新兴的手机银行业务和短信银行业务。

2) 电子银行

电子银行就是银行借助各种电子业务系统，利用网络平台，向其客户提供全方位、全天候、高品质又安全的银行服务。根据国际清算组织的定义，电子银行业务泛指银行利用电子化网络通信技术从事与银行业相关的活动，包括电子银行业务和电子货币行为。

(1) 电子银行业务指通过电子化渠道提供的银行业产品和服务，包括商业 POS 机终端、ATM 自动柜员机、电话自动应答服务系统和银行卡等设施。

(2) 电子货币行为是与电子货币创造和应用有关的各种活动，其核心是价值储存和预先支付机制。电子货币行为的实现方式包括通过 POS 机、两个互联设备的端对端连接或互联网等开放通信网络的支付功能；储值产品即基于各种卡的“电子钱包”和基于网络技术的“数字化现金”，储值卡的功能可能是单一的(如电话卡)，也可能是多功能的(如校园卡)。

由此可见，目前常用的网上银行业务、电话银行业务、手机银行业务和短信银行业务都属于电子银行业务的范畴，再加上电子货币的功能，使电子银行的业务范畴比网络银行更加宽泛。

5.1.2 电子银行的业务渠道

从国际清算组织的定义中可以看出，电子银行业务包括传统银行业务的电子化和在电子货币基础上的银行电子商务。在实际的应用中，这两个层次是相互交织的，电子货币行为融合在银行业务中，电子货币基础上的银行业务是网络经济时代对金融服务提出的新要求。图 5.1 给出了电子银行提供的业务渠道，它主要由网上银行、电话银行、手机银行、商业 POS 系统和自助银行等组成。

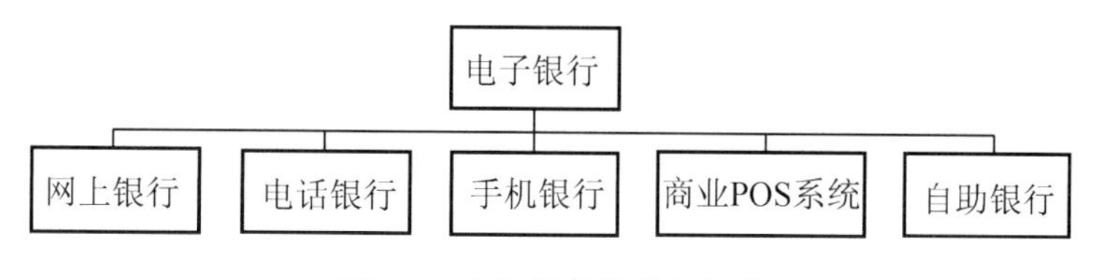

图 5.1 电子银行的业务渠道

1. 网上银行

网上银行又称在线银行，是指银行通过互联网提供金融服务，主要业务包括个人网上银行和企业网上银行。下面从服务载体、服务场所和服务内容 3 个层次来理解网上银行。

(1) 网上银行的服务载体脱离了传统银行的分支机构和各种纸介的票据表单，客户无须与银行的业务人员见面，通过填制电子表格和电子凭证，借助于虚拟的网络空间，就可以享受银行服务。

(2) 网上银行的服务场所不再需要交通方便的商业地段和设施齐全的营业柜台，银行只需要设计友好、操作方便的用户界面，借助客户自己的网络终端就可以向客户提供跨地域、没有时间限制的服务。

(3) 现在各大银行提供的网上银行服务主要有账户管理、查询、转账汇款、投资理财、网上购物(与银行签约的特定商户，但大多是与第三方的支付平台相结合)、缴费支付、收付款、代理行业务等。实际上，由于网上银行的交互性特征，所提供的服务已经不局限于传统的银行服务，由于新技术的引入所带来的新型业务，还跨越了银行业的界限，向证券、保险和其他行业渗透。

世界著名的网络银行咨询公司 Gomez 要求在线银行至少提供以下 5 种业务中的一种，才有进入网络银行评价体系的资格：网上支票账户、网上支票异地结算、网上货币数据传输、网上互动服务和网上个人信贷。目前，我国各银行的网上银行基本实现了网上货币数据传输、网上互动服务和网上个人信贷业务。中国人民银行于 2007 年 6 月 25 日建成全国支票影像交换系统，实现了支票在全国范围的互通使用，企事业单位和个人持任何一家银行的支票均可在境内所有地区办理支付。目前，系统运行稳定，全国支票使用量逐步增加，相信我国银行业网上支票账户、网上支票异地结算业务的实现也为期不远了。

2. 电话银行

电话银行是利用计算机电话集成技术，采用电话自动语音和人工座席等服务方式为客户提供金融服务的一种业务系统。它产生于 20 世纪 80 年代中期，是指客户通过电话向银行发出交易指令、完成交易的服务方式。它集金融交易、投资理财、咨询投诉等功能于一体，为客户提供全年 365 天、全天 24 小时不间断的综合性金融服务，具有多通道、个性化和大容量集中服务等时代特征，是现代通信技术与银行金融理财服务的结合。

电话银行业务一般适用于个人银行业务，一般有 3 种主要的电话服务类型。

(1) 语音自动提示系统。要求客户在使用该系统时，必须用双音频电话把数字化信息传递到银行自动服务系统中，系统通过不断提出一个又一个问题，引导客户完成交易。

(2) 完全由接线员为客户服务，而不使用自动语音提示系统。

(3) 将与银行自动服务系统联机的个人计算机作为服务载体，再通过电话传输数字式信息的方式完成交易。

3. 手机银行

手机银行主要是通过短信的形式与客户交互提供自动化的金融服务的一种业务系统(手机银行，也称移动银行，是指在手机上办理相关的银行业务，是一种方便快捷的新服务)，同样有为客户提供全年 365 天、全天 24 小时不间断的综合性金融服务的特点。目前手机银行的主要功能有：查询、转账汇款、电话缴费、消费支付、提醒通知等。

2003 年 8 月，中国移动、中国银联建立了专门服务于移动支付业务的合资公司——联动优势科技有限公司。作为专业化的移动支付服务商，为移动用户提供“手机钱包”和“银信通”服务，为广大商户提供方便、快捷的支付渠道，为手机银行提供了良好的应用环境。联动优势的电子支付模式如图 5.2 所示。

4. 商业 POS 系统

POS 是英文 Point of Sales 的缩写，意为销售点终端。销售点终端通过网络与银行主机系统连接，工作时，将信用卡或借记卡在 POS 机上“刷卡”并输入有关业务信息(交易种类、交易金额、密码等)，由 POS 机将获得的信息通过网络送给银行主机进行相应处理后，向 POS 机返回处理结果，从而完成一笔交易。POS 系统在各行各业中应用十分广泛，在 POS 机上刷卡支付给人们带来安全、便捷和时尚的同时，也给银行带来了稳定的中间收入和存款。目前 POS 机主要包括有线 POS 和无线 POS 两种，多年来，有线 POS 一直在我国特约商户中普遍使用，近两年来，移动 POS 也开始应用并显示一定的市场前景。

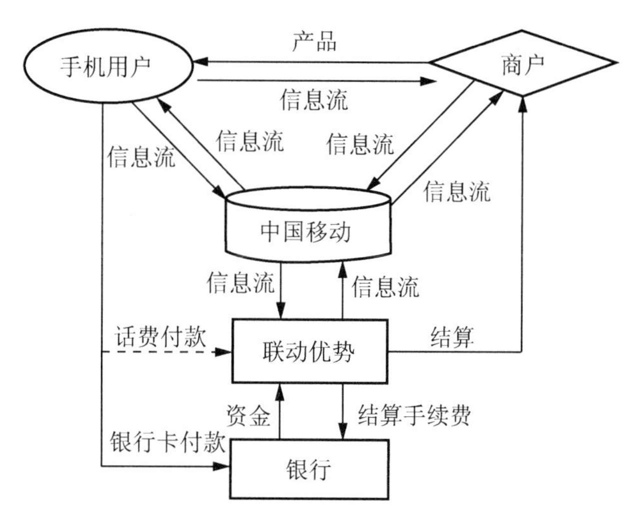

图 5.2 联动优势的电子支付模式

5. 自助银行

自助银行是通过计算机控制的金融自助式终端设备，如现金存取款机、外币兑换机、自助式存折补登机、客户信息打印设备、多媒体信息服务设备、夜间金库、电子保险箱、找零机等，是给持卡人提供24小时、自助式服务的银行现代化综合应用管理系统，能够使现在的大部分银行柜台业务由持卡人自己办理。其中ATM(Automatic Teller Machine)是自助银行的主要设备之一，它可针对银行机构发行的银行卡执行提款及自动转账等功能，在配有不同设施的情况下，具有账户查询、接单打印、存折打印、存折补登、信封存款功能，甚至具有现钞存款功能。除ATM机外，自助银行还包括现金存款机(Cash Deposit Machine，CDM)、现金循环机(Cash Recycling System，CRS)、外币兑换机(Foreign Exchange Machine，FEM)、自助式存折取款机、专用自助式存折补登机、专用自助式接单打印机等。

电子银行提供的网上购物支付有两种形式：一是在各银行的网上商城，即实现与银行签约商户的电子支付；二是与第三方的交易市场的支付平台(如淘宝)或第三方的支付平台(如首信易支付)相结合，实现电子支付。电话银行和手机银行除实现账户管理、查询、转账汇款等传统银行业务外，创新点在移动支付上。电话银行和手机银行在运营主体上是有本质区别的，电话银行是银行采用电话自动应答服务系统与复合人工应答服务系统来完成，运营的主体是银行；而手机银行的运营主体还包括了通信运营商，需要两者的共同合作才能实现完整的业务。

5.1.3 电子银行业务系统

在过去的半个多世纪，人们为银行的电子化付出了巨大的努力，银行业推出各种电子银行系统，这些不同的电子银行系统构成了完整的电子银行体系。随着新技术的不断应用与银行业务的扩大，电子银行系统的结构逐渐从较为简单的形式演变为复杂的体系，并在不断地改进和完善。

1. 电子银行的客户

电子银行是在电子资金转账(Eelctronic Funds Transfer，EFT)系统基础上发展起来的，电子银行系统主要用于传输与金融交易有关的电子货币和相关的指令信息，并且借助网络为它的所有客户提供支付结算服务。

电子银行系统使银行与4种主要的客户之间建立起了统一的数据通道。这4种客户分别是企事业单位、往来银行和其他金融机构、商业部门，以及代表普通消费者的个人客户，如图5.3所示。

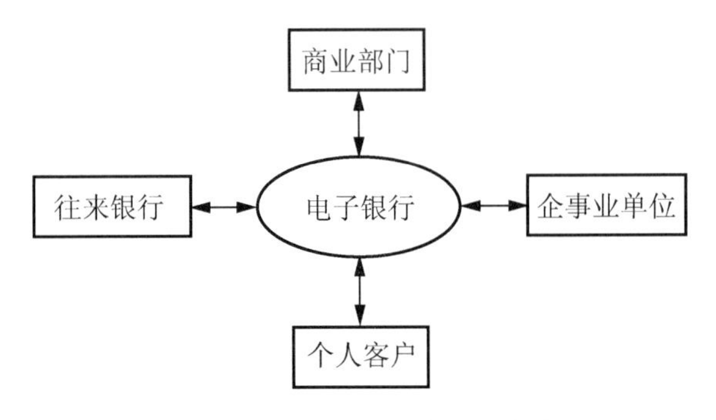

图5.3 电子银行与客户的联系

2. 电子银行的资金划拨系统

电子银行的资金划拨系统可以分为小额电子资金划拨系统和大额电子资金划拨系统。

1) 小额电子资金划拨系统

小额电子资金划拨系统的服务对象主要是广大个人客户，这些交易活动的特点是发生频繁，但交易金额相对较小，其法律关系主要是银行的个人客户与银行之间的关系。根据小额交易活动的多样化要求及实现交易的便利程度，已经设计了多种小额电子资金划拨系统。如商业部门使用的POS机、ATM服务终端、个人网上银行服务和自动清算所(Automated Clearing House，ACH)等。2006年6月，中国人民银行清算总中心建成了可以完成批量处理的小额支付系统并投入使用。

2) 大额电子资金划拨系统

大额电子资金划拨系统的服务对象主要是各家往来银行和企事业单位客户，其法律关系除了银行客户与银行之间的关系外，还有银行之间的关系、银行与大额电子资金划拨系统的关系。大额电子资金划拨系统主要有：联储EFT系统(FedWire)、清算所银行间支付系统(Clearing House Interbank Payments System，CHIPS)、环球银行间金融电信协会(Society for Worldwide Interbank Financial Telecommunication，SWIFT)等。中国人民银行清算总中心建设的大额支付系统已于2005年6月建成并投入使用。

3. 电子银行业务实现

在电子银行系统与银行卡系统投入使用以后，客户如果需要进行资金转账或将客户资金从一个账户转汇到不同银行、不同地区的另一个账户，不需要亲自到银行的营业柜台去办理，也不必填写传统的票证，只需利用通用的支付终端，采用电子处理的方法即可。在应用POS系统结算时，人们可以方便地使用银行卡在商场就地付账消费，POS机起到像银行的柜台一样的作用。由于电子银行系统能为客户提供优质服务，一经推出，它就以极快的速度发展。随着新技术的不断引入，电子银行系统正逐步发展完善成既能提供电子资金转账，又能提供信息增值服务的银行系统。

5.1.4 电子银行综合业务服务系统体系结构

电子银行综合业务服务系统是银行对各种客户提供包括支付结算服务在内的各种传统银行业务的系统，是电子银行最重要的组成部分，也是目前国内商业银行正在建设并不断完善的内容。

世界各国都会根据本国的国情，根据经济的规模、发展水平及公民的习惯等建立各种不同的银行电子商务综合业务服务体系，以便从事他们各自的网上银行业务，也就是说，每个综合业务服务体系实际上都是一个庞大而复杂的社会系统，因而一个符合国情的银行电子商务体系是至关重要的。

电子银行综合业务服务系统可以分成面向客户、面向往来银行、面向网上银行和面向银行内部管理 4 大业务子系统。图 5.4 所示的是目前国际银行业普遍采用的一种典型的电子银行综合业务服务系统的体系结构①。

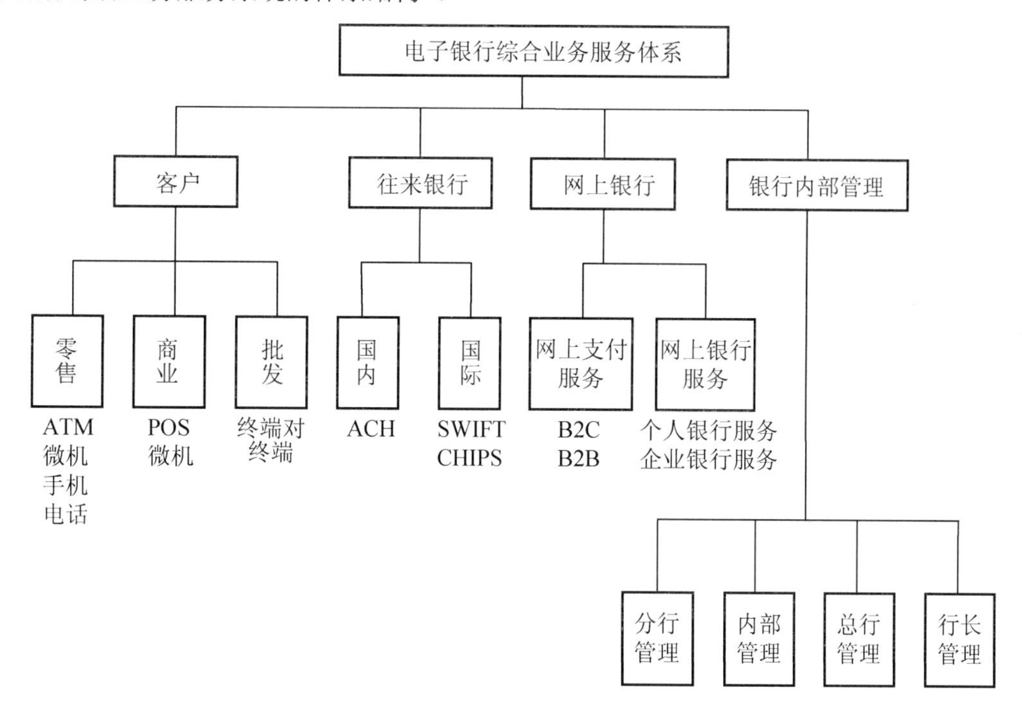

图 5.4 电子银行综合业务服务系统的体系结构图

1. 面向客户的业务系统

面向客户的业务系统又可细分为零售业务系统、商业业务系统和批发业务系统 3 类。银行通过这 3 种面向客户的电子银行系统，借助通信网络把对客户的支付结算服务和金融

① 张卓其，史明坤. 网上支付与网上金融服务[M]. 大连：东北财经大学出版社，2002。

信息增值服务从银行柜台延伸到相关的企事业单位、商店、消费场所和家庭。

1) 零售业务系统

零售业务系统包括联机柜员系统、ATM 系统和个人银行系统。银行的客户可以到银行柜台通过联机柜员系统进行金融交易，可以通过街头的 ATM 系统进行存取款和转账交易，也可以在家里或办公室用电话和微机通过个人银行系统进行金融交易。例如，目前许多大学校园内、大型宾馆、购物中心、商厦内，以及商业银行各网点提供的 ATM 系统就属于该类银行业务。

2) 商业业务系统

面向商业的银行业务系统指的是销售点电子资金转账系统。消费者在特约商店和其他消费场所的消费和购物，可以通过系统中的 POS 终端、数据终端或微机等设备，在销售点实现电子转账，完成购物的支付结算。例如，目前许多大型商场、加油站、售票处和宾馆等消费场所使用的 POS 终端，就是典型的面向商业的银行业务系统。

3) 批发业务系统

批发业务系统主要是指企事业单位与银行联机的企业银行系统，这些系统一般处理交易额较大的银行业务。企事业单位通过终端对终端方式或企业的财务服务器与银行主机联机的方式进行金融交易业务处理，完成资金的转账及查询业务。

2. 面向往来银行的业务系统

面向往来银行的业务系统完成国内银行之间的结算业务等金融交易，主要通过自动清算系统(ACH)和各种国内电子汇兑系统完成；同国外往来银行的金融交易则通过 SWIFT、CHIPS 网络或其他专用金融网络进行。

3. 网上银行系统

网上银行系统主要包括为电子商务提供的网上支付服务和为广大客户提供的网上银行服务。网上支付服务主要包含 B2C 和 B2B 两类；网上银行服务主要通过互联网为客户提供个人网上银行服务和企业网上银行服务。

4. 银行内部管理系统

银行内部管理系统主要包括行长管理系统、总行管理系统、内部管理系统和分行管理系统等。银行业务处理过程实现电子化，银行各项业务的顺利、安全、可靠运转，必须由高效的、科学的、现代化的银行内部管理系统来保证。因此，银行内部管理系统也是现代电子银行的重要组成部分。

5.2 电子银行清算体系

5.2.1 支付与支付清算

只要有交易发生，必然引起资金流流动，而资金流的流动具体体现为商务伙伴之间的支付与结算活动，也是电子商务活动流程中最为关键的组成部分。

1. 支付、清算与结算的含义

支付是指为清偿商品交换或劳务活动引起的债权债务关系，将资金从付款人账户转移到收款人账户的过程；清算是指按一定的规则和制度安排对经济活动中形成的多重债权债务关系结清的过程；结算是将清算过程中产生的待结算债权债务，在收、付款人金融机构之间进行账务处理、账簿记录，以完成资金最终转移的过程。

支付源于交换主体之间的经济交换活动，但由于银行信用中介的介入，最终演化成为银行与客户之间、客户开户行之间的资金收付关系。而银行之间的资金收付交易，又必须通过中央银行的资金清算过程计算出众多收付方的多重债务关系，而结清最终债务关系的结果就叫结算。

银行处于社会经济活动中资金往来的中心，其中银行与客户之间的支付是银行向客户提供的一种金融服务，是整个支付活动的基础。银行的业务系统要结清经济活动中的各种债权债务关系必然要通过清算制度的安排，才可能在最短的时间内进行最终结算，以结清银行客户之间由于收、付款产生的复杂债务关系。因此，有时也把银行的支付系统称为清算系统，实际上对银行来说，支付与支付清算是两个无法完全区分的概念，支付系统与支付清算系统是两个无法分开的系统。

2. 支付与清算的过程

商品交易时的支付与清算过程如图 5.5 所示。

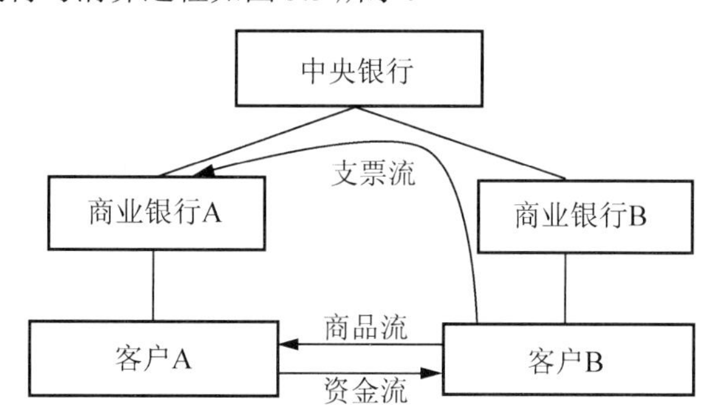

图 5.5 商品交易时的支付与清算过程

如果客户 A 和客户 B 在不同的商业银行开户，客户 A 向客户 B 购买商品，用支票支付。那么，由 A、B 双方进行商品交易而引发的全部支付过程将在两个层次上进行：低层次是面向客户的、银行与客户之间的支付与结算；高层次是面向往来银行的、中央银行与各商业银行之间的支付与清算。整个支付过程始于客户 B 到商业银行 A 的支票流，然后商业银行 A 将客户 A 账户中的资金拨付到客户 B 在商业银行 B 的账户中，从而完成该笔交易的资金支付。

支付过程的复杂程度随着支付双方开户银行之间的关系不同而异。如果支付双方的开户银行是同一银行或是同一银行下属的两个分行，则该银行自己就能完成全部支付过程；如果支付的双方开户银行是本地的两个不同银行，则需要通过中央银行的同城资金清算才能完成；如果是异地的两个银行，则需要通过中央银行的异地资金清算才能完成支付过程；如果支付双方银行是隶属于不同国家的银行，则是国际支付，需要经过同业的多重转手才能完成支付过程。

5.2.2 中国电子支付模式及发展趋势

1. 中国电子支付的主要运作模式

根据中国目前电子支付运营主体的区别，中国电子支付的运作模式主要有 3 种方式：银行的电子支付、第三方支付平台、以电信运营商为主体的电子支付。

1) 银行的电子支付

银行实施的电子支付主要有两种形式：网上银行和基于安全电子交易协议用于网上购物的电子支付。由于我国目前没有统一的电子支付协议，使用某一银行网上支付工具的用户只能购买与该银行签约的特约商户的商品和服务，而无法直接实现跨行的电子支付。例如中国银行的 SET 应用只能在其网上商城中(中银电子商城)或支持 SET 标准的支付协议的商家使用，招商银行的一网通同样如此。实现跨行的电子支付要借助于网上银行或者第三方支付平台。

2) 第三方支付平台

目前我国银行网上支付各自为战，自我运营的第三方支付平台通过自身与商户及银行之间的桥接完成支付中介的功能，同时有的支付平台又充当信用中介，为客户提供账号，进行交易资金代管，由其完成客户与商家的支付后，定期统一与银行结算。第三方支付既有以支付宝和财付通为代表的非独立第三方支付平台，也有以信易支付和环讯支付为代表的独立第三方支付平台。目前，第三方支付企业以客户服务为中心，逐渐建立起多样化的支付方式，大大方便了用户的电子支付。

3) 电信运营商为主体的电子支付

以电信运营商为主体的电子支付模式，除了用于手机缴费以外，也通过手机号与手机用户的银行卡绑定，提供类似于电子钱包的功能，实现电子支付。目前，国内此类电子支付模式提供的业务种类还比较少，主要包括各种 SP 代收费及购买彩票、保险、水、电等公共事业服务，交易金额相对要小一些，联动优势在这一种支付模式中具有典型的代表性。

2. 各种支付模式的竞争优势和现状

图 5.6 所示为 2007 年 iResearch 对中国 3 种主要电子支付平台的竞争优势对比分析，可以看出，在目前中国电子商务支付领域，不同的支付平台在不同的领域都有相对的竞争优势。

	C2C支付	B2C支付	B2B支付
独立的第三方支付平台	◑	◕	◑
非独立的第三方支付平台	●	◔	◔
各大银行网上银行	◔	◕	◕

注：(1) 非独立的第三方支付平台指依托于自身的电子商务网站而建立起来的支付平台

(2) 竞争优势：高● 中◑ 低○

图 5.6 我国 3 种主要电子支付平台的竞争优势对比

资料来源：www.iresearch.com.cn。

1) C2C 市场基本格局

C2C 市场存在大量的个人买家和卖家，存在严重的支付信用问题，传统的支付方式像银行汇款、货到付款等方式根本不适合，而目前各大银行又不愿进入这种需要耗费大量资源且利润又薄的支付领域，因此第三方支付平台成为 C2C 支付最主要的支付方式。由于中国 C2C 电子商务市场集中度很高，截至 2013 年 6 月底，中国 C2C 市场近 99.8%的份额集中在淘宝和拍拍这两大网站，而这两大 C2C 网站都分别有自己的支付平台，即支付宝和财付通，因此在 C2C 领域那些独立的第三方支付平台很难涉足。随着 C2C 在中国网络购物市场地位的日益提升，C2C 网上支付市场也日益成熟。

2) B2C 网上支付竞争激烈

B2C 电子商务的特殊性质和中国网民的传统购物习惯决定了目前中国 B2C 电子商务支付主要以货到付款为主，其次是邮局和银行汇款，B2C 网上支付目前在我国正处于市场开拓阶段，尚未成为广大网民和各大商家认可的支付方式。由于担心利益竞争问题，目前在 B2C 网上支付领域，各大商家主要选择与独立的第三方支付平台或各大银行的网上银行进行合作。此外 B2C 支付涉及很多大的商家，而这些商家在很大程度上又是各大银行的客户，银行和第三方支付平台都在努力成为这些大商户的支付首选，未来各大银行与第三方支付平台在 B2C 支付领域的竞争将日趋激烈。

3) B2B 网上支付尚未成熟

目前 B2B 电子商务支付主要以传统的银行汇款为主，B2B 网上支付在资金安全、信用体系、行业监管、物流等方面还有很多问题没有解决，B2B 网上支付在我国的环境和条件尚未成熟，支付问题已经成为影响 B2B 电子商务发展的最大瓶颈。而活跃于 C2C 和 B2C 领域的第三方支付公司难以对 B2B 交易进行担保，需要传统支付环节中的商业银行进入到这一领域来，目前中国银行、工商银行、农业银行等已经开始尝试与第三支付平台合作来服务于 B2B 电子商务交易业务。

可以说，目前中国电子商务的主要网上支付平台是由非独立第三方支付平台、独立的第三方支付平台和各大银行推出的网上银行支付平台组成，市场竞争比较激烈。C2C 网上支付已经趋于成熟，B2C 网上支付正处于市场开拓阶段，而 B2B 网上支付的条件和环境尚未成熟，中国电子商务网上支付发展不均衡，未来中国电子商务支付方式的彻底解决还有很长的路要走。

为适应和促进中国电子商务市场的迅速发展，对各大银行而言，除了大力发展自身的网上银行之外，还要加强与第三方支付公司的合作，以实现互利双赢；对第三方支付公司而言，除了深入挖掘行业需求和用户价值，更要不断创新支付产品和服务，提高自身的核心竞争力。

5.2.3 中国的支付清算与结算服务

电子支付直接服务于电子商务的交易，但支付的完成则依赖于银行支付清算与结算体系的完善。2005 年 6 月人民银行建成的支付清算网络体系覆盖了所有的支付工具，提供了社会资金快速运动的重要渠道，成为中央银行制定货币政策、救助问题金融机构、充当最后贷款人角色的必要支撑。

1. 支付结算体系概述

1) 中国支付结算体系的构成与核心

我国的支付结算体系可分为5个部分，即支付结算法规体系、支付服务组织体系、支付工具体系、支付清算网络体系和支付结算管理体系，这5个组成部分是密不可分的有机整体。支付结算法规和支付结算管理是支付体系正常运行的重要保障，支付服务组织提供的清算服务必须以支付工具和清算系统为依托，结算工具的应用离不开支付清算系统的支撑，5个部分缺一不可。

支付清算系统是支付结算体系的核心。以大额支付系统在全国建成并取代电子联行系统为标志，目前我国已经初步建成以中国人民银行现代化支付系统为核心，银行业务金融机构行内支付系统为基础，票据支付系统和银行卡支付系统为重要组成部分的支付清算网络体系。

2) 中国支付清算系统的内涵

中国目前的支付清算包括央行和国有商业银行两大类系统、3条支付清算渠道，基本上是人民银行直接经营、四大国有银行垄断的模式。第一条渠道：央行支付清算系统，包括2 000多家同城清算所、全国手工联行系统和全国电子联行系统(现由大额支付系统取代)；第二条渠道：国有商业银行联行往来系统及其辖内(内部)往来系统，大约2/3的异地支付是通过这些系统进行清算的；第三条渠道：商业银行同业之间的异地跨系统资金划转，这种支付清算体系的缺点是支付清算系统与货币经营系统混合，占用了企业的资金，限制了银行的贷款规模和支付清算能力，导致信用膨胀和金融风险在银行体系中不断累积。2010年9月1日，中央银行发布《非金融机构支付服务管理办法》，从该办法可以看出，中央银行的目的显然是为了打破现在的支付清算体系垄断局面，为支付清算体系引进竞争机制。该办法颁布实施后对支付服务市场健康发展、规范支付清算行为、提高清算效率、防范清算风险、维护我国金融稳定起到了极大的促进作用。

2. 中国的支付清算体系

支付清算系统是由提供支付服务的中介机构、管理货币转移的法规，以及实现支付的技术手段组成的整体，用以偿清经济活动参与者在获取实物资产或金融资产时所承担的债务和资金的划拨。中国的支付清算体系适应我国现行的银行体制、处于市场经济和对外开放条件下的经济及社会活动提供现代化支付清算服务的阶段，对加快资金周转、提高支付清算效率、促进国民经济健康平稳发展发挥着越来越重要的作用。我国目前存在的支付清算系统主要有以下几种类型。

1) 票据交换系统

票据交换系统是我国支付清算体系的重要组成部分。从行政划分上看，我国票据交换所有两种：地市内的票据交换所和跨地市的区域性票据交换所，通常将地市内的票据清算称为“同城清算”，跨地市的清算称为“异地清算”。

同城票据交换是指同一城市金融机构同业间在指定的场所交换相互代收的业务结算凭证，并对由此而引起的资金往来进行清算的一种方式。这是为适应大中城市金融机构众多，相互之间资金往来频繁而设立的一种交换票据、清算资金的方法。

票据交换所是由中央银行拥有和运行的，目前我国共有区域性票据交换所 18 个，城市票据交换所约 300 多个，县城票据交换所 2 000 多个。全部同城跨行支付交易和大部分同城行内支付业务都经由同城清算所在商业银行之间进行跨行清算，而跨地域的支付则交跨地市的票据交换所进行“异地清算”。

为了提高同城清算的电子化程度，业务量大的票据交换所采用票据清分机；通信发达的地区建立电子资金转账系统，由数据通信网传送支付数据；通信不发达的地区可以采用磁介质交换支付数据。我国第一个票据清分系统于 1990 年在广州建立，1998 年 8 月北京同城票据自动清分系统投入使用，成为我国最大规模的票据清分中心之一。目前 50%以上的支付业务量(包括行内和跨行支付在内的)都是经过票据交换系统处理的，所以票据交换系统在中国支付体系中的重要性不言而喻。

2) 全国手工联行系统

中国人民银行和 4 大国有商业银行都有自己的全国手工联行系统，对于异地纸质凭证支付交易的处理采用了所谓“先横后直”(即先跨行后行内)的处理方式。在这种意义上，只存在同城跨行系统和异地行内系统。1996 年后，四大国有银行全都以全国电子资金汇兑系统代替了原来的手工联行系统，但是，中国银行依然运行着自己的手工联行系统，用以处理跨行纸质凭证异地支付交易及中国人民银行分/支行之间的资金划拨。

中国人民银行的全国手工联行系统分全国、省、县 3 级，是 3 级联行系统。业务处理内容包括以下 3 部分。

(1) 支付凭证的交换。一般是通过信汇或电汇在发起行和接收行之间直接进行交换。

(2) 资金结算。发起行和接收行根据支付项目的联行清算范围，将支付总金额记到相应账户。

(3) 对账监督。每天每个分/支行向其上级机构报告往来账发生额，以便管辖行实施对账监督，并计算联行往来汇差(净额结算金额)。当汇差超过规定金额时，才借记分行头寸。

由于手工联行的票据传递和处理速度慢，造成大量在途资金，将逐渐被电子联行系统所取代。

3) 全国电子联行系统

全国电子联行系统是基于卫星通信网络、覆盖全国范围的电子资金汇划系统，由中国人民银行清算总中心开发，通过联合各商业银行设立的国家金融清算总中心和在各地设立的资金清算分中心运行，是中国人民银行处理异地清算业务的行间处理系统。商业银行受理异地汇划业务后，汇出、汇入资金通过此系统由中国人民银行当即清算。全国电子联行清算系统承担了全国各银行之间支付和清算的重要职能，为异地银行之间的资金汇划提供了方便快速的通道。

全国电子联行系统于 1989 年开始建设，自 1991 年在 7 个城市正式运行后，发展到拥有两个卫星主站和 646 个地面卫星小站，开通运行 2 000 多个电子联行收发站，覆盖全国所有的地市级以上城市和 1 000 多个经济发达的县，电子联行的业务量也随着通汇城市的增多、通汇网点的增加而迅速增长。但由于电子联行系统功能比较单一、汇划速度较慢，已不能适应经济金融发展和新形势的要求，为了更好地发挥中央银行的职能作用，改进金融服务，促进社会主义市场经济的发展，全国电子联行系统于 2005 年 6 月底被大额支付系统所取代，但该系统是迄今为止中国人民银行稳定运行时间最长的电子支付系统。

4) 中国现代化支付系统

该项目的总体设计始于1991年，1996年11月进入工程实施阶段，2002年10月8日，该系统正式在中国人民银行清算总中心上线运行。

中国现代化支付系统主要提供跨行、跨地区的金融支付清算服务，能有效支持公开市场操作、债券交易、同业拆借、外汇交易等金融市场的资金清算，并将银行卡信息交换系统、同城票据交换所等其他系统的资金清算统一纳入支付系统处理，是中国人民银行发挥中央银行作为最终清算者和金融市场监督管理者职能作用的金融交易和信息管理决策系统。中国现代支付系统由大额实时支付系统和小额批量系统两个系统组成，大额实时支付系统实行逐笔实时处理支付指令，全额清算资金，旨在为各银行和广大企事业单位以及金融市场提供快速、安全、可靠的支付清算服务；小额批量支付系统实行批量发送支付指令，轧差净额清算资金，旨在为社会提供低成本、大业务量的支付清算服务，支撑各种支付业务，满足社会各种经济活动的需求。

目前中国人民银行的大额实时支付系统连接1 500多家直接参与者、6万多家间接参与者，日均处理支付清算业务近60万笔，日均处理金额达1亿万元人民币。2006年，大额实时支付系统共处理支付清算业务14 181万笔，金额达2 575 363亿元人民币，占支付系统业务量的3.7%和46.6%。2006年，小额批量支付系统共处理支付清算业务3 336万笔，金额为21 552亿元人民币。

5) 银行卡支付系统

银行卡支付系统是指全国银行卡跨行信息交换网络系统，全国银行卡信息交换中心于1998年年底投入运行。银行卡支付系统通常由客户所持有的系统访问工具即银行卡、ATM机和POS系统及其单独的支付清算系统构成。通过银行卡支付系统，可以实现银行卡全国范围内的联网通用。为了加速我国银行卡事业的发展，2002年成立了中国银联股份有限公司，负责建设、管理和运行全国银行卡跨行交易处理系统，目前已在全国各地推广普及全国统一的“银联”标识卡，实现各商业银行发行的“银联”标识卡在我国各省主要城市内和城市间跨地区、跨银行通用，极大地推动了我国银行卡的普及和迅速发展。

从表5-1中可以看出，2006年银行业支付清算网络中各子系统的业务分布和银行卡支付业务的状况。

表5-1　2006年各系统业务量统计笔数所占比例

各子系统 / 统计项目	中国人民银行现代化支付系统	票据支付系统	银行业金融机构内支付系统	银行卡支付系统
业务笔数所占比例	4.6%	11.9%	40.0%	43.5%
业务金额所占比例	47.1%	11.9%	40.8%	0.3%

可见，银行卡支付系统面向的是广大消费者，业务笔数占的比例较大(43.5%)，金额数目占的比例很小(0.3%)；而中国人民银行现代化支付系统处理的是大额实时支付和小额批量支付，虽然业务笔数占的比例很小(4.6%)，但金额数目占总清算金额的比例很大(47.1%)。

6) 邮政支付系统

中国邮政支付系统在个人消费者支付汇款中发挥了十分重要的作用，邮政局提供信汇和电报汇款的方式，主要面向消费者个人客户。汇款人通常要携带现金到附近邮政局办理汇款手续，收款邮政局通知收款人到指定邮政局取款，邮政局还开办了邮政储蓄业务，消费者可以从其邮政储蓄账户汇出或汇入资金，各邮政局之间的资金结算是通过开设在中国人民银行的特殊账户来实现的。

5.3 电子货币及特点

由于银行处于社会经济活动中资金往来的中心，电子银行用电子货币支付方式取代了传统的手工凭证的传递与交换，大大加快了资金的周转速度，电子货币的发展为银行向客户提供便利高效的金融服务创造了条件。

5.3.1 电子货币概述

电子货币是电子商务活动的基础，人们只有在完整认识和建立可行的电子货币的基础上，才能真正开展电子商务活动。同时，电子货币系统也关系到国家金融体制、经济管理，以及每个人的经济活动方式。

1. 电子货币的概念

电子货币简单地讲就是电子(或数字)形式的货币。换言之，货币的形式不再是纸(纸币)和金属(硬币)，而是电子载体中所包含的信息，即人们用计算机来储存货币和进行货币支付。

目前，关于电子货币还没有一个权威的定义。下面给出两个典型的定义。

定义 1：电子化货币是以金融电子化网络为基础，以商用电子化机具和各类交易卡为媒介，以电子计算机和通信技术为手段，以电子数据(二进制数据)的形式存储在银行的计算机系统中，并通过计算机网络系统以电子信息传递形式实现流通和支付功能的货币。

定义 2：用一定金额的现金或存款从发行者处兑换并获得代表相同金额的数据，通过使用某些电子化方法将该数据直接转移给支付对象，从而能够清偿债务，该数据本身即可称作电子货币。

2. 电子货币的作用

1) 电子货币是电子商务的核心

电子货币是电子商务的核心，建立电子货币系统是发展电子商务的基础和保证。自从1995 年 10 月美国率先建立世界上第一家网络银行——“安全第一网络银行”以来，相继推出各种电子货币如数字式货币(E-money)、数字式现金(E-Cash)、数字式信用卡(IC)等；德国商业银行推行的扩大网络银行服务项目，包括对中小企业提供网上贷款，并为这些企业购买技术、专利等实现电子货币结算；日本至少有 10 家银行正式启用网上电子货币结算系统，富士银行在 1998 年秋季推出第一家网络银行，初期服务包括使用现金卡购物、存款或转账及提供金融商品咨询和投资咨询；许多国家正在发展适用于大笔网上交易的电子货币结算系统，并考虑筹划设立国际性的网上交易电子货币结算中心，同时建立服务于网络银行的金融保险体系。

2) 电子货币促进了经济发展

电子货币活跃和繁荣了商业，为零售业提供了商机。随着电子货币在日常生活领域的普及和作用范围的不断扩大，网络上的电子商务蓬勃发展，零售业的经营范围已无地域限制，以往不可涉足的地域的消费者通过网络即可成为商家的交易对象。

电子货币刺激了消费，扩大了需求。使用电子货币可以在互联网上完成结算，对商家而言，瞬间即可低成本地收回贷款，因此可以放心地给顾客发送商品；对顾客而言，省略了烦琐的支付手段，可以轻松地购物，因此刺激了人们的消费欲望，扩大了社会需求。

3) 电子货币降低银行业的经营成本

电子货币对降低银行业的相关业务经营成本乃至对整个金融业的经营都有着决定性的影响。网络银行与传统银行相比拥有成本竞争优势。据统计，在美国互联网上进行货币结算，每笔账单的成本只需1美分，而银行分理机构的每笔账单处理成本高达1.08美元。

4) 电子货币促进了整个金融业的经营创新

首先，电子货币促进了电子商务的创新，特别是与多媒体相关的信息、软件、计算机行业营销结构的创新。信息或软件销售在接受电子货币的瞬间，通过微机终端直接授信，即可将信息或软件商品从网上传递给顾客，相当于在网络上进行现货、现金交易。因此，电子货币使商品流通的成本剧减甚至接近于零，为商家降价促销提供了条件。

其次，电子货币促进了信息商品营销方式的创新，出现了信息内容销售的新形式，使可零售的信息内容细分化、计价单位小额化，例如目前已经出现了以一页书稿、一篇文章、一则消息、一首歌、一段动画等为单位销售的即“每个视点为一个销售单位”的软性销售方式，加剧了竞争，提高了质量。以电子货币为基础的电子商务的发展，为商业企业与市场竞争提供了便利条件，使不同的企业之间突破了传统的经营模式和业务领域，刺激和加剧了行业竞争，从而促使企业为市场提供廉价优质的商品，提高对顾客的服务质量。

5.3.2 电子货币的发展

电子货币作为最新的货币形式，从20世纪70年代以来，其应用越来越广泛，人们对其认识也渐渐趋于一致：电子货币是采用电子技术和通信手段在信用卡市场上流通的以法定货币单位反映商品价值的信用货币，也就是说，电子货币是一种以电子脉冲代替纸张进行资金传输和存储的信用货币。

电子货币从面世到现在，虽然只有30多年的历史，但作为电子货币的运行载体和工具，银行卡和电子资金传输系统，则早已有之。世界上最早的银行卡是美国富兰克林国民银行于1952年发行的信用卡。此后，美洲银行从1958年开始发行“美洲银行信用卡”，并吸收中小银行参加联营，发展成为今天的VISA集团。美国西部各州银行组成联合银行卡协会，于1966年发行“万事达信用卡”，发展成为今天的万事达集团。我国首张银行信用卡是1985年出现的珠江卡(中国银行珠江分行发行)。1986年，中国银行北京分行开始发行“长城卡”，随后，中国工商银行、中国人民建设银行、中国农业银行等也相继发行了自己的银行卡。

美国早在1981年就建立了专用的资金传送网，后经多次改进，于1982年组建了电子资金传输系统，随后英国和德国也相继研制了自己的电子资金传输系统，使非现金结算自动处理系统具有相当的规模。银行信用卡和电子资金传输系统是电子货币赖以生存的基础，随着无现金、无凭证结算的实现，电子货币获得快速发展。

电子货币是在传统货币基础上发展起来的，与传统货币在本质、职能及作用等方面存在许多共同之处。如电子货币与传统货币的本质都是固定充当一般等价物的特殊商品，这种特殊商品体现着一定的社会生产关系，二者同时具有价值尺度、流通手段、支付手段、储藏手段和世界货币5种职能，它们对商品价值都有反映作用，对商品交换都有媒介作用，对商品流通都有调节作用。

电子货币与传统货币相比，二者的产生背景不同，如社会背景、经济条件和科技水平等。其表现形式为：电子货币是用电子脉冲代替纸张传输和显示资金的，通过微机处理和存储，没有传统货币的大小、重量和印记，且只能在转账领域内流通，流通速度远远大于传统货币的流通速度；传统货币是国家发行并强制流通的，而电子货币是由银行发行的，其使用只能宣传引导，不能强迫命令，并且使用中要借助法定货币去反映和实现商品的价值，结清商品生产者之间的债权和债务关系；电子货币对社会的影响范围更广、程度更深。

电子货币在转账领域内流通，自始至终都离不开银行，从而避免了资金在银行体外循环，这样可以筹集信贷资金，支持商品生产和流通。电子货币通过电子脉冲传输结算资金，流通速度远远大于传统货币，可以加快资金周转，提高资金使用效益，促进商品经济发展。电子货币通过微机转账系统处理各项业务，不需动用纸币，这样可以减少印刷开支、节约流通费用、节省社会劳动、增加营业收入、增加其他行业劳动力、促进经济全面发展。电子货币凭银行卡使用，不仅简单方便，而且安全可靠，不受银行营业时间的限制，可以为客户提供更多的金融服务，从而促进商品交易的实现。

5.3.3 电子货币与传统货币的区别

1. 两者所占有的空间不同

传统货币面值有限，大量的货币必然要占据较大的空间；而电子货币所占空间很小，其体积几乎可以忽略不计，一个智能卡或者一台计算机可以存储无限数额的电子货币。

2. 传递渠道不同

传统货币传递花费的时间长，风险也较大，需要采取一定的防范措施，较大数额传统货币的传递，甚至需要组织人员押运；而电子货币可以在短时间内进行远距离传递，借助电话线、互联网在瞬间内转到世界各地，且风险较小。

3. 计算所需的时间不同

传统货币的清点、计算需要花费较多的时间和人力，直接影响交易的速度；而电子货币的计算在较短时间内就可以利用计算机完成，大大提高了交易速度。

4. 匿名程度不同

传统货币的匿名性相对来说还比较强，这也是传统货币可以无限制流通的原因，但传统货币都印有钞票号码，同时，传统货币总离不开面对面的交易，这在很大程度上限制了其匿名性；而电子货币的匿名性要比传统货币强，主要原因是加密技术的采用及电子货币便利的远距离传输。

5.4　电子货币的类型

5.4.1　银行卡

1. 银行卡的产生和发展

随着商品交易的规模、金额和频度的增大，仅用现金现场支付和支票支付等传统支付方式，已经不能适应现代商品交易快速发展的要求。为了解决这个问题，一些商户于19世纪末和20世纪初，自行设计和使用了各种结算卡，开始了支付手段的变革。

1) 银行卡的产生背景

美国西部的一些酒店老板，最早推出一种只能定点使用的结算卡。持这种卡的客人，可以先用餐，以后定期付款，这种卡的使用使酒店和客人都很方便，这种支付方式很快就获得广大公众的欢迎，酒店的生意开始格外兴隆。于是，零售商、石油公司和旅游娱乐业等纷纷仿效，给其稳定的客户发放各种早期的信用卡，用这种卡可以赊购商品，定期付款。由于这种方便买卖双方的支付方式促进了销售，因此这种早期的信用卡获得了快速的发展。

20世纪40年代，一些旅游娱乐信用卡已开始跨地区使用，同时开始由银行统一发行和管理。银行作为买卖双方之外的第三方发行信用卡，使信用卡由原来仅限于买卖双方的信用工具，发展成为一种银行的信贷方式，这不仅使信用卡的使用范围和地区扩大，也使信用卡的信誉得到加强。

20世纪60年代，信用卡在发达国家得到迅速发展，很快获得普及，成为一种普遍的支付方式。据统计，美国在20世纪80年代初，收入1万美元的家庭中70%以上持有VISA卡或MasterCard，总持卡数约为1.2亿张，平均每个家庭拥有1.5张信用卡，1980年使用信用卡的交易超过12.5亿次，当时，世界上其他国家还有1.8亿张在用信用卡。因此，至20世纪80年代初，信用卡已经在发达国家得到普及。

在发展信用卡的同时，银行又相继推出借记卡、复合卡、现金卡等新的金融交易卡。这些由银行发行的金融交易卡统称银行卡。当今的银行卡已成为启动电子银行系统的一种必备工具，是电子支付系统中的一个重要组成部分。银行卡的推广及应用，大大推动了EFT系统和后来的电子银行的建立与发展，进而促进了商品经济的发展，促进了社会信息化的进程，也推动了全球经济一体化和全球金融一体化的进程。目前，银行卡正在向多功能卡方向发展。

2) 国际信用卡组织的发展

VISA国际和MasterCard国际是国际上两个最出名的国际性信用卡组织，它们在全世界各地积极推广其ATM和POS转账服务，以建立他们全球性的ATM服务和EFT/POS服务。在美国，除了上述两种卡以外，运通卡(American Express)和大来卡(Diners Club Card)的使用也非常普遍。一个美国的银行要推行自己的银行卡服务项目，通常都必须先参加上述各大信用卡组织之一。其他国家和地区在建立自己的EFT系统时，一般也不能把上述国际卡排除在外。欧洲最有名的是Europay国际发行的卡，亚洲较有名的有日本的JCB卡(Japan Credit Bureau Card)和百万卡(Million Card)，以及中国香港的发达卡(Federal Card)。

它们都在不同程度上和美国的各大信用卡公司携手联合来发展国际业务。

银行卡在全球的推广应用，大大推动了全球EFT系统的建立和发展，推动了全球金融一体化的发展。现在，世界上发行的银行卡数量已达数10亿张。以前，购物只能用现金和支票，现在支付卡已经成为人们生活的一部分。无论是用信用卡还是借记卡、在家还是外出旅行、在国内还是在国外、在ATM机上还是购物，只要拥有一张支付卡，就可打开一个新世界。

2. 银行卡的种类

银行卡有多种分类法，可按银行卡的性质、银行卡使用的介质、银行卡发行的对象、银行卡使用的币种等多种方法对银行卡进行分类。

1) 银行卡按功能不同分类

银行卡也称为金融交易卡，是由商业银行(含邮政金融机构)向社会发行的具有消费信用、转账结算、存取现金等全部或部分功能的信用支付工具，也是客户用以启动ATM系统和POS系统等电子银行系统，进行各种金融交易的必备工具。按性质不同分类，银行卡可分为信用卡(Credit Card)、借记卡(Debit Card)、复合卡(Combination Card)和现金卡(Cash Card)4种。

(1) 信用卡。如前所述，最早发行的银行卡是信用卡，也称为贷记卡，是银行向金融上可信赖的客户提供无抵押的短期周转信贷的一种手段。发卡银行根据客户的资信等级，给信用卡的持卡人规定一个信用额度，信用卡的持卡人就可在任何特约商店先消费后还款，也可在ATM机上预支现金。依照信用等级的不同，又可将信用卡分为普通卡、金卡、白金卡等多个品种。

(2) 借记卡。在信用卡的基础上，银行后来又推出了借记卡。借记卡的持卡人必须在发卡行有存款，持卡人在特约商店消费后，通过电子银行系统，直接将顾客在银行中的存款划拨到商店的账户上。除了用于消费外，借记卡还可在ATM系统中用于取现。依据借记卡的使用功能，借记卡还可有多种品种，如专用于转账的转账卡、用于特定用途的专用卡等。

信用卡和借记卡是两种性质完全不同的银行卡，用它消费后的账务处理办法也不一样，必须严加区分。

(3) 复合卡。为方便客户，银行也发行一种兼具信用卡和借记卡两种银行卡性质的银行卡，称为复合卡，我国称为准贷记卡。复合卡的持卡人必须事先在发卡银行交存一定金额的备用金，持卡人持卡消费或取现后，银行即做扣账操作；同时，发卡银行也可对这种持卡人提供适当的无抵押周转信贷。因此，持卡人在用复合卡消费过程中，当备用金账户余额不足支付时，可以在发卡行规定的信用额内适当透支。

(4) 现金卡。现金卡与前述的信用卡、借记卡和复合卡不同，在现金卡内记录有持卡人持卡消费后，商户直接从现金卡内扣除消费金额，这样，现金卡中的现金数也就相应减少了。因此，现金卡同现金一样，可直接用于支付，不同的是现金卡内的货币是电子货币。

2) 银行卡的其他分类法

银行卡除了按性质和使用介质不同分类外，还可以有许多其他分类法。银行卡按使用币种不同分类，可分为本币卡和外币卡；按发行对象不同分类，可分为个人卡、商务卡、政府卡等；按持有者的身份不同分类，可分为主卡和附属卡。此外，银行还可与其他合作机构联合发行银行卡，称为联名卡。银行卡按信息载体不同分类，可分为塑料卡、磁卡、集成电路卡和激光卡，这也代表了银行卡的介质所经历的4个发展阶段。此外，还有一种在磁卡中内藏IC芯片的复合介质卡。

3. 银行卡的应用领域

目前，银行卡向多功能方向发展。银行发行的金融交易卡，在金融界主要用于与电子银行系统有关的作业处理，包括无现金购物、启动ATM系统、企业银行联机、家庭银行联机、通过互联网进行电子商务活动、银行柜台交易和个人资产管理等。

1) 无现金购物

使用银行卡可通过EFT/POS系统进行购物。近代的EFT/POS系统一般都提供立即转账和信用挂账两种方式购物。因此，顾客既可用借记卡购物进行立即转账；也可用信用卡购物，做挂账处理。

2) 启动ATM系统

CD/ATM机通常都处于等待服务状态，当持卡人插入银行卡后，立即启动CD/ATM机，使之进入服务状态。持卡人可用借记卡在CD/ATM上进行存取款、转账和查询等作业，也可用信用卡预支现金。

3) 企业银行联机

各事业单位的计算机同银行主机系统联机后，就可用本单位内部的终端同银行进行日常的银行业务交易。为此，企业要事先申领银行卡，建立相应账户后，才能启动联机系统。

4) 家庭银行联机

家庭银行系统是个人在家里通过PC和拨号网络来同银行主机联机，启动交易，并进行查询或转账等交易。进行这些交易前，客户需事先申领银行卡，建立相应账户，才能启动家庭银行联机系统。

5) 通过互联网进行电子商务活动

客户要通过互联网从事电子商务活动(包括进行金融交易)，要通过相应的银行卡账户才能完成电子转账工作。例如，我国招商银行的网上支付服务，包括“网上购物”和“网上付费”两项内容，客户可用“一网通”账户中的资金进行网上购物，在网上交纳各种费用。

6) 银行柜台交易

持卡人可持卡到银行营业部的柜台进行金融交易。

7) 个人资产管理

银行卡在前述各种应用领域里，用磁卡和集成电路(IC)卡都可以，以IC卡为优，而在个人资产管理领域，多用IC卡。银行卡用于个人资产管理时，需在IC卡上存储与个人资产有关的各种数据，以便能提供有关资产管理方面的咨询服务，协助持卡人对其资产做有效的管理和进行有效的投资。例如，日本某银行发行的“财产管理系统——银行卡”(IC卡)，可将个人姓名、生日、个人识别码(PIN)、各种资产和贷款数据存入IC卡，并提供有关资产运用的软件，通过运行资产运用软件，用户可有效地管理自己的个人资产。

4. 银行卡对银行和社会发展的影响

随着银行卡应用的推广和普及，对社会和银行本身产生了许多深远的影响。

1) 大大促进社会商品的生产和产品的流通

银行卡的推广和普及，使越来越多的商品交易由现金和支票支付转向电子转账，从这种意义上讲，银行卡也被称为电子货币。由于电子货币的转账速度大大高于各种纸质票据的流通速度，必将对社会的商品生产和流通做出巨大的贡献。

2) 深刻地改变着人们的金融习惯和社会的支付体制

传统的金融习惯是用纸币，推广银行卡后改用电子货币，这必然使人们的思想观念发生改变，人们经过相当一段时间的实践，会逐渐适应从纸币到电子货币的这种改变。

银行卡也深刻地改变着社会的支付体制。以前的支付体制主要是以现金和其他纸质票据作为支付工具；新的支付体制是以电子货币为媒介，进行直接转账或信用挂账处理，这也将促使银行以至整个社会进行相应的体制改革。

3) 银行卡推动银行实现电子化

银行卡的推出，促使银行建立各种电子资金转账系统，特别是建立使用银行卡的自助银行系统。从银行卡开始发展起来的现代化电子银行业务，深入商品生产和流通的各个领域，深入社会的各个角落。这不仅使银行能开发出大量的新业务，吸引更多的客户，获得新的收益，加强了银行传统的信用中介作用；还使现代化的银行肩负更重要的新作用，即逐步成为整个社会经济信息收集、处理和服务中心。这种变化对银行的职能、体制、业务重点和收入结构，已经产生并将继续产生深远的影响，此外，还必将大大加强银行在国民经济中的作用和地位。

5.4.2 电子支票

1. 电子支票简介

在信用卡和电子现金作为网上支付的手段逐渐流行起来的时候，由金融服务技术公司(The Financial Services Technology Consortium，FSTC)和Cybercash推出了可以直接使用电子支票进行网上支付的系统。传统的纸质支票主要是向银行发送一条通知，将资金从自己的账户转到别人的账户上。该通知一般是先给资金的接收者，资金的接收者必须到银行去转账。转账以后，注销了的支票会再返回签发者手里，作为支付的凭证。而电子支票是一种利用数字传递将资金从一个账户传到另一个账户的电子支付形式，它的支付是在与商户及银行相连的网络上以密码的方式传递的，用公用关键字加密签名或个人身份证号码代替手写签名。采用电子支票支付方式，处理费用较低，而且银行也能为商户提供标准化的资金信息，因此可能会成为最有效率的网上支付手段。

2. 从传统支票到电子支票

传统支票是一种基于纸介质的支票，它作为一种传统的支付方式在企业与企业之间的交易中被广泛采用，通常适用于金额比较大的交易。使用时客户填写支票，签字盖章后将支票交给收款人，收款人背书后提交给收款人银行，收款人银行和付款人银行通过票据清算中心进行资金清算。可见，传统支票在使用时要涉及付款人、收款人、银行和票据清算中心。在以往的处理方式下，传统支票的处理、兑换速度较慢，一般一张支票的处理时间为2～3天，处理成本较高，占用大量的人力、物力，以及大量的在途资金；而随着高性能彩色复印技术和伪造技术的发展，支票的伪造变得更容易了。据统计，美国每年因伪造支票而给银行和客户带来的损失高达 6 000 亿美元。传统支票在给人们带来方便的同时，也带来了一系列的问题。

随着电子商务的迅猛发展，全球电子商务交易额出现了逐年递增的趋势，在通过电子商务所形成的资金流中，B2B 方式占 80%，且所占比例呈上升态势。由于 B2B 交易涉及金额较大，需要有一种新的支付模式与之相适应，因而电子支票就成为实现 B2B 网上交易的有效支付手段。

电子支票和传统的支票形式几乎有着同样的功能。比如，内容上同样有支票支付人的姓名、支付人金融机构名称、支付和账户名、被支付人姓名、支票金额等。电子支票不同于传统支票的是，传统支票手工签名，电子支票需要经过数字签名，被支付人数字签名背书，使用数字凭证确认支付者/被支付者的身份、支付银行及账户，从伪造签名意义上说，伪造一个电子支票签名远远比伪造一个传统的支票签名的难度大，所以安全性比较高。

广义的电子支票是纸质支票的电子替代物，是客户向收款人签发的无条件的数字化支付指令，它往往通过金融网传递支票信息，加快支票解付速度，缩短资金的在途时间，降低成本，提高效益；狭义的电子支票是指基于互联网的用于发出支付和处理支付的网上服务工具。这里主要讨论的是狭义的电子支票。目前，典型的电子支票系统有 FSTC 的电子支票系统、BIPS(Bank Internet Payment System)、E-check、NetBill、NetCheque 等。

3. FSTC

FSTC 金融服务技术财团是一个非营利性组织，其主要任务是在美国倡导电子支票服务，旨在提高美国金融服务业的竞争力。它的正式成员包括：银行(包括美洲银行、波士顿银行、大通曼哈顿银行、化学银行、花旗银行、国家银行和威尔斯法戈银行等)、其他金融机构、研究机构、大学、技术公司和政府机构。FSTC 倡议一系列适应共同合作研究和发展的计划，以影响整个金融服务业，特别强调要发挥在线金融服务、支付系统和支付服务等新技术、新方法的优势，以促进金融机构效益的提高、风险和成本的降低，并不断扩展市场领域。

1996 年，美国通过《改进债务偿还方式法》，它成为推动电子支票在美国应用的一个重要因素，该法规定，自 1999 年 1 月起，政府部门的大部分债务将通过电子方式偿还。而由 FSTC 推出的电子支票在很大程度上推动了美国电子货币支付系统的发展。1998 年 6 月，FSTC 标志性的创举在美国各大报刊的头版头条刊登，美国财政部每年都通过 FSTC 的电子支票服务向 GTE 公司(美国著名的通信公司)转移大量资金，充分显示了该系统的安全性、可达性和方便性。

FSTC 的电子支票使用标准的 E-mail 服务，利用电子邮件将支票传递给对方。该系统能够有效地提高支付处理的速度，可以将原来传统支票处理所需要的一周甚至更长时间缩短到两天。它使用数字签名和自动验证技术来确定支付的合法性、保密性、真实性、完整性和不可否认性，其中，为了确保私有密钥的安全性，FSTC 还提供智能卡来实现对私有密钥的保护，并进一步实现用户的防伪电子签名，以确保网上传递支票的安全。

随着电子商务的进一步发展，客户对金融机构所提供的服务产品的要求越来越高，人们普遍希望银行等金融机构能够提供更快、更低成本、更灵活且兼容性更高的支付系统。为此，FSTC 于 1998 年中期推出了 BIPS 网上银行支付系统的实验。

4. BIPS系统提供的服务

BIPS主要提供以下服务。

(1) 通过互联网将支付指令传送给银行。

(2) 提供一个处理支付指令的支付服务框架。

(3) 提供一个安全、可靠、低成本的支付服务机制。

(4) 付款者确认支付期限。

(5) 付款者可接受各种银行支付系统。

(6) 付款者可以选择在必要的支付结算效率下成本最低的服务。

(7) 提供付款者和收款者的在线权。

(8) 提供交易出来的在线授权。

如图5.7所示是一个BIPS运作模式的概念图。

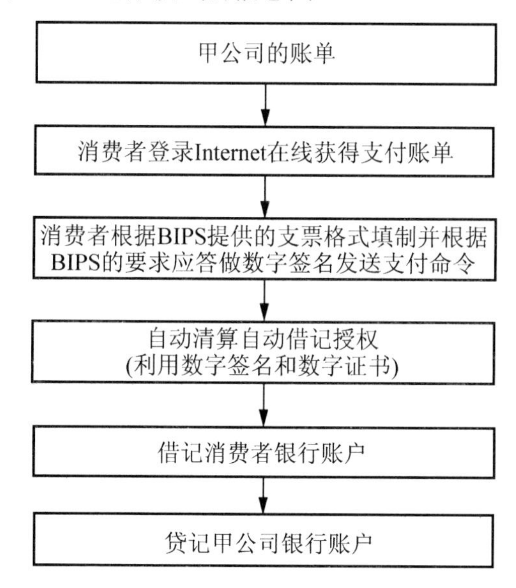

图5.7 BIPS运作模式的概念图

5. 电子支票的运作机制

处理电子支票的系统必须具备以下功能。

(1) 将当前的账单发送给付款者，使付款者得到一张在线账单。

(2) 允许付款者创建一张新的电子支票并输入相关信息。

(3) 允许付款者为一笔指定的金额或在一定范围内的资金额创建一个自动授权支付。

(4) 允许付款者调整信息并做必要的修改。

(5) 提交支付信息。

(6) 对有网络资金账户的收款人直接做资金转移。

(7) 对无网络资金账户的收款人签发手工支票并通过邮政汇款方式做资金转移。

(8) 能与金融管理软件和交易处理软件相连。

可见，电子支票能够减少原有纸质支票的印刷、运输、邮递支票、结算报告、处理支票等的成本，通过一个软件就能实现资金的及时、安全、方便的转移。

在 FSTC 的电子支票机制中，客户要通过电子支票进行支付，需要在计算机上安装智能卡的读卡器和驱动程序，该读卡器通过一根串行电缆与计算机的串行通信口相连，在安装驱动程序时，智能卡设备的加密驱动程序将被安装在机器上。使用时，Web 服务器首先验证客户端证书的有效性，要求输入智能卡 PIN 码，在确认证书有效后，Web 服务器发送一串随机数给客户端的浏览器，智能卡使用私有密钥对这串随机数进行数字签名，签名后的随机数据串被回送至 Web 服务器，并由 Web 服务器验证签名，如果签名验证通过，Web 服务器和浏览器之间使用 SSL 协议规程，建立安全会话通道进行通信，二者之间发送和接收的信息已经加密，客户可以接着进行电子支票使用的相关操作。这时计算机上会显示出与纸质的支票形式十分相像的电子支票，支票上有收款人姓名、账号、金额和日期信息，客户填写完毕后将电子支票通过电子邮件直接发送给收款人，收款人从电子邮箱中取出电子支票，进行解密、认证处理，把款项存入收款人的账户。

5.4.3 电子现金

1. 电子现金的特点

电子现金(Electronic Cash)又称为数字现金，是纸币现金的数字化形式。广义的电子现金是指那些以数字(电子)形式存储的货币，它可以直接用于电子购物，按照该定义，前面提到的磁卡、智能卡，以及后面要述及的电子支票都属于这个范畴。这里定义的电子现金是指狭义的电子现金，通常是指一种以数字(电子)形式存储并流通的货币，它通过把用户银行账户中的资金转换成为一系列的加密序列数，通过这些序列数来表示现实中的各种金额，用户以这些加密的序列数就可以在互联网上允许接受电子现金的商店购物了。

电子现金兼有纸制现金和数字化的优势，具有安全性、匿名性、方便性、成本低的特点，表现在以下几个方面。

1) 安全性

随着高性能彩色复印技术和伪造技术的发展，纸币的伪造变得更容易了，而电子现金是高科技发展的产物，它融合了现代密码技术，提供了加密、认证、授权等机制，只限于合法人使用，能够避免重复使用，因此防卫能力强；纸币有遗失、被偷窃的风险，而电子现金没有介质，不用携带，没有遗失、被偷窃的风险。

2) 匿名性

现金交易具有一定的匿名性和不可跟踪性；而电子现金由于运用了数字签名、认证等技术，也确保了它实现支付交易时的匿名性和不可跟踪性，维护了交易双方的隐私权。

3) 方便性

纸币支付必须定时、定点；而电子现金完全脱离实物载体，既不用纸张、磁卡，也不用智能卡，使用户在支付过程中不受时间、地点的限制，使用更加方便。

4) 成本低

纸币的交易费用与交易金额成正比，随着交易量的不断增加，纸币的发行成本、运输成本、交易成本越来越高；而电子现金的发行成本、交易成本都比较低，并且没有运输成本。

2. 电子现金的分类

目前，电子现金的类型有多种，不同类型的电子现金都有自己的协议，用于消费者、销售商和发行者之间交换支付信息，每个协议由后端服务器软件——电子现金支付系统，和客户端的“电子钱包”软件执行。电子现金支付已经有几种典型的实用系统，如Netcash、E-Cash、Cybercoin、Micropayments 等，其中，Netcash 是一种可记录的匿名电子现金支付系统，它利用设置分级货币服务器来验证和管理电子现金，以确保电子交易的安全性；E-Cash 是由 Digicash 公司开发的在线交易用的无条件匿名电子货币系统，它通过数字形式记录现金，集中控制和管理先进，是一种安全性很强的电子交易系统；Micropayments 是由 IBM 公司研制开发的，专门在互联网上处理任意小额的交易，适合处理在互联网上购买一页书稿、一首歌、一段文字、一个笑话等的微小支付，这种特殊支付在传统的支付形式下较难实现，在互联网上通过微支付传输协议(Micro Payment Transport Protocol，MPTP)，解决了每个商品交易的发送速度与低成本问题。其他的还有如 Compaq 与 Digital 开发的 Millicent、CyberCoin 等。

电子现金以其方便、灵活的特点可以用于互联网上的小额消费结算，如购买互联网上的即时新闻、软件租用、网上游戏、互联网电话甚至一篇文章、一首音乐或图片等。

3. 电子现金的运作机制

下面来看一下电子现金的产生过程。银行的一位客户通过互联网进入网上银行，使用一个口令(Password)和 PIN 来验明身份，在该客户端“电子钱包”软件中随机产生一个代表一定货币价值的序列号(类似于造币时先要生产一个“坯饼”)，然后套上数字信封(这样就没有人可以搞清是谁提取或使用了这些电子现金，这种方式对于保护个人隐私权作用很大)，发送到他的开户银行，要求制作电子货币。银行接收到该客户的信息后，从他的账户中扣除所需价值的货币额，并且用银行的数字签名为他的序列号和数字信封做标记(类似于造币时要印中央银行的发行标记、做防伪标记等)，在这个过程中，银行不记录任何与该客户这个特定货币或该客户的数字信封有关的任何信息，确保客户在使用电子货币交易时的匿名性，加工完毕发给该客户。该客户接收到银行发还的制作好的电子货币后，将电子货币从数字信封中取出放在它的硬盘中，随后就可以随时匿名地使用了。当客户使用该电子货币时，交易商接收到以后就将此电子货币发往该客户的开户银行请求授权、认证，银行根据自己的数字签名进行确认，交易商账户上的资金额增加一个相等的量，在这个过程中交易商只能看到银行的签字，而无法看到消费者本人的签名。

招商银行的网络服务

招商银行的电子商务业务无论是在技术性能还是在业务量方面，在国内同业中都始终处于领先地位。它建立的几个国内知名的网络金融服务，被国内许多著名企业和电子商务网站列为首选或唯一的网上支付工具。

1. 招商银行概况

1995 年 7 月，招商银行推出“一卡通”；两年之后，它建立了网上银行“一网通”，并且推出网上个人银行；1998 年 4 月，招商银行又率先在国内推出网上企业银行，开通了网上支付功能，成为国内首家提供网上支付服务的银行。随后招商银行一直致力于“一网通”的完善和创新，现在，已经基本健全了其由网上企业银行、个人银行、网上证券、网上商城、网上支付、信用卡业务组成的银行电子商务业务。

2. 招行网络产品介绍

1) 一卡通

(1) 产品特点。从1995年开始，招商银行逐步向全国发行了“一卡通”银行借记卡，一举取代了传统的存折，成为招商银行独具特色的金融品牌。它以真实姓名开户，集定活期、多储种、多功能于一身，具有一卡多户、通存通兑、柜员机取款、商户消费结算、小额贷款融资、自动转存、自助转账、代收代付、长话服务、电话银行服务、证券转账服务、网上购物服务、自助银行服务等多项功能和安全、快捷、方便、灵活的特点。

(2) 网上支付账户的申请、转账流程。网上支付账户是招商银行的又一亮点，只有将资金转到这个账户中，顾客才能够进行网上支付，所有拥有“一卡通”的客户都可以获得自己的网上支付账号，通过它，顾客可以安心地在网上预定或购买各种需要的物品，而不必担心“一卡通”中的资金会被盗用。

(3) 主要业务功能。“一卡通”主要业务功能有：一卡多户、通存通兑、自动转存、自助转账、商户消费、自动柜员机提款、代理业务、自助存款、查询服务、电话银行、手机银行、网上支付、银证转账、第三方存管、受托理财、银保通、黄金买卖、银基通、外汇买卖、自助贷款、自助缴费、网上个人银行专业版、网上个人银行大众版。

2) 一网通

1997年，招商银行开始了银行电子商务在中国的探索之路，推出了自己的网站——“一网通”，将“一卡通”的账务查询功能及对账和股票信息查询搬上了互联网。1998年，招商银行正式在网上推出“网上企业银行”1.0版系统，彻底改变了国内银行的传统运作模式，它不仅延伸了银行的服务，而且也为招商银行依托技术优势增强对企业客户的吸引力创造了良好的开端，使公司银行业务开始向有业务创新支持的营销方式转变。

“网上企业银行”是招商银行网上银行“一网通”的重要组成部分，它是通过Internet或其他公用信息网，将客户的电脑终端连接至银行主机，实现将银行服务直接送到客户办公室、家中或出差地点的银行对公服务系统，使客户足不出户就可以享受到招商银行的服务。其系统功能有：集团公司全国“网上结算中心”和“财务管理中心”；网上自助贷款；网上委托贷款；网上全国代理收付；个性化财务授权管理；网上安全账户管理；全流程透视与交易追踪服务；智能化操作向导；度身定制银行信息主动通知；商务信息海量传递；网上票据；网上信用证；网上外汇汇款业务。

3. 网上支付系统

要使用招商银行的网上支付，网上的商家需在招商银行开一个账户以接收消费者付款，消费者也需申请网上专用账户，在网上消费时，只需输入专用账户的号码和密码即可实现在线付款。

4. 呼叫中心

例如，95555就是招商银行的呼叫中心。它是集自动、人工于一体的全国统一客户服务号码，向客户提供超时空的3A服务：电话银行不受时间、空间的限制，使客户可以在任何时间(Anytime——每年365天、每天24小时不间断)、任何地点(Anywhere——家里、办公室、旅途中)以任何方式(Anyway——电话、手机、传真、互联网、电子邮件等)获得银行服务。

5. 安全措施

银行电子商务的安全性及可靠性无疑是商户与顾客对其评价的首要标准。招商银行的网站获得了世界最权威的VeriSign公司的安全认证，其数据传输采用多重加密技术。为了确保系统及交易的安全性招商银行也做了大量的工作。

1) 个人银行

个人银行的所有数据均经过加密后在网上传输，采取严密的 X.509 标准数字证书体系，运用数字签名技术和基于证书的强加密通信管道，确保客户身份认证和数据传输安全。同时，客户端软件可以随着整个系统的发展而自动升级，使用户可以随时获得招商银行的最新服务。

2) 企业银行

(1) 传输的安全性。在网上企业银行的客户端和银行服务器之间传输的所有数据都经过了两层加密，第一层加密采用标准 SSL 协议；第二层加密采用私有的加密协议，该协议不公开、不采用公开算法并且有非常高的加密强度。

(2) 病毒防范的有效性。在可靠数据传输安全机制的保障下，网上企业银行客户端和银行服务器之间传输的是有特定格式的数据，而不是程序。网上企业银行服务器严格检查接收到的数据格式是否合法，检验码是否正确。

(3) 交易的安全性。对于支付和发工资这个涉及资金交易的敏感业务，网上企业银行系统控制企业必须按照业务管理要求，经过相应的经办和授权步骤后系统才会接收。另外，这类业务除需要满足相应的授权条件外，还必须使用变码印鉴对每一笔交易签上一串数字(变码)加押。

6. 新业务的发展历程

招商银行从偏居深圳蛇口一隅的区域性小银行，经过 20 年的不懈努力，以“力创股市蓝筹，打造百年招银”为目标，坚持“科技兴行”的发展战略，秉承“因您而变”的经营理念，在革新金融产品与服务方面创造了数十个第一和众多的银行业知名品牌，为中国银行业的改革和发展做出了有益的贡献。

如图 5.8 所示为招商银行 20 年来的发展历程及业务创新。

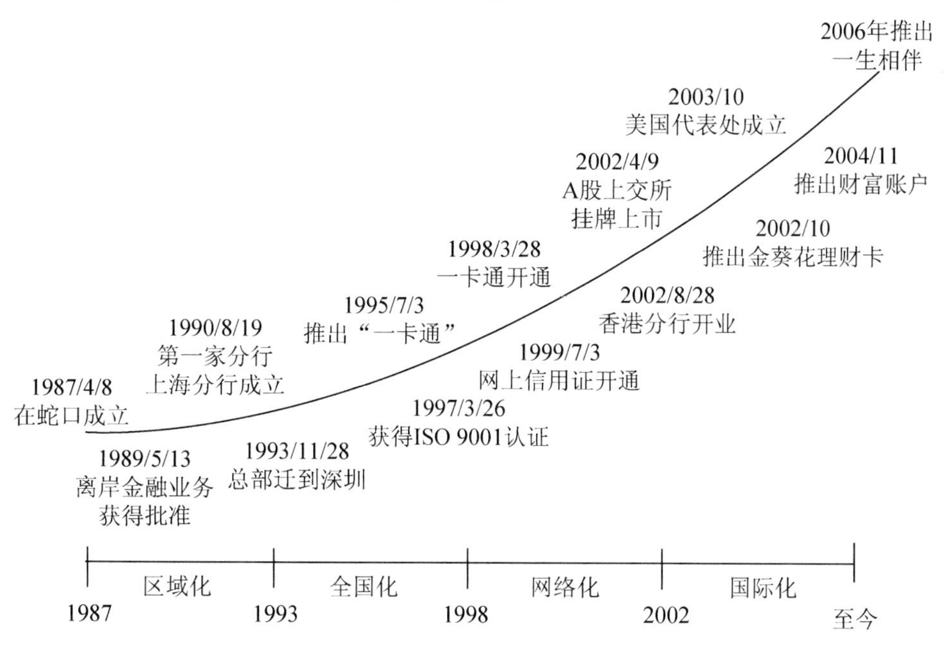

图 5.8 招商银行 20 年来的发展历程及业务创新

案例思考:

1. 招商银行的网络产品有哪些?
2. 招商银行网上企业银行、网上个人银行都有哪些功能?
3. 了解招商银行的安全措施。

复习思考题

一、名词解释

1．网络银行
2．电子银行
3．电子货币

二、选择题

1．我国B2B电子支付的条件和环境(　　)。
A．已经非常成熟　　B．正在逐步成熟
C．还很不成熟　　D．尚未建设

2．信用卡最早应用的行业是(　　)。
A．企业之间的结算　　B．零售业
C．博彩业　　D．旅游娱乐

三、简答题

1．电子银行的业务主要有哪几种？简述这些业务。
2．试述支付、清算与结算的含义，以及它们之间的区别。
3．简述中国电子支付的3种运作模式。
4．中国支付清算体系的构成与核心分别是什么？
5．银行卡对银行和社会发展有哪些影响？
6．BIPS系统提供了哪些服务？
7．简述处理电子支票的系统必须具备的功能。
8．电子现金有什么特点？它的运行机制是什么？

第6章 电子支付与支付系统

学习目标

通过本章的学习，主要了解电子支付的含义，电子商务、电子交易和电子支付的关系，电子支付系统的发展与构成，第三方支付与移动支付的产生与发展情况，重点掌握电子支付的运营模式、第三方支付与移动支付的模式。

教学要求

教学模块	知识单元	相关知识点
电子商务与电子支付概述	(1) 电子商务、电子交易与电子支付 (2) 电子支付与网上支付	电子商务、电子交易与电子支付之间的关系，电子支付的特征、类型，网上支付的概念，各种网上支付工具及支付过程
电子支付系统	(1) 电子支付系统的形成与发展 (2) 电子支付系统的构成与基本模式	电子支付系统发展阶段、中国电子支付系统发展概况，电子支付系统的功能、基本构成
第三方支付	(1) 第三方支付的产生与发展 (2) 第三方支付系统的构成与运营模式 (3) 第三方支付平台在中国	第三方支付产生的背景、内涵、特征，第三方支付系统的组成、运营模式，中国第三方支付平台的发展情况和面临的问题
移动支付	(1) 移动支付概述 (2) Paybox 的在线支付系统	移动支付的概念、业务分类，移动支付的产业链构成、商业模式

引导案例

网盛生意宝推出旗下B2B支付平台——生意通[①]

网盛生意宝股份有限公司于1997年成立，是一家专业从事互联网信息服务、电子商务和企业应用软件开发的高科技企业，是国内垂直专业网站开发商，国内专业B2B电子商务发展模式的标志性企业。2006年12月15日，网盛生意宝在深交所正式挂牌上市(股票代码：002095)，成为“国内互联网股”，并创造了“A股神话”。

公司先后创建并运营中国化工网(www.chemnet.com.cn)、全球化工网(www.chemnet.com)、中国纺织网(www.texnet.com.cn)、国际纺织网(www.TexWeb.com)、中国医药网(www.pharmnet.com.cn)等多个国内外知名的专业电子商务网站，以及国内专业化工搜索引擎ChemIndex (www.ChemIndex.com)，在行业网站运营领域具有无可比拟的经验、技术与资源优势。公司通过收购、参股的方式运营有中国服装网、中华服装网、中华纺织网、中国农业网、中国机械专家网等高成长性垂直网站，创造性地成功推出了基于“小门户+联盟”理念的生意人门户——生意宝(www.toocle.cn)，荣获2007年度国家最佳商业模式。

网盛生意宝于2012年9月12日宣布，由该公司投资1亿元人民币研发、建设的B2B支付平台“生意通”，将面向全国各类行业网站开放使用，建设“B2B 互联网支付平台”项目，经营非金融机构互联网支付业务，有关银行的合作拓展已提前展开。

“生意通”将主要为各类B2B电子商务平台提供支付结算服务，先期主要为网盛生意宝旗下行业电子商务平台的各项采购、批发交易提供支付结算服务；后期不仅面向公司旗下各大行业网站应用，而且全面开放接入“小门户+联盟”体系的全国各类行业网站，使之由原先简单的贸易信息撮合平台向真正的在线交易平台升级。

生意宝方面表示，通过打造开放型在线交易支付平台，不仅能贯通产业链，有助于自身业务转型、服务深化，而且通过开放应用，还能极大地增强行业网站的服务能力、平台核心竞争力，以及公司盈利能力。

在过去，中国众多的B2B行业网站一直仅提供简单旺铺、价格、资讯信息层面服务，缺乏实质性的在线交易服务，与当前势不可挡的网络购物相比，近年来发展相对缓慢，成长空间遇到“天花板”，各类VC/PE对该类项目的融资也相对冷淡。如果“生意通”支付能够大规模推广普及，成为B2B行业网站一项“标配”，有望像C2C/B2C领域的支付宝一样推动行业网站跨入在线交易的“2.0时代”。

一旦B2B网站接入网络支付，企业之间庞大的交易规模，不仅将第三方网络支付带向一个新的应用领域，促进网络支付市场快速发展，而且将对B2B发展有着重要推动作用，极大地促进电子交易在企业之间的应用与普及，帮助我国中小企业降低采购、批发、内外贸交易成本。

国务院办公厅于2012年9月10日印发的《国内贸易发展“十二五”规划》指出，要支持发展企业之间电子商务，支持电子商务示范企业进行技术创新和模式创新，完善交易结算等配套服务系统，提高电子商务应用水平。网盛生意宝建设的B2B支付平台“生意通”，正是迎合了规划的需求，为B2B电子商务的支付问题提供了一个完整的解决方案。

随着电子商务的兴起，支付结算作为商务活动中最核心、最关键的环节，也必须适应网络环境的特点加以变革，因此，电子商务的支付结算过程对原有的支付结算系统提出了更高的要求，要求从发出支付信息到最后完成资金转账的全过程都是电子形式的。电子支付结算是交易双方实现各自交易目的的重要一步，也是电子商务得以进行的基础条件。没

① http://tech.qq.com/a/20120912/000203.htm.

有它，电子商务只能是一种电子商情或电子合同。本章以电子支付的概念为起点，主要介绍各种电子支付系统的构成和基本模式，还介绍了网上支付、第三方支付及移动支付，并列举了一些我国电子支付中的政策和法规新举措。

6.1 电子商务与电子支付概述

随着电子商务的发展，传统的支付结算方式在电子商务交易中暴露出运作速度与处理效率等方面的许多弱点，不能满足电子商务的支付结算需要，因此，与电子商务相匹配的电子支付系统应运而生。通过我国网络支付使用情况的统计结果，目前中国电子银行、网络支付的使用率已经超过了80%[①]，随着网络购物的风行，网络支付已经被绝大多数人所接受，正在成为消费者网上购物的首选付款方式，网络环境下的各类支付系统也在不断地完善和成熟。

6.1.1 电子商务、电子交易与电子支付

商务必定引起交易，交易必将进行支付，这句话简单地概括了商务、交易与支付的关系，在电子商务领域这一关系仍然存在。

1. 电子商务

电子商务包含着两个方面的内容：一是电子化手段；二是商务活动。它以商务为核心，以电子为手段。这里讲的电子化手段包括自动捕获数据、电子数据交换、电子邮件、电子资金转账、网络通信和无线移动技术等各种电子通信技术手段；而商务活动则可以从以下两个角度描述。

(1) 从交易模式上。包括企业内部的管理活动，以及企业与企业之间通过外联网或专用网方式进行的业务协作和商务活动、企业与消费者之间通过互联网进行的商务活动、消费者与消费者之间通过互联网进行的商务活动。

(2) 从商务活动的内容上。不仅包括电子商务面向外部的业务流程，如网络营销、电子支付、物流配送等，还包括了企业内部的业务流程，如企业资源计划、信息系统管理、客户关系管理、供应链管理、人力资源管理、网上市场调研、战略管理及财务管理等。

2. 电子交易

电子交易是狭义的电子商务，是电子商务的一个组成部分。电子交易活动是电子商务活动的核心内容，现代商务是电子商务，现代交易则是电子交易。

3. 电子支付

在电子交易中，电子支付又是电子交易的核心内容之一。在电子交易过程中，交易双方必须通过电子支付方式进行资金转移，并完成实物的合理配送，才能够实现一个完全意义上的电子交易过程。实现货币资金流动的电子支付可有多种不同的方式，如网上支付、电话支付和移动支付等，其中最主要的是网上支付方式。

电子商务、电子交易和电子支付的关系如图6.1所示。

---

① 中国电子支付市场调查报告——道客巴巴(http://www.doc88.com/p-6015982430958.html)。

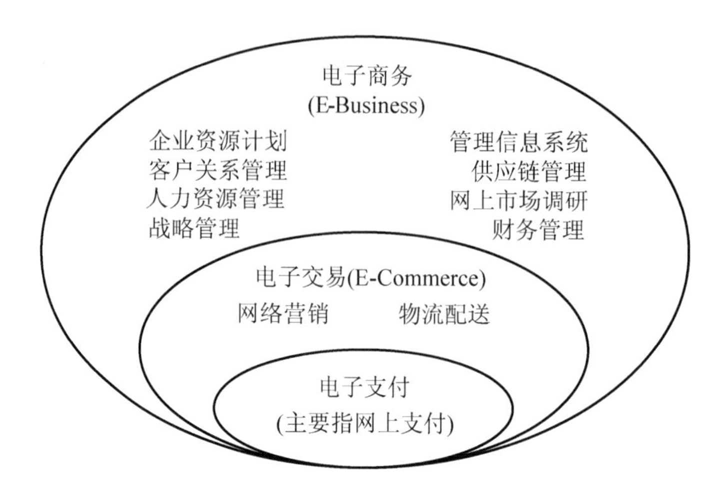

图 6.1 电子商务、电子交易和电子支付的关系

采购方通过电子手段向供应方提出订单，供应方接到订单后，通过企业内部网的管理信息系统、供应链管理系统或企业资源计划系统自动将订单分配到各个生产车间进行生产。双方通过电子支付方式进行资金转移，并完成实物的配送，从而实现企业的电子商务。

6.1.2 电子支付与网上支付

1. 电子支付的特征

电子支付指的是交易双方通过电子终端，直接或间接地向金融机构发出支付指令，实现货币支付与资金转移的一种支付方式，它是以电子方式处理交易支付的各种支付方式的总称。电子支付是电子交易活动中最核心、最关键的环节，是交易双方实现各自交易目的的重要一步，也是电子交易得以进行的基础条件。没有它，电子交易只能停留在电子合同阶段，离开了电子交易，电子支付又会变成单纯的金融支付手段，因此在进行电子交易的过程中，电子支付必不可少。

与传统的支付方式相比较，电子支付具有以下特征。

(1) 电子支付采用先进的技术，通过数字流转完成信息传输，其各种款项支付都采用数字化的方式进行；而传统的款项支付则通过现金的流转、票据的转让及以后的汇兑等物理实体的流转方式来完成。

(2) 电子支付的工作环境基于一个开放的系统平台(如互联网)之中；而传统的支付则是在较为封闭的系统中运作的。

(3) 电子支付使用最先进的通信手段；而传统支付使用的是传统的通信媒介。电子支付对软、硬件设施的要求很高，一般要求有联网的微机、相关的软件及其他一些配套设施；而传统支付则没有这么高的要求。

(4) 电子支付具有方便、快捷、高效、经济的优势。用户只要拥有一台上网的 PC，便可以足不出户，在很短的时间内用比传统支付方式低得多的费用完成整个支付过程。

2. 电子支付的类型

(1) 业务类型。电子支付的业务类型按电子支付指令发起方式的不同，分为网上支付、电话支付、移动支付、销售点终端交易、自动柜员机交易和其他电子支付。而其中最主要的是网上支付。

(2) 广义和狭义的电子支付。从金融法学界和电子商务法学界对电子支付的研究情况来看，电子支付可有广义和狭义之分：广义的电子支付又称网络支付，指支付系统中所包括的所有以电子方式，或者说是以无纸化方式进行的资金的划拨与结算(包括网上支付、电话支付、移动支付和 POS 终端等)；而狭义的电子支付也称网上支付。现在随着信息技术和电子商务的深入发展，网上支付正成为电子支付发展的新方向和主流。

3. 网上支付工具

网上支付是电子支付的一种形式，是以互联网为基础，利用银行所支持的某种数字金融工具，发生在购买者和销售者之间的货币支付，实现从消费者到银行、再从银行到商家之间的在线支付、现金流转、资金清算、查询统计等过程，由此为电子商务服务和其他服务提供金融支持。因此，可以说网上支付是电子支付采用价格更低廉、应用更方便的互联网作为其运行平台的一种支付方式。

作为电子支付的一种重要的业务类型，网上支付在电子商务流程中起着极其关键的作用，是不可或缺的组成部分。它是一种资金或与资金有关的信息通过网络进行交换的行为，在普通的电子商务中就表现为消费者、商家、企业、中间机构和银行等通过互联网所进行的资金流转。这种流转主要是通过网上支付的工具实现，如信用卡、电子现金、电子支票、智能卡、电子钱包等。

1) 信用卡

信用卡是银行或金融机构发行的、授权持卡人在指定的商店或场所进行记账消费的信用凭证，是一种特殊的金融商品和金融工具。

信用卡主要有 4 种功能，即转账结算功能、消费借贷功能、储蓄功能和汇兑功能。利用信用卡结算可以减少现金货币的流通量，简化收款手续；持卡人即使到外地或国外，也可以凭卡存取现金和消费，免去了随身携带大量现金的不便，而且又有安全保障；银行为持卡人和特约商户提供高效的结算服务，并为持卡人提供一定信用额度的先消费、后还款服务。

2) 电子现金

电子现金又称为数字现金，是一种以数据形式流通的、能被消费者和商家接受的、通过互联网购买商品或服务时使用的货币。

电子现金是以电子形式存在的现金货币，其实质是代表价值的数字，这是一种储值型的支付工具，使用时与纸币类似，多用于小额支付，可以实现脱机处理，按其载体来划分，电子现金主要包括两类：一类是币值存储在 IC 卡上；另一类是以数据文件形式存储在计算机的硬盘上。

3) 电子支票

电子支票是一种借鉴纸张支票转移支付的优点，利用数字传递方式将钱款从一个账户转移到另一个账户的电子付款形式。电子支票主要用于企业与企业之间的大额付款。电子支票的支付一般是通过专用的网络、设备、软件及一整套的用户识别、标准报文、数据验证等规范化协议完成数据传输，从而保证安全性(注：支票与现金最大的区别是有明确的用途以及出票方签名等。在交易中，商家要验证支票的签发单位是否存在，签发支票的单位是否与购货单位一致，还要验证出票方的签名)。

4) 智能卡

智能卡最早于20世纪70年代中期在法国问世。它类似于信用卡，但卡上不是磁条，而是计算机芯片和微型存储器，它的作用范围包括电子支付、电子识别、数字存储。

存储在智能卡上的钱是以一种加密的形式保存下来的，而且由一个口令保护，以保护智能卡中内容的安全。为了用智能卡支付，必须将卡引入硬件终端设备，该设备需要一个来自发卡银行的特殊密钥来启动任何一方的货币划拨。

5) 电子钱包

电子钱包通常也称储值卡，是用集成电路芯片来存储电子货币并被顾客用来作为电子购物活动中常用的一种支付形式。使用电子钱包的顾客通常在银行里都是有账户的，在使用电子钱包时，将相关的应用软件安装到电子商务服务器上，利用电子钱包服务系统就可以把自己的各种电子货币或电子金融卡上的数据输进去。电子钱包里可以装各种电子货币。

这些网上支付结算工具的共同特点是：将现金或货币无纸化、电子化和数字化，应用以互联网为主的网络进行资金信息的传输、支付和结算，辅以网络银行，实现完全的网上支付。

4. 网上支付过程

基于互联网平台的网上支付结算流程与传统的支付结算过程是类似的，但网上支付同样离不开银行的参与，网上支付体系必须借助银行提供的支付工具、支付系统以及银行专用网络的支持才能实现。参与方通常包括用户、网商和银行。网上支付过程包括以下步骤，如图6.2所示。

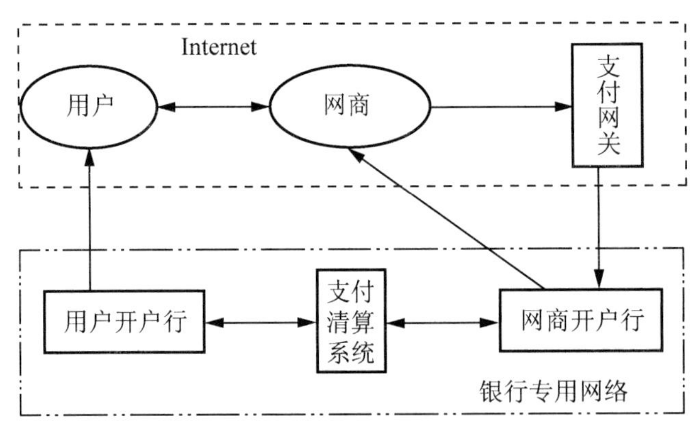

图6.2 网上支付过程

(1) 用户登录网商销售站点，选购商品，确认支付方式，向网商发出购物请求。

(2) 网商把用户的支付指令通过支付网关送给网商的开户行。

(3) 网商的开户行通过银行专用网络从用户的开户行(发卡行)取得支付授权后，把确认支付信息送给网商。

(4) 网商得到银行传来的授权结算信息后，给用户回送支付授权确认和发货通知。

(5) 银行之间通过金融专用的支付清算网络完成清算，把货款从用户的账户划拨到网商的账户上，并分别给网商和用户回送支付结算成功的信息。

由此可以看出，支付结算过程是由支付网关、网商开户行、用户开户行以及银行专用网络组成的网上支付通道完成的。

网上支付流程实现的是资金的立即支付，它适用于较小金额的电子商务业务，较大金额的资金支付结算，则很少采用在互联网上立即支付的方式，目前大额支付普遍采用独立于商务交易环节的金融 EDI 系统或银行专用的支付系统完成。中国人民银行清算总中心2005年6月建成的大额支付系统，实现了跨行异地大额支付业务的逐笔清算和实时到账；2006年6月建成的支持各种支付工具的小额支付系统，实现了小额支付业务的批量处理和轧差清算；2007年6月建成的提供支票信息及图像传输服务的支票影像系统，实现了支票在全国的通用。所有这些复杂的支付业务处理和结算都在银行专用网络中完成，而对用户和商家来说，可以在任何一家能参与人民银行结算的银行开户，在交易过程中只需要商家向支付网关发送支付信息即可。

6.2 电子支付系统

6.2.1 电子支付系统的形成与发展

1. 电子支付系统的形成

电子支付系统的发展是与银行业务的发展密切相关的，电子支付系统的形成经历了以下5个阶段。

(1) 银行内部电子管理系统与其他金融机构的电子系统连接起来，如利用计算机处理银行之间的货币汇划、结算等业务。

(2) 银行计算机与其他机构的计算机之间进行资金汇划，如代发工资等。

(3) 通过网络终端向客户提供各项自助银行服务，如 ATM 系统。

(4) 利用网络技术为普通大众在商户消费时提供自动的扣款服务，如 POS 系统。

(5) 网上支付方式出现，电子货币可以随时通过互联网直接转账、结算。

银行基于自身业务发展和客户的需要，引入计算机与通信技术，逐渐推出银行卡和 POS 系统，改变了传统的银行支付结算方式，使支付活动的各方借助于网络联系在一起。

如今，银行为客户提供基于网络的支付结算服务的电子资金转账系统已经发展成一个广泛的电子支付系统，提供多功能的、全天候的综合业务服务，为电子商务的发展提供了强大的支持。

2. 中国电子支付系统的发展

在互联网电子商务条件下，支付过程对原有的支付系统提出了更高的要求，要求从发出支付信息到最后完成资金转账的全过程都是电子形式的，电子货币的种类和形式也相应地有了进一步的发展。

1) 信用卡的广泛应用

1951年，全球第一张银行信用卡在美国的富兰克林国际银行诞生，在此之后短短的几十年时间里，信用卡业务已经得到了迅速的发展，几乎遍及全球各个国家。1996年亚特兰大奥运会期间，VISA 集团发行了30万张信用卡，芬兰银行也于1997年5月在欧洲开展网络购物付款活动。2005年第一季度，欧洲10%的 VISA 零售支付通过互联网进行，比2004年同期增长50%，互联网已经成为增长最快的支付渠道。

据麦肯锡预测，中国的零售信贷市场将呈指数增长，信用卡将成为仅次于个人住房贷款的第二大零售信贷产品，成为银行的核心业务和主要利润来源之一。截至2005年，中国各大银行中个人存款总量已超过了8万亿元，个人金融前景看好，消费者也日趋接受信用卡的消费方式。随着中国消费者心理从传统的“量入为出”“赚多少，花多少”渐渐步入“信用卡时代”，中国信用卡市场拥有巨大的发展潜力。但国内信用卡发卡商也面临着前所未有的严峻挑战，因为银行之间的竞争进一步升级，大部分银行至今都没有实现信用卡业务盈利。能否扭亏为盈，避免中国信用卡市场整体长期亏损，是我国信用卡发卡商面临的关键问题。

2) 中国的电子支付

我国的电子支付起步虽晚，但发展非常迅速，根据中国互联网络信息中心的调查数据显示，随着中国网络零售市场的迅猛发展，线上消费的生活服务类型不断拓宽，交易规模持续增大，网上支付蕴含巨大的市场空间。截至2012年6月，中国使用网上支付的用户规模达到1.87亿人，在网民中的渗透率为34.8%。2008—2011年用户增长了3.2倍，年均增长47.5%，是用户年均增长最快的互联网应用之一。据波士顿咨询公司预测，至2015年，我国网络零售市场将达到2万亿元人民币以上，超过美国；人均网上消费额将达到6 220元人民币，超过美国目前1 000美元的平均水平。

电子支付在中国的发展开始于1998年招商银行推出的网上银行业务，随后，中国工商银行等各大银行的移动银行、网上支付等业务也逐渐发展起来，银联的网关在2002年开始建设，现已覆盖全国各地以及世界许多国家和地区。目前，我国已经建立了同城清算所、全国手工联行系统、全国电子联行系统、电子汇兑系统、银行卡支付系统、邮政储蓄和汇兑系统、中国国家现代化支付系统和各商业银行的网络银行系统8类电子支付结算系统。这些系统的相互配合和应用，不但形成了我国电子支付与电子银行的完整体系，而且为基于互联网的电子商务的发展提供了现代化的支付结算服务工具。

但我国电子支付尚处于初级阶段，还存在诸多问题，这些问题主要表现为：①电子支付的安全可靠性有待加强；②网络支付结算体系覆盖面相对较小；③网络支付业务的标准性差，数据传输和处理标准不统一；④网络银行技术、应用与法律框架亟待健全；⑤很多地方的基础网络通信设施还不是很发达，很多企业的信息化程度较低；⑥社会信用制度不够健全。以上这些方面的因素都制约了电子支付在我国的发展与应用。

6.2.2 电子支付系统的构成和基本模式

电子支付系统是电子商务系统的重要组成部分，它指的是消费者、商家和金融机构之间使用安全电子商务手段交换商品或服务，即利用现代化支付手段，将支付信息通过网络安全地传送到银行或相应的处理机构，以实现电子支付，电子支付系统是融购物流程、支付工具、安全技术、认证体系，以及现在的金融体系为一体的综合大系统。

1. 电子支付系统功能

不同的电子支付系统有不同的安全要求和功能要求，通常电子支付系统要求具备以下功能。

1) 实现对交易各方的认证

为保证交易的安全进行，必须对参与电子交易的各方身份的真实性进行认证，可以通过认证机构向各参与方发放数字证书，利用数字签名和数字证书证实交易各方身份的合法性。

2) 用有效手段对支付信息进行加密

能够根据对安全级别的要求，采用对称密钥或公开密钥技术对传输的信息加密，并采用数字信封技术来加强数据传输的安全保密性，保证可靠的接收方，以防止未被授权的第三方获取真实信息。

3) 保证支付信息的完整性

为保护传输的数据完整无误地到达接收者，系统必须能够将原文用数字摘要技术加密后传送，这样接收者就可以通过摘要来判断所接收的消息是否被篡改。

4) 保证业务的不可否认性

支付系统必须在交易的过程中生成或提供充分的证据，当交易出现纠纷时，能防止交易双方否认已发生的业务。能通过使用数字签名技术使发送方不能否认所发送的信息；能使用数字信封技术使接收方不能否认所接收的信息。

5) 能够处理网上贸易业务的多边支付问题

网上贸易的支付关系到客户、商家和银行等多方，其中传送的购货信息与支付指令必须捆绑在一起。商家只有确认了购货信息后才会继续交易，银行也只有确认了支付指令后才会提供支付。但同时，商家不能读取客户的支付指令，银行也不能读取商家的购货信息，这种多边支付的关系可以通过双重签名等技术来实现。

2. 电子支付系统的基本构成

电子支付系统是一个由买卖双方、网络金融服务机构、网络认证中心、电子支付工具和网上银行等各方组成的大系统。网络支付系统应该在安全电子交易 SET 协议或安全套接层 SSL 协议等安全控制协议的环境下工作，这些涉及安全的协议构成了网上交易的可靠环境；网上交易与支付环境的外层，则由国家及国际相关法律法规的支撑来予以实现。

电子支付系统的基本构成如图 6.3 所示，参与对象主要有客户、商家、交易双方的开户行、支付网关、银行专用网和认证体系。

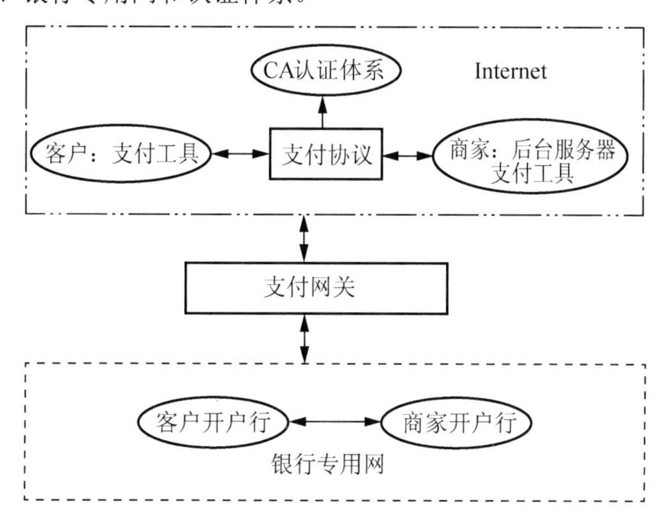

图 6.3 电子支付系统的基本构成

下面对电子支付系统的组成部分作简要说明。

1) 客户

客户一般是指与某商家有交易关系并存在债务的一方。客户用自己拥有的支付工具进行电子支付，是支付系统运作的原因和起点。

2) 商家

商家一般是指交易中拥有债权的一方，他可以根据用户发起的支付指令向银行系统请求货币支付。商家一般准备了专用的后台服务器来处理客户发起的支付过程，包括客户身份的认证和不同支付工具的处理。

3) 银行

电子商务的各种支付工具都要依托于银行信用，没有信用就无法运行。作为参与方的银行方面会涉及客户开户行、商家开户行和银行专用网等方面的问题。

(1) 客户开户行：是指客户在其中拥有自己账户的银行，客户所拥有的支付工具就是由开户行提供的，客户开户行在提供支付工具的同时也提供了银行信用，即保证支付工具的兑付。在利用银行卡进行支付的体系中，客户开户行即为发卡行。

(2) 商家开户行：是指商家在其中拥有自己账户的银行，支付过程结束时资金应该转到商家在其开户银行的账户中。商家将客户的支付申请提交给其开户行后，就由商家开户行进行支付授权的请求并完成与客户开户行之间的清算。商家的开户行依据商家提供的合法账单来操作，因此又被称为收单行。

(3) 银行专用网：是银行内部及银行之间进行通信的网络，具有较高的安全性。我国的银行专用网主要包括中国国家现代化支付系统、人民银行电子联行系统、工商银行电子汇兑系统和银行卡授权系统等。

4) 支付网关

支付网关是公共网络和银行专用网之间的接口，支付信息必须通过支付网关才能进入银行支付系统，进而完成支付的授权和支付款项的转移。支付网关的建设关系着支付结算的安全以及银行自身的安全。

电子商务交易中同时传输了两种信息：交易信息与支付信息。要保证这两种信息在传输过程中不被无关的第三者阅读，其中也包括商家不能看到客户的支付信息，银行不能看到客户的交易信息。支付网关既起到将互联网和银行专用网络连接起来，将支付信息从公用网络传递到银行专用网络，保证电子商务安全顺利实施的作用，同时又起到隔离和保护银行专用网络的作用。

5) CA认证体系

为确认交易各参与方的真实身份，需要由认证机构向参与商务活动的各方发放数字证书，以保证电子商务支付过程的安全性。认证机构必须确认参与方的资信状况(如通过在银行的账户状况，与银行交往的信用历史记录等)，因此认证过程也离不开银行的参与。

6) 支付工具与支付协议

目前经常使用的电子支付工具有银行卡、电子现金、电子支票等。在网上交易时，消费者发出的支付指令，在由商家送到支付网关之前，是在公用网络中传送的。支付协议的作用就是为公用网上支付工具的使用、支付信息的流动制定规则并进行安全保护。目前比较成熟的支付协议主要有SET协议、SSL协议等。

6.3 第三方支付

6.3.1 第三方支付的产生与发展

1. 第三方支付产生的背景

传统的网上支付主要借助网上银行的支付平台，使用银行卡(信用卡、借记卡)、电子支票和电子现金等作为支付工具，其中最常用的还是银行卡。网上银行一般采用 SSL 或 SET 安全协议，对银行卡信息进行加密认证处理，降低用户的银行卡号和密码泄露的风险，实现资金的安全传递。但是，随着网站商户和网上银行数量、规模的发展，这种模式变得不太适应网商的需要，因为要实现网上支付，网商就得和各家银行逐个签订接入协议、安装各个银行的认证软件，非常烦琐，对于中小型商家尤其不经济。因此，在银行和网站之间作为支付中介的第三方支付平台应运而生。

2. 第三方支付的内涵

所谓“第三方支付平台”，就是指由非银行的第三方机构投资运营的网上支付平台。第三方平台通过提供通信、计算机和信息安全技术，在商家和银行之间建立连接，起到信用担保和技术保障的作用，从而实现从消费者到金融机构以及商家之间货币支付、现金流转、资金清算、查询统计的一个平台。

基于第三方支付模式，消费者和商家之间的支付业务由第三方支付公司来完成，它是目前发展最为迅速的新型支付模式。例如，为美国著名拍卖网站 eBay 提供支付服务的 Paypal，中国易趣和淘宝网的支付工具安付通和支付宝等。第三方支付平台的运作流程如图 6.4 所示。

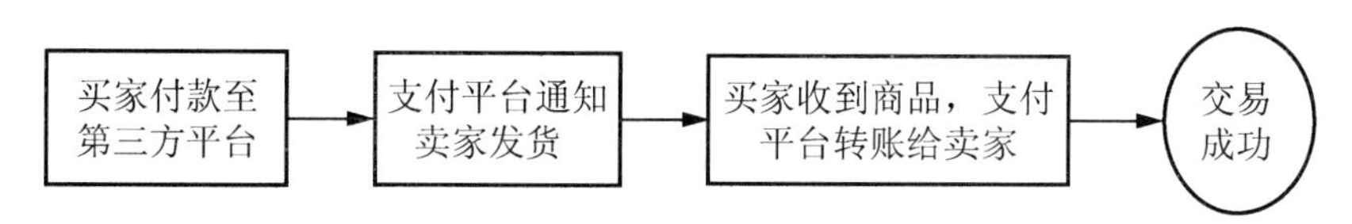

图 6.4 第三方支付平台的运作流程

实际上，第三方支付是“信用缺位”条件下的“补位产物”，尽管它增加了电子商务交易过程的一些手续，使交易的快捷性打了折扣，但采用第三方支付，既可以约束买卖双方的交易行为，保证交易过程中资金流和物流的正常双向流动，增加网上交易的可信度，同时还可以为交易提供技术支持和其他增值服务。

3. 第三方支付模式的发展

目前第三方支付公司、银行、企业已经形成了一个复杂的电子支付产业链，第三方支付处于整个产业链的中间位置，是电子支付产业链的重要纽带，一方面连接银行，处理资金结算、客户服务、差错处理等一系列工作；另一方面又连接着众多的客户，使客户的支付交易能顺利接入。

第三方支付的一站式接入服务使银行与商家双方都避免了一对一接入的高昂成本，同时也为卖家和买家提供了一个信用担保机构，在相当长的时期内都有存在的必要性与必然性。

随着电子商务对网上支付的需求增强，第三方支付平台市场规模增长极其迅速。2014年中国第三方互联网支付市场交易规模达80767亿元，同比增长50.3%，整体市场持续高速增长，在整体国民经济中的重要性进一步增强。2014年与金融的深度合作，使第三方互联网支付公司找到了新的业务增长点，目前这种助力还没有完全爆发，艾瑞预计未来两年互联网金融对于第三方互联网支付的推动作用将会更强，或进一步提高交易规模增速。根据iResearch艾瑞咨询的统计数据显示，2014年中国第三方移动支付市场交易规模达59924.7亿元，同比上涨391.3%，第三方移动支付交易规模继续呈现超高速增长状态。

4. 第三方支付的特征

与普通的网上支付比较，第三方支付平台所提供的服务具有以下几点特征。

(1) 第三方支付平台采用了与众多银行合作的方式，同时提供多种银行卡的网关接口，从而大大地方便了网上交易的进行。对于商家来说，不用安装各个银行的认证软件，从一定程度上简化了费用和操作。

(2) 第三方支付平台作为中介方，可以促成商家和银行的合作。对于商家来说，第三方支付平台可以降低企业运营成本；而对于银行来说，可以直接利用第三方的服务系统向它的个人和企业客户提供服务，帮助银行节省网关开发成本。

(3) 第三方支付平台能够提供增值服务，帮助商家网站解决实时交易查询和交易系统分析，提供方便及时的退款和停止支付服务。

(4) 第三方支付平台可以对交易双方的交易进行详细的记录，从而防止交易双方对交易的抵赖行为，并对后续交易中可能出现的纠纷问题提供相应的证据。

总之，第三方支付平台是当前所有可能突破支付安全和交易信用双重问题的方案中较理想的解决方案。

6.3.2 第三方支付系统构成与运营模式

1. 第三方支付系统的构成

一个完整的C2C或B2C交易支付的完成涉及多个部门，包括认证中心CA、支付网关、银行网络等。其中认证中心、支付网关和银行网络是构成电子交易与支付的基础平台。第三方支付系统的构成如图6.5所示。

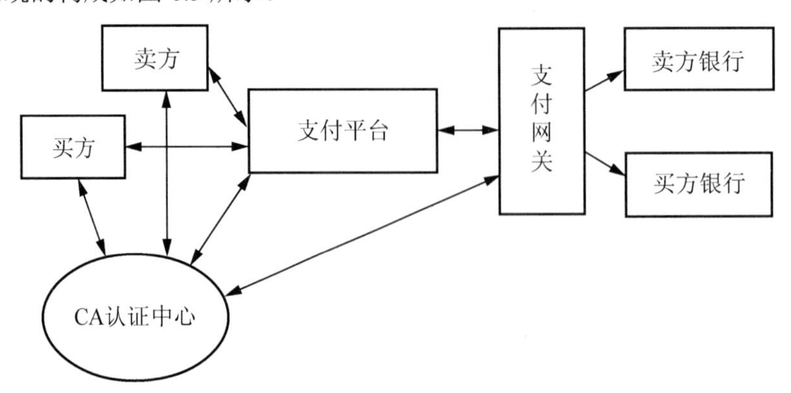

图6.5 第三方支付系统的构成

第三方支付平台是通过与国内外各大银行签约，由一定实力和信誉保障的第三方独立机构投资建立的交易支持平台。由独立的第三方平台作为中介，在网上交易的商家和消费者之间做一个信用的中转，通过改造支付流程来约束双方的行为，从而在一定程度上缓解交易双方彼此对对方信用的猜疑，增强对网上购物的信任程度。

除了信用中介，第三方支付平台还起着安全保障和技术支持的作用，与银行的交易接口直接对接，支持多家银行和多卡种支付，采用SSL协议和128位加密模式，在银行、消费者和商家之间传输和存储资料。同时，第三方支付平台还根据不同用户的需要对界面、功能等进行调整，具有个性化和人性化的服务特征。

2. 第三方支付运营模式

我们可以将目前市场上第三方支付公司的运营模式分为3种类型：第一类是独立的第三方网关模式；第二类是由电子商务平台支持的第三方支付网关模式；第三类是有电子交易平台且具备担保功能的第三方支付网关模式。下面分别进行介绍。

1) 独立的第三方网关模式

独立的第三方网关是指完全独立于电子商务网站，由第三方投资机构为网上签约商户提供围绕订单和支付等多种增值服务的共享平台。这类平台仅仅提供支付产品和支付系统解决方案，平台前端联系着各种支付方法供网上商户和消费者选择，平台后端连着众多的银行。由平台负责与各银行之间的账户清算，同时提供商户的订单管理及账户查询等功能。

此类独立网关发展相对成熟，灵活性大，一般都有行业背景或者政府背景，主要的盈利方式是根据客户的不同规模和特点提供不同的产品，收取不同组合的服务费和交易手续费。成熟的运营管理经验和网络平台技术是此类第三方支付平台发展制胜的关键。

但是，这类网关的增值业务相对较少；进入门槛比较低，技术含量也不大；而且它们往往没有完善的信用评价体系，抵御信用风险的能力不强，这些不足也妨碍了这类系统的发展。

2) 有电子商务平台的第三方支付网关模式

这种类型的网上支付平台是指由电子商务平台建立起来的支付网关，不同于第一种模式，这里的电子商务平台往往是指独立经营且提供特定产品(虚拟产品或实体产品)的商务网站。支付网关最初是为了满足自身实时支付而研发搭建的，逐步扩展到提供专业化的支付产品服务。这种类型的在线支付系统应用的时间较早，又依附于成熟的电子商务企业，拥有可靠的后方和雄厚的资金，占有了一大部分在网上进行买卖的客户资源，其盈利主要来源于年费和手续费。

在支付的3个层面，这种网关型支付公司处于中间层。它的上游是银行这样的基础支付服务提供者，下游是像支付宝这样的应用支付服务的提供者。应用支付服务提供者的优势在于，它们更加贴近消费终端，并提供一些类似担保的增值服务。

但是由于此类支付平台往往依附于某个电子商务企业，其发展受所在的企业限制。一旦在服务于所隶属的电子商务网站之外，又服务于其他的电子商务网站(而这些网站之间往往是竞争对手)也会引起其他电子商务企业的质疑。

随着电子银行的发展，银行开始涉足更广泛的支付领域。目前，有电子商务平台的第三方支付网关公司主要集中在B2C和C2C领域。一旦银行开始向B2C甚至C2C领域扩展，对该类支付平台无疑是个很大的威胁。

3) 有电子交易平台且具备担保功能的第三方支付网关模式

这种类型的第三方支付平台，是指由电子交易平台独立或者合作开发，同各大银行建立合作关系，凭借其公司的实力和信誉承担买卖双方中间担保的第三方支付平台，利用自身的电子商务平台和中介担保支付平台，吸引商家开展经营业务。

买方选购商品后，使用该第三方支付平台提供的账户进行货款支付，并由第三方通知卖方货款到达，进行发货；买方检验物品后，就可以通知第三方付款给卖家；第三方再将款项转至卖方账户。它的盈利主要来源于店铺费、商品登录费、交易服务费等。但是目前此类平台大多还处于扩大规模和积聚人气的阶段，因此普遍实行免费提供交易支付的政策。

这类支付平台基本都拥有自己的客户资源，承担中介担保职能，按照交易记录建立个人信用评价体系，可信性相对较高。但是由于用户都集中于各自的电子商务平台，因此平台间竞争激烈，认证程序复杂，交易纠纷取证困难，中介账户的资金滞留具有吸储嫌疑，有悖于企业的经营性质。

6.3.3 第三方支付平台在中国

1. 中国第三方支付平台的发展

2005年被业界称为中国的“网上支付年”。第三方支付平台成为投资热点，得到迅速发展。根据赛迪顾问的分析，包括网上支付和移动支付的第三方支付平台交易规模达到179亿元人民币，比2004年增长79.9%。第三方支付服务提供商达到50多家，比较知名的有浙江支付宝网络科技有限公司、首都信息发展股份有限公司、上海环迅电子商务有限公司、北京云网无限网络技术有限公司、易达信动科技发展有限公司等。

2007年6月21日，互联网研究和咨询机构易观国际发布了《2007年第一季度中国第三方电子支付市场监测报告》。报告显示，中国第三方电子支付市场交易额总规模在2007年第1季度已达到143.26亿元人民币，其中互联网支付市场规模139.31亿元人民币，占整个第三方电子支付市场的97%，相比上年第四季度增长16%。该报告还显示，2007年第1季度第三方手机支付和电话支付的规模分别达到3.21亿元人民币和0.74亿元人民币，其中手机支付仅占整个电子支付市场2.2%的份额，互联网支付仍是第三方支付市场的主流。

在第三方互联网支付市场中，支付宝、Chinapay和财付通位列交易额排名前3位。其中，支付宝以50.3%的市场份额位列第一，较2006年第四季度增长了7个百分点。易观国际分析师认为，淘宝强大的交易量以及逐步扩大的独立第三方互联网支付服务规模，是支付宝市场份额增长的主要原因。财付通得益于QQ虚拟物品交易的逐步完善，安付通在该季度交易规模明显下滑，原因在于海底地震对易趣网的交易规模产生了重大影响。

据中国电子商务研究中心(100EC.CN)监测数据显示，2014年中国网上银行交易规模达到1304.4万亿元，增长率为40.2%，增速较2013年有一定幅度的提升。艾瑞最新数据显示，2014年中国第三方互联网支付交易规模突破8万亿元，同比增长50.3%，中国第三方移动支付交易规模近6万亿元，同比增长391.3%，第三方支付平台的发展，促进了我国电子商务、电子支付业务的迅速发展。

2. 我国第三方支付发展面临的困难

1) 市场竞争激烈，利润空间狭窄

(1) 第三方支付平台之间的竞争。由于前几年第三方支付服务无进入门槛限制，也没有严格的资质审查，大量的小型支付公司不断涌现，2005 年，中国第三方支付服务提供商达到 50 多家，但这些提供商产品单一、服务模式一致。为了获得用户和流量，第三方支付行业出现了明显的价格战、互相攻击等竞争压力。从直接的低价、免费到服务费折扣等。当然出现这种情况的责任不在商户，而是表现出支付服务只限于在低层次上竞争，服务创新动力不足。

(2) 第三方支付平台与银行的竞争。在网上银行不断发展的情况下，第三方支付平台与银行之间的竞争加剧，而在这种竞争中第三方支付平台明显处于不利地位，其发展受到的限制表现在以下 3 个方面。

① 在 B2C 领域，商家也可以不通过第三方支付平台，直接连接网上银行进行支付。

② 第三方支付平台主要利用其技术优势，通过提供多家银行的支付通道获得业务，银行为保证自身的市场，可能会限制第三方支付平台的接入。

③ 2006 年年底中国银行业开放之后，中央银行批准了 15 家外资银行在中国开办网上银行，这势必会在国内对第三方支付组织造成冲击。

(3) 第三方支付平台的盈利模式。在盈利模式上，第三方支付平台主要靠收取支付手续费。第三方支付平台与银行确定一个基本的手续费率，交给银行，然后，第三方支付平台在这个费率上加上自己的毛利润，再向客户收取费用。由于行业竞争激烈，现在第三方支付得到的手续费较低，最低时只到交易额的 0.5%。在 C2C 领域，单笔交易利润很低，而且很多第三方支付平台为了与其他竞争对手争取客户不收取任何费用。第三方支付平台的另外一个利润来源就是第三方支付平台的客户暂存资金的利息收入，但目前有人对暂存资金利息收入的合法性表示质疑。

2) 安全与诚信问题

鉴于我国目前信用状况不良的特点，在虚拟空间内完成物权和资金的转移，信用问题就显得尤为突出，因此，买卖双方的行为有必要受到约束和控制。目前支付宝在 C2C 平台建立了买卖双方信用的规范，大大促进了业务量和交易额的上升。但是在 B2C 领域，第三方支付机构也只是以自己的信用承担中介担保的责任，而这种信用还纯粹属于商业信用范畴，这种能力和作用很有限，也很脆弱。不管是 C2C 还是 B2C，由于缺乏对第三方支付机构的信用约束，风险都很大。

虽然第三方支付模式在一定程度上缓解了安全与诚信危机，但是频频出现的对网络消费投诉事件以及账号被盗事件等，使人们对网上购物仍然心存疑虑。现在网络病毒种类繁多、传播方式和途径多样化，也时刻威胁着支付平台的安全。

3) 政策监管的压力

第三方支付结算属于支付清算组织提供的非银行类金融业务。《支付清算组织管理办法》中规定：设立全国性支付清算组织的注册资本最低限额为 1 亿元人民币；拟在省(自治区、直辖市)范围内从事支付业务的，其注册资本最低限额为 3 000 万元人民币。这些规定无疑将使第三方支付行业重新调整。

另外，中央银行已经以牌照的形式进一步提高门槛。对于已经存在的企业，在第一批牌照发放后如果不能成功持有牌照，就有可能被整合或收购。政策风险将成为这个行业最大的风险，严重影响了资本对这个行业的投入，没有资本的强大支持，这个行业靠自己的积累和原始投资是很难发展起来的。现在国家制定相关法律法规，准备在注册资本、保证金、风险能力上对这个行业进行监管，采取经营资格牌照的政策来提高门槛。因此，对于那些从事金融业务的第三方支付公司来说，面临的挑战不仅仅是如何盈利，更重要的是能否拿到将要发出的第三方支付业务牌照。2013 年 7 月中国人民银行公布了第七批 27 家企业获得第三方支付牌照，至此获得第三方支付牌照的企业已达到 250 家。

3. 第三方支付平台健康发展的措施

随着第三方支付市场的迅速成长，第三方支付市场的竞争日益激烈，与银行直接的竞争和合作关系也日益复杂，在这种情况下，第三方支付机构必须在传统的资金支付结算基础上，加大业务创新的力度，提供相应的增值服务，以获得更广阔的生存和发展空间。如果法律法规与监管缺失，将不利于第三方支付市场的发展与规范，而第三方支付市场的不规范发展又很可能会带来严重的风险。因此，建立和不断完善第三方支付的监管体系是我国第三方支付平台健康发展的保证。中国人民银行制定的《非金融机构支付服务管理办法》自 2010 年 9 月 1 日起施行。目的是为促进支付服务市场健康发展，规范非金融机构支付服务行为，防范支付风险，保护当事人的合法权益。非金融机构提供支付服务，应当依据本办法规定取得《支付业务许可证》，成为支付机构。支付机构依法接受中国人民银行的监督管理。未经中国人民银行批准，任何非金融机构和个人不得从事或变相从事支付业务。

1) 加强内控机制和风险管理

加强内控机制和风险管理主要包括对第三方支付机构设置最低资本金限制、加强内控机制和风险管理、强化安全技术、建立保险与保证金等。

关于资本金的限制，在出台的《支付清算组织管理办法》中已经列出。在安全技术要求方面，除准入控制外，建立完备的基础设施以确保客户交易活动的安全性和交易记录的真实性很有必要。目前我国在内控机制和风险管理方面还没有相应的法律规定。可以考虑借鉴欧盟的一些做法，在我国《电子银行安全评估指引》基础上对电子支付进行规范。

2) 完善业务范围监管

完善业务范围监管主要包括业务运营风险监管、对董事会和经理层的监管、对内部操作人员的管理、对客户的管理。

可借鉴《网上银行业务管理办法》制定电子支付业务管理办法。对单位管理层，可借鉴巴塞尔以及美国、新加坡的做法：设立技术总监，董事会制定监管政策并适时审查，使监督运作合法化。对第三方支付机构市场退出应考虑合并、兼并或收购等方式，类似于金融机构的做法。对客户的管理要利用法律手段约束，通过建立保证金和准备金机制减少风险，以保证客户资料和客户资产的安全。在业务范围监管方面还要设法促进第三方支付的健康发展，保证公平竞争等。

3) 建立和健全监管法律体系

建立和健全监管法律体系主要包括加强技术监管和业务监管、加强内控、防范违规与计算机犯罪、建立和健全监管法律体系、实施适时与定期监控、加强市场退出监管、加强国际合作等。目前我国监管机构采用的是银监会+信息产业部+公安部+新闻出版署的方式。第三方支付平台虽然从事着与金融相关的业务，但它不是金融机构，其特性也有许多与金融机构不一致之处，因此，中国人民银行已经为其明确了监管办法。关于国际合作，要积极借鉴国外的成功经验，加强国际合作，第三方支付跨国境非常方便，但要防止跨国风险，对外国竞争者实行严格监管，并积极扶植本国第三方支付企业。

4) 建立第三方支付保证金制度

网络的开放性使得第三方支付面临着严重的安全风险，第三方支付机构本身的道德风险也难以控制，第三方支付机构也存在大小、实力强弱的差别。在这种情况下，可考虑建立第三方支付保证金制度，要求第三方支付机构交纳一定比例的保证金。保证金制度的存在可以使得交易双方的利益得到一定程度的保护，在发生风险的时候不至于因第三方支付机构的倒闭破产而蒙受过大的损失；既能提高第三方支付机构作为信用中介的可信度，还能淡化第三方支付机构实力不同的差别，促进第三方支付市场的公平竞争，并约束第三方支付机构的经营行为，在一定程度上降低了第三方支付机构本身的道德风险。这样一来，第三方支付过程中的各种风险都会有一定的降低，有助于保持整个支付系统的稳定，并促进第三方支付市场的发展。

5) 加强对在途资金的监管和管理

在途资金是第三方支付过程中风险的重要来源之一，其安全与效率对第三方支付市场的规范和发展起着至关重要的作用。为此，应建立完善的在途资金监管制度，明确规定在途资金的存放位置，是置于银行还是其他公正机构，相关的利息如何处理，还可以考虑给第三方支付的结算周期规定一定的上限，以提高整个支付体系的运行效率。如果由第三方支付机构持有这些资金，那么应对资金的来源和运用进行有效的监督和控制，降低其中的金融风险，这样一方面可以保障第三方支付体系的正常安全运转；另一方面也能有效防范在途资金的不恰当运用对金融市场和金融体系产生的不良影响。

6.4 移动支付

移动支付是指交易双方为了某种货物或业务实现，通过移动设备，采用无线方式所进行的银行转账、缴费和购物等商业交易活动。通常移动支付所使用的移动终端是手机、掌上电脑、个人商务助理和笔记本电脑，我们这里指的移动支付，就是在交易活动中用手机作为支付手段，简单的移动支付是将支付款项直接计入移动电话账单中，这样的支付通常用在支付费用比较低的情况下；目前比较完善的移动支付业务则是将手机与信用卡号码绑定，每次交易实质上是通过手机代替信用卡来支付费用。

作为新兴的电子支付方式，移动支付拥有随时随地、方便、快捷、安全等诸多优点，消费者只要拥有一部手机，就可以完成理财或交易，享受移动支付带来的便利。应用领域一般包括充值、缴费、小商品购买、银证业务、商场购物和网上服务等。

6.4.1 移动支付概述

1. 移动支付业务分类

移动支付业务可以从交易结算的即时性来划分。

1) 非现场支付

非现场支付是通过远程数据传输实现的支付，通常通过终端浏览器或者基于SMS/MMS等移动网络系统，采用操作订单进行处理。

2) 现场支付

现场支付是指现场近距离的交易支付行为，使用近距离无线通信技术，比如蓝牙、红外线、射频识别等在商场广泛应用的支付技术。现场支付包括接触性支付和非接触性支付。其与非现场支付的区别是：一般大额支付采用现场支付方式，对支付的安全级别要求较高，有必要通过可靠的金融机构进行交易鉴权；而对于小额支付来说，可以采用非现场支付，使用移动网络本身的SIM卡鉴权机制就足够了。

2. 移动支付的产业链成员

移动支付业务的产业链由标准的制定者、设备制造商、移动运营商、银行、移动支付服务提供商、商家、用户等多个环节组成。其中移动支付标准的制定者是指国家独立机构、国际组织和政府，他们负责标准的制定和统一，来协调各个环节的利益。

1) 用户

用户即移动支付者。支付者必须首先注册成为某个移动支付网络的手机支付业务用户，获得经支付网络认可的数字证书，将手机或其他移动终端通过移动网络与商家或支付网关相连，就可以利用手机完成方便快捷的在线支付。用户的需求是推进移动支付系统发展的主要原动力。

2) 商家

参与移动支付的商家在商场和零售店安装了移动支付系统，能为客户提供移动支付服务。对商家来说，能在一定程度上减少支付的中间环节，降低经营、服务和管理成本，提高支付的效率，获得更高的用户满意度。

3) 移动运营商

移动运营商的主要任务是搭建移动支付平台，为移动支付提供安全的通信渠道，他们是连接用户、金融机构和服务提供商的重要桥梁，在推动移动支付业务的发展中起着关键性的作用。目前，移动运营商能提供语音、SMS(短消息业务)、WAP(无线应用协议)等多种通信手段，并能为不同级别的支付业务提供不同等级的安全服务。

4) 金融机构

移动支付系统中的金融机构包括银行、信用卡发卡行等组织，主要为移动支付平台建立一套完整、灵活的安全体系，从而保证用户支付过程的安全通畅。显然，与移动运营商相比，银行不仅拥有以现金、信用卡及支票为基础的支付系统，还拥有个人用户、商家资源。

5) 移动支付服务提供商

移动支付服务提供商也称为移动支付平台运营商。移动支付服务提供商作为银行和运营商之间的衔接环节，在移动支付业务的发展进程中发挥着十分重要的作用。独立的第三方移动支付服务提供商，具有整合移动运营商和银行等各方面资源并协调各方面关系的能力，能为手机用户提供丰富的移动支付业务，吸引用户支付各种应用费用。

6) 移动设备制造商

移动设备制造商在向移动运营商提供移动通信系统设备的同时，还推出了包括移动支付业务在内的数据业务平台和业务解决方案，这为移动运营商提供移动支付业务奠定了基础。从终端的角度来看，支持各种移动数据业务的手机不断推向市场，这为移动支付业务的不断发展创造了条件。

3. 移动支付的商业模式

正确的商业模式才有可能推动移动支付产业的成熟和发展。一个成功的移动支付商业模式，至少要能为用户、商家、移动运营商和金融机构的利益共赢提供保证。

1) 按移动商务的参与方划分

基于移动支付参与方的角色和需求，将移动支付分为如图6.6所示的4种商业模式。

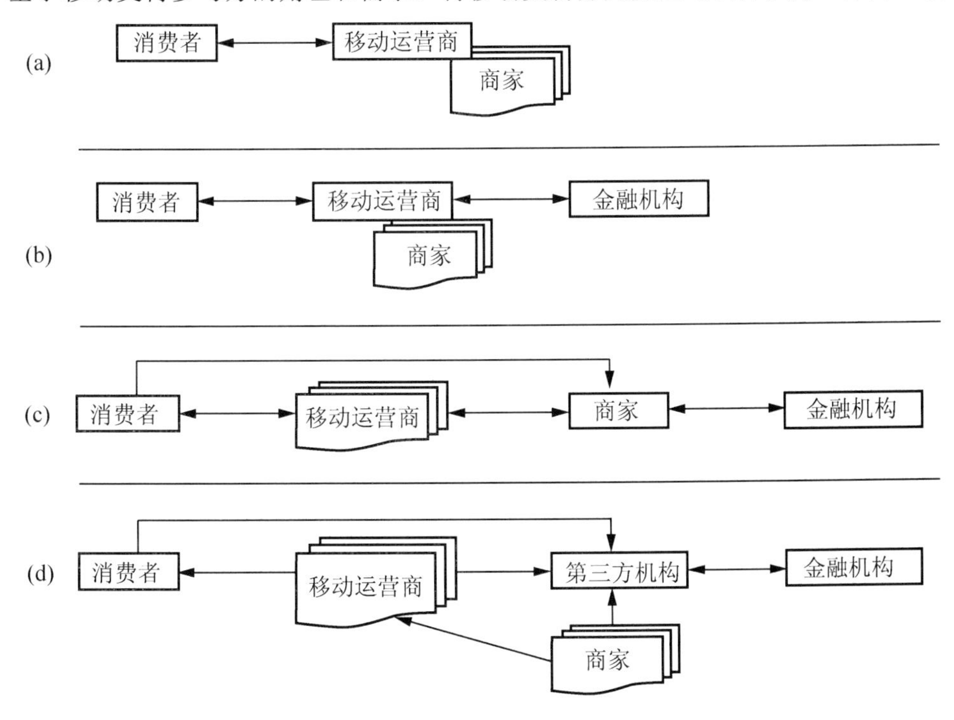

图6.6 移动支付的4种商业模式

(1) 简单的封闭支付模式。模式(a)代表了最简单的封闭模式，被大多数移动运营商所接受。此模式下，用户直接从移动运营商或以移动运营商作为前台的商家购买交易额不大的内容服务(通常是数字内容，如铃声下载、小游戏、天气预报、小额点卡等)。移动运营商会以用户的手机费账户或专门的小额账户作为移动支付账户，用户所发生的移动支付交易费用全部从用户的手机费账户或小额账户中扣减。这种模式不需要银行参与，技术实现简便。运营商需要承担部分金融机构的责任，如果发生大额交易，则不符合国家的有关政策。因为无法对正规的交易业务出具发票、税务处理复杂等。

(2) 银行参与的移动支付。模式(b)中的移动运营商可以提供非数字内容业务，且交易额可以较大。在这种方式下，移动运营商需要与银行合作，支付通过传统的银行账号(如银行卡)而不是移动话费账单来进行，典型的应用如交纳水、电、煤气费。虽然这种模式下，为用户提供了更多的支付选择，但是移动运营商需要考虑用户的支付注册问题，并且要建立和金融机构的关系和支付业务接口。模式(b)可以被认为是模式(a)的自然扩展，模式(b)移动支付的内容比较受限，目前主要集中于交费业务领域。

(3) 直接购买的移动支付方式。模式(c)类似于基于PC的在线商店支付，可以称为“直接购买”的支付方式。该模式下，用户与商家直接联系，由商家来处理和多个银行之间的支付接口。商家为向更多的用户提供服务，需能够经过多个移动运营商接入。如果采用这种模式，运营商将不能从支付中取得任何收益，就如同固定电话网的运营商在基于PC的互联网支付中扮演的角色一样。当然，随着参与的移动运营商和可能的支付选项的增加，这种模式也缺乏灵活性。

(4) 第三方机构参与的移动支付方式。模式(d)提供了一种由第三方机构参与的移动支付方式，可以称为“中介”模式。移动支付平台提供商是独立于银行和移动运营商的第三方经济实体(同样也可以是由移动运营商或银行或移动运营商同银行合作创立的移动支付平台)，同时也是连接移动运营商、银行和商家的桥梁和纽带。通过移动支付平台提供商，用户可以轻松实现跨银行的移动支付服务。最典型的例子是欧洲的Paybox，不论为用户提供服务的移动运营商是哪家，也不论用户的个人银行账号属于哪家银行，只要在Paybox登记注册后，就可以在该平台上得到丰富的移动支付服务。

该模式具有如下特点：各参与方之间分工明确、责任到位；平台提供商发挥着中介的作用，将各利益群体之间错综复杂的关系简单化；用户有了多种选择；在市场推广、技术研发、资金运作能力等方面，要求平台提供商有很高的行业号召力。

2) 以移动支付的运营主体划分

按照移动支付的运营主体不同可以分为以下4类商业模式：①以移动运营商为运营主体的移动支付业务；②以银行为运营主体的移动支付业务；③以运营商和银行或卡组织合作成立公司为运营主体的移动支付业务；④以独立的第三方为运营主体的移动支付业务。

这4类模式各有优、缺点，以移动运营商为运营主体的移动支付可以说是移动支付的早期模式，类似于上述的封闭支付模式，只局限于小额支付；目前，以银行为运营主体的移动支付业务大量推出，各家银行都借助于各自的银行网络优势提供手机银行业务服务，并采取优惠措施，鼓励用户采用手机支付。

事实上，在移动支付业务产业价值链中，移动运营商、银行、第三方服务提供商拥有各自不同的资源优势，只有彼此合理分工、密切合作，建立科学合理的移动支付业务的运作模式，才能推动移动支付业务的健康发展，实现各个环节之间的共赢。因此，以运营商和银行或卡组织合作成立公司为运营主体的移动支付业务和以独立的第三方为运营主体的移动支付业务，将是未来移动支付业务的发展方向。

4. 中国的移动支付

截至2014年12月，我国网民规模达6.49亿，手机网民继续保持良好的增长态势，规模达到5.57亿，比2013年年底增加5 672万人，手机继续保持第一大上网终端的地位，为移动商务的发展奠定了坚实的基础。中国移动终端和移动电子商务的发展是移动支付迅速发展的重要前提。2014年全年中国移动网购市场交易规模达9 297.1亿元，增速达239.3%。随着移动终端的普及和移动电子商务的发展，移动支付市场的发展前景亦被看好。

而移动支付市场发展速度也令人瞩目。易观智库发布的数据显示，2014年中国移动支付市场发展迅速，第三方移动支付的交易规模达到了77 660亿元，环比增长近500%，这也是继2013年环比增长率达800%之后的第二次爆发式增长。[①]中国互联网协会2014年8月2日发布的《中国互联网金融报告(2014年)》显示，2013年我国手机支付用户规模达到1.25亿元，交易规模增长率为707%，远高于银行卡收单、互联网支付的增速。而据中国互联网络信息中心发布的《第35次中国互联网络发展状况统计报告》，截至2014年12月，手机网上支付用户规模达到了2.17亿，增长率为73.2%。[②]

6.4.2 Paybox的在线支付系统

2000年5月，Paybox在德国开始实施它的移动支付服务。2002年4月，Paybox.net在欧洲已拥有75万客户，并成功地在澳大利亚、西班牙、瑞典和英国运作，共有1万多个商家接受了Paybox的支付服务。Paybox和德国银行合作，由德国银行处理它的“后台”账务以及Paybox.net的资金转账操作。Paybox的目标是为移动电话支付建立国际性的标准。

下面介绍Paybox公司为用户提供的多样化在线支付模式。

1. 互联网到Paybox(I2P)

这种类型的交易是为所有的在线购买设计的。和其他支付系统一样，消费者先在在线商店选择商品，但在结账的时候选择“使用Paybox支付”而不是其他常规付款方法(如信用卡)；然后会被要求输入包括国际接入号在内的移动电话号码；几秒后，消费者的移动电话会收到自动呼叫让他们确认当前交易；为了被批准交易，消费者要输入他们的Paybox PIN码；交易指令将被存储，德国银行通过直接转账完成。图6.7描述了互联网到Paybox的支付过程。

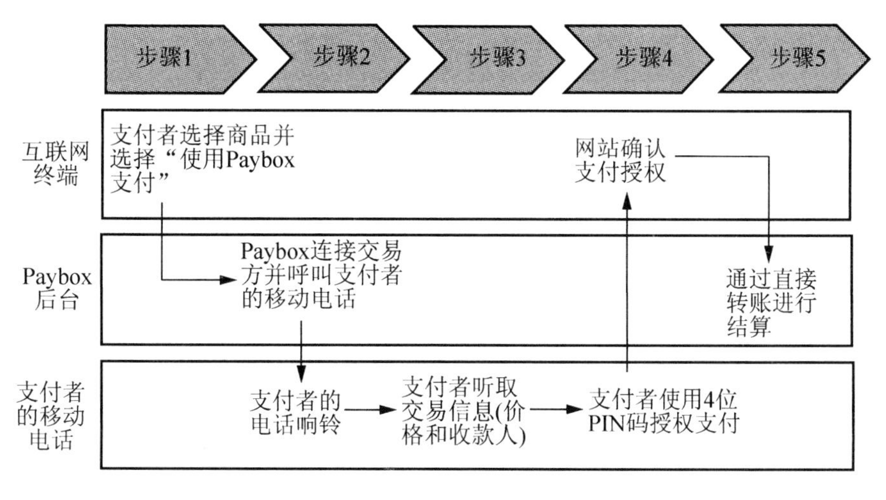

图6.7 互联网到Paybox的支付过程

① http://tech.sina.com.cn/i/2015-01-22/doc-ichmifpx5175990.shtml

② 中国互联网络信息中心：《第35次中国互联网络发展状况统计报告》，2015年1月。

对消费者来说，Paybox 的最大优势是超过常规信用卡交易的安全程度。在互联网上传输的信息不是信用卡的号码，而是支付者的移动电话号码，欺骗和犯罪只有在有权使用消费者的移动电话并知道消费者的 Paybox PIN 码的时候才有可能产生。人们相信这比在传统的商店使用信用卡还要安全，毕竟，许多人好几天才使用一次信用卡，信用卡被窃取的一段时间内是不会引起注意的。但丢失移动电话时每个人都会立即注意到，因为移动电话是个人隐私。根据德国的在线调查，大约 90%的已经选购好商品的互联网商家的访问者，最终不会购买任何东西，因为担心安全问题。

2. Paybox 到 Paybox(P2P)

这项服务可以使用户之间互相转账。支付者通过移动电话呼叫 Paybox 服务器；系统自动要求他们输入 Caller-ID 进行验证；支付者输入收款人的 Paybox 号码和支付金额；为了确认交易，Paybox 会要求输入 PIN 码；几秒后，收款人会通过短信息(Short Message Service，SMS)收到交易信息，和信用卡不同，Paybox 到 Paybox 是对等服务。另外，用户还可以对没有 Paybox 服务的移动电话转账，那个电话的拥有者会将账户信息留给 Paybox 或成为 Paybox 客户，然后钱就会转到该用户的账户中。Paybox 到 Paybox 支付过程如图 6.8 所示。从 2001 年 10 月开始，对于 eBay.de 的许多拍卖者来说，Paybox 到 Paybox 模式已经成为首选的支付方法。

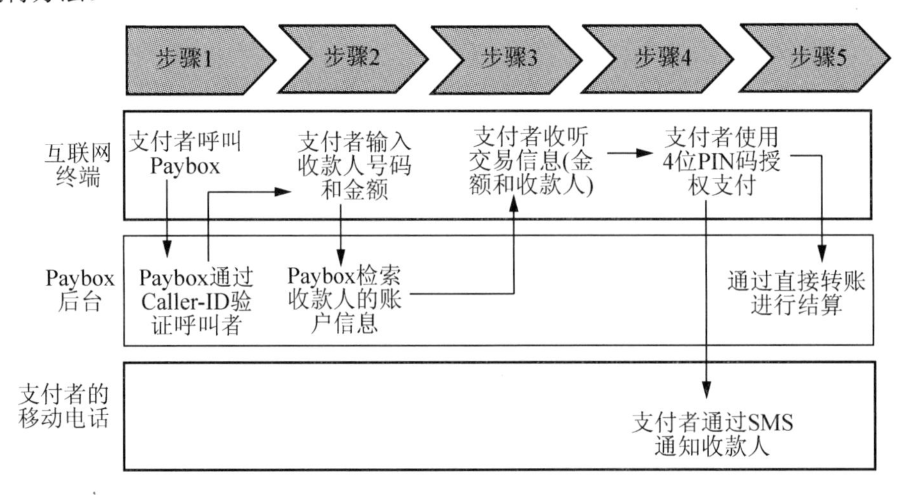

图 6.8 Paybox 到 Paybox 支付过程

3. 移动电话到 Paybox(M2P)

收款人先拨叫 Paybox.net 的交易电话号码并通过 Caller-ID 验证，这是通过主叫电话自动传输的；收款人再输入支付者的电话号码和支付金额；交互语音响应系统将这个信息传输到 Paybox.net 的服务器；服务器立即呼叫指定的支付者；支付者将被要求输入 4 位的 PIN 码进行确认；然后服务器向收款者确认已支付，完成交易过程；最后，Paybox.net 将资金从支付者账户划拨到收款者账户。图 6.9 所示为移动电话到 Paybox 支付过程。

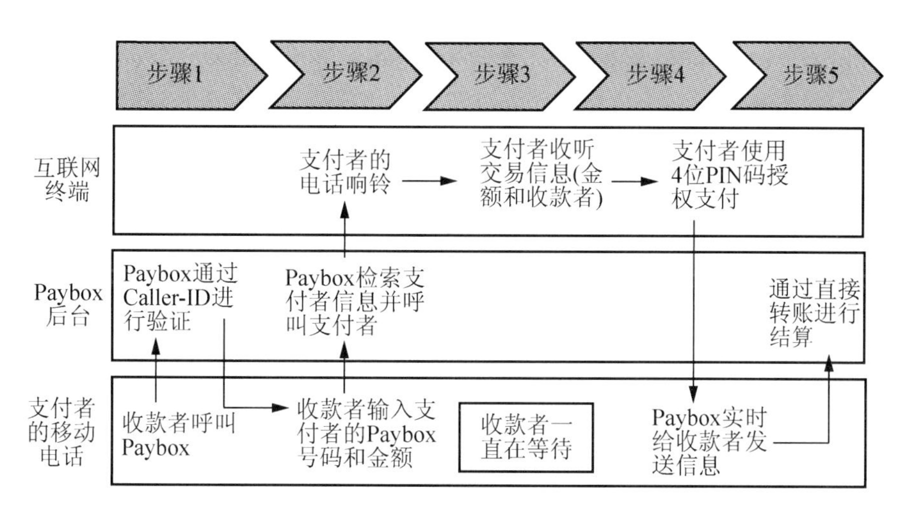

图 6.9　移动电话到 Paybox 支付过程

这是 Paybox 对移动商务保留的一种交易方法，因为对收款人来说这是一个有保证的实时确认，在付款者和收款者互不了解的商业交易中很重要。

4. 网络转账

Paybox.net 用户也可以登录公司的网站进行转账。除了移动电话号码外，他们还要输入收款者的电话号码或者银行信息(账号和机构代码)。在输入付款金额后，付款者会被呼叫确认交易。这样，不必使用在线银行现行复杂的标准交易过程就可以在互联网上转账了。使用 Paybox 转账的过程如图 6.10 所示。

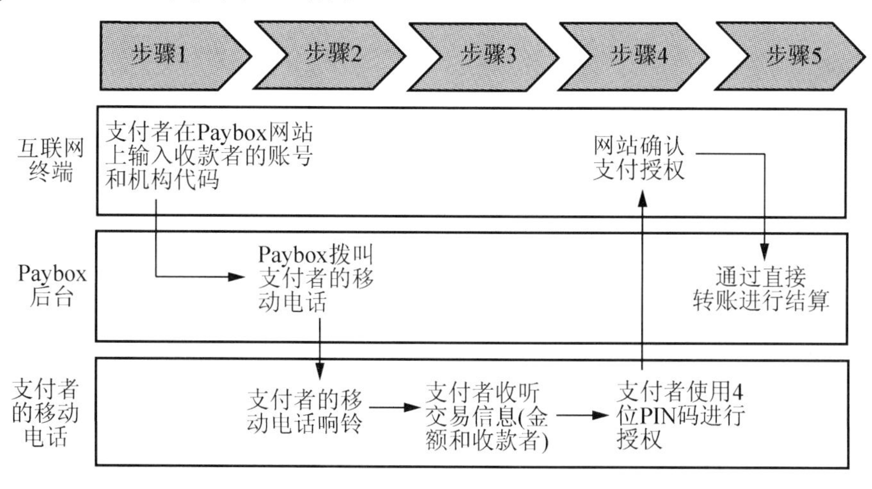

图 6.10　使用 Paybox 转账

5. 附加服务

关心自己隐私的 Paybox 用户可以在网站上得到一个 Paybox 别名，在任何 Paybox 交易时都可以输入这个数码以替代用户的电话号码，Paybox 数据库会将别名和电话号码相匹配。并且，Paybox 用户可以访问“myPaybox”的个人网站，它包含了每个客户交易的历史数据和个人信息，与其他个人网站不同，这个网站不是通过密码访问的，相反，用户是通过移动电话被授权的：他们在网站上输入电话号码，Paybox服务器会立即呼叫他们，在移动电话上输入他们的PIN码后，个人网页才会显示出来，利用手机配合登录网上资金账户，有效地保护了用户网上账户的安全。

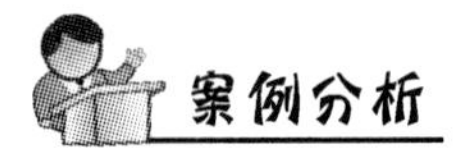

PayPal的建设与运作

1. PayPal与eBay

PayPal是全球最早建立的第三方支付平台。通过为eBay上的个人卖家以及小型商户提供支付受理服务，PayPal得到了迅速发展。因此，eBay交易是PayPal最主要的业务领域，PayPal支付业务的70%来自eBay交易。在网上拍卖交易领域，PayPal拥有明显的竞争优势，68%的eBay交易都使用PayPal付款，PayPal控制了将近1/4的网上拍卖交易支付市场。

PayPal在业务发展初期花费了超过1亿美元的资金，使用侵略性的财务奖励计划以及“病毒式”的营销模式打开市场。在建立了一定的市场知名度以后，PayPal逐渐通过成熟的支付模式和市场策略建立了在该领域的主导地位。对拍卖交易的买家(付款人)而言，使用PayPal，可以选择银行账户、信用卡等多种付款方式，PayPal还与GE合作向买家提供信用额度。在信用卡付款、PayPal账户付款、买家信用付款以及银行账户“直接支付”方式下，资金都能立即到达卖方的PayPal账户中，十分快捷。此外，通过PayPal付款，买方还可以享受到交易保护条款。因此，与私下转账交易相比，PayPal付款方式更加受到买家的欢迎。对卖家而言，使用PayPal不仅更加方便、快捷、安全，关键在于，许多小型商家无法取得信用卡收单商户资格，PayPal能使他们以低成本的方式实现信用卡的受理。PayPal还以低廉的价格作为卖点，月交易额超过10万美元的商家可享受超低费率，而大型的商家还可以与PayPal就收费问题单独进行协商。

除了支付模式与价格的优势外，由于eBay与PayPal的密切关系，使PayPal支付与eBay网站紧密地结合起来，其他主体，如银行很难介入这一领域。但近年来，一些银行开始推出免费资金转账服务，也给PayPal造成了一定的竞争威胁。

2. 网上在线商户

在eBay拍卖交易上取得极大成功后，PayPal开始积极向在线商户领域拓展。一些销售电子和家庭产品、旅游等在线服务、数字产品等的商户也接受PayPal支付。PayPal在网上商户的市场接受度与交易量迅速增长。

1) PayPal对网上小型商户的吸引力

在小型商户领域，PayPal具有很大的竞争优势。这主要也是由于PayPal帮助这些小型商户以低成本的方式实现了信用卡的受理。同时，PayPal 5 000万个用户的庞大基础，对这些小商户很具有吸引力。PayPal推出的买家信用政策很受消费者的欢迎，从而使小商户具备了与大商户竞争的条件。PayPal建立了专门针对小商户的销售队伍，不断为其提供更加先进、便捷的支付服务。2004年，PayPal宣布与Paymentech合作，Paymentech服务的上万家在线商户都把PayPal作为支付选项之一。

2) PayPal面临的问题

在中大型商户中，PayPal的接受程度和使用程度都比较有限，主要作为一种辅助的支付方式。在美国，经过多年发展，信用卡已经成为在线支付的主流方式，为人们所常用。首先，PayPal作为新兴支付方式进入这一领域，很难撼动主流。其次，PayPal支付对大商户来说并无明显的价格优势。PayPal支付也需要建立在现有支付网络的基础上，每笔信用卡交易要向卡组织支付交换费、清算费等共约1.9%+0.15美元。而商家直接采用信用卡支付，VISA 的交换费率为 1.85%+0.1 美元，PayPal 并无太大的空间利用成本优势。最后，很多大商户(如亚马逊)为了促进销售，致力于提供更加简单的支付步骤，如“一键式”订单功能，因此它们需要与自身网站紧密集成的支付工具，而 PayPal 支付最终将引导用户离开商户页面，这是一些网商所不愿看到的。

3) PayPal 的竞争优势

但 PayPal 在中大型商户领域，仍有一定的发展潜力。

(1) PayPal 支付能为商户带来新的客户和销售增长，这是很多大商户愿意将 PayPal 作为一种支付选择的重要原因。2001 年，一家年营业额达到 3.8 亿美元的电子产品零售商 TigerDirect 将 PayPal 作为网站的支付方式之一，虽然 PayPal 支付只占销售额的 5%，但其中 87%是新客户产生的，且平均购物金额高出一般的 10%。

(2) 另一个促使商户接受的原因是，PayPal 支付在交易费用、争议管理成本、欺诈损失等方面，确实比直接受理 Visa 和 Master 卡，或美国运通卡更有效率。

(3) PayPal 与 GE 合作，推出买家信用；与支付网关 Cybersource 合作，将 PayPal 支付集成到商家系统中，都提升了 PayPal 支付的接受度。

(4) 对消费者来说，PayPal 支付的最大优势是安全和隐密。支付时无须再输入卡号和密码，只要输入邮件地址及对应密码；支付页面由 PayPal 提供，没有第三方能够接触到用户的信用卡、银行账户等个人资料。

3. 其他业务

PayPal 还在网上汇款(不基于交易的个人资金转移)、国际汇款、B2B 业务，以及移动支付领域积极拓展业务。

(1) 对于网上汇款业务，由于 PayPal 对接收者收取 2.9%+0.3 美元的手续费，因此相比其他各种更加便宜或免费的个人转账方式而言，PayPal 并不具有特别的吸引力。

(2) 国际汇款领域，西联汇款是其主要的竞争对手，但 PayPal 试图通过价格优势来获得市场。

(3) 在小型 B2B 市场上，PayPal 通过与 Quickbook 产品制造商 Intuit 的联盟，使 300 多万使用 Quickbook 产品的小型商户直接绑定 PayPal 支付系统。

(4) PayPal 还与美国无线网络服务开发商 ViaFone 建立战略伙伴关系，用户可以通过使用任何移动设备接受 PayPal 的安全移动支付服务。

4. PayPal 的基本运作流程

PayPal 的基本运作流程如图 6.11 所示。

从以上流程可以看出，如果收款人已经是 PayPal 的用户，那么该笔款项就汇入他拥有的 PayPal 账户；若收款人没有 PayPal 账户，网站就会发出一封通知电子邮件，引导收款者到 PayPal 网站注册一个新的账户。所以，也有人称 PayPal 的这种销售模式是一种“邮件病毒式”的商业拓展方式，从而使 PayPal 越来越快地占有市场。

从表面上看，这种付款方式很像是资金通过电子邮件方式汇入(fund-in)、汇出(fund-out)的，付款人和收款人之间利用电子邮件完成了付款过程。事实上，通过 PayPal 发出的电子邮件仅扮演“通知”的角色，而 PayPal 服务也只是对用户的信用卡账户进行借、贷记录而已。

从形式上看，PayPal 目前提供的基本模式是一种“电子邮件支付”方式。从本质上看 PayPal 是一种基于其平台的虚拟银行账户的记账和转账系统。资金的转移是在付款人的银行账户、PayPal 账户，以及收款人的账户之间进行，而电子邮件起到传递信息和通知作用，其运转离不开银行账户、电子资金转账，以及信用卡等传统支付工具。当然对没有注册 PayPal 账户的收款人来说，发出电子邮件给收款人对于 PayPal 来说还有一个市场推销的作用。

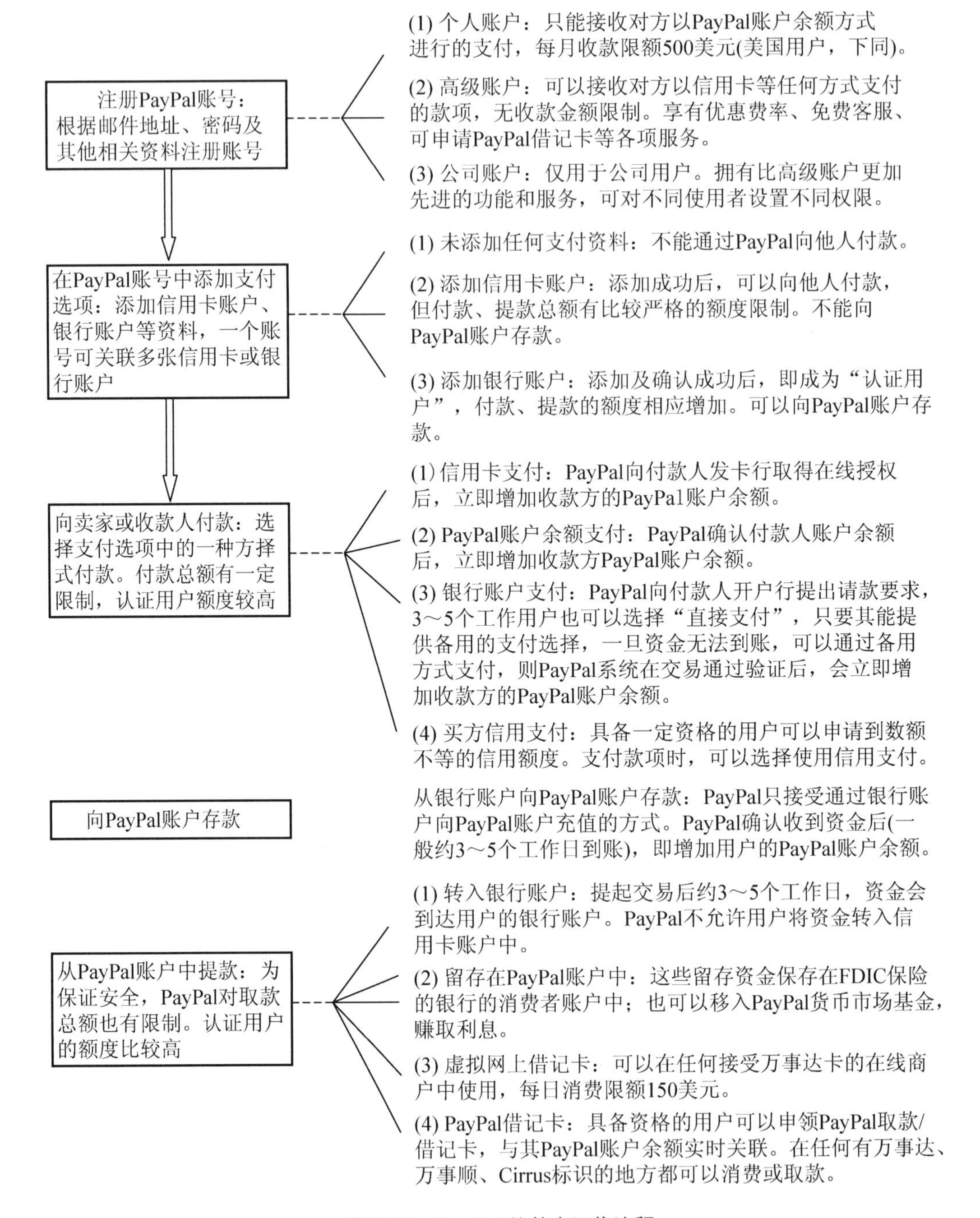

图 6.11　PayPal 的基本运作流程

这种模式的特点在于，网络交易的收款人(卖家)只要告诉付款人(买家)自身的电子邮件地址，即在 PayPal 上的用户名，那么付款人就可以通过 PayPal 完成付款。PayPal 的用户发出的金额和收到的金额首先都是对其 PayPal 账面的增减，用户可以通过 PayPal 账户的指令支付、提现或者变为银行的存款。还可以发出指令，使 PayPal 寄出支票，或者通过转账将资金划至用户指定的银行账户中。付款人和收款人可以在两个不同的银行开户，也可以在两个相距甚远的国家或者地区的银行开户，但是只要他们都是 PayPal 的用户，就可以减少跨行之间、跨国和跨地区之间的转账烦琐。无疑这种一站式的便利以及以电子邮件地址作为PayPal账户的方式大大有别于传统的依赖于金融系统上的交易和转账模式。

此外，对于支付安全来说，PayPal的作用和防火墙有些相同，在收款者和付款人的信用卡资料间筑起了一道安全屏障。以前用信用卡购物，需要在网上商店提供的付款页面上输入卡号，这么做当然很方便，但是如果网站没有实现加密传输信息，或者有些仿冒网站(spoof site)恶意骗取信息交易，安全性就要大打折扣——信用卡资料会被网站工作人员或者别的什么人获取。现在就不同了，通过PayPal进行转账或者付款给商家，只要输入PayPal账号和密码——这就多了一层密码保护，而且支付页面由PayPal提供，而不是由网上商店提供。最终在PayPal网站上完成加密的支付过程，没有第三方(包括网上商店)能够接触到用户的银行账户或者信用卡持卡人的个人资料。

案例思考:

1. 了解PayPal的竞争优势及存在的问题。
2. 了解PayPal的工作流程。
3. 思考PayPal的发展给我国第三方支付平台的发展带来什么启示?

复习思考题

一、名词解释

1. 电子支付
2. 第三方支付
3. 移动支付

二、选择题

1. 下面(　　)功能是信用卡无法实现的。

A. 转账结算　　B. 消费借贷
C. 现金支付　　D. 储蓄和汇兑

2. 电子支付系统中支付网关的作用是(　　)。

A. 款项的转移　　B. 隔离互联网与银行专用网
C. 传递交易信息　　D. 安全支付

三、简答题

1. 简述电子商务、电子交易与电子支付三者之间的关系。
2. 简述网上支付流程。
3. 电子支付的主要功能有哪些?
4. 电子支付系统由哪几部分构成?
5. 简述第三方支付的特征及系统的构成。
6. 简述第三方支付的运营模式。
7. 移动支付的产业链成员有哪些?
8. 简述移动支付的商业模式。

电子商务网络技术

学习目标

通过本章的学习，了解计算机网络概念以及计算机网络体系结构、计算机网络协议。掌握电子商务的网络环境，了解 Intranet、Extranet 的含义，以及它们与 Internet 的关系，掌握电子商务网络系统，包括硬件系统、软件系统和电子商务系统的多层结构，并通过案例来说明电子商务网络结构的组成。

教学要求

教学模块	知识单元	相关知识点
计算机网络基础	(1) 计算机网络 (2) 计算机网络的体系结构 (3) 计算机网络协议	计算机网络特点、通信方式和传输技术，网络体系结构的定义、组成，网络协议的概念，TCP/IP 协议
电子商务的网络环境	(1) 第一代内部网 Intranet (2) 企业外部网 Extranet (3) Internet/Intranet/ Extranet 的关系	Intranet 的定义与特点，功能、作用与服务应用，Extranet 的定义与功能、应用模式与应用服务，以及 Internet/Intranet/Extranet 三者之间的关系
电子商务的网络系统	(1) 网络硬件系统 (2) 网络的软件系统 (3) 电子商务系统的多层结构 (4) 网络组网结构设计方案	网络各种硬件设备，网络操作系统、WWW 技术、网站开发语言与技术分析，服务器/工作站、C/S、B/W/S、电子商务多层结构体系，网络结构规划原则、总体设计

引导案例

UPS利用网络技术提高供应链绩效[①]

在供应链管理中网络技术的应用是一个巨大的而且充满潜力的市场，网络技术作为供应链管理有力而且有效的推动工具，对于供应链产业的发展确实起着重要的作用。全球最大的包裹递送公司UPS(United Parcel Service，联合包裹服务)就借用成功的网络技术取得巨大的经济回报。

1. 对UPS特殊的分布式供应链网络的评价

这种分布式供应链网络如图7.1所示，又称为 *hub-and-spoke structure*。UPS是一个包裹速递公司，它的公司支持每天完整的点到点的供应链。各条点对点的供应链由一个公司独立完成，这与一般的工业企业十分不同。一般的工业企业只是作为供应链条上的一个节点，作为供应商，生产商或零售商等只在供应链上起到部分的作用。UPS 针对其业务特点，形成了独特的分布式的层次供应链网络，高效地完成遍布200多个国家的包裹递送服务。

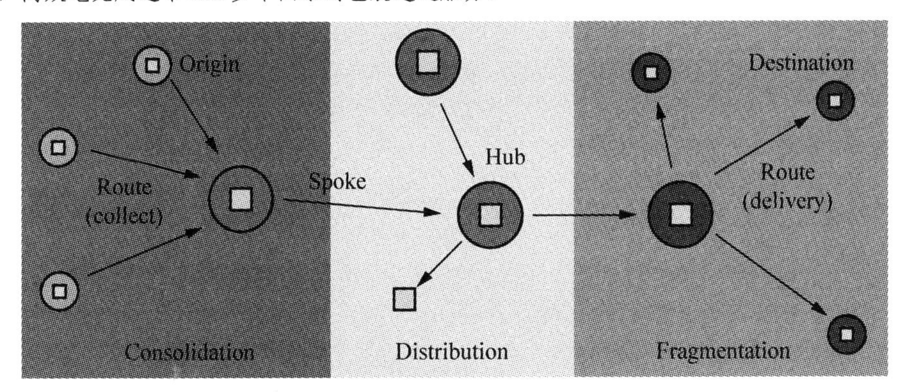

图7.1 UPS的分布式层次供应链网络

资料来源：*Rodrigue*, 2000。

(1) 合理分配地域网络。可信赖性和高效性是管理递送供应链的关键问题。安排合理的地域性网络中心，最佳路径选择，以及尽可能避免的网络拥塞，可确保的时间控制，以上这些都是递送公司所追求的。尤其是跨地区的全球性供应链，无论是在科技建设和行政管理上的复杂性还是各联络网点的连贯性都是很大的挑战。UPS 的分布式的层次供应链网络在有效控制全球供应链网络上起到了十分重要的作用。

(2) 有效的组织方式。UPS 的分布式的层次供应链网络是一个分子式的网络结构。分子式结构是对未来新经济趋势预测的12个主题之一(12个主题包括：知识化，电子化，虚拟化，分子式结构，互动工作，分散化，集中式，创新化，个人化服务，及时性，全球化和不协调性)。简单地说，分子式结构是指在地理范围上划分成若干部分。比如，全球网络呼叫中心被划分成几个部分，而且这些独立的部分彼此配合着工作。这种分子式的组织结构比传统的企业更加灵活，是对于全球化的、动态的和知识性的经济时代唯一真正有效的组织方式。

---

① 李洪心. 电子商务案例. 2版. 北京：机械工业出版社，2010。

(3) 高效的信息技术应用。数据和数据库技术对于UPS的发展起着深刻的作用。无论是在取件、分类，还是递送的过程中，UPS 利用从包裹标签上得到的数据进行配送层次上的计划，根据具体的路况为驾驶者设计合理的路径，随时增减分配车辆和人员。数据的合理利用可以使UPS的整条供应链变得更加灵活和流畅。

(4) 区域中心的管理与控制。这种分级结构可以把UPS划分成若干区域，因此可以使UPS这个庞大的组织机构无论在技术上还是在行政上都变得更加容易管理和控制。UPS 是世界上最大的包裹递送公司，在全球200多个国家雇用327 000名员工。在分布式的层次供应链网络管理下，每个区域中心进行独立的管理，并且各区域中心之间彼此协调配合。

2. 对即时数据传输技术的评价

UPS用WI-FI，蓝牙，指环扫描仪等技术完成了数据从包裹收集、拣选、派送等一系列环节的无线传输，极大地节省了时间和人力劳动。UPS 投资3 000万美元于2003年年初开始建立即时数据传输系统，该系统计划于2007年竣工。该系统为UPS带来了巨大的利润回报，截至2004年年底，UPS就在该系统的帮助下获得335亿美元的收入。

即时数据传输系统的优点是：员工培训费用的减少，燃料费用的减少，对资源计划的更加准确和工作效率的提高。坐落在斯坦顿机场的UPS配送中心占地面积300 000m^2，目前拥有每小时6 000包的分选能力，现在的即时数据传输系统极大地提高了工作效率。

3. UPS所面对的挑战

网络技术产业是不断变化的。尽管UPS目前在包裹配送领域处于领先地位，但是在未来的几年UPS 仍然面临着很大的挑战。例如，即时数据传输投资巨大，且利用的是不成熟的和不安全的无线网络技术，因此存在很大的风险；新一代全球商品识别技术RFID虽被业界看作是未来供应链领域的一种趋势性科技，但也将花费巨额的费用。另外还面临着将即时数据传输技术与原有的数据终端技术相融合的问题。

电子商务泛指一切运用现代信息技术，与数字化处理有关的商务活动，它通过网络并以电子信号传输和交换的方式进行。网络技术的应用是当代信息系统技术区别于传统信息系统技术的重要标志。将企业的业务管理信息系统通过网络互联，进而能够支持企业间贸易业务的处理，是电子商务的魅力所在。在这其中，网络及其相关技术的飞速发展起着决定性的作用。本章介绍电子商务的网络技术基础、电子商务的网络环境以及电子商务网络系统的软硬件组成。

7.1 计算机网络基础

7.1.1 计算机网络概述

网络技术特别是广域网技术作为电子商务最关键的支撑技术之一，对电子商务的正常、稳定运行及其深层次发展起着决定性的作用。因此，要深入了解、掌握和应用电子商务，就必须对计算机网络有一个较为全面的了解和认识。

1. 计算机网络的特点

1) 计算机网络的定义

计算机网络自20世纪50年代出现以来，由于技术的进步和社会需求的不断增加，获得了前所未有的发展，先后经历了一个从简单到复杂、从低级到高级的发展过程，人们通常将其归纳为单机系统、多机系统、计算机通信网络、现代计算机网络4个阶段。不同的阶段，人们对其定义也有所不同。确切地说，凡将地理位置不同且具有独立功能的多个计算机系统，通过通信设备和线路将其连接起来，并由功能完善的网络软件实现资源共享的系统，都称为计算机网络。

2) 计算机网络的功能

计算机网络的功能主要包括：资源(硬件资源、软件资源和数据资源)共享、数据通信、信息的有机集中与综合处理、资源的调剂功能。通过资源调剂可以均衡网络负载，提高网络利用率。

3) 计算机网络的组成

计算机网络的组成，从逻辑功能上看，主要包括资源子网和通信子网两个部分；从结构上看，主要由网络硬件和网络软件两部分构成。其中，网络硬件主要包括计算机(服务器、工作站)、通信设备、传输介质、外围设备等；而网络软件则主要包括操作系统、应用软件以及通信协议、数据文件和其他相关软件。

2. 计算机网络的通信方式和传输技术

1) 计算机网络的通信方式

计算机网络的通信方式通常可分为串行通信和并行通信两种方式。串行通信是指将待传的二进制代码序列按由低位到高位顺序依次发送的方式，串行通信线路简单、成本低，但传输速度慢、效率低，适合长距离通信，串行通信按信号传递方向的不同，又分为单工、半双工和全双工3种方式。并行通信是指一次同时传输多位二进制数据的通信方式，并行通信传输速度快、通信效率高、处理简单，但线路开销大、通信成本高，适合短距离通信。

2) 计算机网络的传输技术

在网络内部，不管是模拟数据还是数字数据，都需要经过某种形式的编码或调制，将其转换为数字信号或模拟信号，才能在通信介质上传输。如数字数据采用模拟信号传送，通常需要采用幅移键控法、频移键控法或相移键控法等调制技术；数字数据采用数字信号传送，需要采用曼彻斯特或者差分曼彻斯特等编码技术；而模拟数据采用数字信号传送，则需要采用脉冲编码调制(Pulse Code Modulation，PCM)或增量调制(Delta Modulation，DM)技术。

3) 计算机网络的传输介质

传输介质是通信双方之间的物理链路或通信线路，它是数据信息的传输载体。传输介质分为有线介质和无线介质两大类。

有线介质包括双绞线、同轴电缆、光纤3种。双绞线是最为常见的一种网络传输介质，可进一步分为屏蔽双绞线(Shielded Twisted Pair，STP)和非屏蔽双绞线(Unshielded Twisted Pair，UTP)两类。同轴电缆包括基带同轴电缆和宽带同轴电缆两种。其中基带同轴电缆又有粗缆和细缆之分。光纤是有线介质中带宽最宽、信号衰减最小、抗干扰能力最强的一种传输介质。光纤又分为单模光纤和多模光纤两种。

无线介质，也是现代网络中的主要通信介质。常用的无线介质主要有微波、红外线、激光等。典型的无线通信形式主要有无线电通信、微波通信、红外通信、激光通信、卫星通信等。

7.1.2 计算机网络的体系结构

在计算机网络中，由于设备类型、连接及通信方式不同，通信协议需要根据不同的情况进行开发，这就给网络中各结点之间的通信带来了许多不便，特别是异构网之间的互联，不仅涉及基本的数据传输，还可能涉及网络的应用和有关服务。在这种情况下，要做到无论网络设备的内部结构如何，网中各结点之间都能相互发送能被对方理解的信息，实现资源共享将是十分困难的。解决这一问题的关键就在于网络体系结构的设计和不同厂商共同遵守的约定或规则的标准化。

1. 网络体系结构的定义

体系结构阐述的是网络系统中各个组成部分及其相互之间的关系。它采用层次配对结构，定义描述了一组用于规范网络设备间进行互联的标准和规则。分层的目的在于将一个问题的复杂性弱化，因为任何网络系统都会涉及一整套复杂的协议集，而协议又是保证计算机之间有条不紊地进行数据交换的前提和基础。这就是人们常说的“分而治之，各个击破”，即：将要实现的多种功能分配在不同的层次中，每个层次要完成的服务及服务实现过程都有明确的规定；不同地区的系统分成相同的层次；不同系统的同等层次具有相同的功能；高层使用低层提供的服务时，不需要知道低层服务的具体实现方法。那么，什么是网络的体系结构？

为了完成计算机之间的通信合作，把每个计算机互联的功能划分为定义明确的层次，这些同层次间的通信协议及相邻层间的接口统称为网络体系结构，即网络层次结构模型与各层协议的集合。

2. 开放系统互联参考模型(OSI/RM)

1) OSI参考模型

20世纪70年代，国外一些重要的计算机生产厂商相继推出了适合本公司的网络体系结构。例如，IBM的“网络体系结构(NSA)”，DEC的“DEC数字网络体系结构(DNA)”，SPERRY UNIVAC的“分布式计算机网络体系结构(DCA)”，NCR的“非集中式数据处理网络体系结构(DNS)”，东芝的“先进的网络体系结构(ANSA)”等。这些体系结构的出现，极大地推动了网络技术的进步。然而随着社会的发展，人们不仅要求同构网之间能方便互联，而且要求异构网之间也能彼此互联，从而实现更大范围的资源共享。这就提出一个新的课题：如何使网络体系结构和协议标准化。1977年，国际标准化组织(International Organization for Standardization，ISO)成立了一个分委员会，专门负责研究该问题。1980年2月，ISO提出了一个旨在使各种计算机实现互联的标准框架建议书，即著名的开放系统互联参考模型(Open Systems Interconnection Reference Model，OSI/RM)。所谓“开放”，就是表示能使任何两个遵守该协议及有关标准的系统进行通信连接。

OSI 制定的策略是针对计算机网络所执行的各种功能，进行层次化的结构设计。其实质内容是：一是将网络功能分解为许多层次，在每个层次中，通信双方共同遵守许多约定和规程以避免混乱，称为同层协议；二是层次之间逐层过渡，任意一层做好进入相邻的上一层次或下一层次的准备工作，称为接口协议。层次是根据功能来划分的，这种按功能划分的层次结构必须存在于网络的每个实体之中，才能完成互相通信的任务。在层次划分之后，每一层都要规定一些大家共同遵守的规则和约定，称为层次协议。层次协议只对所属层次的操作有约束力，意在对某层次内部协议作修改补充时，不至于影响到其他层次。网络协议和接口确定之后，网络的体系结构也随之确定。按照这一原理，OSI 将整个网络通信的功能划分成了 7 个层次：物理层(Physical Layer)、数据链路层(Data Layer)、网络层(Network Layer)、传输层(Transport Layer)、会话层(Session Layer)、表示层(Presentation Layer)和应用层(Application Layer)。1983 年 OSI 被正式批准为国际标准，即 ISO 7498 国际标准，亦被称为 X.200 建议。我国相应的国家标准是 GB 9398。OSI 网络体系结构参考模型示意图如图 7.2 所示。

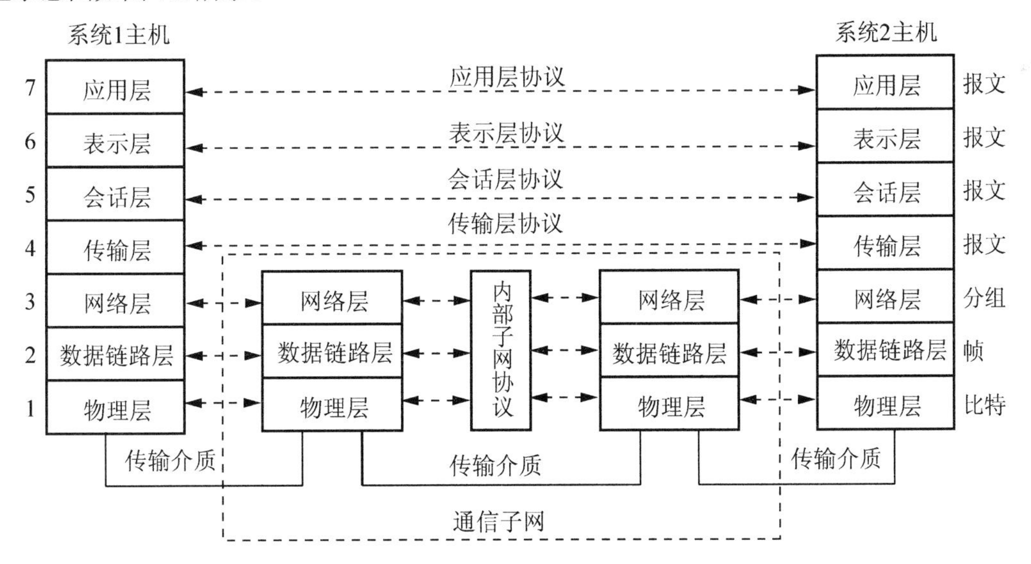

图 7.2　OSI 网络体系结构参考模型示意图

(1) 物理层：物理层是直接面对传输介质的一层，也是 OSI 参考模型的最底层。其主要任务是利用传输介质为通信双方建立、维护和释放物理链路，实现透明的比特流传输。物理层的数据传送单元是比特(Bit)。该层定义了与传输介质以及接口硬件的机械、电气、功能和过程有关的特性。例如，用多高的电压代表“1”和“0”，连接电缆插头的大小和形状，引脚个数、分布、连接方法，信号极性和时序、传输中的同步方法等。

(2) 数据链路层：OSI 参考模型的第二层。其主要功能是负责在两个相邻结点之间的线路上无差错地传输以帧(Frame)为单位的数据，帧是数据的逻辑单位。在工作过程中该层要负责建立、维持和释放数据链路的连接；对数据帧进行回送确认；产生和识别帧边界；进行寻址和差错控制，解决受损和丢失帧的重发问题，双向传送的线路竞争问题以及数据帧的同步问题等。这样，数据链路层就把一条可能出差错的实际链路，转变成在网络层看来是一条不会出差错的可靠链路。

(3) 网络层：网络层是 OSI 参考模型的第三层。在计算机网络中进行通信的终端之间可能要经过许多个结点和链路，也可能还要经过若干个通信子网。因此，网络层的主要功能就是通过路由选择算法为数据分组，并通过通信子网选择最合适的路径，使发送方的传输层所传下来的分组能够正确无误地按照地址找到目的站，并交付给目的方的传输层。此外，网络层还负责完成拥塞控制、网络互联等功能。在该层，数据的传送单元是分组或称数据包(Packet)。

(4) 传输层：传输层是 OSI 参考模型的第四层。在传输层，信息的传送单元是报文(Message)。但当报文较长时，先要将其分割成满足要求的若干个报文分组，然后交给下一层进行传输。该层的主要任务是根据通信子网的特征最佳地利用网络资源，并以可靠和经济的方式，为通信双方建立一条传输连接，透明地传送报文。或者说，传输层向上一层提供一个可靠的、端到端的通信服务，并使会话层看不见传输层以下的数据通信细节。

(5) 会话层：会话层是 OSI 参考模型的第五层。其主要功能是负责维护两个应用进程之间会话连接的建立、管理和终止，以及数据的交换，如确定是全双工还是半双工通信。当发生意外时，确定在重新恢复会话时应从何处开始等。所谓一次会话，就是指通信双方为完成一次完整的通信而实现的全过程。在会话层及以上的更高层次中，数据传送的单位一般都称报文。

(6) 表示层：表示层是 OSI 参考模型的第六层。其主要功能是解决用户信息的语法和语义的表示问题，也就是所传输信息的内容和表示形式。因此，它会涉及数据格式的转换、数据解释、数据压缩与解压、数据加密与解密等问题。

表示层将欲交换的数据从适合于某一用户的抽象语法，变换为适合于 OSI 系统内部使用的传送语法，从而使用户能把精力集中在他们所要交谈的问题本身，而不必要过多地考虑对方的某些特性，如对方使用什么样的语言、采用何种数据格式等问题。例如，一个讲日语的人和一个讲汉语的人进行交谈。假设每个人都有一个翻译，两个翻译都懂的唯一共同语言是英语，所以必须在英语和他的本地语言之间进行翻译。两个翻译人员可以类比为表示层实体，则这两个交谈的人为应用层实体，日语和汉语为本地语法，英语为传送语法。

(7) 应用层：应用层是 OSI 参考模型的最高层，也是网络向最终用户提供应用服务的唯一窗口。其主要功能是：确定进程之间通信的性质以满足用户的需要，确定应用进程为了在网络上传输数据所必须调用的程序；负责管理和执行应用程序，如文件传输、信息处理、目录查询；负责远程登录、域名服务、电子邮件传送、网络管理等内容。因此，应用层是模型中最为复杂、涉及协议最多的一层，而且属于该层的某些协议还在不断的研发当中。

2) OSI 模型环境下的数据传输过程

在 OSI 中，数据并非是从发送方的某一层直接传送到接收方的某一层，因为同等层之间不存在物理链路，而是发送方将所生成的待传数据按照高层到低层的顺序，通过相邻层接口，逐层传往相邻的下一层，直至物理层，物理层经过相应的编码或调制，将二进制数据转换为脉冲代码或连续的载波频率，经传输介质和网络结点传送至目的方。数据信息在发送方每经过一层，该层都会按照本层的协议规范，加上相应的控制(报头)信息。接收方收到数据信息，在履行本层所担负的功能职责后，去掉发送方在本层所加的报头信息，经相邻层接口，由低层向高层，逐层送往相邻的上一层，直至最高层应用层，最终将数据信息送至目的应用进程。也就是说，对于发送方来讲，总是在不断地进行数据的“封装”，而对于接收方来讲，总是在不断地进行数据的“解封”，即同等层之间的通信是一种借助报头信息实现的虚拟通信，而相邻层之间的通信是一种利用接口协议实现的物理通信。因此，有人将其形象地称为“洋葱头体系结构”或“互补反射原理”，其传输过程示意图如图 7.3 所示。

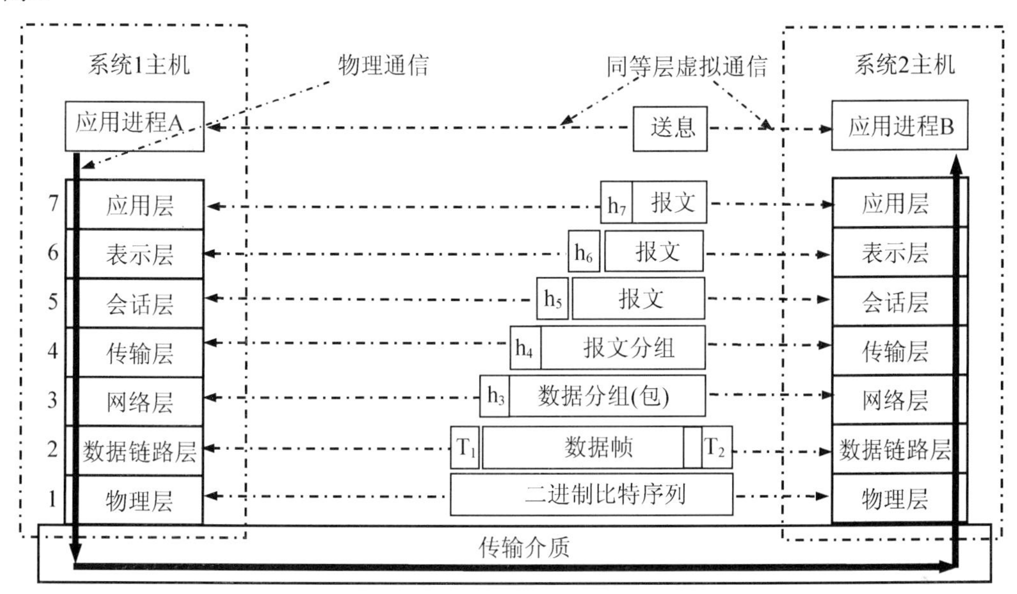

图 7.3　OSI 模型环境下的数据传输过程示意图

7.1.3　计算机网络协议

1. 网络协议的概念

在计算机网络中，为了使各计算机之间或计算机与终端之间能正确地传送信息，必须在有关信息传输顺序、信息格式和信息内容等方面有一组约定或规则，这一组约定或规则即所谓的网络协议。简单地说，协议就是实体之间控制数据交换规则的集合。它是网络之间相互通信的技术标准，也是一种大家公认并必须遵照执行的“共同语言”。在层次式结构中，每一层都可能有若干个协议。

2. TCP/IP 通信协议

TCP/IP 是 20 世纪 70 年代中期美国国防部为其 ARPAnet 开发的网络体系结构和协议标准。TCP/IP 代表了一组通信协议，形成了一个完整的通信协议簇，其中，最基本和最主要的是传输控制协议 TCP(Transmission Control Protocol)和网际协议 IP(Internet Protocol)，如图 7.4 所示。

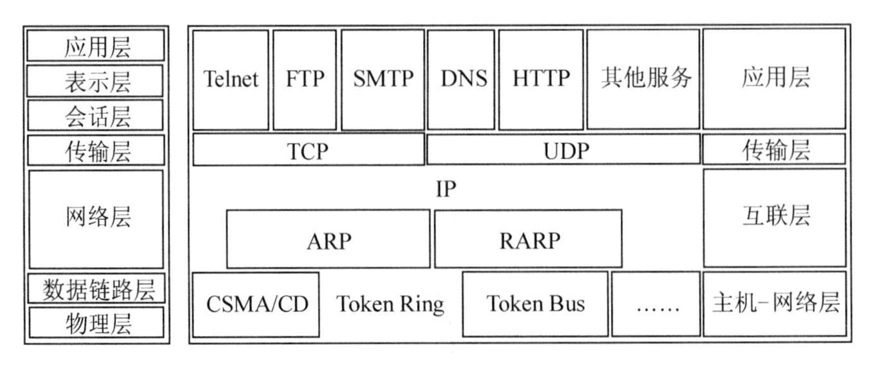

图 7.4 TCP/IP 协议模型与 OSI 模型层次对照图

TCP/IP 是当今计算机网络最成熟、应用最广泛的互联技术，拥有一整套完整而系统的协议标准，虽不是国际标准，但由于它的广泛应用和快速发展，已成为事实上的国际标准。TCP/IP 与 OSI 模型类似，也是分层体系结构，每一层提供特定的功能，层与层相互独立，因此改变某一层的功能不会影响其他层。TCP/IP 分为主机-网络层、互联层、传输层、应用层 4 层。与 OSI 模型相比，TCP/IP 没有表示层和会话层，这两层的功能由最高层(应用层)提供。TCP/IP 与 OSI 在名称定义和功能细节上也存在一定差异。例如，对于 OSI 的数据链路层和物理层，TCP/IP 不提供任何协议，由网络接口协议所取代，完全撇开了网络的物理特性。TCP/IP 各层主要具有以下功能。

(1) 主机-网络层：TCP/IP 协议的最底层，也是主机与网络的实际连接层。它负责接收并发送 IP 数据报(具有 IP 报头等控制信息的二进制序列)，完成 OSI 中各种物理层网络协议的功能等。

(2) 互联层：该层负责将源主机的报文分组发送到目的主机，同时处理来自传输层的分组及分组发送请求，如收到请求后进行分段、封装 IP 数据报(添加 IP 报头、报尾、填充字段)、发送数据报、重组分组等，并且处理接收到的数据报分组以及路径选择、流控、拥塞等问题，如接收转发数据报分组。该层的主要协议是 IP 协议，同时，提供有 ARP/RARP 地址解析协议。其中，ARP 是将 Internet 网络 IP 地址转换为物理地址；RARP 是将物理地址转换为 Internet 网络 IP 地址。

(3) 传输层：该层负责进程间端到端的通信会话连接，并将数据无差错地传给相邻的上一层或下一层。与 OSI 的传输层类似，该层定义了两种主要的协议：一种是 TCP，另一种是 UDP(用户数据报协议)。其中 TCP 提供的是一种可靠的面向连接的服务，该协议通信的可靠性高，但效率低。UDP 提供的是无连接服务，这种协议通信效率高，但不可靠。

(4) 应用层：TCP/IP 协议的最高层。它能提供各种互联网管理和各种网络服务，如文件传输、远程登录、域名服务和简单网络管理等。因此该层提供了大量的网络协议，形成了一个协议簇或协议栈。目前协议栈中的主要协议有：①Telnet(网络终端协议)，负责网络终端的远程登录；②FTP(文件传输协议)，负责主机之间的文件传送；③SMTP(简单邮件传输协议)，负责电子邮件的传送；④DNS(域名服务)，负责主机名与 IP 地址之间的映射；⑤RIP(路由信息协议)，负责设备之间路由信息的交换；⑥NFS(网络文件系统)，负责网络不同主机之间的文件共享；⑦HTTP(超文本传输协议)，用于网络客户机与 WWW 服务器之间的数据传输；⑧SNMP(简单网络管理协议)，负责网络的管理等。

7.2　电子商务的网络环境

电子商务作为一种存在于企业与客户之间、企业与企业之间，以及企业内部的联系网络，已经成为企业强化内部管理、提高决策效率、扩大业务范围、降低经营成本的有效途径。通过电子商务，企业可以及时调整战略布局、改变产品结构、创新经营模式、提升企业的对外知名度。电子商务开始于网络计算，网络计算提供了实现电子商务的技术平台，而电子商务是网络计算的最新应用和最终目标。但是电子商务的正常运行，必须依赖于稳定的网络环境。目前，电子商务的这种网络环境主要表现为3种互不相同但又相互关联的网络模式，即互联网(Internet)、企业内部网(Intranet)和企业外部网(Extranet)。这3种网络模式在电子商务中扮演的角色和起到的作用各有不同。

(1) Internet：对大多数企业来说，首先进入的是互联网，互联网为企业和客户提供了一条相互沟通的新渠道。它不仅能让全球的消费者了解企业的产品和服务，还可以促进企业和客户之间的关系。

(2) Intranet：企业为了在Web时代具有竞争力，必须利用互联网的技术和协议，建立主要用于企业内部管理和通信的应用网络——“企业内部网”，企业内部网络可以让员工共享重要的程序和信息，增强员工之间的互助与合作、简化工作流程，让企业内部的运作更加有效。

(3) Extranet：它是各个企业之间遵循同样的协议和标准，建立非常密切的交换信息和数据的联系，为提高社会协同生产的能力和水平而将多个企业内部网连接起来的信息网络。企业外部网有机地涵盖了企业和与其相关的协作厂商之间的联系，它让协作厂商真正成为企业团队的一分子。

7.2.1　第一代内部网Intranet

1. Intranet的定义与特点

Intranet一词来源于Intra和Network，即内部网，也称为内联网。它是指采用Internet技术，以TCP/IP协议为基础，以Web为核心的应用，集LAN、MAN、WAN和高速数据服务于一身，将企业内部信息计算机化，实现企业内部资源共享的网络系统。也就是说，Intranet是使用企业自有网络来传送各类信息的“私有”互联网，是一种面向全球的内部专用网络，其主要具有以下特点。

(1) 信息资源的共享。Intranet使公司内部员工可以随时随地共享信息资源。此外，电子化的多媒体文件节省了印刷及运送成本，并使文件内容更新更为方便、快捷。

(2) 安全的网络环境。与Internet相比，Intranet提供更安全的网络环境，因为Intranet属于企业内部网络，只有企业内部计算机才可存取企业的信息，Intranet对拥有权限的控制非常严格，除公共信息外，其他信息只允许某个或某几个部门，有时甚至是某个或某几个人才有读写的权限。

(3) 快速的信息传输。互联网具有较快的传输速度，可快速传送图形、文件等各种数据信息。

(4) 采用 B/S 结构。由于 Intranet 采用 B/S 结构，用户端使用标准的通用浏览器，所以不必开发专用的前端软件，从而降低了开发费用，节省了开发时间，同时也减少了系统的容错性。应用系统的全部软件和数据库集中在服务器端，因此维护和升级工作也相对容易。

(5) 静态与动态的页面操作。Intranet 不再仅仅局限于静态的数据检索及传递，它更加注重动态的页面。由于企业的大部分业务都与数据库有关，因此要求 Intranet 能够实时反映数据库的内容。用户除了查询数据库外，还可对数据库的内容进行增、删、改等操作。

(6) 支持非结构化信息。传统的 MIS 通常只支持结构化的数据信息，而 Intranet 不但支持结构化信息，而且还支持图像、声音、影像等非结构化信息。

2. Intranet 的结构与网络平台

1) Intranet 的基本结构

Intranet 主要由物理网、防火墙(Firewall)、服务器(如数据库服务器、WWW 服务器、电子邮件服务器等)、工作组客户(客户机)等几个部分构成，其基本结构如图 7.5 所示。

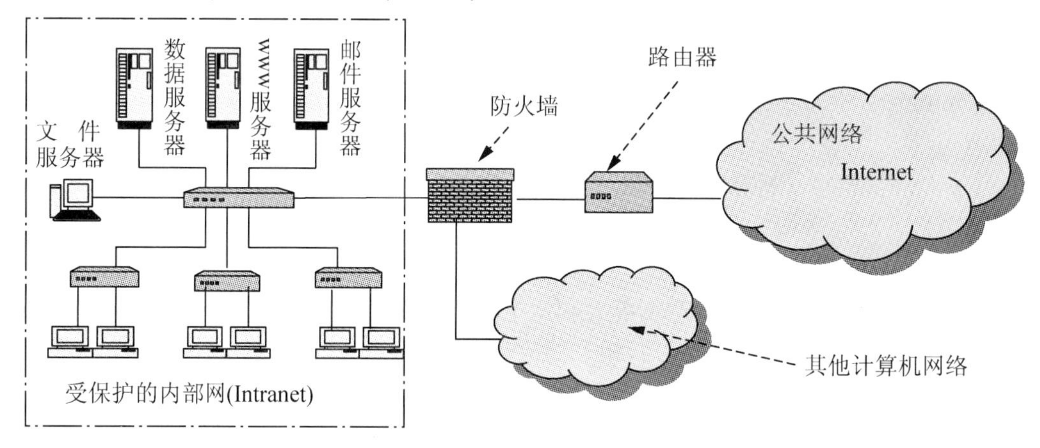

图 7.5 Intranet 的基本结构

Intranet 是一种具有相当安全性能的内部专用网。因此，防火墙就成为一个非常重要的部件，防火墙会将内部网和公共网之间的信息流分成两类：一类是允许进入 Intranet 的数据流(如 Web 页、E-mail 等信息)；另一类是不允许进入 Intranet 的数据流(如对企业内部服务器或客户机中文件的读取请求等)。当然，可以根据内部网安全性的要求，通过防火墙设置信息能否进入内部网。

2) Intranet 的网络结构

Intranet 所支撑的应用系统集成在一个开放、安全和可管理的统一应用平台上，在这个平台上进行信息共享、业务处理和协同工作，以满足企业内部综合办公事务处理、专业管理统计信息和职能决策支持的需要。

(1) Intranet 的网络平台。一个完整的企业内部网的组成平台应包括网络平台、开发平台、网络安全平台、网络服务平台、数据库平台、环境平台、网络用户平台、网络应用平台、网络管理平台和通信平台。Intranet 中各个平台的作用以及平台之间的关系如图 7.6 所示。Intranet 网络的建立对开发者来讲，就是选择和开发符合自己要求的组成平台，并使所开发系统的花费代价最小。

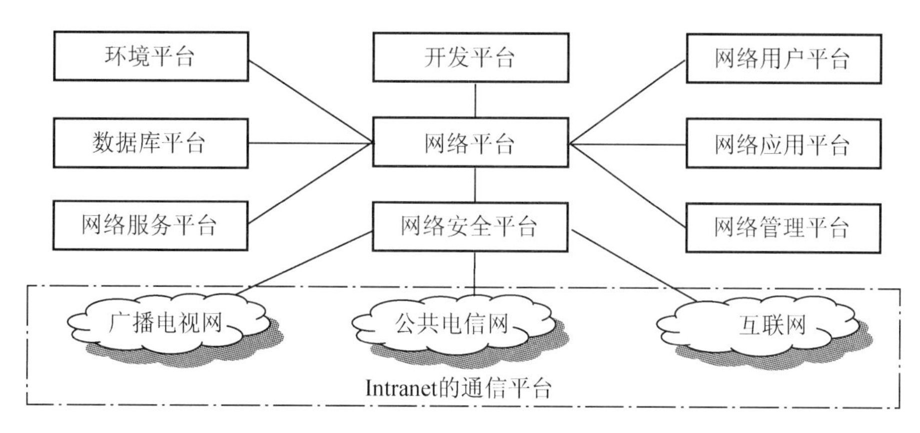

图 7.6 Intranet 中各个平台的作用以及平台之间的关系

① 网络平台。网络平台是整个 Intranet 网络系统的核心和中枢，所有平台都要在其上运行。支持网络平台工作的设备有网络传输设备、接入设备、网络互联设备、交换设备、布线设备、网络操作系统、服务器、网络测试设备等。

② 开发平台。开发平台由一些应用开发工具组成，利用它用户可以根据需要开发各种应用平台。开发工具可分为：通用开发工具、Web 开发工具、Java 开发工具以及数据库开发工具等。

③ 网络安全平台。该平台对于企业内部网络系统非常重要。目前常用的安全措施主要有：分组过滤、防火墙、代理技术、加密认证技术、网络监测和病毒监测等。

④ 网络服务平台。该平台为网络用户提供各种各样的信息服务，例如信息点播、信息广播、互联网服务、远程计算及其他服务类型，其中互联网服务是 Intranet 网络建设中的重点考虑对象，它包括 Web 服务、E-mail 服务、FTP、News、Telnet、消息查询和信息检索等。

⑤ 数据库平台。该平台主要是对用户数据信息资源的组织管理和维护。数据库平台主要有 Oracle、Informix、DB2、Sybase、Windows 内部数据库、SQL Server 等。

⑥ 环境平台。通过该平台保证网络正常运行的温度、湿度环境以及地线、电源的可靠性。

⑦ 网络用户平台。用户平台是最终用户的工作平台。通常包括办公软件、浏览器软件等。

⑧ 网络应用平台。该平台主要指 MIS、OA 系统、多媒体监测系统和远程教育系统等。

⑨ 网络管理平台。该平台的主要作用是对网络资源进行监控和管理。

⑩ 通信平台。通信平台的主要任务是为网络通信提供所需的环境条件。

(2) Intranet 的关键技术。Intranet 网络在应用中的关键技术主要有：Web 浏览器、Web 服务器、WWW、E-mail、FTP、Web 上的数据。当然，Intranet 并不是将技术和软件放在一起就行了，最重要的是将各种任务、目标、过程、关系、处理框架、项目、进度、预算等看似单一的系统元素发展为联机工作方式，并使用相同的接口对其各系统提供服务。

3. Intranet 的功能与作用

由于 Intranet 采用了与 Internet 相同的技术并与之互联，使企业的信息管理进入更高阶段。与 Internet 相比，Intranet 不仅是内部信息发布系统，更是机构内部业务运转系统。Intranet

的解决方案具有严格的网络资源管理机制、网络安全保障机制，它和数据库技术、多媒体技术以及开放式群件系统相互融合连接，能有效地解决信息系统内部信息的采集、共享、发布和交流。Intranet 是 Internet 技术在企业机构内部的实现，以极少的成本和时间将企业内部的大量信息资源高效合理地传递到每个人。总之，Intranet 的最大好处就是加快了企业内部的信息交流，这对日趋大型化和分散化的企业来说尤为重要，因为它能在最短的时间内将相关信息传送到世界的每一个角落，而没有时间、空间和地域的限制。通过它不但能对企业的财务状况、供应链、进销存等各个环节进行有效管理，而且还能增进企业内部员工之间的沟通、合作及协商；提高系统开发人员的生产率；节省培训、软件购置、开发及维护成本；节约办公费用、提高办公效率；为建立呼叫中心、客户关系管理等打下了基础。

根据目前电子商务解决方案的设计思想，一般是将企业信息系统按前、后台进行不同功能的划分。企业的内部信息系统作为后台应用系统，主要从事商品的采购信息、库存信息、运输信息、销售信息的统计，客户个人档案和消费信息与企业之间特定关系的建立与管理，市场信息收集分析，企业财务状况汇总、分析，发展决策、销售计划的制订，人员的招聘、培训、运用等工作。电子交易系统和售后服务系统(如物品在线查询、订购与调退、配送、网上支付、某些商品的后期维护等)，包括一些集成在 Web 服务器与数据库网关上的小应用程序属于前台应用。前台应用是电子零售业务的基础，后台系统则是网上采购有效性的保证。在完整的电子零售系统中，后台系统要从前台电子商务平台上获得销售订单、市场信息等内容，前台系统服务的提供与读取后台系统中关于产品的价格信息、客户信息等的及时程度有关。前后台信息的脱节，将直接导致虚拟店铺与现实销售的脱节，无法实现网上销售功能，引起客户的不信任，直至客户群的流失。因此，在电子商务的解决方案中，企业内部网络系统与电子零售平台的集成运用将是十分关键的内容。如图 7.7 所示，图中企业内部管理系统是中心数据库的核心部分。它主要包括以下 5 大功能。

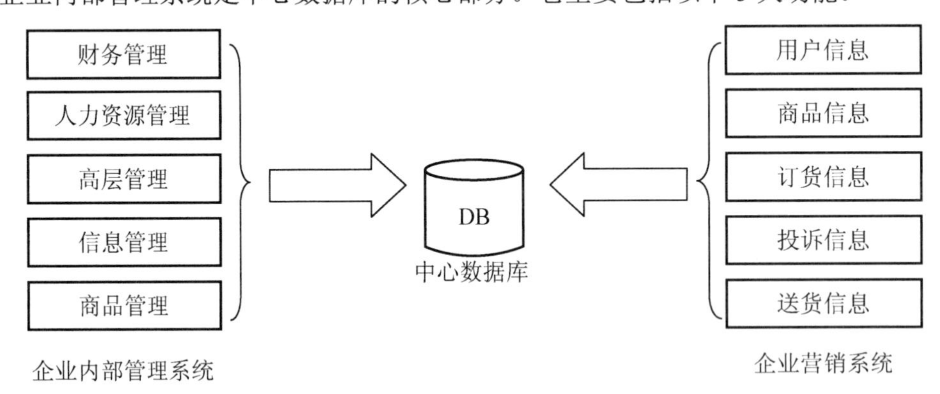

图 7.7　企业业务运作示意图

(1) 财务管理。支持财务会计、现金管理、自动发票、网上交易等电子业务。

(2) 人力资源管理。根据企业发展需要，进行员工招聘与培训计划、建立员工与客户档案、进行绩效考评、实施工资福利与健康保险管理等。

(3) 高层管理。根据企业发展和市场状况，调整战略布局、完善经营理念、改变产品结构等。

(4) 信息管理。收集销售信息、掌握客户心态、分析日志文件、追踪访问客户、制订促销计划、提高网站点击率、查找潜在用户文件等，从而为领导层提供决策支持。

(5) 商品管理。企业通过商品管理可以查询订单管理、商品周转率、库存情况、销售淡旺季、销售金额、畅销产品种类与数量等商品经营信息。此外，还可以进行销售预测、潜在客户定位等工作。

4. Intranet的应用服务

Intranet的应用服务不胜枚举，但总的来说，主要包括以下几大类。

(1) 信息发布。企业通过Intranet能在Web服务器上以HTML页面的形式发布各类信息，使所有对该信息有访问权限的人都可以在最短的时间内获得该信息，从而加快了信息传递速度。

(2) 管理和操作业务系统。在建立企业内部管理和业务数据库服务器后，企业员工在浏览器上通过Web服务器访问数据库，并进行有关业务操作，从而实现传统管理系统的全部功能。

(3) 用户和安全性管理。在Intranet中，企业可以建立用户组，在每个用户组下再建立用户。对于某些需要控制访问权限的信息，可以对不同的用户组或用户设置不同的读、写权限，针对需要保密传输的信息，采用加密、解密技术。

(4) 远程操作。企业分支机构可以通过电话线、无线通信等远程登录访问总部信息，同时，总部信息也可及时传送到远程用户工作站进行处理。

(5) 电子邮件。在企业Intranet系统中设置Mail Server，为企业的每个员工建一个账号，这样员工不仅可以相互通信，而且还可以使用统一的E-mail账号对外收发E-mail。

(6) 网上讨论组和视频会议。企业在Intranet系统中设置News Server，根据需要建立不同主题的讨论组。在讨论组中还可以限制参加范围，从而实现全球范围内的视频会议，降低会议成本。

7.2.2 企业外部网Extranet

1. Extranet的定义与功能

Extranet又称为“外联网”，最早出现在1996年，它是一种利用公共网(如互联网)将多个企业内部网连接起来的信息网络，是互联网技术在企业范围内的延伸，因此Extranet实际上是一种广义上的企业内部网，它把企业以及供应商和其他贸易伙伴有机地联系在一起。外部网的信息是安全的，可以防止信息泄漏给未经授权的用户，授权用户可以公开地通过外部网络连入其他企业的网络。外部网通过专用设施，帮助企业协调采购，交换业务单证，实现彼此之间的交流和沟通。它虽然可通过互联网建立，但一般是联系业务的独立网络。通过存取权限的控制，Extranet允许合法使用者存取远程企业的内部网络资源，达到企业与企业之间资源共享的目的。

Extranet全部采用Internet技术，应用成本极低，并且可以把网络连向全球的每个角落，这种特性使Extranet与电子商务一拍即合，成为实现电子商务的重要媒介。我们可以剖析一些应用实例，来理解Extranet在电子商务中的作用。

1) 防止库存积压

任何企业都需要减少库存，甚至希望无库存生产。达到这一目标必须具备两个前提，一是预知“上家”(供货商)的供货情况：能否及时供货；二是掌握“下家”(用户)的需求情况：有计划地安排生产，防止库存积压。

2) 缩短运营周期

利用 Extranet，供货商可以在网上随时把握自己客户的生产进度和库存状况，从而适时调整生产计划；采购方可以清楚地掌握自己订单的进展情况，甚至可以掌握自己所采购货物的运输状况；分销商则可以随时查询供货商的相关情况，据此估计拿到货物的时间。据统计，美国通用电气公司采用 Extranet 替代传统的电话、传真和寄送邮件的方式与自己的供应商尽心沟通后，其产品的采购周期由原来的 14 天缩短为 7 天。

3) 减少中间环节

美国克莱斯勒汽车公司建立 Extranet 以后，将过去只能向有限数量供应商寄送邮件的情况，改变为可以实时向两万多家供货商提供诸如产品短缺、订单保单、供货报告卡、产品价目表等关键信息。企业因此扩大了联络半径，减低了运营成本，增加了企业利润。

2. Extranet 的结构与分类

1) Extranet 的基本结构

构成 Extranet 的基本部分主要包括防火墙、Intranet，以及用于连接企业内部网的公共网、专用网或虚拟专用网等，如图 7.8 所示。

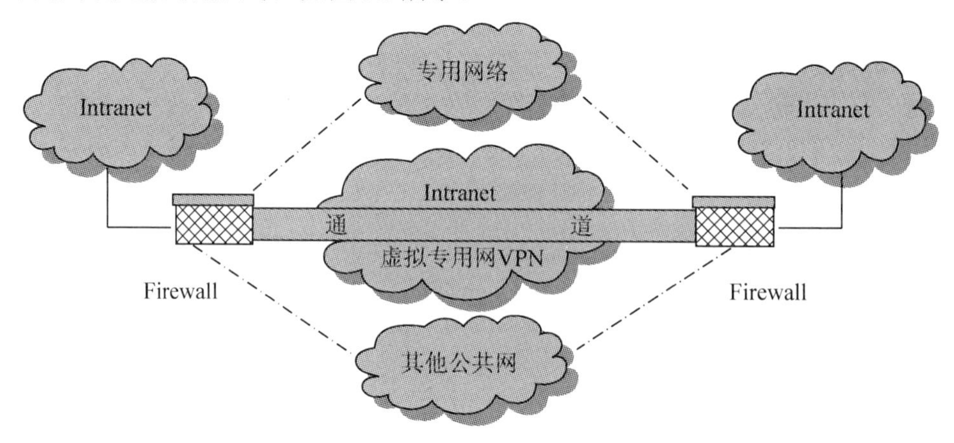

图 7.8　Extranet 的基本结构

2) Extranet 的分类

Extranet 可分为 3 类：公共网络、专用网络和虚拟专用网络(Virtual Private Network，VPN)。

(1) 公共网络。如果一个组织允许公众通过任何公共网络访问该组织的内部网，或两个以上的企业同意用公共网络把他们的内部网连在一起，就形成了公共外部网。在这种结构中，安全性是关键，因为公共网络不提供任何安全保护措施。目前解决的办法是设置防火墙，但防火墙不能保证百分百的安全。因此，实际中企业很少采用公共网，因为其风险实在太大。

(2) 专用网络。专用网络是两个企业之间的专线连接，这种连接是企业内部网之间的物理连接。与一般的拨号连接不同，专线始终在线，且只有合法的企业能够在线，未经许可的其他任何个人或企业均不能进入专用网。因此，这种网络能保证信息流的安全性和完整性，但专用网络的成本太高，因为每对利用专用网通信的企业都需要一条独立的专线把他们连到一起。如果一个企业通过专用网络与 7 个企业建立外部网连接，则该企业必须支付 7 条专线的费用。

(3) 虚拟专用网络 VPN。虚拟专用网络 VPN 是目前外部网的主要形式，是一种特殊的网络，它采用一种被称为“通道”的系统，用公共网络及其协议向贸易伙伴、顾客、供应商和雇员发送敏感的数据。这种通道是互联网上的专用通路，可保证数据在外部网上的企业之间安全地传输。由于最敏感的数据处于最严格的控制下，VPN 也就提供了安全保护。利用建立在互联网上的 VPN 专用通道，处于异地的企业员工可以向企业的计算机发送敏感的信息。

3. Extranet 的应用模式

1) 安全的 Intranet 模式

这种模式允许企业、顾客经由 Internet 或以拨号方式进入企业内部网络，存取企业内部网络资源，实现企业对企业或企业对顾客之间的资源共享。如企业联盟厂商可通过该企业的 Intranet，使用该企业所提供的各种软件系统等。因此，这种应用模式的安全级别较高。

2) 特定 Extranet 应用模式

这是一种专门针对某特定厂商或顾客所设计的应用模式。在此模式下，企业内部员工可通过 Intranet 存取网络资源，而企业伙伴或客户则可通过 Extranet 有限度地存取网络资源，如供应商可通过 Extranet 在线使用报价系统提供原料报价等。此类应用模式所需的安全级别较前一种低，业务伙伴只需要有中等信赖程度即可满足要求。

3) 电子商务模式

电子商务模式主要是使用电子商务技术来提供各类企业策略伙伴的网络服务。也就是说，企业的业务伙伴可通过网络连线，取得企业所提供的网络服务，如内部数据库查询等。

总之，不论是哪种应用模式，都牵涉企业与企业之间的资源存取，且 Extranet 是通过 Internet 将两个企业互联起来，因此对用户的个人身份鉴别非常重要。只是针对不同的应用模式，对网络环境的安全级别、用户的信任度的需求有所不同而已。

4. Extranet 的应用服务

1) 企业之间发布和获取信息

Extranet 可定期将企业最新的信息，以各种形式发布到世界各地，取代了原来的文本复制和专递分发。任何授权的用户都可以从不同的地域适时了解到最新的客户和市场信息，这些信息由发布企业更新维护，并由 Extranet 安全体系结构保证其安全性和完整性。所有信息都可以根据用户权限通过 Web 进行有限制的访问和下载。

2) 企业之间的交易与合作

Extranet 所提供的电子商务服务，实际上是建立了不同企业 Intranet 中的管理信息系统数据库之间的连接，简化了各项商业合作或交易活动的流程，加快了信息传递速度，提高了工作效率。此外，通过 Extranet，企业之间可在网上建立虚拟的实验室进行跨地区的项目合作。管理人员能够迅速地生成和发布最新的产品、项目与培训信息，不同地区的合法用户可通过它共享文档和实验结果。

3) 客户服务

使用 Extranet 可以更加容易地通过访问 Web 站点、FTP、Telnet、E-mail、桌面帮助等方式，向客户提供方便快捷的服务，并且可通过 Web 安全有效地管理整个客户的运行过程，可为客户提供订购信息和货物运行轨迹、软件版本升级、远程维护，以及专用技术发布等。

7.2.3 Internet/Intranet/Extranet 的关系

Intranet 是采用 Internet 技术，将企业内部信息计算机化，实现企业内部资源共享的网络系统，强调的是企业内部各部门之间的连接；而 Extranet 是企业与企业之间的 Intranet，达到企业与企业之间资源共享目的的网络系统，强调的是企业之间的连接。三者之间的关系如图 7.9 所示。

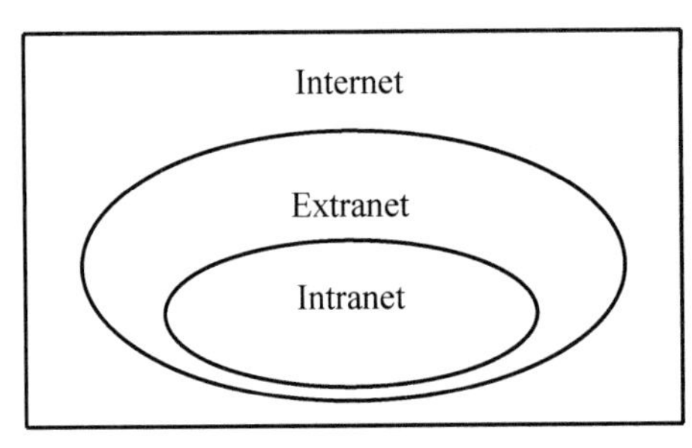

图 7.9 Internet/Intranet/Extranet 之间的关系示意图

从网络的业务范围来看，Internet 最大，Extranet 次之，Intranet 最小。Internet 强调各种网络之间的互联，Intranet 是企业内部之间的互联，而 Extranet 互联的则是多个授权的 Intranet，它通过访问控制和路由表逻辑连接两个或多个已经存在的 Intranet，使它们之间可以方便安全地通信。如果将 Internet 称为开放的网络，Intranet 称为专用封闭的网络，那么，Extranet 则是一种受控的外联网络。所以，可以将 Extranet 看成是 Intranet 的延伸，是 Intranet 间的桥梁，它是一种虚拟的专用网络 VPN。Extranet 一方面通过 Internet 技术互联企业的供应商、合作伙伴、相关客户，促进彼此之间的联系与交流；另一方面，它又像 Intranet 一样位于防火墙之后，提供充分的访问控制，使外部用户远离内部资料。因此，企业应针对不同的情况选择不同的网络。

7.3 电子商务网络系统

计算机网络是实现电子商务的物质基础，而网络硬件设施和网络操作系统又是计算机网络的重要组成部分。因此，了解网络硬件设备和操作系统对全面理解电子商务网络和掌握电子商务技术是十分必要的。

7.3.1 网络硬件系统

1. 网卡

网卡(Network Interface Cards)又称为网络适配器或网络接口卡，它安装于每一台计算机或服务器的扩展槽中，属于 OSI 模型的底 3 层设备。每一块网卡均有一个唯一的地址，即集成在网卡芯片中的 MAC 地址。网卡不仅用于将数据转变为可在网络传输介质中传输的电信号，也用于将电信号转变为操作系统可以理解的数据包。在网络中数据是串行传送的，如果网络与主机 CPU 之间速度不匹配，就需要缓存以防数据丢失。由于网卡处理数据包的速度比网络传送数据的速度慢，也比主机向网卡发送数据的速度慢，故会成为网络与主机之间的瓶颈。任何一个网络软件均有适合于各种不同网卡的多组通信驱动程序，也称为局域网驱动程序，使用不同的网络产品时，应选用相应的驱动程序，以使网络能与网卡的协议和功能结合起来。

2. 中继器

中继器(Repeater)在 OSI 的物理层实现网络“互联”，它具有数据信号接收、放大、整形、发送的功能。中继器的工作不涉及帧结构，因此它不对数据帧的内容做任何处理，只能起到延长传输介质的作用。所有连接在传输介质上的网络结点，只要发送一个数据，所有结点都能接收到，即用中继器连接的几个网段仍然属于同一个网络。因此，通常不把中继器归属于网络互联设备的范畴。从理论上说，可以用中继器把网络延伸到任意长的传输距离，然而在很多网络上都限制了加入中继器的数目。例如，在以同轴电缆作为传输介质的以太网中，必须遵循“543”的原则，即可连接 5 个单网段，使用 4 个中继器，只允许在 3 个网段上连接计算机。

3. 网桥

网桥(Bridge)在 OSI 的数据链路层实现网络互联。网桥是一种存储转发设备，因此应该具有足够的缓冲空间，以满足高峰负载的要求，而且还必须有寻址和路径选择的逻辑功能。网桥被用于在相同通信协议下的不同网段之间的数据传输，它一次只能传输一种信号。如果发送结点与接收结点在同一网段内，网桥就会把数据包保留在该网段内；如果接收结点在另一个网段，网桥会把数据包传到相应的网段去。这种数据转发与交换主要通过网桥的路径选择算法来完成。

4. 路由器

路由器(Router)在 OSI 的网络层实现网络之间的互联。其主要作用是用于连接在 OSI 底 3 层内执行不同协议的网络，消除网络层协议间的差别，进行最佳路径选择，降低网络负载，提高连接效率。由于路由器工作于网络层，它处理的信息量比网桥要多，因而处理速度比网桥慢，但路由器的互联能力强，可以执行复杂的路由选择算法。路由器分为内部路由器和外部路由器，内部路由器在网络服务器内有多个网络接口板，本身除完成服务器的部分功能外，还担负了多个局域网络之间的互联功能；外部路由器则是单独的网之间连接设备，相当于一个分离的计算机。

5. 网关

网关(Gateway)是一种比较复杂的网络连接设备，它工作在 OSI 的高 3 层，用于连接使用不同协议的子网。网关具有对不兼容的高层协议进行转换的功能，即为了实现异构设备之间的通信，网关要对不同网络的传输层、会话层、表示层、应用层协议进行翻译和变换。

网关的作用包括：用于连接不同构架的网络；连接使用不同通信协议的网络；连接采用不同数据格式的网络等。

用于网络互联的中继器、网桥、路由器、网关等层次性网络设备的工作过程如图 7.10 所示。

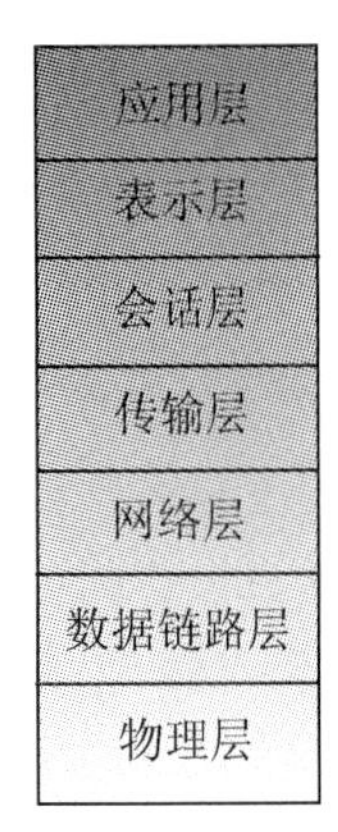

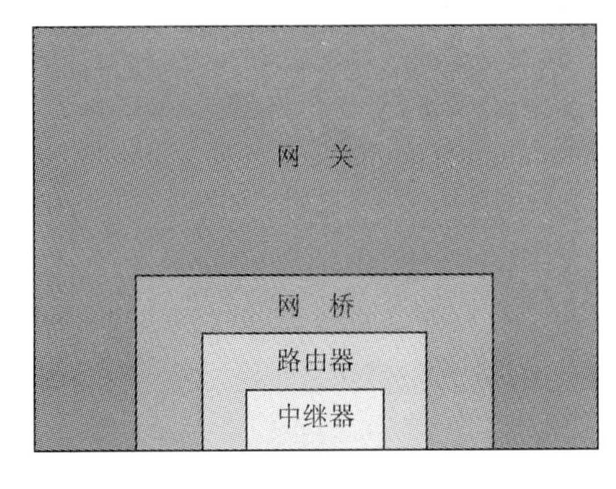

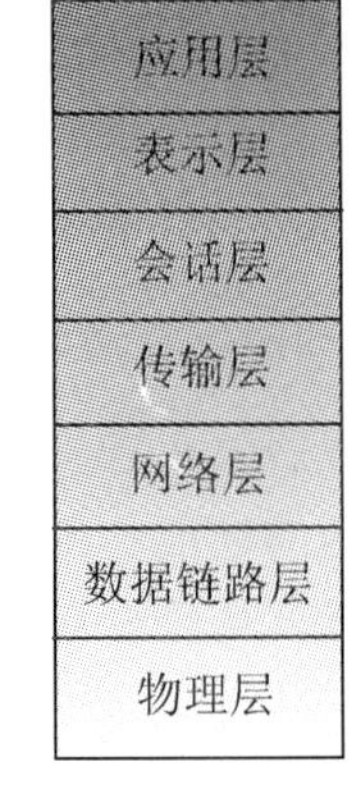

图 7.10 网络连接的工作过程

6. 交换机

交换机(Switches)为通信双方提供了一种更为直接的网络连接方法。当数据包到达交换机时，它会在相关端口之间创建一个独立的内部连接，并根据数据包头信息，将数据分组直接发送到相应的目的端口，从而提供更快的数据传输率。交换机进行数据交换的方式有 3 种：直接交换、存储转发交换和改进后的直接交换。交换机只解决那些由于网络瓶颈引起的问题，而不能解决由服务器、硬磁盘、应用软件的性能引起的问题。交换机也不能支持改善网络性能，它只能把一部分业务从网段上移开，从而改善了受影响网段的性能。

7. 收发器

收发器(Transceiver)又称为外部收发器，同轴粗缆组网的网络中经常使用，它的功能是进行信号的转换，即将一种通信电缆传输的信号转换为适合于另一种通信电缆传输的信号。收发器的一端连接网卡，另一端连接收发器分接器。其作用是通过分接器从传输介质上接收数据，并送到网卡，同时要执行载波监听多路访问/冲突检测(CSMA/CD)的冲突检测和冲突强化功能。收发器分接器的主要功能则在于建立收发器与粗缆之间的物理连接和电气连接。使用收发器时，需要配备用于连接组网设备的专用电缆，收发器电缆最长一般不能超过 50m。

8. 集线器

集线器(Hub)是局域网的重要部件之一，它是网络的中央连接点。典型的集线器有多个用户端口，每一个端口支持一个来自网络站点的连接。一个以太网数据包从一个站点发送到集线器上，然后被中继到集线器中的其他所有端口。尽管每一个站是用专用的双绞线连接到集线器的，但基于集线器的网络仍然是一个共享介质的局域网。目前有独立型、模块化和堆叠式 3 种配置形式的集线器。

9. 网络工作站

网络工作站(Workstation)是不同档次、不同型号的要进入网络的微机。它是网络中用户操作的工作平台。它通过插在微机上的网卡与连接电缆及网络服务器相连。工作站是网络用户的工作设备，工作站本身可有软驱和硬盘，也可以是未配有磁盘驱动的“无盘工作站”，用户通过工作站向局域网请求服务和访问共享资源，通过网络从服务器中取出程序和数据后，用自己的CPU和内存进行运算处理，处理结果可以再存入服务器中。

10. 网络服务器

服务器是网络的核心设备，担负着运行网络操作系统、存储和管理网络中的共享资源、为各用户应用程序提供服务、对网络活动进行监督及控制等重要工作。

网络服务器(Server)按照硬件结构的不同可分为单处理器网络服务器和多处理器网络服务器两种。目前的网络服务器大都是单处理器服务器。但随着C/S结构软件的广泛应用，人们对网络服务器提出了更高的要求。因此高性能的多处理器是网络服务器的发展趋势。网络服务器通常需要配备大容量、不间断电源，并需要采用较好的容错技术。

网络服务器按其用途可分为专用型网络服务器和通用型网络服务器两种。专用型网络服务器是专门为网络而设计的服务器，它不能作为普通的计算机使用，而且升级困难。通用型网络服务器是指用通用计算机做服务器使用，安装不同的网络操作系统即成为不同类型的通用型网络服务器。通用型网络服务器又分为并发服务器和非并发服务器两种。并发服务器是指通用计算机在作为网络服务器的同时又作为网络工作站使用。一个网络服务器是否是并发的，主要是根据所用的网络操作系统来决定。例如，微软的Windows NT网络操作系统在运行时，前台是Windows环境，后台为网络环境。目前大多数网络仍采用非并发网络服务器。

11. 服务器群集技术

服务器群集技术(Cluster)是近几年来兴起的发展高性能计算机的一项技术，它实际上是一组相互独立的计算机，由网络互联组成的一个计算机系统，并以单一系统的模式加以管理，为各个客户工作站提供可用性的服务。在大多数模式下，群集中所有的计算机拥有一个共同的名称，群集内的任何一台计算机运行的服务都可以为所有的网络客户所使用。服务器群集技术提供了一种建立从中小规模到大规模并行处理系统的可扩展方法，它是解决许多重大网络计算问题的可行途径之一。

7.3.2 网络软件系统

网络硬件设备是构成Internet的基本组成单元，由于网络上计算机的硬件特性不同、数据表示格式及其他方面要求不同，在相互通信时，为了能够正确进行并彼此理解通信内容，相互之间应有许多协议或规程。网络操作系统为所有运行在互联网上的应用提供支持和网络通信服务，而一些通信协议和规程则为网络的商业化应用提供了十分有效的手段。

1. 网络操作系统

网络操作系统(Network Operation System)是使网络上各结点能方便而有效地共享网络

资源，为网络用户提供所需的各种服务的软件和有关协议规程的集合。它具有提供高效、可靠的网络通信能力以及多种网络服务器功能。如远程登录服务功能、文件传输服务功能、电子邮件服务功能、远程打印服务功能、网络新闻与BBS服务功能等。选用操作系统时应考虑到能满足网络系统的功能、性能要求，做到易维护、易扩充和高可靠，并具备容错功能，具有广泛的第三方厂商的产品支持，安全且费用低。目前市场上主要的网络操作系统有UNIX、Windows 7和Linux等。

1) UNIX操作系统

UNIX操作系统是1969年由D. M. Ritch和KeThompson在AT&T贝尔实验室采用汇编语言创造的，UNIX操作系统最先运行在一台DECPDP-7计算机上，并只在实验室内部使用，以后逐步得到了完善，并从版本1发展到了版本6。1970年，人们在将UNIX操作系统移植到PDP-11/20上时，花费了大量的时间和精力，后来UNIX系统的开发人员采用C语言对UNIX的源代码进行了重新改写，使UNIX具有非常好的可移植性。在发展到版本6之后，AT&T在继续发展内部使用的UNIX版本7的同时，改用System加罗马字母作版本号来称呼它。System Ⅲ和System Ⅴ都是相当重要的UNIX版本。此外，其他厂商以及科研机构都纷纷改进UNIX，其中以加州大学伯克利分校的BSD版本最为著名。之后BSD中还派生出了其他多种商业UNIX版本，如Solaris、HP-UX、IRIX、AIX、SCO等。UNIX是一个通用的、多用户的、分时的网络操作系统，能提供所有的互联网服务，在Internet/Intranet高端领域有着广泛的应用。UNIX历史悠久，发展到今天已经相当成熟，尤其以安全可靠和应用广泛著称。

2) Windows 7操作系统

Windows 7是由微软公司(Microsoft)开发的操作系统，核心版本号为Windows NT 6.1。它以加拿大滑雪圣地Blackcomb为开发代号，最初被计划为Windows XP和Windows Server 2003的后续版本。Blackcomb计划的主要特性是强调数据的搜索查询和与之配套名为WinFS的高级文件系统。但在2003年，随着开发代号为Longhorn的过渡性简化版本的提出，Blackcomb计划被延后。当年，由于三个在Windows操作系统上造成严重危害的病毒暴发后，微软改变了它的开发重点，把一部分Longhorn上的主要开发计划搁置，转而为Windows XP和Windows Server 2003开发新的服务包。

2006年年初，Blackcomb被重命名为Vienna，然后又在2007年改称Windows Seven。2008年，微软宣布将Windows 7作为正式名称，成为现在的最终名称——Windows 7。

Windows 7可供家庭及商业工作环境、笔记本电脑、平板电脑、多媒体中心等使用。2009年7月，Windows 7RTM(Build 7600.16385)正式上线，当年微软于美国正式发布Windows 7，2009年10月23日微软于中国正式发布Windows 7，延续了Vista的Aero 1.0风格，并且更胜一筹。

到现在为止，根据客户的不同需要，Windows 7有以下版本：Windows 7简易版、家庭普通版、家庭高级版、专业版、企业版、旗舰版。其中，旗舰版的功能最广，价格也是最高的。

3) Linux操作系统

Linux操作系统最早是由年轻的芬兰赫尔辛基大学计算机系学生Linus Torvalds创建的，是一种基于PC、类似于UNIX的操作系统。1991年年底，Linus Torvalds首次在互联网上发布了基于 Intel 386 体系结构的 Linux 源代码，它支持 GNU 及公共版权许可证，并且可以运行在 X86PC、SUN SPARC、ALPHA、680XO、MIPS 等平台上，是目前运行硬件平台较多的操作系统之一。

Linux 的意义不仅在于增加了一种新的操作系统，更重要的是它创建了自己软件的新天地，全世界的 Linux 设计者和爱好者共同支撑着它的发展。由于 Linux 的内核源代码完全公开，系统源代码免费发放，所以 Linux 操作系统得到了飞速发展，其功能不断完善、性能不断提高，基于 Linux 的商业软件不断推出，并且一些软件公司，如 Red Hat、Info、Imagic 等也相继推出了以 Linux 为核心的操作系统版本，有力地推动了 Linux 的商品化进程。

此外，Novell 公司不断推出的网络操作系统 Netware 也是网络的主要操作系统，这种操作系统内置了一种跨平台、跨区域的目录服务 NDS(Novell Directory Service)，可为 DOS、Windows、Macintosh、OS/2 及 UNIX 工作站提供客户端软件，因此被广泛用于各种类型的企业网系统中。

2. WWW 技术

WWW 即 Word Wide Web，也称为万维网或 Web，是由位于瑞士日内瓦的欧洲核子物理实验室的科学家于 1990 年发明的，并于 1993 年投入商业运行，是一种在互联网上运行的全球性分布式信息系统，也是电子商务系统的主要实现技术。WWW 技术是互联网的技术基础，互联网的软件结构与 WWW 技术结构模式密切相关。WWW 技术主要包括以下几个方面。

1) 超文本和超链接

所谓的“超文本”是指信息组织形式不是简单的按顺序排列，而是由指针连接的网状交叉索引方式，对不同来源的信息加以链接，可连接的信息有文本、图像、动画、声音和影像等，这种链接关系就称为“超链接”。

2) 浏览器

浏览器(Browser)是基于图形用户界面(Graphic User Interface，GUI)技术开发的一种最主要的互联网操作软件，例如 Netscape、Navigator、Microsoft Internet Explorer 等。它采用 HTTP 通信协议与 WWW 服务器相连接，通过它可以实现互联网上的绝大部分功能，如信息浏览、文件下载、邮件收发等。浏览器位于客户端，因此浏览器/服务器的结构也被称为 3 层结构或“瘦”客户机/服务器结构。

3) 统一资源定位

统一资源定位(Uniform Resource Location，URL)提供了一种 WWW 页面地址的寻找方式，它将 Internet 提供的各种服务统一编址，是计算机系统文件名概念在网络环境下的扩充。它通过一种统一的命令格式向 Internet 上不同类型的服务器发出服务请求，获取相应的服务响应。命令格式表示为：“通信协议：//服务器主机名或 IP 地址”。假定有一台服务器主机名为 www.xyz.com，能提供主页访问、文件下载等服务，我们就可以在浏览器的地址处输入 http://www.xyz.com 和 ftp://www.xyz.com 命令对服务器进行访问。

4) 超文本传输协议

超文本传输协议(Hyper Text Transfer Protocol，HTTP)是 WWW 技术的核心，是 Web 用户用于检索文档的一组规则。它通过一种超级链接的方式，将物理上分布在不同服务器上的网页连接成一个有机的整体，网页的内容可以包含文本、声音、图像、动画等数据，在网页中的相应位置，可建立超级链接指向其他网页，被指向的网页可以是其他服务器上的，当单击超级链接时，被指向的网页内容即被显示。与其他的互联网协议一样，HTTP 采用 C/S 结构，即客户的 WWW 浏览器打开一个 HTTP 会话并向远程服务器发出 WWW 页面请求。作为回答，服务器产生一个包含 WWW 页面内容的 HTTP 应答信息，并将它送回到客户机的 WWW 浏览器。

5) 通用的网关接口

通用的网关接口(Common Gateway Protocol，CGI)为 Web 服务器定义了一种与外部应用程序交互、共享信息的标准，如对数据库访问的程序等。其工作方式是：用户请求激活一个 CGI 程序；CGI 程序将交互主页中用户输入的信息提取出来传给外部应用程序(如数据库查询程序)，并启动外部应用程序；外部程序的处理结果通过 CGI 传给 Web 服务器，并以 HTML 形式传给用户，CGI 进程结束。CGI 的工作过程如图 7.11 所示。

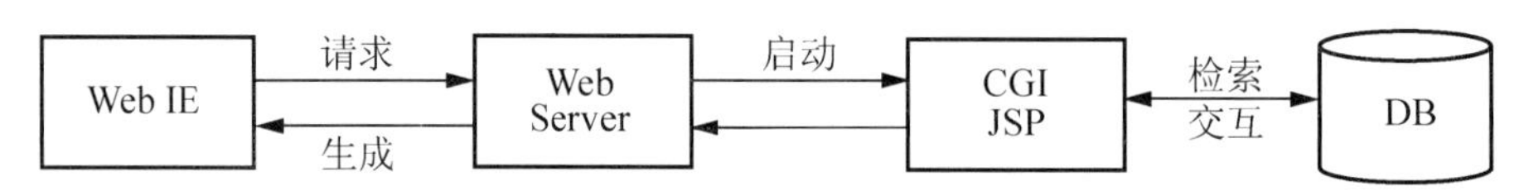

图 7.11　CGI 工作过程示意图

3. 网站设计语言与技术分析

1) 超文本标识语言

超文本标识语言(HyperText Markup Language，HTML)是一种用于设计网页的语言。网页是一种后缀为.htm 或.html 的文件，它的内容可以包含文本、声音、图像、动画和指向其他网页的超级链接等。HTML 语言并不复杂，有一定的语法格式和十几个语句，并且是典型的标记语言，不受平台的限制，所以很适合在互联网各种平台之间传送消息。早期的网页主要通过使用 HTML 语言编程实现。现在的网页可以通过种类繁多的可视化工具来设计，如 Frontpage、Flash、Dreamweaver 等。

2) 可扩展的标记语言

可扩展的标记语言(Extensible Markup Language，XML)在国内，很多人将 XML 理解为 HTML 的简单扩展，这实际上是一种误解，尽管 XML 与 HTML 的关系非常密切。SGML、HTML 是 XML 的先驱。SGML 是指“通用的标记语言标准(Standard Generalized Markup Language)”，它是国际上定义电子文件结构和内容描述的标准，是一种非常复杂的文档结构。同 XML 相比，SGML 定义的功能很强大，缺点是它不适应于 Web 数据描述，而且 SGML 软件非常昂贵；HTML 的优点是比较适合 Web 页面的开发，但它有一个缺点是标记相对少，只有固定的标记集，它只认识已经定义的标记符，对于用户自己定义的标记是不认识的，也不能支持特定领域的标记语言。

XML 结合了 SGML 和 HTML 的优点：XML 比 SGML 要简单，但能实现 SGML 的大部分功能。XML 是一种元标记语言，所谓“元标记”就是开发者可以根据自己的需要定义自己的标记，任何满足 XML 命名规则的名称都可以标记，这就为不同的应用程序打开了大门。另外，XML 文档是有明确语义并且结构化的、既简单又通用的数据格式，是百分之百的 ASCII 文本，而 ASCII 的抗破坏能力是很强的。XML 最大的特点是以一种开放的自我描述方式定义数据结构，并在描述数据内容的同时能突出对结构的描述，从而体现出数据之间的关系，这种特点使 XML 在电子商务的应用上具有广泛的前景，并在一定程度上推动了分布式商务处理的发展。

3) Java 与 Java Script 语言

Java 语言是由 Sun Microsystems 公司于 1995 年推出的程序设计语言。它综合了 Smalltalk 语言和 C++语言的优点，并增加了其他功能，如支持并发程序设计、网络通信和多媒体数据控制等。Java 与平台无关，可用来创建安全的、可移植的、面向对象的交互式程序。

Java Script 是一种介于 Java 与 HTML 之间的、基于对象的编程语言，由 Netscape 公司首创。Java Script 是一种基于 Java 基本语句和控制流之上的简单而紧凑的设计，不仅支持 Java 的 Applet 小程序，而且可以被嵌入 HTML 的文档中进行编程。Java Script 是一种客户端的脚本程序，并且独立于操作平台，通过 Java Script 可以直接对用户或客户输入作出响应，无须经过 Web 服务程序。Java Script 和 Java 很类似，但并不一样，它无须编译，是一种比 Java 简单得多的描述性语言。

4) ASP 技术

ASP 是 Active Server Page(动态服务器主页)的缩写，它是一个服务器端的脚本环境，在站点的 Web 服务器上解释脚本，可以产生并执行动态、交互式、高效的站点服务器应用程序。ASP 可以胜任基于 Microsoft Web 服务器的各种动态数据发布。

(1) ASP 与动态主页。目前 Web 的服务仍然是以提供“静态”的主页内容为主，而 ASP 则是以动态网页的开发为主要内容。ASP 所设计出的动态主页，可接收用户提交的信息并作出反应，其数据可随实际情况而改变，无须人工对网页进行更新即可满足应用需要。例如，当在浏览器上填好表单并提交 HTTP 请求时，可以要求在站点服务器上执行一个表单所设定的应用程序，而不止是一个简单的 HTML 文件，该应用程序分析表单的输入数据，根据数据内容将相应的执行结果以 HTML 的格式传给浏览器。数据库的数据可随时变化，而服务器上执行的应用程序却不必更改。

(2) PHP 技术。PHP 是 Hypertext Preprocessor(超文本预处理器)的字母缩写，是一种被广泛应用的开发源代码的多用途脚本语言，它可嵌入 HTML 中，尤其适合 Web 开发。和客户端的 Java Script 不同的是，PHP 主要是用于服务端的脚本程序并运行在服务端，因此可以用 PHP 来完成任何其他的 CGI 程序能够完成的工作。PHP 在 UNIX、Linux 和 Microsoft Windows 平台上均可以运行，它支持大多数的 Web 服务器，包括 Apache、Microsoft Internet Information Server(IIS)、Personal Web Server(PWS)、Netscape 等。PHP 最强大、最显著的特性之一是它支持很大范围的数据库，因此使用 PHP 可以自由地选择操作系统和 Web 服务器。

(3) ASP .NET 的实现技术。ASP .NET 提供了迄今为止最先进的 Web 开发平台。它是一个已编译的、基于 .NET 的开发环境，可以用任何与 .NET 兼容的语言开发应用程序。ASP .NET 应用程序的对象(Application)、会话对象(Session)和视图对象(ViewState)都是 ASP .NET 应用程序中管理状态的关键对象。Application 对象为存储在所有运行在应用程序中的代码都可以访问的数据提供了一种机制；Session 对象允许为每一个客户的会话存储数据。这些 Application 对象和 Session 对象都内置在 ASP .NET 对象模型中，而 ViewState 对象只在未提交服务器之前保存页面的临时数据。

5) JSP 技术

JSP (Java Server Pages)是 Sun Microsystems 于 1999 年 6 月推出的一种新技术，它为创建显示动态生成内容的 Web 页面提供了一种简捷而快速的方法。JSP 技术的设计目的是：使得构造基于 Web 的应用程序更加容易和快捷，而这些应用程序能够与各种 Web 服务器、应用服务器、浏览器和开发工具共同工作。它给予使用基于组件应用逻辑的页面设计者以强大的功能：能够在任何 Web 或应用程序服务器上运行；将应用程序逻辑和页面显示相分离；能够快速地开发与测试；简化开发基于 Web 的交互式应用程序的过程。JSP 技术用 Java 语言做脚本，在传统的网页 HTML 文件中加入 Java 程序片段和 JSP 标记，服务器在遇到访问 JSP 网页的请求时，首先执行其中的程序片段，然后将执行结果以 HTML 格式返回给客户。程序片段可以操作数据库、重新定向网页，以及发送 E-mail 等，这就是建立动态网站所需要的功能。

7.3.3 电子商务系统的多层结构

1. 管理信息系统结构的发展

管理信息系统的基本开发方法是将其按照功能的不同划分成不同的层次，分别予以处理。MIS 的结构决定了系统的运行方式、处理能力及可伸缩性等关键性能。MIS 的结构经历了主机/终端、服务器/工作站、客户机/服务器、浏览器/Web/服务器 3 层结构、多层结构等几个发展阶段。

1) 服务器/工作站结构

服务器/工作站(File Server/Client Workstation)结构为小型局域网，服务器端安装文件服务器，提供文件共享服务。客户工作站运行桌面数据库软件和应用软件，完成数据处理。在这种结构中，数据处理全部在工作站端进行，服务器只提供各个工作站之间的数据共享和存储，因此其网络传输量大，适用于小型部门级的应用，如财务管理等。服务器/工作站的结构如图 7.12 所示。

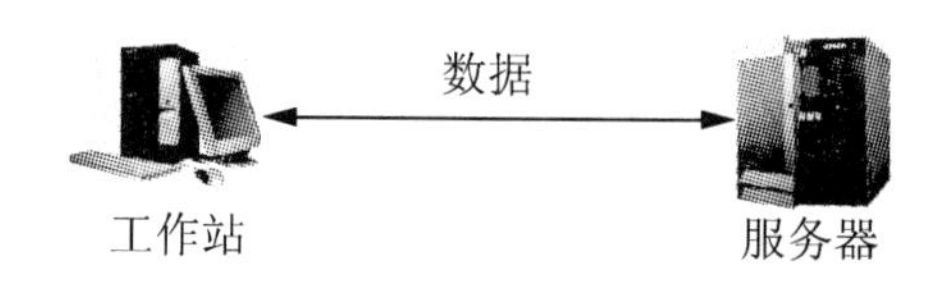

图 7.12 服务器/工作站的结构示意图

2) 客户机/服务器结构

20 世纪 80 年代以来，随着 LAN 技术的发展，以客户机/服务器(Client/Server，C/S)为核心的软件体系结构逐渐成熟起来。C/S 结构是当前 MIS 中的主要体系结构，如图 7.13 所示。

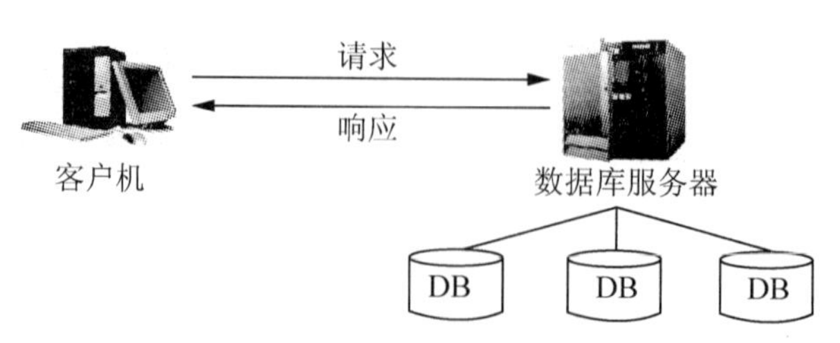

图 7.13 C/S 结构示意图

(1) 高性能服务器。在采用 C/S 结构的 MIS 中，配有高性能的专用服务器，服务器端安装有数据库软件，负责对数据的存储和管理。客户机负责信息系统的图形显示、数据录入、业务处理等，客户端应用软件以 SQL 语言向服务器发出请求，服务器将处理后的结果传给客户端，两者之间是请求与服务的关系，这样既提高了处理速度，又减少了网络传输量。

(2) 分布式数据处理。支持 C/S 结构的数据库系统都具有分布式处理能力，提供分布式计算功能和分布式数据处理，形成所谓的二级或三级结构，即表现级、功能级和数据访问级，其分布式处理功能降低了服务器端的负载，并有助于在企业范围内实现对业务数据的集中式管理。其主要缺点是开发的中心主要在客户端(即所谓的“胖客户端”)，从而造成软件维护和管理的困难。

3) B/W/S 3 层结构

进入20世纪90年代，一种基于Web的软件体系结构逐渐发展起来，即B/W/S(Browser/ Web Server/Database Server)3 层结构，也简称 B/S(Browser/Web Server)结构。该结构的主要特点是“瘦客户端”，即客户端只负担很小一部分处理功能，主要负责与用户的交互，而信息系统的绝大部分处理功能都在中间层(即 Web 层)上。B/W/S 结构实现了信息系统的分散应用与集中管理，任何经授权且装有标准浏览器的网上用户都可作为信息系统的客户端，而不必像 C/S 那样需要在客户端安装大量的应用软件，因而适应了互联网时代的潮流，得到了飞速的发展。与 C/S 结构相比，B/W/S 结构把处理功能全部转移到了服务器端，使维护任务层次化，最终用户负责硬件的日常管理和维护，系统维护人员负责 Web 服务器、数据库服务器、管理信息系统的总体维护。因此，MIS 可以同时采用 C/S 和 B/W/S 体系结构，对于日常管理中的事务处理用 C/S 实现，临时性的信息传递和数据发布用 B/W/S 实现。B/W/S 结构如图 7.14 所示。

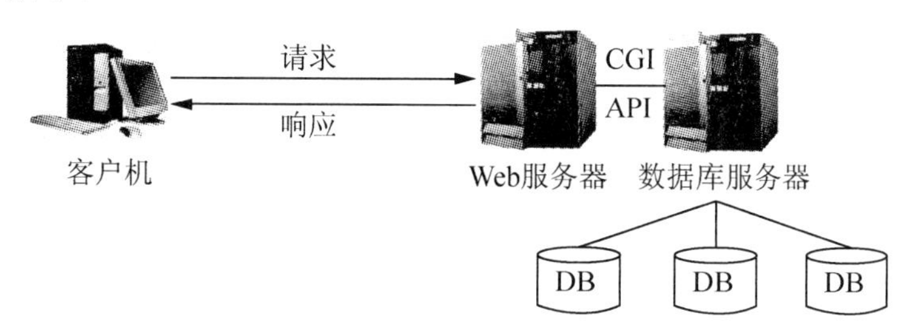

图 7.14 B/W/S 结构示意图

4) 对等网结构

倘若每台计算机地位平等，都允许使用其他计算机的内部资源，这种网就称为对等局域网(Peer to Peer LAN)，简称对等网。对等网会导致计算机的速度比平时慢，但非常适合于小型的、任务轻的局域网，例如，在普通办公室、家庭、游戏厅、学生宿舍内建立的小型局域网。

5) 多层结构

随着越来越多的信息系统向 Web 构架转变，B/W/S 结构的中间层所承担的功能也不断地增加，软件更趋复杂，有必要对其进行再分层，通常是将传统的中间层细分成 Web 服务层和应用服务层，前者负责系统的表示逻辑(Presentation Logic)，后者负责系统的业务逻辑

(Business Logic)。此外，在客户层与 Web 服务层、应用层与数据库层之间可插入一个中间件层(Middleware)，以优化系统的整体性能，提高其并发处理能力。这样就形成了一个以 Web 为基础的多层体系结构。

2. 电子商务系统的多层结构

为了应对企业电子商务系统建设所面临的挑战，电子商务系统在开发方法上应当充分利用计算机和网络领域的先进技术，区别于传统信息系统的开发方法，充分考虑电子商务系统的自身特点。通常情况下，企业电子商务系统可以划分成客户层、Web 服务器层、应用服务层和企业信息系统层 4 个层次，如图 7.15 所示。

图 7.15 电子商务系统的多层结构示意图

1) 客户层

客户层直接面向用户，用于为广大用户提供企业电子商务系统的操作界面。客户层程序一般是一个 Web 浏览器，有时还包括嵌入在 HTML 网页中的 Java Applet、Active X 组件以及其他一些应用组件，以实现一些复杂的交互功能。在少数情况下，出于安全性或特殊功能要求的考虑，企业电子商务系统的客户端程序也可以不是 Web 浏览器，而是用某种编程语言(如 VC、Java 等)编写的独立应用程序。用户必须通过某种途径获取该客户端程序，并将其安装在自己的机器上，才能访问企业的电子商务系统，例如一些网上炒股系统的客户端程序，就是这种情况。

2) Web 服务器层

Web 服务器层主要用于处理电子商务系统的表示逻辑。它向客户层提供满足用户需求的画面美观、布局合理的 Web 页面，还可以根据用户的具体要求而创建个性化和专业化的 Web 页面等。Web 服务层接收来自客户层的用户输入，并将其发送到应用服务层的业务组件，由它们来对其进行处理，然后根据应用服务层的处理结果生成适当的 Web 页面，返回给客户端。

3) 应用服务层

应用服务层主要用于处理电子商务的业务逻辑。它通常采用基于组件的方法，将电子商务的各种业务逻辑封装在一个个功能明确的组件中，通过接受 Web 服务层发来的请求，进行适当的业务处理，并访问企业信息系统层的资源。它一方面实现了对企业相关业务逻辑的封装；另一方面将用户端的交互行为与系统对企业后端资源的访问分离开来，提高了系统的可伸缩性。

4) 企业信息系统层

企业信息系统是指电子商务系统所对应的企业的后端信息系统，它通常指的是 ERP 系统。在企业尚未建设起集成化的 ERP 系统时，电子商务系统的企业信息系统层也可以是其他一些系统，如关系数据库管理系统、主机事务处理系统以及其他一些传统信息系统。在这些信息系统中，存放着对企业发展至关重要的信息资源。电子商务系统必须与企业的后端信息系统集成到一起，在企业范围内实现高度的信息共享，才能充分实现电子商务系统的价值，提高企业的竞争力，在激烈的竞争环境中立于不败之地。

7.3.4 电子商务网络组网结构设计方案

1. 网络系统规划原则

在进行电子商务的组网设计时，应充分考虑网络的先进性、稳定性、兼容性、冗余性和安全性等，以保证高效、安全、稳定、高带宽的网络运行环境。

(1) 先进性：在网络主干上能运行当今的相关主流网络技术。

(2) 稳定性：由于拥有大量的客户以及许多重要应用系统的使用和运行，所以要求网络主干稳定可靠地运行并提供高带宽。

(3) 兼容性：由于面临多种网络设备及技术的接入，网络主干接入必须提供兼容性以保证能够提供第三方品牌设备的接入。

(4) 冗余性：为了保证网络不间断地稳定运行，在网络设计时要考虑主干冗余，在网络设备级、链路级、协议级提供备份。

(5) 安全性：由于电子商务的自身特点对网络安全提出了很高的要求，因此在网络的构建中必须考虑可能存在的安全风险，针对这些风险设计网络安全策略。

2. 网络结构总体设计

电子商务是在开放的网络环境下，基于浏览器/服务器应用方式，实现消费者的网上购物、商户之间的网上交易和在线电子支付的商业运营模式。由于电子商务系统面对的用户分为两类：通过Internet访问的客户和通过Intranet访问的电子商务运营商的内部管理人员，所以系统在整体的网络设计上就应该至少由两部分构成——Internet和Intranet。

对于一个有规模的、完善的电子商务运营者来说，它的机构设置可能不仅仅局限于一个地点，因此在设计Intranet时必须考虑其分支机构使用的需求，考虑到网络的安全性及系统的安全性，分支机构的网络使用光纤分布式数据接口(Fiber Distributed Data Interface，FDDI)或虚拟专用网络(Virtual Private Network，VPN)的方式同总部组成Intranet。这样既可以保障整个系统的安全，同时也增强了访问的便捷性。Intranet骨干网可采用千兆以太网技术，桌面应用达到100Mb/s。Internet和Intranet之间采用逻辑隔离，其网络拓扑如图7.16所示。

1) 与互联网互联

与互联网互联是电子商务网络最基本的要求，客户通过互联网方式访问系统，运营商的反馈信息也通过互联网传递给客户，因此保证系统与互联网的高速互联是电子商务系统能否成功的关键因素之一。一般情况下通过构建专用线路连接ISP的方式连接互联网，值得注意的是专用的连接线路必须有足够的带宽。但是实现最基本的连接并不是构建电子商务网络时唯一的关注点，因为同任何外部网络的连接都会对内部计算机网络和系统的安全带来巨大的挑战，网络和信息系统的安全所造成的危害和可怕的后果往往是人们无法估计的，甚至可能超过电子商务系统给企业带来的收益，因此还必须设法保证系统连接互联网时的安全性。

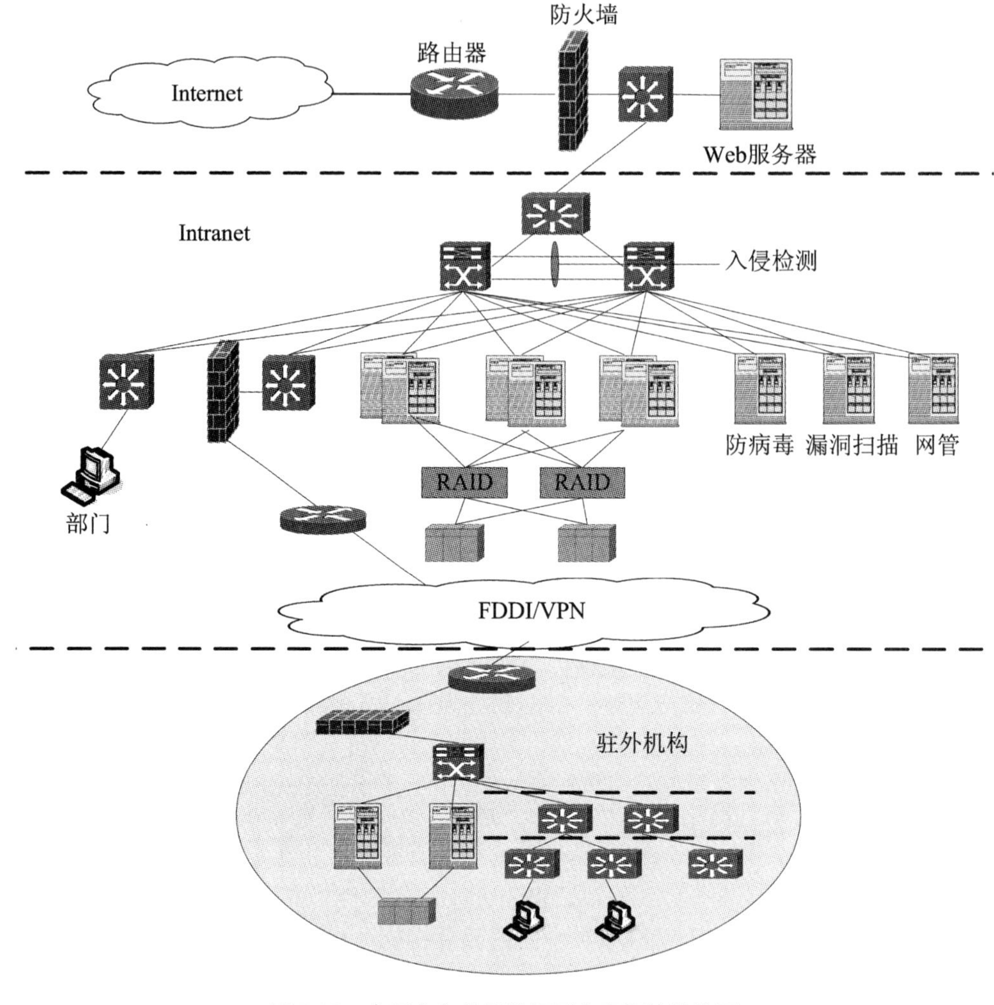

图 7.16　电子商务的网络组网方案拓扑结构图

通过在接入互联网的链路上增加防火墙设置，使面向互联网的电子商务 Web 服务器被防火墙隔离，将 Intranet 屏蔽在防火墙之后，这样构建的网络既能保证系统同互联网的连接，又能限制和监控来自互联网的访问。

2) 内部网(Intranet)的构建

Intranet 是电子商务运营企业内部管理协作的网络平台，在此平台上部署着电子商务运营的后台支撑系统以及企业内部管理系统，它保障整个电子商务系统正常运行。现在构建 Intranet 的技术很多，包括快速以太网、千兆以太网、万兆以太网、ATM 网络技术、FDDI 技术、系统容错技术等。由于技术的发展性、与原有网络技术的兼容性以及使用成本等因素，目前常用的主要是快速以太网技术(Fast Ethernet)和千兆以太网技术(Gigabit Ethernet)。

在组建 Intranet 时还必须考虑企业驻外分支机构的需求。可以通过电信的光纤组建 FDDI 网络或使用 VPN 的方式组建 Intranet 虚拟专用网。

在内部网建设中还需要关注网络的连通性和安全性。内部网的安全隐患可能来自两方面因素：外部因素(主要包括病毒和网络入侵等)和内部因素(主要包括硬件设备故障、内部人员非法操作等)。为了防范这些不安全因素导致的严重后果，在内部网的设计中就要考虑设置安装入侵检测、防病毒以及漏洞扫描等设备和系统，利用网络冗余、数据备份等技术防范可能出现的硬件设备故障。

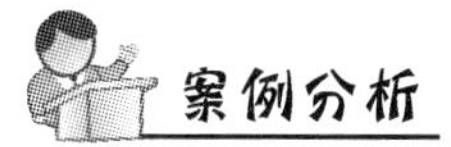

上海铁路局的无线网络构建

1. 业务挑战

上海铁路局是中国铁路特大型运输企业，主要担负安徽、江苏、浙江、福建和上海4省1市范围的铁路运输经营及建设任务，铁路运输业务辐射全国各地。管内有津浦、沪宁、沪杭、浙赣、鹰厦和京九等主要干线和其他若干线路。

1) 管理层面

以往，公司根据书面报表安排运力，但报表数据可能受到人为因素影响，不够精确，而且严重滞后。因此需要建立统一的数据库，为决策提供实时、准确的数据参考，提高决策的速度和质量。

2) 操作层面

随着铁路设施和车辆的不断更新与调整，旧有网络容量已经开始不能满足新的增长需求，旧有的有线网络的可扩展性遭到挑战。

3) 服务层面

上海铁路局管辖的地域辽阔，全局营业里程达5 000多千米，有近500个运营车站，铁路局如何为乘车旅客提供可满足需求的信息服务成为急需解决的问题。同时，上海铁路局拥有20多万员工，召集一次会议或进行一次培训所需的时间和费用都相当可观。

为此，公司考虑开发基于移动计算技术的无线网络系统，以提高铁路管理、会议和培训的效率、降低成本，同时提高上海铁路局的服务水平和核心竞争力。

2. 解决方案

1) 采用无线宽带数据网络

办公室应该根据网络规范及楼内的实际情况考虑，如果对整个建筑物整体进行综合布线的建设，将会对美观造成很大的影响，并且还要在楼道内提供若干个网络管理间，这对于一个旧有的办公楼来说是比较困难的。考虑到这些情况，担任上海铁路局信息化建设和开发任务的申铁计算机有限公司建议用户采用无线网络来建设其宽带数据网络，并对办公楼进行相应的智能化改造，新增视频会议、网上教育、多媒体自助购票终端系统等多项应用。而开放、标准的英特尔®技术的无线网络技术能够为这些应用提供足够的预留空间。

2) 机务系统应用

在线路上有很多用于机车加油的发油机。机车上的控制芯片用来控制加油量，同时存储和传输机车司机等其他必要信息到中央控制点，之后再传输到对应的油库中。由于户外作业以及铁路轨道铺设的特殊性，有线网络的铺设存在潜在影响铁道工作的可能，并且作业成本和相关协调工作烦琐。无线网的构建将解决以上问题，提高了架设效率和应用的便捷性。

3) 客运站服务应用

随着信息时代的来临，智能及商务车站越来越受商旅人士的欢迎，并且宽带数据接入业务也成为车站服务质量的一个评判标准。

3. 预期效果

1) 可扩展性

随着网络技术及应用的逐步发展，网络系统必然随之不断扩大。因此，今天的网络设计必须为未来的业务发展留出扩充的余地，这样才能更好地保护用户现有的投资。除单个设备本身的扩展能力外，在网络系统的设计过程中，还需要考虑整个网络系统在未来几年的扩容能力和扩容办法，这样才能既照顾到目前的应用需求，又能满足今后整个计算机系统的发展需要。上海申铁计算机技术有限公司负责为上海铁路局架设的基于IEEE 802.11b的无线网络，具有不受环境的局限、移动灵活、不影响原有环境布局、建网周期短等优点。

2) 先进性

当今世界，通信技术和计算机技术的发展日新月异。方案设计应适应技术发展的潮流，既要兼顾技术上的成熟性，同时也要保证系统的先进性。

3) 可管理性

随着网络规模的扩大和系统复杂程度的增加，网络的管理、监控、维护以及网络故障的诊断和排除技术变得越来越复杂。为了使网络系统易于管理和维护，其解决方案将需提供先进而完善的网络管理系统。这样，既方便了网络管理员的工作，减轻了劳动强度，也提高了网络系统的管理水平。

4) 较高的性价比及合理的总拥有成本

一种技术或应用要真正被人接受，除了技术因素以外，价格也是非常重要的一个因素。随着无线技术的快速发展，无线网络的优势和对用户的好处很明显，而价格也逐渐趋于平稳，有些品牌的产品价格还出现了分化。对于一些中小型企业来说，相对于有线网络的总拥有成本而言，部署无线局域网的整个费用与部署有线网络的费用相当。

5) 标准化建设

上海铁路局在进行网络系统的设计时，主要遵循以下两点原则。

(1) 设备标准化。采用基于业界标准的计算机设备、通信设备和软件产品。从而实现信息的流通顺畅以及设备资源的共享。

(2) 网络标准化。为了保证用户的网络系统具有互操作性，易于维护、管理和扩充以及高可靠性，上海铁路局利用英特尔公司提供的成熟的基于无线网解决方案，旨在建立一个开放的、遵循国际标准的网络系统。

案例思考:

1. 上海铁路局采用哪些解决方案构建无线网络?
2. 此案例对你有什么启示?

复习思考题

一、名词解释

1．网络体系结构
2．OSI
3．网络协议
4．TCP/IP

二、选择题

1．企业信息系统是指电子商务系统所对应的企业的后端信息系统，它通常指的是(　　)。

A．ERP 系统　　B．SCM 系统
C．CRM 系统　　D．MIS 系统

2．可扩展的标记语言 XML 是(　　)。

A．HTML 的简单扩展　　B．比 SGML 要复杂
C．非结构化的　　D．ASCII 文本

三、简答题

1．计算机网络的概念以及功能是什么？
2．计算机网络通信方式和传输技术分别是什么？
3．说明信息管理系统的发展历程。
4．简述电子商务的多层体系结构。
5．网络系统规划的基本原则是什么？

电子商务安全技术

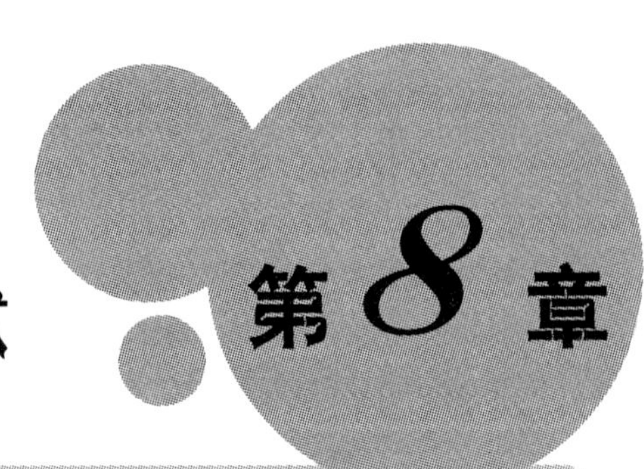

学习目标

通过本章的学习，了解网络的安全问题和电子商务的安全性问题、电子商务对安全控制的要求，重点掌握防火墙技术、数据加密技术、电子商务的认证技术、安全技术协议，并通过案例理解电子商务安全技术的重要性。

教学要求

教学模块	知识单元	相关知识点
电子商务的安全控制要求概述	(1) 网络安全问题 (2) 电子商务的安全性问题 (3) 电子商务对安全控制的要求	计算机网络安全威胁种类、电子商务面临的安全威胁种类、电子商务安全控制标准的基本要求
防火墙技术	(1) 防火墙的概念 (2) 防火墙的体系结构与功能 (3) 防火墙的分类 (4) 防火墙的局限性	设置防火墙的意义、防火墙的定义以及防火墙的基本原理，防火墙体系结构、功能，基本分类以及防火墙的局限
数据加密技术	(1) 对称式密钥加密技术 (2) 公开密钥密码体制 (3) 数字摘要	数据加密原理与过程，对称式密钥加密技术，公共密钥方法，数字摘要加密
电子商务认证技术	(1) 基本认证技术 (2) 认证中心与认证体系 (3) 安全交易的过程 (4) 数字信封	数字证书的作用与实现方式，数字时间戳，认证中心层次与电子商务认证体系，安全交易的流程
安全技术协议	(1) SSL 安全协议 (2) SET 安全交易协议 (3) SSL 协议与 SET 协议的比较	SSL 握手协议、记录协议、SSL 工作过程、提供的服务，SET 协议工作原理、核心技术、安全动态认证，SSL 与 SET 之间的区别

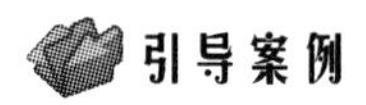

“心脏出血”漏洞突袭2亿中国网民①

OpenSSL是网络通信提供安全及数据完整性的一种安全协议，囊括了主要的密码算法、常用的密钥和证书封装管理功能，以及SSL协议，并提供了丰富的应用程序供测试或其他目的使用。到目前为止，OpenSSL是互联网上应用最广泛的安全传输方法。形象地说，它是互联网上销量最大的门锁。但是OpenSSL日前被曝出本年度最危险的安全漏洞，初步评估有不少于30%的网站中招，其中包括网友最常用的购物、网银、社交、门户等知名网站和服务。2014年4月7日凌晨，国内就出现了针对OpenSSL“心脏出血”漏洞的黑客攻击迹象。360网站安全检测平台对国内120万家经过授权的网站扫描，其中有3万多个网站主机受漏洞影响，期间约2亿名网友访问了存在漏洞的网站。专家指出，“心脏出血”漏洞堪称“网络核弹”，无论用户计算机多么安全，只要网站使用了存在漏洞的OpenSSL版本，用户登录该网站时就可能被黑客实时监控到登录账号和密码。全球开放443端口的主机共有40 041 126个，到4月10日为止，受OpenSSL“心脏出血”漏洞影响的主机有32 335个。

对于网站访客，专家建议等网站修复升级完成后，待1～2天后再登录系统修改密码；对于网站本身，为了避免相应风险，可以使用360网站卫士推出OpenSSL漏洞在线检查工具(http://wangzhan.360. cn/heartbleed)查询是否存在漏洞。

随着电子商务的发展，其安全问题也变得越来越突出。由于电子商务是一种全新的商务活动方式，人们对其比较生疏，而且交易双方互不相见，再加上一些媒体对计算机“黑客”神乎其神的报道，使人们对电子商务的安全性充满疑虑。如何建立一个安全、便捷的电子商务应用环境，对交易信息提供足够的保护，已经成为商家和用户都十分关心的问题。本章将就电子商务的安全控制要求、网络安全的防火墙技术、电子商务的信息加密技术、认证技术和安全交易协议等展开讨论。

8.1 电子商务的安全控制要求概述

电子商务发展的核心和关键问题是交易的安全性。为了保护网上交易过程中交易双方的合法权益，针对电子商务系统所面临的主要威胁，对其安全性提出了具体的要求。

8.1.1 网络安全问题

一般认为，计算机网络系统的安全威胁主要来自黑客、计算机病毒和拒绝服务3方面的攻击。

1. 黑客攻击

黑客可分为两类：一类是骇客，他们只想引人注目，证明自己的能力，在进入网络系统后，不会去破坏系统，或者仅仅会做一些无伤大雅的恶作剧，他们追求的是从侵入行为

① 谢睿，黄春惠.“心脏出血”漏洞突袭两亿中国网民[N]. 南方都市报. 2014.4.10. http://www.ithome.com/html/it/80351.htm。

本身获得巨大的成功的满足感；另一类是窃客，他们的行为带有强烈的目的性。早期的黑客主要是窃取国家情报、科研情报；而现在的黑客的目标大部分瞄准了银行的资金和电子商务的整个交易过程。

黑客攻击是指黑客非法进入网络、非法使用网络资源。例如通过网络监听获取网上用户的账号和密码、非法获取网上传输的数据、通过隐蔽通道进行非法活动、突破防火墙等。目前黑客的行为正在不断地走向系统化和组织化，如政府机构和情报机构召集黑客组成网络战士对其他的政党进行幕后攻击，企业、集团、金融界则高薪聘请黑客进行商业间谍幕后战；索尼公司曾两次受到来自黑客的攻击，第一次是在2004年10月，索尼中国网站遭遇黑客攻击，当用户访问http://www.sony.com.cn/index/htm时，出现的并非索尼中国的相关信息，而是黑客组织留下的反战口号。在2011年，索尼公司的图片网站sonypictures.com被一个自称为LulzSec的黑客组织攻击，同时该组织窃取了100万用户的个人信息，包括用户名、密码、家庭地址、生日和其他一些敏感信息。对索尼公司造成了非常大的负面影响。所以，从事网络交易的计算机用户或是商业网站，非常有必要了解有关黑客入侵的常用手段，以预防黑客的侵袭。

1) 口令攻击

口令攻击是网上攻击最常用的方法，也是大多数黑客开始网络攻击的第一步。黑客首先通过进入系统的常用服务，对网络通信进行监视，使用扫描工具获取目标主机的有用信息。这些信息包括目标主机操作系统的类型和版本、主机域名、邮件地址、开放的端口、启动的保护手段等。然后，反复试验和推测用户及其亲属的名字、生日、电话号码或其他易记的线索等，获取进入计算机网络系统的口令，以求侵入系统，从事袭击活动。也有的黑客利用一些驻留内存的程序暗中捕获用户的口令。这类程序类似于“特洛伊木马”(Trojan Horse)的病毒程序，它通常让用户填写调查表格，并答应给予奖励，而实际目的是在暗中捕获用户的口令。当这些方法不能奏效时，黑客便借助各种软件工具，利用破解程序分析这些信息，进行口令破解，进而实施攻击。

2) 服务攻击

黑客所采用的服务攻击手段主要有以下5种。

(1) 目标主机建立大量的连接。因为目标主机要为每次网络连接提供网络资源，所以当连接速率足够高、连接数量足够多时就会使目标主机的网络资源耗尽，从而导致主机瘫痪、重新启动、死机或黑(蓝)屏。

(2) 向远程主机发送大量的数据包。因为目标主机要为每次到来的数据分配缓冲区，所以当数据量足够大时会使目标主机的网络资源耗尽，导数主机死机或黑(蓝)屏。

(3) 利用即时消息功能，以极快的速度用无数的消息“轰炸”某个特定用户。使目标主机缓冲区溢出，黑客伺机提升权限，获取信息或执行任意程序。

(4) 利用网络软件在实现协议时的漏洞，向目标主机发送特定格式的数据包，从而导致主机瘫痪。

(5) 密码破译也是黑客常用的攻击手段之一。它是在不知道密钥的情况下，恢复出密文中隐藏的明文信息的过程，是对密码体制的攻击。主要有秘钥的穷尽搜索、密码分析两种破译方法。

3) IP 欺骗

IP 欺骗是适用于 TCP/IP 环境的一种复杂的技术攻击，它伪造他人的源地址，让一台计算机来扮演另一台计算机，借以达到蒙混过关的目的。IP 欺骗主要包括简单的地址伪造和序列号预测两种。

简单的地址伪造是指黑客将自己的数据包的源地址改为其他主机的地址，然后发向目标主机，使目标主机无法正确找到数据包的来源。序列号预测的攻击方法是，黑客首先在网上监测目标主机与其他主机的通信，分析目标主机发出的 TCP 数据包，对目标主机发出的 TCP 数据包的序列号进行预测，如果序列号是按照一定的规律产生的，那么，黑客就可以通过伪造 TCP 序列号、修改数据包的源地址等方法，使数据包伪装成来自被信任或正在通信的计算机，被目标主机接收。在黑客实施 IP 欺骗的过程中，最可悲的是目标主机全然没有感觉。由攻击者模仿的 TCP 数据包到达了目标地址，而由目标地址发出的 TCP 数据包却永远到达不了对方的主机。

2. 计算机病毒

计算机病毒，是指编制或者在计算机程序中插入破坏计算机的功能或者毁坏数据，影响计算机使用，并能自我复制的一组计算机指令或者程序代码。

计算机病毒是通过连接来扩散的，病毒程序把自己附着在其他程序上，等这些程序运行时，病毒进入系统中，进而大面积扩散。一台计算机感染上病毒后，轻则系统运行效率下降、部分文件丢失，重则造成系统死机、计算机硬件烧毁。当前，计算机活性病毒达数千种。传统的计算机病毒依靠软盘传播，而网络条件下，计算机病毒大部分通过网络或电子邮件传播，侵入网络的计算机病毒破坏网络资源，使网络不能正常工作，甚至造成网络瘫痪。

3. 拒绝服务

攻击者进行拒绝服务攻击，实际上让服务器实现两种效果：一是迫使服务器的缓冲区满，不接收新的请求；二是使用 IP 欺骗，迫使服务器把合法用户的连接复位，影响合法用户的连接。用数百条消息填塞某人的 E-mail 信箱是一种在线袭扰的方法，典型的如“电子邮件炸弹(E-mail Bomb)”，当用户受到它的攻击后，会在很短的时间内收到大量无用的电子邮件，这样使用户系统的正常业务不能开展，系统功能丧失，严重时会使系统关机，甚至使整个网络瘫痪。还有一种方法是邮件直接夹带或在附件中夹带破坏性执行程序，用户不小心点击了这类邮件或附件，就会自动启动有害程序，带来不可预测的严重后果。

8.1.2 电子商务的安全性问题

由于互联网本身的开放性，计算机技术、网络技术，以及其他高科技技术的发展，使社会生活中传统的犯罪和不道德行为更加隐蔽和难以控制，使网上交易面临种种危险。人们从面对面的交易和作业变成网上相互不见面的交易，没有国界、没有时间限制，攻击者可以利用互联网的资源和工具进行访问、攻击甚至破坏。概括起来，电子商务面临的安全威胁主要包括平台的自然物理威胁、商务软件本身存在的漏洞、安全环境恶化等，以及黑客的人为攻击，它主要有以下几个方面。

1. 在网络的传输过程中信息被截获

攻击者可能通过互联网、公共电话网、搭线或在电磁波辐射范围内安装截收装置等方式，截获传输的机密信息，或通过对信息流量和流向、通信频度和长度等参数的分析推断出有用信息，如消费者的银行账号、密码等。

2. 篡改传输的文件

攻击者可能从3个方面破坏信息的完整性。

(1) 篡改。改变信息流的次序或更改信息的内容，如购买商品的出货地址等。

(2) 删除。删除某个消息或消息的某些部分。

(3) 插入。在消息中插入一些信息，让接收方读不懂或接收错误的信息。

3. 假冒他人身份

(1) 冒充主机欺骗合法主机及合法用户。

(2) 冒充网络控制程序，套取或修改使用权限、通行字、密钥等信息。

(3) 接管合法用户，欺骗系统，占用合法用户的资源。

4. 不承认或抵赖已经做过的交易

(1) 发信者事后否认曾经发送过某条消息或内容。

(2) 收信者事后否认曾经收到过某条消息或内容。

(3) 购买者确认了订货单而不承认。

(4) 商家卖出的商品因价格差而不承认原有的交易。

8.1.3 电子商务对安全控制的要求

由于网上交易的人不可能都互相认识，因此为了确保交易的顺利进行，必须在互联通信网络中建立并维持一种令人可以信任的环境和机制。在设计和实施安全方法时，对用户应该是公开透明的。针对计算机网络安全存在的问题和从事电子商务活动所面临的威胁，为了保障交易各方的合法权益，保证能够在安全的前提下开展电子商务，对电子商务的安全控制问题提出了以下几点基本要求。

1. 内部网的严密性

企业的内部网上一方面有着大量需要保密的信息；另一方面传递着企业内部的大量指令，控制着企业的业务流程。企业内部网一旦被恶意入侵，可能给企业带来极大的混乱与损失。比如，计算机黑客一旦非法闯入银行的内部网络，就可以修改存款数据、划拨资金。又如，对一些自动化程度高的企业而言，内部网一旦被恶意入侵，企业的经营活动就会陷入瘫痪；企业的财务、技术与人事资料被销毁或被篡改；不订购原料或订购大量无用的原料；不按规定的程序生产，生产出大量废品；产品被胡乱送到不需要的地方，资金被划走等。因此，保证内部网不被入侵，或把入侵后的损失限制在一定范围内，是开展电子商务时应着重考虑的一个问题。

2. 完整性

电子商务简化了交易过程，减少了人为干预，大量的交易活动通过网上的信息交流来完成，但同时也带来了需要保证网上交易双方商业信息的完整性、统一性的问题。

1) 信息的完整性

联合国贸易法委员会在《电子商业示范法》中指出：信息首次以其最终形式生成，作为一项数据电文或充当其他用途时起，该信息保持了完整性。

由此可见，在数据输入时的意外差错或欺诈行为、信息传输过程中的丢失、信息传送的次序差异都会导致贸易各方信息的不同，影响信息的完整性。信息的完整性将影响到商务活动的经营策略和成功，保持网上交易各方信息的完整性是电子商务应用的基础。因此，要预防对信息的随意生成、修改和删除，同时要防止数据传送过程中信息的丢失和重复，并保证信息传送次序的统一。

2) 数据和交易的完整性

数据的完整性是指确保传输中的或存储中的数据未遭受未经授权的篡改和破坏；交易的完整性是指电子交易完成了交易的全部逻辑，实现了交易的全部功能，不存在单边账现象，同时交易各阶段中的数据是完整的。交易数据的完整性是交易完整性的保障，如果不能保持交易中的数据完整性，不完整的记录和信息将使交易的一方或者双方遭受财务上的损失，并使其承担实质的法律责任和信誉风险。

3. 保密性

电子商务作为一种贸易手段，其信息直接代表着个人、企业或国家的商业机密，均有保密的要求，敏感信息不能披露给第三方，一旦被人恶意获取，将造成极大的危害。比如，信用卡的号码与用户名被人知悉，就有可能被盗用；订货与付款的信息被竞争对手获取，就有可能丧失商机。传统的纸面贸易都是通过邮寄封装的信件或通过可靠的通信渠道发送商业报文来达到保守机密的目的的。电子商务是建立在一个较为开放的网络环境上的(尤其互联网是更为开放的网络环境)，如果没有专门的软件对数据进行控制，所有的互联网通信都将不受限制地进行传输，任何一个对通信进行监测的人都可以对数据进行截取。黑客只需使用简单的匹配算法就可以将口令和信用卡号与其他部分区别开来。只有网上交易信息的保密性达到一定程度才能保证信息(如信用卡的账号和用户名等)不泄露给未授权的他人，防止信息被盗用和恶意破坏，并开展真正意义上的电子商务。因此，电子商务中的信息传播、存储、使用均有保密的要求。特别是对敏感文件，信息要进行加密，即使这些信息被截获，截获者也无法了解到信息内容。

信息发送和接收要求在安全的通道中进行，对通信双方的信息保密，交易的参与方在信息交换过程中没有被窃听的危险，非参与方不能获取交易的信息。

4. 不可修改性

交易的文件是不可被修改的。比如上述订购商品的例子，卖方收到订单后，发现价格大幅度上升，如果把订货的数量由一万件改为一件，则可大受其利，而买方则会相应受损。在传统的纸面贸易中，双方是通过协议的一式双份，双方各执一份来防止协议被修改的，但在无纸化的电子商务方式下，这显然不现实，因此，必须有技术来防止电子交易文件被修改，以保证交易的严肃与公正。

5. 交易者身份的确定性

只有信息流、资金流、物流的有效转换，才能保证电子商务的顺利实现，而这一切均以信息的真实性为基础。信息的真实性一方面是指网上交易双方提供的信息内容的真实性，另一方面是指网上交易双方身份信息的真实性，网上交易的双方很可能素昧平生，相隔千里。要使交易成功，首先要确认交易者的身份，对商家要考虑客户是不是骗子，发货后会不会收不回货款；客户也会考虑商家是不是黑店，付款后会不会收不到货，或者收到货后质量是否能有保证，质量不好是否能投诉商家，因此，能方便而可靠地确认对方身份是交易的前提。双方应该在交换信息之前通过各种方法获取对方的证书，并以此识别交易方的身份，保证其不被假冒或伪装，以有效鉴别确定交易方的身份。

6. 交易的无争议和不可抵赖性

数据发送者对自己所发送数据的内容和事实不能否认；数据接收者在确实接收到数据后，对已经接收到数据的事实不能否认。只有这样，电子交易及交易过程产生的电子凭证才具有无争议性。

商情时刻在变化，交易一旦达成是不可否认的，否则必然会损害一方的利益。比如，订货时商品价格较低，收到订单后商品价格已经上涨，如果卖方否认收到订单的实际时间，甚至否认收到订单的事实，必然会对买方造成损失。在传统的纸面贸易中，贸易双方通过在交易合同、契约或贸易单据等书面文件上手写签名或印章来鉴别贸易伙伴，确定合同、契约、单据的可靠性并预防抵赖行为的发生，这也就是人们常说的“白纸黑字”。在无纸化的电子商务方式下，通过手写签名和印章进行贸易方的鉴别与交易的确认已是不可能的，因此，要在交易信息的传输过程中为参与交易的个人、企业或国家的身份与行为提供可靠的标识，信息的发送方不能抵赖曾经发送的信息，不能否认自己的行为。如今在网络交易的许多条例中均明确指出，在合约成立方面，除非合约各方另有协议，否则要约及承约可全部或部分以电子记录和电子合约等方式来表达。网上交易一旦达成，便形成交易信息文件，参与交易的各方不可擅自否认和修改交易信息文件，不得因为是电子记录而否定合约的有效性及可强制执行性。

7. 有效性

电子商务以电子形式取代了纸张，如何保证这种电子形式的贸易信息的有效性是开展电子商务的前提。电子商务作为贸易的一种形式，其信息的有效性将直接关系到个人、企业或国家的经济利益和声誉。因此，要对网络故障、操作错误、应用程序错误、硬件故障、系统软件错误及计算机病毒所产生的潜在威胁加以控制和预防，以保证贸易数据在确定的时刻、确定的地点是有效的。

8. 授权合法性

安全管理人员能够控制用户的权限，分配或终止用户的访问、操作、接入等权利，被授权用户的访问不能被拒绝。在电子商务过程中要求保证信息确实为授权使用的交易各方使用，使他们有选择地得到相关信息与服务，防止由于电子商务交易系统的技术或其他人为因素，造成电子商务交易系统对授权者拒绝提供信息与服务，反而为未授权者提供信息与服务。

8.2 防火墙技术

随着网络规模越来越大，互联网的安全问题也显得越来越重要。网络的安全性主要是指网络信息的安全性和网络路由的安全性。网络信息的安全性问题将在本章的稍后部分介绍；网络路由的安全性包括两个方面：一方面，限制外部网对本地网的访问，从而保护本地网中的特定资源免受非法侵犯；另一方面，限制本地网对外部网的访问，主要是针对一些不健康信息及敏感信息的访问。网络路由的安全性通常可由防火墙来保证。

8.2.1 防火墙的概念

"防火墙"是一种形象的说法，其实它是一种由计算机硬件和软件组成的一个或一组系统，用于增强内部网络和互联网之间的访问控制。防火墙形成设置在被保护网络和外部网络之间的一道屏障，使互联网与内部网之间建立起一个安全网关，从而防止发生不可预测的、潜在的破坏性的侵入。它可通过监测、限制、更改跨越防火墙的数据流，尽可能地对外部屏蔽网络内部的信息、结构和运行状况，以此来实现网络的安全保护。

1. 设置防火墙的意义

互联网是一个开放的世界，它在拥有丰富信息量的同时也存在许多不安全因素。在内部网连上互联网，使它的用户能访问互联网上的服务时，非内部网用户也能通过互联网访问内部网用户，实现一些非法操作，如盗取重要资料、破坏文件等。这对于没有受到任何保护的内部网用户来说无疑是一种灾难。

人们经常在建筑物之间修建一些墙壁，以便在火灾发生时，火势不至于从一幢建筑蔓延到另一幢建筑，这些墙被称为"防火墙"。与此类似，可以在内部网和互联网之间设置一堵"防火墙"，以保护内部网免受外部的非法入侵。在网络世界中，防火墙是被配置在内部网和互联网之间的系统(或一组系统)，通过控制内外网络之间信息的流动来达到增强内部网络安全性的目的；防火墙决定了内部的哪些服务可以被外部用户访问，以及哪些外部服务可以被内部用户访问。

2. 防火墙的定义

关于防火墙的定义，目前在业界有着不同的意见，一般认为：防火墙是放在两个网之间用于提高网络安全的软、硬件系统的集合，有以下属性。

(1) 所有从内到外的通信流量，都必须通过它。

(2) 仅仅被本地安全策略定义的且被授权的通信量允许通过。

(3) 系统对外部攻击具有高抵抗力。

3. 防火墙的工作原理

防火墙的工作原理是：在内部网和外部网之间建立起一道隔离墙，检查进入内部网络的信息是否合法，或者是否允许用户的服务请求，从而阻止对内部网络的非法访问和非授权用户的进入，同时防火墙也可以禁止特定的协议通过相应的网络。图 8.1 为最简单的防火墙设置方式。

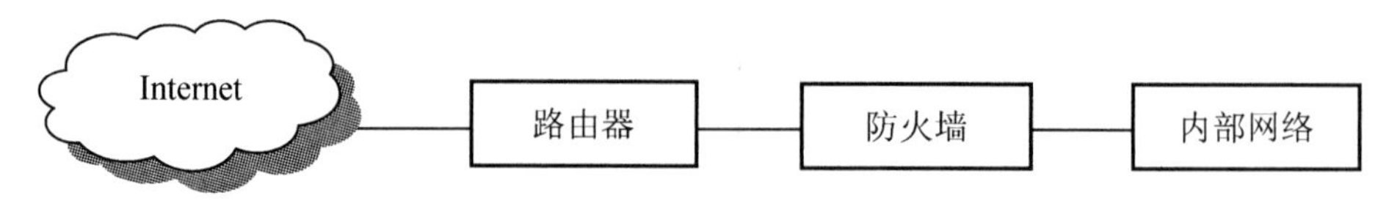

图 8.1 防火墙的基本原理

作为内部网络和外部公共网络之间的第一道屏障，防火墙是最先受到人们重视的网络安全产品之一。在发展初期，它处于 OSI 7 层协议的网络层，也就是网络安全的最底层，只是用来负责网络之间的安全认证和传输(即信息过滤)，但随着网络安全技术的整体发展和网络应用的不断变化，现代防火墙技术已经逐步走向网络层以外的其他安全层次，它不仅要完成传统防火墙的过滤任务，同时还能为各种网络应用提供相应的安全服务。另外还有多种防火墙产品正朝着数据安全与用户认证、防止病毒与黑客侵入等方向发展。

8.2.2 防火墙的体系结构与功能

1. 防火墙的体系结构

为网络建立防火墙，首先需决定防火墙将采取何种安全控制基本准则。有两种准则可供选择。

1) 一切未被允许的都是禁止的

基于该准则，防火墙应封锁所有信息流，然后对希望提供的服务逐项开放。这是一种非常实用的方法，可以形成一种十分安全的环境，因为只有经过仔细挑选的服务才被允许使用。其弊端是，安全性高于用户使用的方便性，用户所能使用的服务范围受到限制。

2) 一切未被禁止的都是允许的

基于该准则，防火墙应转发所有信息流，然后逐项屏蔽可能有害的服务。这种方法构成了一种更为灵活的应用环境，可为用户提供更多的服务。其弊病是，在日益增多的网络服务面前，网络管理人员疲于奔命，特别是受保护的网络范围增大时，很难提供可靠的安全防护。如果网络中某成员绕过防火墙向外提供已被防火墙所禁止的服务，网络管理员就很难发现。因此，采取第二种模型的防火墙不仅要防止外部人员的攻击，而且要防止内部成员不管是有益还是无益的攻击。

总之，从安全性的角度考虑，第一种准则更可取一些；而从灵活和使用方便性的角度考虑，第二种准则更适合。

2. 防火墙的功能

作为网络安全的主要保证，防火墙应实现以下功能。

1) 网络安全的控制

保护那些易受攻击的服务。防火墙能通过过滤掉那些不安全的服务和请求降低网络安全的风险，能够监测、限制信息流从一个安全控制点进入或离开。只有预先被允许的服务才能通过防火墙，这样就降低了受到非法攻击的风险，大大地提高了网络的安全性。

2) 屏蔽内部信息

使用防火墙就是要使内部网络与外部网络隔断，让外部网络的用户在未经授权的情况下不能访问内部网络，并尽可能地隐藏内部信息、结构、运行情况；通过防火墙对内部网络的划分，还可以实现对重点网络的隔离。

3) 控制对特殊站点的访问

防火墙能控制对特殊站点的访问。如有些主机能被外部网络访问，而有些则要被保护起来，防止不必要的访问。通常会有这样一种情况，在内部网中只有 E-mail 服务器、FTP 服务器和 WWW 服务器能被外部网访问，而其他访问行为则被主机禁止。

4) 集中化的安全管理

对于一个公司来说，使用防火墙比不使用防火墙可能更加经济一些。这是因为如果使用了防火墙，就可以将所有修改过的软件和附加的安全软件都放在防火墙上。而不使用防火墙，就必须将所有软件分到各个主机上。

5) 提供日志和审计功能，对网络存取访问进行记录和统计

由于所有对互联网的访问都经过防火墙，防火墙就能将所有访问都记录到日志文件中，同时也能提供网络流量及网络使用情况的统计数据。当发生可疑动作时，防火墙能进行适当的告警，并提供网络是否受到监测和攻击的详细信息。

6) 提供报警服务

当有潜在威胁的访问或请求经过防火墙时，防火墙不仅应该记录其动作，还应及时向系统管理员报警。

除了安全作用，防火墙还支持具有 Internet 服务特性的企业内部网络技术体系 VPN。通过它可以将企业分布在世界各地的专用子网联成一个整体，为信息的共享提供了技术保障。

8.2.3 防火墙的分类

一般说来，根据防火墙所采用技术的不同，我们将它分为 3 种基本类型：包过滤型、代理服务器型和监测型。

1. 包过滤型

包过滤型技术的依据是网络中的分包传输技术。网络上的数据都是以“数据包”为单位进行传输的，数据被分割成一定大小的数据包，每一个数据包中都包含诸如数据源地址、目标地址、TCP/UDP 源端口地址和目标端口地址等特定信息。防火墙就是通过读取数据包中的地址信息，并通过与系统管理员制定的规则表的对比，来判断这些“包”是否来自于可信任的站点的，并自动将来自于危险站点的数据包拒之门外。

包过滤通常是安装在路由器上，作为防火墙的基本功能，现在的多数路由器都提供了包过滤功能，另外在计算机上安装包过滤软件也可以作为防火墙使用。

包过滤技术作为一种基本的技术，其优点在于，不少路由器具有数据包过滤的功能，因此逻辑简单，易于安装和使用，对用户的透明性较好，实现成本低；在应用环境比较简单的情况下，能够以较小的代价在一定程度上保证系统的安全。

包过滤技术的主要缺陷在于这是一种完全基于网络层的安全技术，只能根据数据包的

来源、目标和端口等信息进行判断，无法识别基于应用层的恶意入侵，如恶意的Java小程序以及现在比较流行的通过电子邮件中附带病毒进行破坏等。此外，因为数据包的源地址、目标地址、端口号等信息在数据包的头部，有经验的黑客很容易通过窃听和假冒骗过包过滤型的防火墙，黑客一旦突破防火墙，整个系统完全暴露在外面，黑客将轻易对主机和软件进行攻击，造成难以估计的损失。而且，此类防火墙大多数没有提供审计和报警机制，用户界面也不是很友好，管理方式不是很完善，所以对系统管理员要求较高，内部网络规模稍大，结构较为复杂，如果仅仅使用包过滤技术将很难保证系统的安全。

2. 代理服务器型

代理服务器也可以称为应用网关，是当前防火墙产品的主流趋势。代理服务器的工作原理是，客户端程序与代理服务器连接，代理服务器再与要访问的外部服务器连接。代理服务器位于客户机和外部服务器之间，完全阻挡了二者之间的数据交流。对客户机来讲，代理服务器相当于一台真正的服务器；而对服务器来讲，代理服务器又相当于一台真正的客户机。当客户机需要使用服务器的数据时，首先将数据请求发送到代理服务器，代理服务器首先检查访问用户是否有权访问该服务器以及是否能够进行所要求的应用，然后根据通过检测的请求来向服务器索取数据，服务器将数据由代理服务器传送给客户机。由于外部系统与内部服务器之间的连接都要通过代理服务器，它们之间没有直接的数据通道，所以外部的恶意侵害就很难伤害到企业内部的网络系统。并且代理服务是在应用层中实现的，所以能对应用层的协议进行过滤，如WWW、HTTP、FTP、Telnet、SMTP、POP等，除此以外，代理服务器还能对应用层的协议进行转换。

代理服务器的优点主要有：工作在7层模型的最高层，掌握此应用系统中可用于安全决策的全部信息，所以安全性较高；针对应用层进行检测和扫描，对基于应用层的入侵较为有效；大多数的代理服务器也集成了包过滤技术，这两种技术的混合使用比单独使用包过滤技术具有更大的优势；由于代理服务器技术是基于应用层的，它能提供对协议的过滤，比如，它可以过滤掉FTP连接中的危险命令PUT等，而且通过代理应用，代理服务器能够有效地避免内部信息的泄露；此外，代理服务器还能提供日志和审计功能。

然而，代理服务器也存在一些较为明显的缺陷，主要有：由于需要在服务器与客户机之间进行频繁的数据交换，它对系统的整体性能有较大的影响，可能会使系统性能下降15%～20%；它经常对用户和使用过程进行限制，使人们无法按照自己的意愿随心所欲地来使用代理服务，由于这些限制，往往会曲解协议，并且也缺少一定的灵活性；它必须针对客户机可能产生的所有应用类型逐一进行设置，大大增加了系统管理的工作量和管理的复杂程度。

3. 监测型

监测型防火墙是新一代的防火墙产品，这一技术的出现实际上已经使防火墙超越了最初的定义。监测型防火墙能够对各层的数据进行主动的、实时的监测，在对这些数据加以分析的基础上，能够有效地判断各层的非法入侵。同时，这种监测型防火墙一般还带有分布式探测器，这些探测器安装在各种应用服务器和其他网络结点之中，不仅能够检测来自网络内部的攻击，同时对来自内部的恶意破坏也有极强的防范作用。监测型防火墙不仅超越了传统防火墙的概念，而且在安全性上也有了极大的提高。

另外，根据实际使用的要求，还产生了一些更为细致的分类，如将防火墙分为复合型、加密路由型，还有最近在网络上流行的个人防火墙等。

8.2.4 防火墙的局限性

防火墙是保护 Intranet 免受外部攻击的极为有效的方式，是整体网络安全计划中的重要组成部分，但同时必须注意到防火墙并非是万能的，它具有以下局限性。

1. 防火墙不能阻止来自内部的破坏

只要简单地断开网络连接，防火墙便可以阻止系统的用户通过网络向外部发送信息。但如果攻击者已在防火墙内，那么防火墙实际上不起任何作用。

2. 防火墙不能保护绕过它的连接

防火墙可以有效地控制通过它的通信，但对不通过它的通信毫无办法。例如某处允许通过拨号方式访问内部系统。

3. 防火墙无法完全防止新出现的网络威胁

防火墙是为防止已知威胁而设计的。虽然精心设计的防火墙也可以防止新的威胁，但没有一种防火墙会自动抵抗所出现的任何一种新威胁。

4. 防火墙不能防止病毒

尽管许多防火墙检查所有外来通信以确定其是否可以通过内部网络，但这种检查大多数是对源目的地址及端口号进行的，而不是对其中所含数据进行的。即使可以对通信内容进行检查，但由于病毒的种类太多且病毒在数据中的隐藏方式也太多，所以病毒防护不能依赖于防火墙。

由于防火墙只是一种被动的防卫技术，它只能对跨越防火墙边界的信息进行检测、控制，不能防范不通过它的连接、不能防范恶意的知情者(如内部人员的攻击)。并且由于防火墙只是针对 TCP/IP 协议簇，并不能防范所有的潜在危险，所以它并不是网络安全的全部保证。

8.3 数据加密技术

加密技术是最基本的安全技术，是实现信息保密性的一种重要手段，目的是为了防止合法接收者之外的人获取信息系统中的机密信息。所谓信息加密技术，就是采用数学方法对原始信息(通常称为“明文”)进行再组织，使加密后在网络上公开传输的内容对于非法接收者来说成为无意义的文字(加密后的信息通常称为“密文”)。而对于合法的接收者，因为其掌握正确的密钥，可以通过解密过程得到原始数据(即“明文”)。

由此可见，在加密和解密的过程中，都要涉及信息(明文、密文)、密钥(加密密钥、解密密钥)和算法(加密算法、解密算法)这几项内容。

数据加密技术是对信息进行重新编码，从而达到隐藏信息内容，使非法用户无法获得信息真实内容的一种技术手段。网络中的数据加密则是通过对网络中传输的信息进行数据加密，满足网络安全中的数据加密、数据完整性等要求。而基于数据加密技术的数字签名技术则可满足防抵赖等安全要求。可见，数据加密技术是实现网络安全的关键技术。数据加密过程，如图8.2所示。

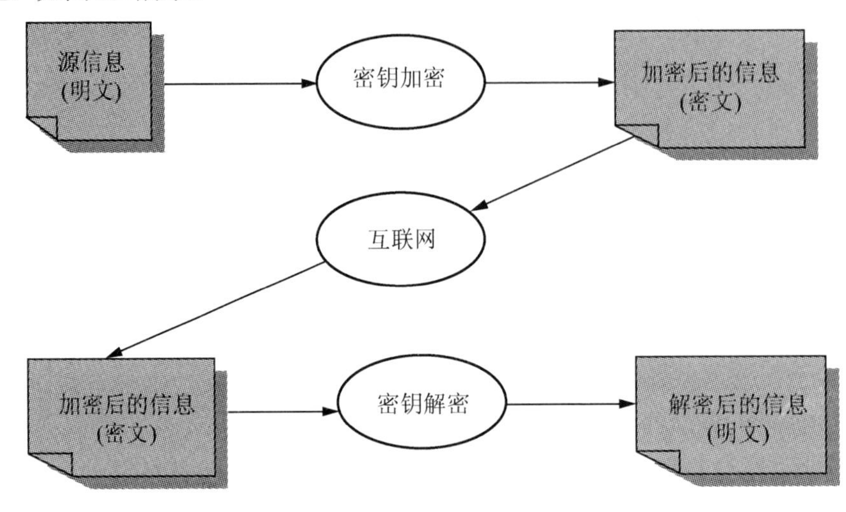

图 8.2 数据加密过程

密钥分为加密密钥和解密密钥。完成加密和解密的算法称为密码体制，传统的密码体制所用的加密密钥和解密密钥相同，形成了对称式密钥加密技术。在一些新体制中，加密密钥和解密密钥不同，形成非对称式密钥加密技术，即公开密钥加密技术。

8.3.1 对称式密钥加密技术

对称加密，是指使用同一把密钥对信息加密、解密。如果一个加密系统的加密密钥和解密密钥相同，或者虽不相同，但可以由其中一个推导出另一个，则称为对称密钥密码体制。对称加密的典范是DES算法，1977—1998年，DES一直被确认为美国国家加密标准。另一个是国际数据加密算法IDEA，它比DES的加密性好，而且对计算机要求不高。

1. DES加密算法

数据加密标准DES(Data Encryption Standard)是一种数据分组的加密算法，是由美国IBM公司在20世纪70年代发展起来的，并经过政府的加密标准筛选后，于1997年被美国政府定为联邦信息标准。它将数据分成长度为64位的数据块，其中8位作为奇偶校验，有效的密码长度为56位。DES使用56位密钥对64位的数据块进行加密，并对64位的数据块进行16轮迭代，最后进行逆初始化变换从而得到密文。

2. IDEA算法

IDEA(International Data Encryption Algorithm)是一种国际信息加密算法，它于1992年被正式公开，是一个分组大小为64位，密钥为128位，迭代轮数为8轮的迭代型密码体制。此算法使用长达128位的密钥，有效地消除了任何破解密钥的可能性。

3. 对称式密钥加密技术的优缺点

对称式密钥加密技术具有加密速度快、保密度高等优点。其具有以下缺点。

(1) 密钥是保密通信安全的关键，发信方必须安全、妥善地把密钥护送到收信方，不能泄露其内容，如何才能把密钥安全地送到收信方，是对称式密钥加密技术的突出问题。

(2) 通信时密钥的组合的数量会出现爆炸性膨胀，使密钥分发更加复杂化，n 个人进行两两通信，需要的总密钥数为 $n(n-1)/2$。

(3) 通信双方必须统一密钥，才能发送保密的信息。如果发信者与收信人素不相识，就无法向对方发送秘密信息了。

(4) 对称式密钥体制难以解决电子商务系统中的数字签名认证问题。对于开放的计算机网络来说，存在安全隐患，不满足网络环境下邮件加密的需要。

8.3.2 公开密钥密码体制

如果将一个加密系统的加密密钥和解密密钥分开，加密和解密分别由两个密钥来实现，并使得由加密密钥推导出解密密钥(或反之)在计算上是不可行的，则该系统被称为公开密钥密码体制。

采用公开密钥密码体制的每一个用户都有一对选定的密钥。加密密钥公布于众，谁都可以用，解密密钥只有解密人自己知道，分别称为“公开密钥”(Public-key)和“私有密钥”(Private-key)，公开密钥密码体制也称为不对称密钥密码体制。公开密钥加密算法的典型代表是 RSA 算法。

1. RSA 算法

1978 年就出现了 RSA 算法，这是一个既能用于数据加密，也能用于数字签名的算法。算法的名字以发明者的名字命名(Rivest、Shamir 和 Adleman)，但 RSA 的安全性一直未能得到理论上的证明。

RSA 的安全性依赖于大数分解。它利用两个很大的质数相乘所产生的乘积来加密。这两个质数无论哪一个先与原文件编码相乘，对文件加密，均可由另一个质数再与之相乘来解密，但要用一个质数来求出另一个质数是十分困难的。因此将这一对质数称为密钥对(Key Pair)。一个作为公钥向公众开放，一个作为私钥不告诉任何人。

2. 信息保密原理

公钥与私钥是互补的，即用公钥加密的密文可以用私钥解密，而用私钥加密的密文也可以用公钥解密。在加密应用时，接收者总是将一个密钥公开，为发送一份保密报文，发送者必须使用接收者的公共密钥对数据进行加密。一旦加密，只有接收方用其私人密钥才能加以解密。假设甲和乙互相知道对方的公钥，甲向乙发送信息时用乙的公钥加密，乙收到后就用自己的私钥解密出甲的原文。由于没有别人知道乙的私钥，从而加强了信息的保密性。

3. 签名认证原理

另外，由于具有数字凭证身份的人员的公共密钥可在网上查到，因此，任何人都可能知道乙的公钥，都能给乙发送信息，乙要确认是甲发送的信息，就产生了认证的问题，于是要用到数字签名。数字签名是发送方用自己的私钥加密，而接收方用发送方的公钥解密。RSA 公钥体系的特点使它非常适合用来满足上述两个要求：保密性和认证性。

8.3.3 数字摘要

数字摘要也称为安全 Hash 编码法。它是由 Ron Rivest 所发明的。数字摘要是一个唯一对应一个信息的值，它由单向 Hash 加密算法对一个信息作用生成，有固定的长度(一般是160 位或 128 位)，所谓单向是指不能被解密。不同的信息其摘要不同，相同的信息其摘要相同，因此摘要称为信息的“指纹”，用来验证消息是否是原文。发送端将信息和摘要一同发送，接收端收到后，用 Hash 函数对收到的信息产生一个摘要与收到的摘要对比，如果相同，则说明收到的信息是完整的，在传输过程中没有被修改，否则就是被修改过，不是原信息。数字摘要方法解决了信息的完整性问题。数字摘要的过程如图 8.3 所示。

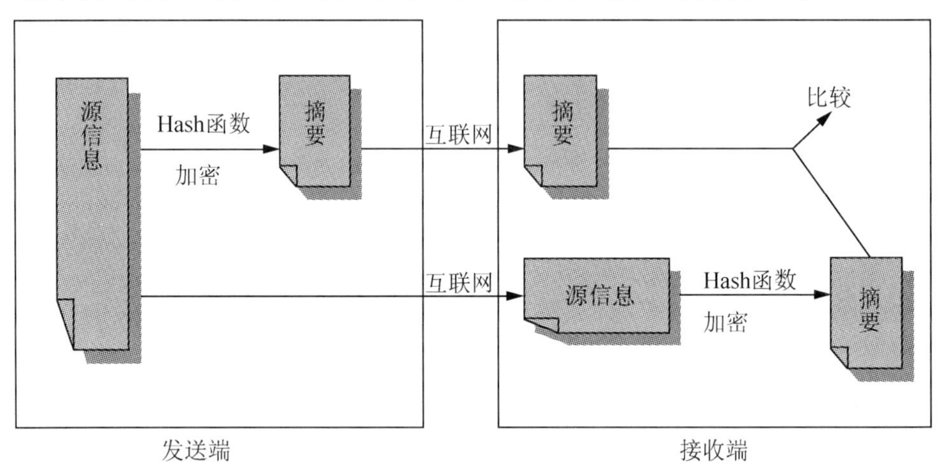

图 8.3 数字摘要的过程

用于数字摘要的 Hash 函数应该满足以下几个条件。

(1) 对同一数据使用同一 Hash 函数，其运算结果应该是一样的，即对同一文件采用同样的“全息处理”过程，形成的“全息照片”应该是一样的。

(2) Hash 函数应具有运算结果不可预见性，即从源文件的变化不能推导出缩影结果的变化，对源文件的微小变化可能会导数“全息照片”的巨大变化。

(3) Hash 函数具有不可逆性，即不能通过文件缩影反算出源文件的内容。

由此可以看出，通过 Hash 函数计算出的“信息文摘”可以被看作是源文件的缩影。由于它是整个源文件经过 Hash 函数处理的结果，所以该“缩影”的完整性可以代替源文件的完整性。通过 Hash 函数可以将变长文件压缩为定长信息，避免对全文加密的时间消耗(加密算法的实现需要大量的数学计算)。目前常用的 Hash 算法有安全散列算法(SHA－l)、MD5 等。

8.4 电子商务的认证技术

8.4.1 基本认证技术

1. 数字签名

1) 数字签名的作用

在书面文件上签名是确认文件的一种手段，签名的作用有两点：一是因为自己的签名难以否认，从而确认了文件已签署这一事实；二是因为签名不易伪冒，从而确认了文件是真的这一事实。数字签名与书面文件签名有相同之处，采用数字签名也能确认以下两点：①信息是由签名者发送的；②信息自签发后到收到为止未曾做过任何修改。这样数字签名就可以用来防止电子信息因易被修改而有人作伪，或冒用别人名义发送信息，或发送(收到)信件后又加以否认等情况发生。

为了做一个数字签名，发送者要用他的私钥加密一个信息。任何有他的公钥的接收者都能读取它，接收者能确信发送者的确是信息的作者，同时发送者无法否认信息已发送。数字签名往往附加在发送的信息中，就像手写签名一样。

2) 数字签名的实现方式

报文的发送方从报文文本中生成一个固定位数的散列值(或报文摘要)，并用自己的私钥对这个散列值进行加密来形成发送方的数字签名。然后，该数字签名将作为附件和报文一起发送给接收方。报文的接收方首先从接收到的原始报文中计算出固定位数的散列值，接着用发送方的公钥来对报文附加的数字签名解密。如果两个散列值相同，那么接收方就能确认该数字签名是发送方的。

3) 数字签名采用的算法

数字签名采用的算法有 RSA 签名、DES 签名和 Hash 签名，其中 Hash 签名是最主要的数字签名方法。该方法将数字签名与要发送的信息捆绑在一起，所以更适合电子商务(因为显然要比信息与签名分别发送具有更高的可信度和安全性)。

4) Hash 签名法的过程和步骤

数字签名并非用“手书签名”类型的图形标志，它采用了双重加密的方法来实现防伪、防抵赖，其过程如图 8.4 所示。

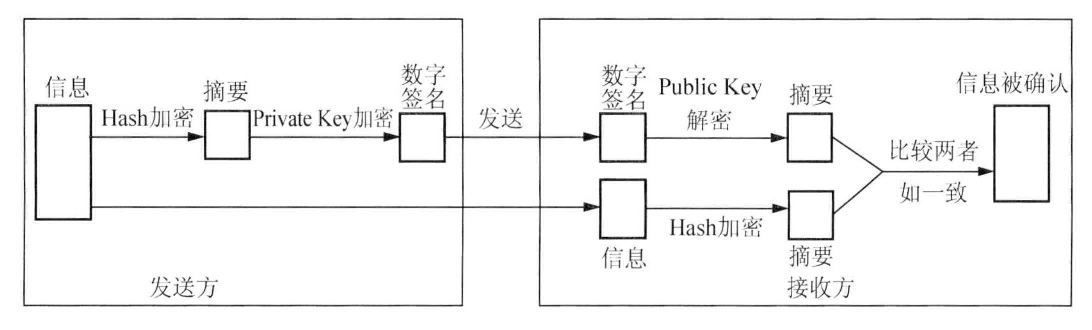

图 8.4 数字签名过程示意图

(1) 发送方首先用 Hash 函数将需要传送的内容加密产生报文的数字摘要。

(2) 发送方采用自己的私有密钥对摘要进行加密，形成数字签名。

(3) 发送方把原文和加密的摘要同时传递给接收方。

(4) 接收方使用发送方的公共密钥对数字签名进行解密，得到发送方的报文摘要。

(5) 接收方用 Hash 函数将接收到的报文转换成报文摘要，与发送方形成的摘要相比较，若相同，说明文件在传输过程中没有被破坏。

5) 公钥体系的作用

如果第三方冒充发送方发出了一个文件，因为接收方在对数字签名进行解密时使用的是发送方的公钥，只要第三方不知道发送方的私钥，那么解密出来的数字签名和经过计算的数字签名必然是不相同的。可以说公钥体系提供了一个安全的确认发送方身份的办法。

6) 不同用途中的公钥体系

数字签名和密钥的加密解密过程虽然都使用公钥体系，但实现的过程正好相反，使用的密钥对也不同。数字签名使用的是发送方的密钥对，发送方用自己的私钥加密，接收方用发送方的公钥解密，是一对多的关系：任何拥有发送方公钥的人都可以验证数字签名的正确性；而密钥的加密解密则使用的是接收方的密钥对，这是多对一的关系：任何知道接收方公钥的人，都可以向接收方发送加密信息；只有唯一拥有接收方私钥的人才能对信息解密。在实用过程中，通常一个用户拥有两个密钥对——一个密钥对用来对数字签名加密解密，另一个密钥对用来对密钥加密解密。这种双重加密的方式提供了更高的安全性。

2. 数字信封

数字信封是用密码技术的手段保证只有规定的收信人才能阅读信的内容。在数字信封中，信息发送方自动生成对称密钥，用它加密原文，再利用 RSA 算法对该密钥进行加密，则被 RSA 算法加密的密钥部分称为数字信封。数字信封工作过程如图 8.5 所示。

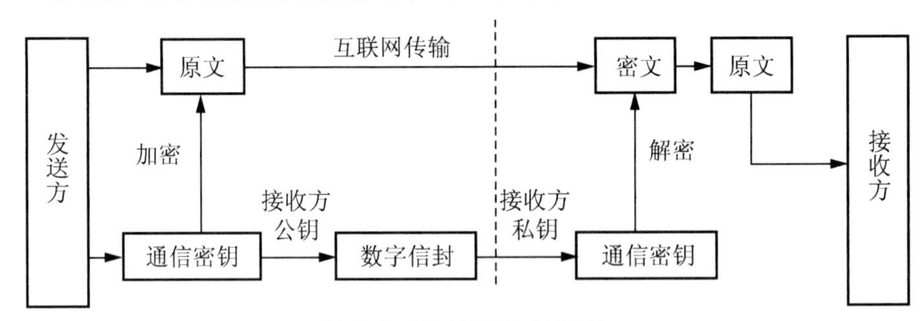

图 8.5 数字信封工作过程

(1) 在发送文件时，发送方先产生一个通信密钥，并用这一通信密钥对文件原文进行加密后，再通过网络将加密后的文件传送到接收方。

(2) 发送方再把对文件加密时使用的通信密钥用接收方的公开密钥进行加密，即生成数字信封，然后通过网络传送到接收方。

(3) 接收方收到发送方传来的经过加密的通信密钥后，用自己的私钥对其进行解密，从而得到发送方的通信密钥。

(4) 接收方再用发送方的通信密钥对加密文件进行解密，从而得到文件的原文。这样，数字信封就保证了在网上传输的文件信息的保密性和安全性。即使加密文件被他人非法截获，因为截获者无法得到发送方的通信密钥，所以不可能对文件进行解密。

3. 数字时间戳

交易文件中，时间是十分重要的信息。在书面合同中，文件签署的日期和签名一样，均是十分重要的防止文件被伪造和篡改的关键性内容。

在电子交易中，同样需要对交易文件的日期和时间信息采取安全措施，而数字时间戳服务(Digital Time Stamp，DTS)就能提供对电子文件发表时间的安全保护。

数字时间戳服务是网上安全服务项目，由专门的机构提供。时间戳是一个经加密后形成的凭证文档，它包括以下 3 部分。

(1) 需加时间戳的文件的摘要。

(2) DTS 收到文件的日期和时间。

(3) DTS 的数字签名。

时间戳产生的过程为：用户首先将需要加时间戳的文件用 Hash 编码加密形成摘要，然后将该摘要发送到 DTS，DTS 在加入了收到文件摘要的日期和时间信息后，再对该文件加密(数字签名)，然后送回用户。

需要注意的是，书面签署文件的时间是由签署人自己写上的，而数字时间戳则不然，它是由认证单位 DTS 来加的，以 DTS 收到文件的时间为依据。因此，时间戳也可以作为科学家的科学发明的时间认证。

4. 数字证书

数字证书用电子手段来证实一个用户的身份和对网络资源访问的权限。数字证书作为网上交易双方真实身份证明的依据，是一个经证书授权中心(Certificate Authority，CA)数字签名的、包含证书申请者(公开密钥拥有者)个人信息及其公开密钥的文件。基于公开密钥体制(Public Key Infrastructure，PKI)的数字证书是电子商务安全体系的核心，用途是利用公共密钥加密系统来保护与验证公众的密钥，由可信任的、公正的权威机构 CA 颁发。CA 对申请者所提供的信息进行验证，然后通过向电子商务各参与方签发数字证书来确认各方的身份，保证网上支付的安全性。

在网上的电子交易中，如双方出示了各自的数字证书，并用它来进行交易，那么双方都可不必为对方身份的真伪担心。

数字证书可用于电子邮件、电子交易、电子支付等各种用途。

1) 数字证书的内部格式

CCITT 的 X.509 国际标准规定了它包含以下内容。

(1) 证书拥有者的姓名。

(2) 证书拥有者的公共密钥。

(3) 公共密钥的有效期。

(4) 颁发数字证书的单位。

(5) 数字证书的序列号。

(6) 颁发数字证书单位的数字签名。

2) 数字证书的类型

(1) 个人证书(Personal Digital ID)。它仅为某一个用户提供凭证，以帮助其个人在网上进行安全交易操作。个人身份的数字证书通常是安装在客户端的浏览器内的，并通过安全的电子邮件来进行交易操作。

(2) 企业(服务器)证书(Server ID)。它通常为网上的某个 Web 服务器提供凭证，拥有 Web 服务器的企业就可以用具有证书的万维网站点(Web Site)来进行安全电子交易。有证书的 Web 服务器会自动地将其与客户端 Web 浏览器通信的信息加密。

(3) 另外一些专门的安全技术协议和整体解决方案，也会根据各自的标准向交易的各方颁发相应的数字证书，如 SSL 数字证书和 SET 数字证书等。

8.4.2 认证中心与认证体系

在电子商务中必须解决两个问题：一个是身份验证；另一个是交易的不可抵赖。由于交易的双方互不见面，并且是一些不带有本人任何特征的数据在交换，因此有可能造成一些交易的抵赖。为解决这两个问题，就必须引入一个交易双方均信任的第三方，对买卖双方进行身份验证，以使交易的参与者确信自己确实是在与对方所说的人交易。同时，在公开密钥体系中，公开密钥的真实性鉴别也是一个重要问题。而 CA 中心为用户发放的证书是一个有该用户的公开密钥及个人信息并经证书授权中心数字签名的文件。由于 CA 的数字签名使得攻击者不能伪造和篡改证书，因此，证书便向接收者证实了某人或某机构对公开密钥的拥有。与其进行交易时不必怀疑其身份，对方传来的数据是带有其身份特征而且是不可否认的。

在此各方均信任的第三方就是 CA 安全认证机构，上述理由构成 CA 产生的根本原因。

1. CA

在电子商务的安全系统中，如何证明公钥的真实性呢？即如何证明一个公钥确实属于信息发送者，而不是冒充信息发送者的另一个人在冒用他的公钥，这就要靠第三方证实该公钥确属于真正的信息发送者。认证中心就是这样的第三方，它是一个权威机构，专门验证交易双方的身份。验证方法是接收个人、商家、银行等涉及交易的实体申请数字证书，核实情况，批准或拒绝申请，颁发数字证书。认证中心除了颁发数字证书外，还具有更新、撤销和验证证书的职能；消费者、商户和支付网关的证书应定期及时更新，以避免在长期的使用中证书内容泄密而影响交易的安全性；一旦私钥泄密或身份信息更换或不再需要该证书，就应向认证中心申请撤销证书；证书的验证是通过分级体系来完成的，每一种证书归属于签发它的单位，通过层层认证可达根 CA。通过对证书的管理，可以检查所申请证书的状态(等待、有效、过期等)，并可以废除、更新、搜索、验证证书。CA 体系具有一定的层次结构，如图 8.6 所示。

CA 体系由根 CA、品牌 CA、地方 CA，以及持卡人 CA、商家 CA、支付网关 CA 等不同层次构成，上一级 CA 负责下一级 CA 数字证书的申请、签发及管理工作。通过一个完整的 CA 认证体系，可以有效地实现对数字证书的验证。每一份数字证书都与上一级的签名证书相关联，最终通过安全认证链追溯到一个已知的可信赖的机构，由此便可以对各级数字证书的有效性进行验证，根 CA 的密钥由一个自签证书分配，根证书的公开密钥对所有各方公开，它是 CA 体系中的最高层。

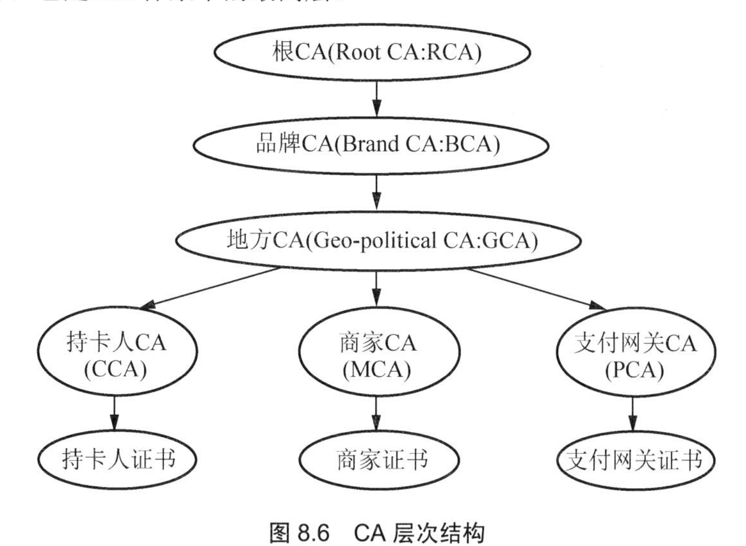

图 8.6 CA 层次结构

认证中心依据一定的认证操作规程来实施服务操作。CA 负责数字证书的颁发，申请证书的用户向认证机构提交身份证明，CA 收到用户的身份证明后，通过对其身份信息和公开密钥进行数字签名操作产生数字证书。在本章后面将要提到的 SET 协议中，数字证书的注册和验证都是通过密码体制中的 DES 算法及 RSA 算法进行数字签名、数字信封等加密和解密操作的。

2. 电子商务的 CA 认证体系

电子商务 CA 体系包括两大部分：符合 SET 标准的 SET CA 认证体系(又称“金融 CA”体系)和基于 X.509 的 PKI CA 体系(又称“非金融 CA”体系)。当然，也有用户自己认可的 CA。

1) SET CA

1997 年 2 月 19 日，由 MasterCard 和 VISA 发起成立 SET Co 公司，被授权作为 SET 根认证中心(Root CA)。从 SET 协议中可以看出，由于采用公开密钥加密算法，认证中心就成为整个系统的安全核心。在 SET 中，CA 所颁发的数字证书主要有持卡人证书、商户证书和支付网关证书。在证书中，利用 X.500 识别名来确定 SET 交易中所涉及的各参与方。SET CA 是一套严密的认证体系，可保证 B2C 类型的电子商务安全顺利地进行。但 SET 认证结构适应于卡支付，对其他支付方式是有所限制的。

在网上购物中，持卡人的证书与发卡机构的证书关联，发卡机构证书通过不同品牌卡的证书连接到 Root CA，而 Root CA 的公共签字密钥对所有的 SET 软件都是已知的，可以校验每一个证书。

2) PKI CA

PKI 是提供公钥加密和数字签名服务的安全基础平台，目的是管理密钥和证书。PKI 是创建、颁发、管理、撤销公钥证书所涉及的所有软件、硬件的集合体，它将公开密钥技术、数字证书、证书发放机构和安全策略等安全措施整合起来，成为目前公认的在大型开放网络环境下解决信息安全问题最可行、最有效的方法。

PKI 是电子商务安全保障的重要基础设施之一。它具有多种功能，能够提供全方位的电子商务安全服务。一个典型的 PKI 应用系统包括 5 个部分：密钥管理系统、证书受理系统、证书签发系统、证书发布系统、目录服务(证书查询验证)系统。

3) 用户自己认定的 CA

在实际运作中，CA 也可由大家都信任的一方担当，例如在客户、商家、银行三角关系中，客户使用的是由某个银行发的卡，而商家又与此银行有业务关系(有账号)。在此情况下，客户和商家都信任该银行，可由该银行担当 CA 角色，接收、处理它的客户证书和商家证书的验证请求。例如，对商家自己发行的购物卡，则可由商家自己担当 CA 角色。

8.4.3 安全交易的过程

安全电子商务使用的文件传输系统大都带有数字签名和数字证书。我们假设发送者是甲方，接收者是乙方，安全交易的过程如图 8.7 所示(图中的过程编号对应于以下文字描述的过程编号)。

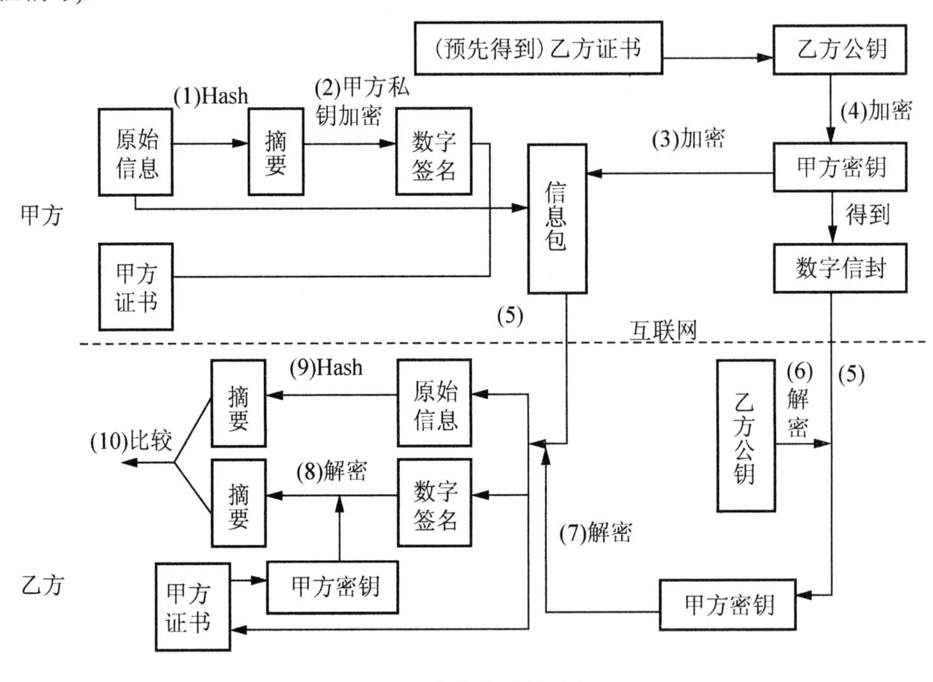

图 8.7　安全交易的过程

(1) 在甲方，要发送的信息通过哈希函数变换成预先设定长度的报文数字摘要。

(2) 数字摘要用甲方的私钥通过 RSA 算法加密，其结果是一个数字签名。

(3) 数字签名和甲方的证书，附着在原始信息上打包；同时，在甲方的计算机上，使用 DES 算法生成对称密钥给这个信息包加密。

(4) 甲方预先收取乙方的证书，并通过其中的公钥为甲方的对称密钥加密，形成一个数字信封。

(5) 加密的信息和数字信封通过互联网传输给乙方的计算机。

(6) 乙方用自己的私钥解密数字信封，得到甲方的对称密钥。

(7) 通过这个密钥，从甲方收到的加密信息被解密成原始信息、数字签名和甲方的数字证书。

(8) 用甲方的公钥(包含在甲方的证书中)解密数字签名，得到报文摘要。

(9) 将收到的原始信息通过哈希函数变换成报文摘要。

(10) 比较由第(8)步和第(9)步所产生的报文摘要，以确定在传输过程中是否有什么改变，这一步确定信息的完整性。

8.5 安全技术协议

要保证交易过程中数据来源可靠、传输安全、不被篡改并且能为交易各方的行为提供无可抵赖的证据。当前成熟的做法是，通过数字证书和安全检查技术解决各方身份的交叉确认；通过数字签名技术验证数据的完整性、来源的可靠性，并为交易各方的行为提供不可抵赖的证据；通过加密技术确保数据在传递过程中的保密性。

针对这些技术的具体应用，国内外有许多不同的安全协议和整体解决方案，其中公钥体系结构是目前国际上公认的技术最成熟、使用最广泛的电子商务安全问题的完整解决方案。在其体系结构中，PKI 集成上述技术，并进行了具体规定，从而为互联网应用提供了公钥加密和数字签名服务的平台。与 OSI 7 层模型相似，PKI 仅仅提出了一种解决问题的安全框架模式。在实际应用中，许多集成商针对不同的网络应用提出了不同的商业实现标准，其中比较有名的就是由 VISA、Master Card、IBM 等联合推出的安全电子交易协议(Secure Electronic Transaction，SET)和由 Netscape、Verisign 等推出的安全嵌套层协议(Secure Socket Layer，SSL)。

8.5.1 SSL 安全协议

SSL 是 Netscape 公司于 1994 年开发的对互联网上计算机之间对话进行加密的一种网络安全协议，它能把浏览器和服务器之间传输的数据加密。这种加密措施能够防止资料在传输过程中被窃取，因此，采用 SSL 协议传输密码和信用卡号等敏感信息以及身份认证信息是一种比较理想的选择。SSL 可以被理解成一条受密码保护的通道，通道的安全性取决于协议中采用的加密算法。目前，SSL 协议标准已经成为网络上保密通信的一种工业标准，在 C/S 和 B/S 的构架下都有广泛的应用。

1. SSL 协议简介

SSL 协议基于 TCP/IP，可以让 HTTP、FTP 及 Telnet 等协议通过它透明地加以应用。在建立一次连接之前，首先需建立 TCP/IP 连接。SSL 连接可以看成在 TCP/IP 连接的基础上建立一个安全通道，在这一通道中，所有点对点的信息都将加密，从而确保信息在互联网上传输时不会被第三方窃取。SSL 协议可以分为两个子协议：SSL 握手协议(Handshake Protocol)和 SSL 记录协议(Record Protocol)。

1) SSL 握手协议

握手协议用于数据传输之前，它可以进行服务器与客户之间的身份鉴别，同时通过服务器与客户协商，决定采用的协议版本、加密算法，并确定加密数据所需的对称密钥，随后采用公钥加密技术产生共享机密(Shared Secrets)，用于传送对称密钥等的机密信息。每次连接时，握手协议都要建立一个会话(Session)。会话中包含了一套可在多次会话中使用的加密安全参数，从而减轻了每次建立会话的负担。然而，SSL 中的每次连接，在握手协议中产生的对称密钥都是独特的，这种每次更换密钥的方法显然在更大程度上确保了系统的不易攻破性。

2) SSL 记录协议

SSL 的记录协议定义了传输的格式，其记录层在 TCP 层之上，用于各种更高层协议的封装。在这层中，信息将根据 SSL 记录的负载，将信息加以分割或合并，随后将所有记录层信息用对称密钥加密，通过基于 TCP/IP 的连接将信息发送出去。

2. SSL 的工作过程

SSL 的工作过程如图 8.8 所示。其中各个步骤具有以下作用。

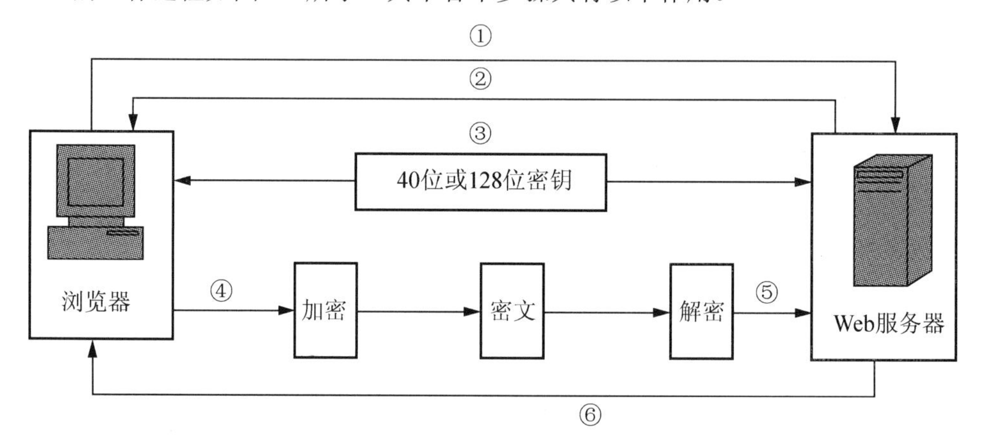

图 8.8　SSL 的工作过程

(1) 浏览器请示与服务器建立安全会话。

(2) 浏览器与 Web 服务器交换密钥证书以便双方相互确认。

(3) Web 服务器与浏览器协商密钥位数(40 位或 128 位)；客户机提供自己支持的所有算法清单，服务器选择它认为最有效的密钥生成算法。

(4) 浏览器将产生的会话密钥用 Web 服务器的公钥加密传给 Web 服务器。

(5) Web 服务器用自己的私钥解密。

(6) Web 服务器和浏览器用会话密钥加密和解密，实现加密传输。

3. SSL 提供的 3 种基本的安全服务

SSL 提供 3 种基本的安全服务，它们都使用公开密钥技术。

(1) 信息保密。通过使用公开密钥和对称密钥技术以达到数据加密，SSL 客户机和 SSL 服务器之间的所有业务使用在 SSL 握手过程中建立的密钥和算法进行加密，这样就防止了某些用户非法窃听，即使他们捕捉到通信的内容，也无法破译。

(2) 信息完整。如果互联网成为可行的电子商务平台，应确保服务器和客户机之间的信息内容免受破坏。SSL 利用机密共享和 Hash 函数组提供信息完整性服务。

(3) 相互认证。这是客户机和服务器相互识别的过程。它们的识别号用公开密钥编码，并在 SSL 握手时交换各自的识别号。

为了验证密钥证书持有者是其用户而不是冒名用户，SSL 要求密钥证书持有者在握手时对交换数据进行数字式标识。密钥证书持有者对包括密钥证书的所有信息数据进行标识，以说明自己是密钥证书的合法持有者。这样就防止了其他用户冒名使用密钥证书。密钥证书本身并不提供认证，只有密钥证书和密钥一起使用才起作用。

SSL 的安全性服务对客户做到尽可能透明。一般情况下，用户只需单击屏幕上的一个按钮或链接就可以与 SSL 的主机相连，当客户机连接 SSL 主机时，首先初始化握手协议，以建立一个 SSL 对话时段；握手结束后，将对通信加密，并检查信息完整性，直到这个对话时段结束为止。当前大多数 Web 服务器均可以提供对 SSL 协议的支持。

8.5.2 SET 安全交易协议

SET 是 VISA 和 MasterCard 这两家世界最大的信用卡公司在 IBM、Netscape 等多家计算机公司的支持下，于 1996 年推出的信用卡网上结算协议，也是在互联网上进行在线交易时保证信用卡支付安全而设立的一个开放的规范。SET 涉及应用层、传输层和网络层等。SET 中主要包括以下几方：信用卡持卡人、商家、支付网关、认证中心及信用卡结算中心。其中支付网关处在 SET 与现存的银行内部网之间，它可以执行对商家的身份鉴别及交易处理、简而言之，它可以被看作是银行内部网提供的公关接口及功能代理。认证中心则负责对持卡人、商家、支付网关进行身份验证，并授予数字证书。SET 本身规范了一套完整的体系，它已形成了事实上的工业标准，并获得互联网工程任务组标准的认可。认证中心作为 SET 过程中认证体系的执行者，具有举足轻重的作用。

1. SET 协议的工作原理

SET 协议的工作原理如图 8.9 所示。

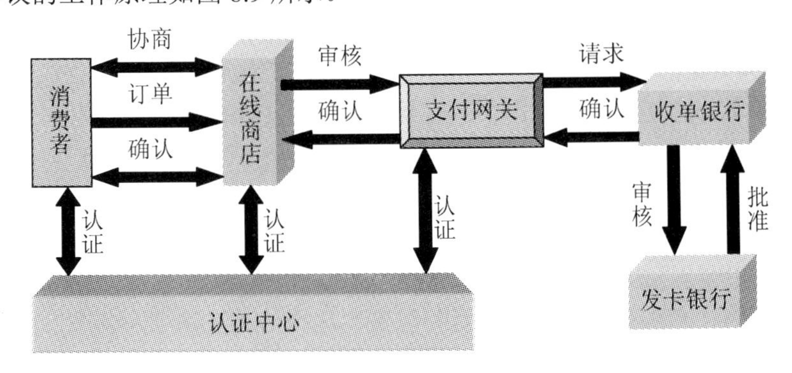

图 8.9　SET 协议的工作原理

(1) 消费者使用浏览器在商家的 Web 主页上查看在线商品目录浏览商品。

(2) 消费者选择要购买的商品。

(3) 消费者填写订单，包括项目列表、价格、总价、运费、搬运费、税费。订单可通过电子化方式从商家传过来，或由消费者的电子购物软件建立。

(4) 消费者选择付款方式，此时 SET 开始介入。

(5) 消费者发送给商家一个完整的订单及要求付款的指令。在 SET 中，订单和付款指令由消费者进行数字签名，同时，利用双重签名技术保证商家看不到消费者的账号信息。

(6) 商家接收订单后，向消费者的金融机构请求支付认可。

(7) 通过网关到银行，再到发卡机构确认，批准交易，然后返回确认信息给商家。

(8) 商家发送订单确认信息给顾客，顾客端软件可记录交易日志，以备将来查询。

(9) 商家给顾客装运货物或完成订购的服务，到此为止，一个购买过程已经结束，商家可以立即请求银行将钱从购物者的账号转移到商家账号，也可以等到某一时间，请求成批划账处理。

(10) 商家从消费者的金融机构请求支付。在认证操作和支付操作中间一般会有一个时间间隔，例如，在每天的下班前请求银行结一天的账。

前 3 步与 SET 无关，从第(4)步开始 SET 起作用，一直到第(9)步，在处理过程中，对通信协议、请求信息的格式、数据类型的定义等，SET 都有明确的规定。在操作的每一步，消费者、商家、网关都通过 CA 来验证通信主体的身份，以确保通信的对方不是冒名顶替。

2. SET 协议的核心技术

SET 协议中用到的核心技术均是在本章的前半部分介绍过的。

(1) 用 DES 算法的对称密钥技术。对称密钥加密技术是 SET 加密协议的基础，银行常采用 DES 算法来加密持卡人的个人识别号码。

(2) 采用 RSA 算法的公开密钥技术。公开密钥技术是 SET 协议的核心，解决了密钥的发布和管理问题，商户可以公开其公开密钥，而保留私有密钥。购物者可以用人人皆知的公开密钥对发布的信息进行加密，安全地传给商户，然后由商户用自己的私有密钥进行解密。

(3) 采用电子数字签名。按双方约定的 Hash 算法产生报文摘要值，用发送者的私人密钥加密产生数字签名。

(4) 采用电子信封。发送者自动生成对称密钥，用它加密原文，将生成的密文连同密钥本身一起再用公开密钥手段传送出去，以解决每次传送更换密钥的问题。

SET 协议的信息加密传送过程综合了上述 4 种常见手段。发送信息时，发信人用自己的私有密钥进行电子签名，再使用收信人的公开密钥制作电子信封，进行加密传送。收信人执行相反的动作：用自己的私有加密密钥解密报文，揭开电子信封，然后用发送者的公开密钥核实报文签名。SET 协议中发送信息采用公开密钥技术，需要一对密钥；发送信息之前先用电子签名技术进行签名，又需要一对密钥。这两对密钥是完全不同的。

3. SET 协议的安全动态认证

SET 协议利用数字认证或电子签名来提供网上的授权和身份确认，数字认证的同时提供给消费者和商家，这些数字认证通常出自于银行或信用卡公司，它和普通的信用卡实时交易的方法一样，但SET是通过互联网来实施这一切的。这种安全系统的长处主要在于它严格的加密技术和认证程序，一旦交易过程发生，数字认证将被解密，并对每一份交易的标记进行匹配，如果这种匹配失败，交易将被拒绝，SET会将这些被拒绝的交易记录在案，并定期检查，而这正是安全网络所必备的特点之一。

SET在安全方面的考虑很周密，提供各个环节的协议，为网上安全交易提供保障，营造安全舒适的网上交易环境，但它的使用并不复杂。SET的开放式标准很可能会在不久的将来成为电子商务的支柱。

1) 网络安全动态认证注册

网络安全动态认证是通过网络对操作的双方实时地进行监控的一种方式。它具体包括以下注册方法。

(1) 先在网络中由一些非营利性的机构或者一些比较权威的组织在网上成立一个网络动态认证中心。

(2) 有希望参加电子商务并希望完成支付环节的公司，无论是企业、个人或银行，只要想加入网络安全支付交易，都必须在网络动态认证中心进行网络注册，注册时必须把参加者的金融信息、保密信息，以及账户等内容如实填报。

(3) 注册完以后，网络会自动地把个人私钥、加密算法、解密算法等内容通过网络发到用户的计算机上。

2) 网络安全动态认证应用

这种SET协议和网络动态安全认证的电子商务支付过程，如果从它的原理和技术解决方案来看是比较复杂的，但是作为一般用户，或者从使用的角度来看，却非常简单。

注册完后，用户可以在这个安全协议和认证系统的环境下在网上直接完成购物过程的交易、支付与清算。如果需要购买某种商品，可以登录到某一个供应商或某商家的网站上，在那里挑选所需的商品，在登录过程和商品挑选过程以及价格商谈过程中SET协议和网络动态认证中心是不起作用的。选完所需的商品以后，用户可以选择网络安全动态的方式进行支付，只要选择了这种方式，供应方或者商家就立刻会用公钥加密的方式把你所需要付的金额数传送到用户的计算机上来，用户用私钥打开来看，知道一共多少钱，应该用什么样的方式支付给对方。然后用户再将支付信息通过私钥加密的方式传送给对方，对方再把支付信息通过它的代理银行与用户的代理银行之间进行结算。

整个交易和支付过程涉及贸易的买卖双方以及买卖双方的代理银行。而这个操作过程和所涉及的这4个单位的操作内容，都会在网络动态认证中心的监控之下。如果这4方有一方所提供的信息内容和加密的信息内容与网络动态认证中心所注册的内容不符，这笔交易马上就会无效。网络动态认证中心利用了各种加密和认证技术来确保整个支付过程的安全可靠性。

8.5.3 SSL协议与SET协议的比较

SSL协议和SET协议的区别主要表现在以下几个方面，见表8-1。

表 8-1　SSL 协议与 SET 协议的比较

项　　目	SSL 协议	SET 协议
使用专用软件	否	是
协议所处层次	传输层与应用层之间	应用层
是否透明	透明	不透明
过程	简单	复杂
效率	高	低
安全性	商家掌握客户 IP	客户 IP 对商家保密
认证机制	双方认证	多方认证
是否专为 EC 设计	否	是

1. 用户方面

SSL 协议已被浏览器和服务器内置，无须安装专门软件，也不用申请数字证书；而 SET 协议中在客户端要安装专门的电子钱包软件，在商家服务器和金融专用网络上也需安装相应的软件，还要求必须向交易的各方发放数字证书，而且只适用于 B2C 模式的信用卡交易。这使得 SET 比 SSL 的使用成本要高得多，推行起来阻力大，因此限制了 SET 协议的发展。

2. 协议层次方面

SSL 协议位于传输层和应用层之间，可以很好地封装应用层的数据，对用户是透明的；SET 协议则位于应用层，对网络上其他各层也有涉及，规范了整个商务活动的流程。

3. 效率方面

SET 协议非常复杂、庞大，处理速度慢、系统负载重，一个典型的 SET 交易过程需验证电子证书 9 次、验证数字签名 6 次、传递证书 7 次、签名 5 次、对称加密 4 次和非对称加密 4 次，整个交易过程可能需花费 2 分钟左右；而 SSL 协议则简单得多，整个交易过程仅需几秒，工作效率要比 SET 协议高很多。

4. 认证方面

早期的 SSL 协议并没有提供身份认证机制，虽然在 SSL V3.0 中可以通过数字签名和数字证书实现浏览器和服务器之间的身份认证，但仍不能实现多方认证，而且 SSL 协议中只有商家服务器的认证是必需的，客户端认证则是可选的；相比之下，SET 协议的认证要求较高，所有参与的成员都必须申请数字证书，并且解决了客户与银行、客户与商家、商家与银行之间的多方认证问题。

5. 安全性方面

虽然 SSL 协议和 SET 协议都使用了 RSA 算法，但却用于实现不同的安全目标。一般公认 SET 协议的安全性较高，SET 协议采用了公钥加密、消息摘要和数字签名等安全技术，可以确保信息的机密性、完整性和不可否认性，且协议采用了双重签名来保证各参与方信息的相互隔离，使商家只能看到持卡人的订单信息，而银行只能取得持卡人的信用卡信息；SSL 协议虽也采用了公钥加密、信息摘要，可以提供机密性、完整性和一定程度的身份验证功能，但缺乏一套完整的认证体系，不能提供完备的防抵赖功能。

6. 应用层次方面

SSL 协议是面向连接的，但它只是简单地建立起了通信双方的安全连接，运行在 SSL 协议下的支付系统只能与 Web 服务器捆绑在一起；而 SET 协议是一个多方的报文协议，它定义了持卡人、商家和银行之间必须遵守的报文规范，SET 报文能够在银行内部网或者其他网络上传输，它不仅能加密两个端点之间的对话，还可以加密和认定 3 方面的多个信息，而这是 SSL 协议不能解决的问题。

可以看出，相对于 SSL 协议来说，SET 协议更为安全；但是 SET 协议过于复杂，处理速度慢，支持 SET 系统的费用较高，对用户的要求高，市场占有率低。而相比之下，使用 SSL 协议则较为便捷(被大部分 Web 浏览器所内置)，其安全性可以满足现实要求。SET 协议和 SSL 协议都要求使用密码技术和算法，都要增加计算机系统的负载，但与 SSL 协议比较，SET 协议需要更高的处理能力。

实际上，互联网购物将会成为一种非常普遍的现象，SET 权威研究机构也一直在努力研究最大程度减少对客户方要求的方案。如果在不远的将来，基于 SET 标准的安全系统集成在通用的网络浏览器中，而且可以正确无误运作，那么网上的购物者就不用再担心商家会看到他们的支付信息，因为这些信息只有到达银行时才会被解密。另外，SET 还将引入除信用卡以外的结算方式，加上先进的加密算法，SET 有可能在未来的电子商务中扮演更为重要的角色。同时由于 SSL 的简洁性及通用性，它也必然长期存在。

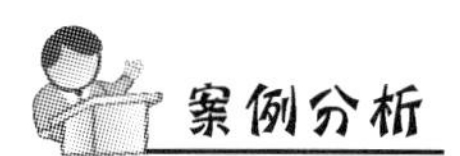

熊猫烧香引发的思考

2007 年年初，号称 2006 年度互联网“毒王”的“熊猫烧香”病毒的始作俑者李俊在湖北落入法网。2 月 14 日，湖北省仙桃市公安局宣布，李俊已编写完成该病毒的专用杀毒软件程序，公安部门正组织专家对这一程序进行鉴定，预计一周内警方将在指定网站公开该杀毒软件，供网民下载。

“熊猫”终于停止“烧香”，但它带给人们的启示却远未终结。

1. 网民法律意识淡薄

2006 年 12 月大规模爆发的“熊猫烧香”病毒造成的危害堪称严重，据统计，全国有上百万台计算机遭受感染，数以千计的企业受到侵害。

2007 年 1 月 22 日，国家计算机病毒应急处理中心再次发出警报，在全国通缉“熊猫烧香”，就在同一天，仙桃警方发现了该病毒的源代码，并于 1 月 24 日正式立案，2 月 7 日，李俊等 6 名犯罪嫌疑人全部被抓获，前后用了不到半个月时间。

据办案人员说：“绝大多数网民都有个认识误区，以为自己在网上做了什么没人会知道。其实，即使是编写病毒也是有迹可循的。”

“熊猫烧香”病毒代码中特殊的“签名”——WHBOY(武汉男孩)——就为侦破此案提供了重要线索，此外，“熊猫烧香”病毒感染网页文件后，会在网页中加入一段代码，把网页转向特定网址，而该网站的注册信息显示，注册人来自武汉，因此警方很快分析出拥有全部病毒代码的人应是武汉人，且很可能与

2005年爆发的“武汉男孩”“QQ尾巴”等木马病毒有很大的关系。

确切地说，我国许多网民法律意识淡薄，认为在网上可以无法无天。其实，故意制造、传播计算机病毒等破坏性程序，侵入他人系统，造成严重后果的，构成破坏计算机系统罪，将依照刑法第二百八十六条处以5年以下有期徒刑或拘役；如果后果特别严重的，将处以5年以上有期徒刑。

2. 网络病毒形成“产业链”

李俊平时深居简出，但花钱却极其阔绰，甚至一日花销上万元，主要用于乘飞机去异地会网友。据了解，李俊有个银行卡账号上的存款额最多曾达到40多万元。作为一个无业人士，他的收入主要来源于传播“熊猫烧香”病毒。

其实，李俊直接出售“熊猫烧香”病毒只有十几次，而且卖价才几百元，他主要是靠出售“肉鸡”赚钱，这依赖于一条非法“产业链”。这条“产业链”包括病毒制作人李俊、中间商、病毒购买者(挂马人)、“收信人”“拆信人”等多个环节。它的操作模式大致是：李俊要根据“市场需要”改写自己的病毒程序代码，从而控制中毒电脑自动访问病毒购买者的网站，“挂马人”在网站上挂木马程序入侵中毒电脑，木马程序从中毒电脑中“盗窃”QQ币、游戏装备等物品，并通过电子邮件发送给“收信人”，“收信人”再把这些有价值的电子邮件转卖给“拆信人”，“拆信人”出售“虚拟财物”后得到现实货币。

被“熊猫烧香”病毒感染的计算机，等于被摧毁了一切信息保护能力，成为任人宰杀的“肉鸡”。“如果把‘肉鸡’比喻为一幢房子，李俊就是掌握钥匙的人，他用钥匙把门打开，让交钱给他的人进去偷东西。”在这个链条中，李俊其实不是赚钱最多的。一个“挂马人”被拘捕后交代：“我是个做流量的，用户惊人，我知道做这一行钱比房地产还来得快。”

目前计算机犯罪的一个显著特点是，从以炫耀技术、能力为目的，发展到以非法牟利为目的，而且某些病毒的传播已形成了一条龙式的产业链，值得人们警觉。

3. 网络信息安全环境有待治理

在看守所中的李俊说：“病毒能传播这么快，主要是因为网友的信息安全意识太差，如果经常打打‘补丁’，电脑也不会这么容易被感染。”

其实，技术上与病毒对抗可谓永无止境，变种、升级、再变种、再升级，杀毒软件永远滞后于病毒的产生，获利的永远是犯罪分子和杀毒软件的制造者。维持网络秩序、对由网络犯罪造成的社会资源损失的界定和补偿亟须建设关于网络信息安全的法律法规。

立法的滞后已成为网监警察的担忧：犯罪嫌疑人抓到了，但如何定罪量刑呢？根据法律，制造传播病毒者，要根据后果严重程度量刑，可“熊猫烧香”病毒导致的后果该如何衡量？受害人数以百万计，怎么可能来举证？其次，被盗的物品多是游戏装备等“虚拟财物”，即使大家都知道一个装备值1万元，但只要还没成为现实货币，就不构成“盗窃罪”，这可能导致李俊之外的很多嫌疑人量刑很轻或定罪困难。

另外，对涉及国家金融、安全等信息系统加强安全监管已成为当务之急。有些盗取网上银行密码的案件已经发生。其实“熊猫烧香”病毒也可以入侵银行系统，只是李俊等人还没做而已。

案例思考：

1. 哪些因素使得“熊猫烧香”病毒传播如此迅速？

2. 维持网络秩序，需从个人做起，谈谈你对此的看法。

复习思考题

一、名词解释

1. 计算机病毒
2. 防火墙
3. 数据加密

二、选择题

1. 与 SSL 协议相比，SET 协议(　　)。

   A. 简单易操作　　B. 工作效率高
   C. 可以多方认证　　D. 处理速度快

2. 数字信封在工作过程中，需要(　　)。

   A. 对称密钥　　B. 对称密钥与非对称密钥
   C. 非对称密钥　　D. 数字证书

三、简答题

1. 黑客攻击主要采取哪几种手段？
2. 简述防火墙安全控制的两条准则。
3. 防火墙有哪些局限性？
4. 简述数据摘要的加密流程。
5. 简述数字签名的作用和工作流程。
6. 数字时间戳的作用是什么？它由哪几部分组成？
7. 简述安全交易的过程。
8. 用表格分析 SSL 协议与 SET 协议之间的区别。

第9章 电子商务物流

学习目标

通过本章的学习，了解电子商务物流的概念和内容，电子商务对物流的影响，第三方物流和第四方物流的概念、特点，通过对国内外电子商务物流模式和具体案例的分析，了解电子商务物流的特点及各种物流解决方案的实现，认识电子商务物流的实际运作规律。

教学要求

教学模块	知识单元	相关知识点
电子商务物流基础	(1) 电子商务物流产生的背景 (2) 电子商务物流的概念 (3) 电子商务物流的内容	电子商务物流的概念，电子商务与物流的关系，电子商务物流的功能和服务，传统物流服务与电子商务物流服务的区别
电子商务物流的发展	(1) 电子商务对物流的影响 (2) 电子商务物流业发展趋势 (3) 新型物流配送中心的运作与发展	电子商务对物流的影响，物流配送中心运作的分类，物流配送模式的主要类型，新型物流配送中心的特征
物流业务外包	(1) 物流外包业务的发展 (2) 第三方物流 3PL (3) 第四方物流 4PL	以经营主体为物流运作模式的第三方物流的概念和运作的分类，第四方物流的概念、特点
电子商务物流解决方案	(1) 国外电子商务物流模式 (2) 电子商务环境下的综合物流代理	美国、日本的电子商务物流模式，综合物流代理系统的特点、设计目标，以及物流信息技术

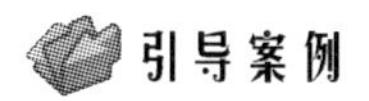

引导案例

海鲜速食电商大尝佳发力京都物流端[①]

近期，进口原产地海鲜速食电商大尝佳，以“鲜、养、快、食、尚”的全新民族速食品牌形象首站进军北京，通过本地化线下仓库端及全程冷链24小时直达模式发力电商物流端，以“低价，新鲜，快速”为标准，将出口品质的海鲜调理美食送至千家万户，这显然是一项极具挑战的尝试。

作为二十多年的食品加工出口的老牌企业，大尝佳背后的原材料供应商遍布全球各大优质水源区(阿根廷，新西兰，日本)，与世界知名的海产捕捞公司PESCONOVA和I&J合作，涉及全球化的鱿鱼、鳕鱼、三文鱼、虾类等的捕捞、加工和销售业务。据海关相关统计显示，其鱿鱼单品出口总量占了全国总额的1/5。如此强大的背景实力支持，供应链大可满足目前和未来潜在订单的需求。

优质的产品需要配合适当的促销及快速的供应、物流，购物体验更大程度在于物流配送上，延期送达，即使质量好也会让消费者心理上不舒服。对于生鲜电商领域，物流尤其是短板，很多食品因为物流而不能运送或者发生变质。反过来讲，物流同样也是生鲜电商摆脱竞争对手的优势。业内唱衰生鲜电商的声音主要是集中在冷链物流和“最后一公里”，生鲜食品如何储存、如何保鲜是个问题。

生鲜电商有更严格的食品运输流程，目前的生鲜电商基本实现了产地直采，从直采到入库、出库再送到消费者手中，生鲜产品在这个阶段需要完全使用冷链物流。生鲜电商的保鲜主要有两种方法，一是借助极端速度，快速送达消费者；二是借助强大的仓储能力，这一点对仓库要求非常高，库房中需要配备冷冻区及冷藏区，用以实现不同温度需求的生鲜食品的存储。

大尝佳海鲜原料均为海外原产地直采，从海外生鲜直采到运送再到仓储，历时较长，更加考验生鲜电商的物流配送及仓储能力，不但要有冷链配送，还需要配备冷藏及恒温仓库，只有严格的温控才能完成食品的保鲜。无疑，这提高了对生鲜电商的仓储要求，所以海外直采不是一般生鲜电商能做到的。所谓“无仓储不生鲜”的说法，很大程度上都来源于此。

然而依据强大的供应链资源及资金实力支撑，大尝佳的产品加工和储存过程做到了冷链全覆盖可控，在北京设立的分仓库，有根据产品分类的原料库、辅料库、暂存库、成品库等，对于库存原料和产品的摆放位置、期限和库存数量都按照6S操作。为了配合订单快速打包发送，大尝佳制订了很多标准流程细节，而这些细节也是决定生鲜成本和客户体验的关键所在。

大尝佳在消费者订购产品后，在冷库中分拣、包装，取特质的保温箱，内部放置足量的冷媒——冰块，外套瓦楞纸箱，然后采用-18℃的制冷保温车24小时内配送到家，在最后一公里的配送中，最大限度地减少食品在运送过程中的新鲜度及营养度的流失。从国际化直采货源到全程物流冷链，大尝佳找到了自己的海鲜速食电商错位竞争优势。

如今，真正做生鲜的大佬们已经进入全新竞争阶段，即物流仓储与产地直供的比拼，这意味着，生鲜电商以后的发展将遵循“唯快不攻，唯鲜不破”的原则。而大尝佳的品牌案例可以说为相关初创电商企业指明了一个发展方向。

---

① http://economy.gmw.cn/2014-07/28/content_12212240.htm

近年来,越来越多的传统企业开始介入电子商务领域。这些传统企业不遗余力地在互联网上建构自己的网上商店,但是对于他们而言,在这些极具吸引力的网络前端的背后还存在着极大的挑战。如果没有一个高效、合理、畅通的,与网上营销配套的物流系统,电子商务所具有的优势就难以得到有效的发挥。而电子商务物流是现代生产方式、现代管理手段、电子信息技术相结合在物流领域中的体现,是电子商务的重要组成部分。本章从电子商务物流的概念出发,介绍电子商务物流的发展、物流业务外包，以及各种物流解决方案的实现。

9.1 电子商务物流基础

如果没有一个高效、合理、畅通，与网上营销配套的物流系统，电子商务所具有的优势就难以得到有效的发挥。而电子商务物流是现代生产方式、现代管理手段、电子信息技术相结合在物流领域中的体现，是电子商务的重要组成部分。

9.1.1 电子商务物流产生的背景

随着经济全球化和贸易自由化的逐步形成，特别是信息技术的飞速发展，使跨国公司在国际贸易中的作用日益增大，这些跨国公司引入的现代物流不仅利用了新的技术，而且带来了新的管理理念和新的组织方式。

1. 现代物流产生的社会背景

市场对产品需求的多样化和市场的一体化使得过去规模化大批量的生产与运输转变为小批量多样化。如何在激烈的竞争中占据优势，生产企业必须对自己的供销业务作出决策，要么合作、要么外包。特别是国与国之间区域市场的形成使竞争趋向国际化，传统物流已远不能适应现代市场的运作方式。

2. 现代物流产生的技术背景

企业信息化建设速度加快以及信息产业的形成与壮大使物流业设备的智能化水平迅速提高，条码技术、POS 机、读码器的使用，使实物得以快速流通、减少排队。许多大的跨国公司，其原材料和部件分散在世界各地，在上市销售之前，其运输的费用和时间成本很大。而 IT 公司使信息技术在对市场的快速反应和运送能力的提高上做出了突出的贡献，立体仓库的出现使一些大型企业在生产中零库存的目标得以实现。Dell 公司就是一个典型的代表，他们在多个口岸城市的进口货物可以直接从保税区运上生产线。

3. 电子商务物流

如传统商务过程一样，电子商务中的任何一笔交易都包含着 4 种基本的“流”，即信息流、商流、资金流和物流。过去，人们对电子商务过程的认识往往只局限于信息流、商流和资金流的电子化、网络化，而忽视了物流的电子化过程，认为对于大多数商品和服务来说，物流仍然可以经由传统的经销渠道。但随着电子商务的进一步推广与应用，物流的重要性和对电子商务活动的影响日益明显，如何建立一个高效率、低成本运行的物流体系来保证电子商务的通畅发展，已成为人们关注的焦点。与此同时，为顺应电子商务的发展，传统的物流行业在运作方式、技术、管理水平上也发生了巨大的变化。

电子商务的物流配送根据电子商务的特点对整个物流配送体系实行统一的信息管理和调度。这种物流配送定位在为电子商务的客户提供服务，按照用户的订货要求在物流基地进行理货工作，并将配好的货物送交收货人。这一先进的、优化的流通方式对流通企业提高服务质量、降低物流成本、优化社会库存配置，从而提高企业的经济效益及社会效益具有重要意义。配送制作为现代物流的一种有效的组织方式，代表了物流业发展的主流方向，而以网络计算为基础的电子商务催化着传统物流配送的革命，它将使物流配送体系效率更高。

毫无疑问，物流影响着电子商务的发展，电子商务也将改变物流，而物流体系的完善将会进一步推动电子商务的发展，如此的良性循环推动电子商务物流(E-Logistics)概念在物流业中应运而生。

9.1.2 电子商务物流的概念

电子商务物流就是利用电子化的手段，尤其是利用互联网技术来完成物流全过程的协调、控制和管理，实现从网络前端到最终客户端的所有中间过程服务，最显著的特点是各种软件技术与物流服务的融合应用。电子商务物流的概念是从电子商务的定义中得出来的。

1. 从电子商务的定义看物流

由电子商务发源地美国 IT 界提出的电子商务定义多把它定位于“无纸贸易”。在这类电子商务的定义中，电子化工具主要是指计算机和网络通信技术；电子化对象主要是针对信息流、商流和资金流，并没有提到物流。

我们必须注意到这样一个事实：美国的物流管理技术自 1915 年发展至今已有 90 多年的历史，通过利用各种机械化、自动化工具及计算机和网络通信设备，已日臻完善。同时，美国作为一个发达国家，其技术创新的本源是需求，即所谓的需求拉动技术创新。作为电子商务前身的电子数据交换技术(EDI)，其产生是为了简化烦琐、耗时的订单处理过程，以加快物流的速度、提高物资的利用率。电子商务的提出最终是为了解决信息流、商流和资金流处理上的烦琐对现代的物流过程的延缓，进一步提高现代化的物流速度。

可见，美国在定义电子商务概念之初，就有强大的现代化物流作为支持，只需将电子商务与其进行对接即可，而并非电子商务过程不需要物流的电子化。我国作为一个发展中国家，物流企业起步晚、水平低，在引进电子商务时，并不具备能够支持电子商务活动的现代化物流水平，所以在引进时，一定要注意配备相应的支持技术——现代化的物流模式，否则电子商务活动难以推广。

因此，有些专家在定义电子商务时，就注意将国外的定义与中国的现状相结合，扩大了美国原始电子商务定义的范围，提出了包括物流电子化过程的电子商务概念。

(1) 电子商务是实施整个贸易活动的电子化。

(2) 电子商务是一组电子工具在商务活动中的应用。

(3) 电子商务是电子化的购物市场。

(4) 电子商务是从售前到售后的各个环节实现电子化、自动化。

在这类电子商务定义中，电子化的对象是整个交易过程，不仅包括信息流、商流、资金流，而且还包括物流；电子化的工具也不仅仅是指计算机和网络通信技术，还包括叉车、自动导向车、机械手臂等自动化工具。可见，从根本上来说，物流电子化应是电子商务概念的组成部分，缺少现代化的物流过程，电子商务过程就不完整。

2. 从电子商务概念模型看物流

电子商务概念模型是对现实世界中电子商务活动的一种抽象描述，它由电子商务实体、电子市场、交易事务和信息流、商流、资金流、物流等基本要素构成。

在电子商务概念模型中，电子商务实体是指能够从事电子商务的客观对象，它可以是企业、银行、商店、政府机构和个人等。电子市场是指电子商务实体从事商品和服务交换的场所，它由各种各样的商务活动参与者，利用各种通信装置，通过网络连接成一个统一的整体。交易事务是指电子商务实体之间所从事的具体的商务活动的内容，例如询价、报价、转账支付、广告宣传、商品运输等。

电子商务中的任何一笔交易都包含着几种基本的“流”，即信息流、商流、资金流、物流。其中，信息流既包括商品信息的提供、促销行销、技术支持、售后服务等内容，也包括诸如询价单、报价单、付款通知单、转账通知单等商业贸易单证，还包括交易方的支持能力、支付信誉等；商流是指商品在购、销之间进行交易和商品所有权转移的运动过程，具体是指商品交易的一系列活动；资金流主要是指资金的转移过程，如付款、转账等过程。在电子商务下，以上的 3 种流的处理都可以通过计算机和网络通信设备实现。物流作为四流中最为特殊的一种，是指物质实体(商品或服务)的流动过程，具体指运输、存储、配送、装卸、保管、物流信息管理等各种活动。对于少数商品和服务来说，可以直接通过网络传输的方式进行配送，如各种电子出版物、信息咨询服务、有价信息软件等。对于大多数商品和服务来说，物流仍要经由物理方式传输。而一系列机械化、自动化工具的应用，准确及时的物流信息对物流过程的监控，将使物流的流动速度加快、准确率提高，能有效地减少库存，缩短生产周期。

因此在电子商务概念的建立过程中有必要强调信息流、商流、资金流和物流的整合。人们把基于网络技术和信息系统的现代电子商务物流简称为电子商务物流。

3. 电子商务中物流的作用

从图 9.1 电子商务的一般流程中可以看出，“送货、产品接收”是实现电子商务的重要环节和基本保证。

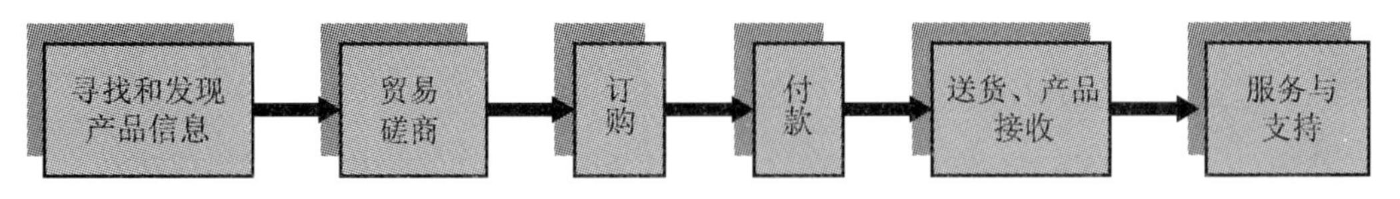

图 9.1 电子商务的一般流程

1) 物流保障生产

无论传统的贸易方式还是电子商务，生产都是商品流通之本，而生产的顺利进行需要各类物流活动支持。生产的全过程从原材料的采购开始，便要求有相应的物流供应活动使所采购的材料到位，否则生产就难以进行；在生产的各工艺流程之间，也有原材料、半成品的物流过程，即所谓的生产物流，以实现生产的流动性；部分余料、可重复利用的物资的回收，就需要所谓的回收物流；废弃物的处理则需要废弃物物流。可见，整个生产过程实际上就是系列化的物流活动。

合理化、现代化的物流，通过降低费用从而降低成本、优化库存结构、减少资金占压、缩短生产周期，保障了现代化生产的高效进行；相反，缺少了现代化的物流，生产将难以顺利进行，电子商务也就成了无米之炊。

2) 物流服务于商流

在商流活动中，商品所有权在购销合同签订的那一刻起，便由供方转移到需方，而商品实体并没有因此而移动。在传统的交易过程中，除了非实物交割的期货交易，一般的商流都必须伴随相应的物流活动，即按照需方(购方)的需求将商品实体由供方(卖方)以适当的方式、途径向需方(购方)转移。而在电子商务下，消费者通过上网点击购物，完成了商品所有权的交割过程，即商流过程，但电子商务的活动并未结束，只有商品和服务真正转移到消费者手中，电子商务活动才结束。

在整个电子商务的交易过程中，物流实际上是以商流的后续者和服务者的姿态出现的。没有现代化的物流，无论多轻松的商流活动都仍会退化为一纸空文。缺少了现代化的物流技术，电子商务给消费者带来的购物便捷等于零，消费者必然会转向他们认为更为安全的传统购物方式，网上购物便没有必要。因此，物流是电子商务重要的组成部分。我们必须摒弃原有的“重信息流、商流和资金流的电子化，而忽视物流电子化”的观念，大力发展基于网络技术的现代化物流，在推进电子商务的同时发展电子商务物流。

9.1.3 电子商务物流的内容

1. 电子商务物流的功能

电子商务物流的功能十分强大，它能够实现系统之间、企业之间，以及资金流、物流、信息流之间的“无缝连接”，而且这种连接同时还具备预见功能，可以在上下游企业间提供一种透明的可见性功能，帮助企业最大限度地控制和管理库存。同时，由于全面应用了客户关系管理、商业智能、计算机电话集成、地理信息系统、全球定位系统、互联网、无线互联技术等先进的信息技术手段，以及配送优化调度、动态监控、智能交通、仓储优化配置等物流管理技术和物流模式，电子商务物流提供了一套先进的、集成化的物流管理系统，从而为企业建立敏捷的供应链系统提供了强大的技术支持。

电子商务物流业务使客户可以运用外部服务力量来实现内部经营目标的增长，整个过程由第三方物流服务提供商来进行管理。客户能够得到量身定做的个性化服务。

2. 电子商务物流的服务

电子商务物流的服务是前端服务与后端服务的集成。目前许多经销商都面临着如何将前端的顾客订单管理、客户管理与后端的库存管理、仓储管理、运输管理相结合的问题。那么将这两方面进行集成的重要性是什么呢？从以下的两个例子中可以得到一些启示。

顾客通过互联网下订单，需要物流系统能够迅速查询库存清单、查看存货状况，这些信息又需要再实时地反馈给顾客。在整个过程中，订单管理系统需要同仓储系统、库存管理系统密切地协同工作。

另一个例子是，当顾客的订单中包含多种物品时，物流系统应该将此订单作为一个订单处理，同时将这些物品一起包装，而不是将此订单视为多项订单需求，并将物品分别包装。

这些看似简单的工作却需要前端、后端各系统的集成协同工作。而实现各系统之间密切的协作需要巨大的工作投入，电子商务物流服务则能够为客户提供系统集成服务解决方案，使客户的前端服务与后端的各项业务紧密地结合起来。

为了实现后台服务以及与其平行的服务功能，电子商务物流的前端服务是至关重要的。前端服务包括咨询服务(确认客户需求)、网络设计/管理、客户集成方案实施等。这部分功能是用户经常接触的，在此不再赘述。而电子商务物流的后端服务则包括6类主要的业务：订单管理、仓储与分拣、运输与交付、退货管理、客户服务和数据管理与分析(图9.2)，下面分别描述各项业务。

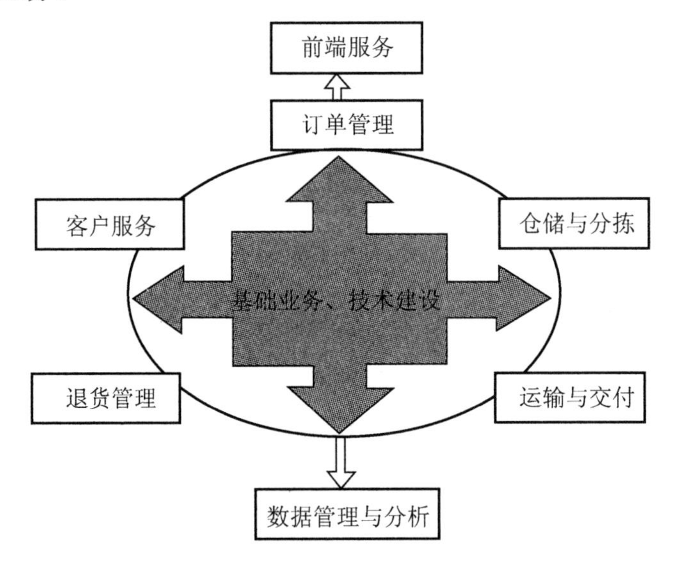

图9.2　电子商务物流后端服务结构

1) 订单管理

此项业务包括接收订单、整理数据、确认订单、处理交易(包括信用卡结算以及赊欠业务处理)等。在电子商务物流的订单管理业务活动中需要通过复杂的软件应用来处理繁杂的业务环节，为了得到较高的效率，订单管理业务需要做以下工作。

(1) 确认订单来源。当电子商务物流服务提供商接收到一份订单时，电子商务物流系统会自动识别该订单的来源以及下订单的方式，统计顾客是通过何种方式(电话、传真、电子邮件等)完成的订单。当这一切工作结束后，系统还会自动根据库存清单检索订单上的货物目前是否有存货。

(2) 支付处理。在顾客提交订单后，还需要输入有关的支付信息，电子商务物流系统会自动处理信用卡支付业务以及赊欠业务。如果客户填写的支付信息有误，系统将会及时通知顾客进行更改，或者选择其他合适的支付方式。

(3) 订单确认与处理。当顾客的支付信息被处理后，电子商务物流系统会为顾客发送订单确认信息。在这一切工作就绪之后，电子商务物流系统会对客户的订单进行格式化，并将订单发送到离客户最近的仓储中心。

2) 仓储与分拣

(1) 分拣。仓储中心接收到订单后，就会根据订单内容承担起分拣、包装以及运输的任务。在这个阶段，有的电子商务物流服务提供商还会提供一些增值服务，如根据顾客的特殊需求对物品进行包装等。

(2) 存货清单管理。仓储与分拣中心同时负责存货清单管理以及存货的补给工作，并由电子商务物流服务系统进行监测。这种服务将会为制造商提供有效的库存管理信息，使制造商或经销商保持合理的库存。

3) 运输与支付

这一步骤包括了对运输的全程管理。具体包括处理运输需求、设计运输路线、运输的实施等，这个过程同时还包括向客户提供通过互联网对货物运输状态进行实时跟踪的服务。电子商务物流服务提供商在提供运输与交付业务时也会选择将该项业务向具有运输服务力量的第三方运输公司外包，诸如UPS、FedEx等。

4) 退货管理

退货管理业务承担货物的修复、重新包装等任务，这个过程需要进行处理退货授权认证、分拣可修复货物、处理受损货物等工作。

5) 客户服务

客户关系管理服务包括了售前和售后服务，同时还包括对顾客的电话、传真、电子邮件的回复等工作，处理的内容包括存货信息、货物到达时间、退货信息以及顾客意见。

客户关系管理不是一个孤立的业务步骤，这项工作与订单管理、仓储分拣、运输、退货管理等环节有密切联系，需要相互支持。目前许多电子商务物流服务提供商通过内部或者外部的呼叫中心向顾客提供“24×365”的客户关系管理服务。

6) 数据管理与分析

对于顾客提交的订单，电子商务物流系统有能力对相关数据进行分析，产生一些深度分析报告。这些经过分析的信息可以帮助制造商以及经销商及时了解市场信息，以便随时调整目前的市场推广策略。这项服务同时也是电子商务物流服务提供商向客户提供的一项增值服务。

3. 传统物流服务与电子商务物流服务的区别

顾客在网上的购买行为与传统的购买行为有所不同，因此就决定了电子商务物流服务形式和手段的特殊性。在网上购物的顾客希望在网上商店寻觅到所需的特定物品，并且希望能够得到实时的信息反馈，诸如是否有存货、何时能够收到货物等实时信息，同时他们也十分关注如果在网上选购的物品不甚理想，或者是物品在运输途中受损是否能够及时、便利地办理退货等。新兴的电子商务物流服务就是由具备实力的服务商来提供最大限度的、满足顾客需求的外包服务。传统物流服务与电子商务物流服务的区别见表9-1。

表 9-1　传统物流服务与电子商务物流服务比较

比较项目	传统物流	电子商务物流
业务推动力	物质财富	IT 技术
服务范围	单项物流服务(运输、仓储、包装、装卸、配送等)	综合性物流服务，同时提供更广泛的业务范围，如网上前端服务等
通信手段	传真、电话等	大量应用互联网、EDI 技术
仓储	集中分布	分散分布，分拣中心更接近顾客
包装	批量包装	个别包装，小包装
运输频率	低	高
交付速度	慢	快
IT 技术应用	少	多
订单	少	多

从目前的电子商务物流服务市场来看，主要有 4 类市场参与者，他们分别是传统的物流服务提供商、软件供应商、集成商以及服务解决方案供应商(图 9.3)。从表面来看这些市场参与者分别从事特定的服务，但是在电子商务物流服务市场领域，大多数市场参与者向客户提供的是一种综合性的物流服务。目前还没有任何一个电子商务物流服务供应商能够提供全部的电子商务物流服务，大部分厂商通过利用自身的力量或者寻找业务合作伙伴来向客户提供端到端的电子商务物流服务解决方案。

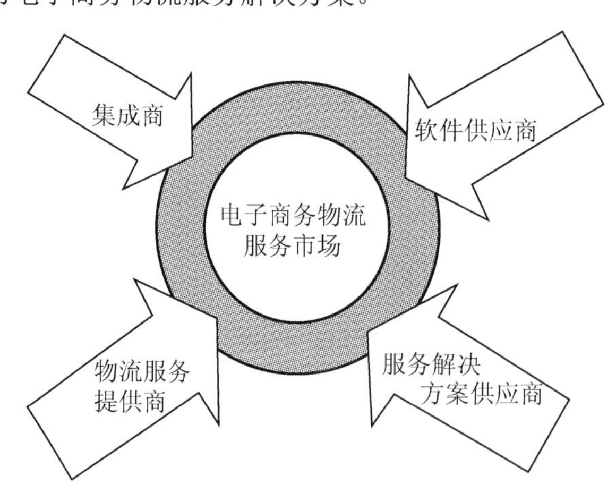

图 9.3　电子商务物流市场的参与者

9.2　电子商务物流的发展

9.2.1　电子商务对物流的影响

电子商务是物流发展的催化剂，电子商务对物流的影响可以从物流的理念、系统结构、客户服务以及材料采购、存库和运输等各方面推动现代物流的电子化和信息化。

1. 对物流理念的影响

把电子商务作为商业竞争环境时，它对物流理念的影响可以从以下几个方面来理解。

(1) 物流系统中的信息变成了整个供应链运营的环境基础。网络是平台，供应链是主体，电子商务是手段。信息环境对供应链的一体化起着控制和主导的作用。

(2) 企业的市场竞争将更多地表现为以外联网所代表的企业联盟的竞争。换而言之，网上竞争的直接参与者将逐步减少。更多的企业将以其商品或服务的专业化优势，参加到以核心企业——或有品牌优势，或有知识管理优势——为龙头的分工协作的物流体系中去，在更大的范围内建成一体化的供应链，并作为核心企业组织机构虚拟化的实体支持系统。供应链体系纵向和横向的无限扩张的可能性，将对企业提出要么是更广泛的联盟化，要么是更具深度的专业化。显然，在电子商务的框架内，联盟化和专业化是互为表里并统一在物流一体化的体系之中的。

(3) 市场竞争的优势将不再是企业拥有的物质资源，而在于它能调动、协调、整合多少社会资源来增强自己的市场竞争力。因此，企业的竞争将是以物流系统为依托的信息联盟或知识联盟的竞争。物流系统的管理也从对有形资产存货的管理转化为对无形资产信息或知识的管理。

(4) 物流系统面临的基本技术经济问题是如何在供应链成员企业之间有效地分配信息资源，使全系统的客户服务水平最高，即在追求物流总成本最低的同时为客户提供个性化的服务。

(5) 物流系统由供给推动变为需求拉动，当物流系统内的所有方面都得到网络技术的支持时，客户对产品的可得性将极大地提高。同时，将在物流系统的各个功能环节上极大地降低成本，如降低采购成本、减少库存成本、缩短产品开发周期、为客户提供有效的服务、降低销售和营销成本以及增加销售的机会等。

2. 对物流系统结构的影响

电子商务对物流系统结构的影响，主要表现在以下几个方面。

(1) 由于网上客户可以直接面对制造商并可获得个性化服务，故传统物流渠道中的批发商和零售商等中介将逐步淡出，但是区域销售代理将受制造商委托，逐步加强其在渠道和地区性市场中的地位，作为制造商产品营销和服务功能的延伸。

(2) 由于网上时空的零距离特点与现实世界的反差增大，客户对产品的可得性的心理预期加大，以致企业交货速度的压力变大。因此，物流系统中的港、站、库、配送中心、运输线路等设施的布局、结构和任务将面临较大的调整。在企业保留若干地区性仓库以后，更多的仓库将改造为配送中心。由于存货的控制能力变强，物流系统中仓库的总数将减少。随着运管政策的逐步放宽，更多的独立承运人将为企业提供更加专业化的配送服务，配送的服务半径也将加大。

(3) 信息共享的即时性使制造商在全球范围内进行资源配置成为可能，故其组织结构将趋于分散并逐步虚拟化。当然，这主要是指那些拥有品牌的、产品在技术上已经实现功能模块化和质量标准化的企业。

(4) 大规模的电信基础设施建设将使那些能够在网上直接传输的有形产品的物流系统

隐形化。这类产品主要包括书报、音乐、软件等，即已经数字化的产品的物流系统将逐步与网络系统重合，并最终被网络系统取代。

3. 对客户服务的影响

1) 要求在客户咨询服务的界面上能保证企业与客户间的即时互动

网站主页的设计不仅要宣传企业和介绍产品，而且要能够与客户一起就产品的设计、质量、包装、交付条件、售后服务等进行一对一的交流，帮助客户拟定产品的可得性解决方案，帮助客户下订单。这就要求得到物流系统中每一个功能环节的即时的信息支持。

2) 要求客户服务的个性化

只有当企业对客户需求的响应实现了某种程度的个性化对称时，企业才能获得更多的商机。

(1) 企业网站的主页设计个性化。除了视觉感官的个性化特点外，最主要的是网站主页的结构设计应当是针对特定客户群的。这里要把握一个原则，即“并不是把所有的新衣服都穿上身就一定漂亮”。所以，传统市场营销学中对客户细分和对市场细分的一般性原则和方法，仍然是企业设计和变换网站主页的基本依据。

(2) 企业经营的产品或服务的个性化。专业化经营仍然是企业在网络经济环境下竞争发展的第一要义。企业只有专业化经营，才能突出其资源配置的优势所在，为向客户提供更细致、更全面、更为个性化的服务提供保证。同样，按照供应链增值服务的一般性原则，把物流服务分成基本的和增值的两类，并根据客户需求的变化进行不同的服务营销组合。

(3) 企业对客户追踪服务的个性化。网络时代客户需求的个性化增大了市场预测的离散度，故发现客户个性化服务需求的统计特征将主要依赖对客户资料的收集、统计、分析和追踪。虽然从技术层面讲并没有什么困难，但要涉及文化、心理、法律等诸多方面，因此建立客户档案并追踪服务本身就是一项极富挑战性的工作。

4. 对物料采购的影响

企业在网上寻找合适的供应商，从理论上讲具有无限的选择性。这种无限选择的可能性将导致市场竞争的加剧，并带来供货价格降低的好处。但是，所有的企业都知道，频繁地更换供应商将增加资质认证的成本支出，并面临较大的采购风险。所以，从供应商的立场来看，应对竞争的必然对策是积极地与制造商建成稳定的渠道关系，并在技术、管理或服务等方面与制造商结成更稳固的战略联盟；同时，制造商也会从物流的理念出发来寻求与合格的供应商建立一体化供应链。作为利益交换条件，制造商和供应商之间将在更大的范围内和更深的层次上实现信息资源共享。事实上，电子商务对物料采购成本的降低，主要体现在诸如缩短订货周期、减少文案和单证、减少差错和降低价格等方面。因此，虚拟空间的无限选择性将被现实市场的有限物流系统即一体化供应链所覆盖。

5. 对存货的影响

一般认为，由于电子商务增加了物流系统各环节对市场变化反应的灵敏度，可以减少库存、节约成本。但从物流的观点来看，这实际是借助于信息分配对存货在供应链中进行了重新安排。存货在供应链中总量是减少的，但结构上将沿供应链向上游企业移动，即经销商的库存向制造商转移，制造商的库存向供应商转移，成品的库存变成零部件的库存，而零部件的库存将变成原材料的库存等。因存货的价值沿供应链向上游是逐步递减的，所以将引发一个新的问题：下游企业由于减少存货而带来的相对较大的经济利益如何与上游企业一起来分享。供应链的一体化不仅要分享信息，而且要分享利益。例如，著名的虚拟企业耐克公司，用电子数据交换(EDI)方式与其供应商联系，直接将成衣的款式、颜色和数量等条件以 EDI 方式下单，并将交货期缩短至 3～4 个月。它同时要求供应布料的织布厂先到美国总公司上报新开发的布样；由设计师选择合适的布料设计为成衣款式后，再下单给成衣厂商生产，而且成衣厂商所使用的布料也必须是耐克公司认可的织布厂生产的。这样一来，织布厂必须提早规划新产品供耐克公司选购。但由于布料是买主指定，买主给予成衣厂商订布的时间缩短，成衣厂商的交货期也就越来越短，从以往的 180 天缩短为 120 天甚至是 90 天。显然，耐克公司的库存压力减轻了，但成衣厂商为了提高产品的可得性就必须对织布厂提出快速交货的要求，这时织布厂商将面临要么增加基本原材料的存货，要么投资扩大其新产品的开发能力。这时的供应链就必须考虑到上下游企业利益的分享。

6. 对运输的影响

在电子商务条件下，速度已上升为最主要的竞争手段。物流系统要提高客户对产品的可得性水平，在仓库等设施布局确定的情况下，运输将是决定性的因素。为了加速信息传递，就要促进信息共享。由于运输活动的复杂性，运输信息共享的基本要求就是运输单证的格式标准化和传输电子化。基本的 EDI 标准难以适应各种不同的运输服务要求，所以在物流体系内必须发展专用的 EDI 系统才能获取整合的战略优势。专用的 EDI 系统实际上是要在供应链的基础上发展增值网，相当于在供应链内部使用的标准密码，通过管理交易、翻译通信标准和减少通信连接数来使供应链增值，从而在物流联盟企业之间建立稳定的协作关系。

为了实现运输单证，主要是货运提单、运费清单和货运清单的 EDI 一票通，实现货运全程的跟踪监控和回程货运的统筹安排，将要求物流系统在相关通信设施和信息处理系统方面进行先期的开发投资，如电子通关、条形码技术、在线货运信息系统、卫星跟踪系统等。

9.2.2 电子商务物流业的发展趋势

电子商务时代，由于企业的销售方式及最终消费购买方式的转变，使送货上门等业务成为一项极为重要的服务业务，促进了现代物流行业的兴起。现代物流行业是能完整提供现代物流技能服务以及运输配送、仓储保管、分装包装、流通加工等以收取报酬的行业，主要包括仓储、运输、装卸搬运、配送、流通加工等企业。信息化、全球化、多功能化和一流的服务水平，已成为电子商务环境下现代物流企业追求的目标。

1. 多功能化——物流业发展的方向

在电子商务时代，物流发展到集约化阶段，一体化的配送中心不仅提供仓储和运输服务，还必须开展配货、配送和各种提高附加值的流通加工服务项目，也可按客户的需要提供其他服务。现代供应链管理即通过从供应者到消费者供应链的综合运作，使物流达到最优，企业追求的是全面系统的综合效果。

作为一种战略概念，供应链也是一种产品，而且是可增值的产品，其目的不仅是降低成本，更重要的是提供用户期望以外的增值服务，以产生和保持竞争优势。从某种意义上讲，供应链是物流系统的充分延伸，是产品与信息从原料到最终消费者之间的增值服务。

在经营形式上，采取合同型物流。这种配送中心与公司配送中心不同，它是通过签订合同，为一家或数家企业(客户)提供长期服务，而不是为所有客户服务。这种配送中心是由公用配送中心来进行管理的，也有自行管理的，但主要是提供服务；也有可能所有权属于生产厂家，交给专门的物流公司进行管理。

供应链系统物流完全适应了流通业经营理念的全面更新。因为，以往商品经由制造、批发、仓储、零售各环节之间的多层复杂途径，最终到消费者手里；而现代流通业已简化为由制造环节经配送中心而送到各零售点。它使未来的产业分工更加精细，产销分工日趋专业化，大大提高了社会的整体生产力和经济效益，使流通业成为整个国民经济活动的中心。

2. 一流的服务——物流企业的追求

在电子商务下，物流业是介于供货方和购货方的第三方，以服务作为第一宗旨。从当前物流的现状来看，物流企业不仅要为本地区服务，而且还要进行长距离的服务。因为客户不但希望得到良好的服务，而且希望服务点不是一处，而是多处。因此，如何提供高质量的服务便成了物流企业管理的中心课题。美、日等国物流企业成功的要诀，就在于他们都十分重视对客户服务的研究。

首先，在概念上变革，由“推”到“拉”。配送中心应更多地考虑“客户要我提供哪些服务”，即“拉”；而不是仅仅考虑“我能为客户提供哪些服务”，即“推”。如有的配送中心起初提供的是区域性的物流服务，而且能提供越来越多的服务项目；又如配送中心派人到生产厂家“驻点”，直接为客户发货。越来越多的生产厂家把所有物流工作全部委托配货中心去干，从根本意义上讲，配送中心的工作已延伸到生产厂家那里去了。

如何满足客户的需要把货物送到客户手中，就要看配送中心的作业水平了。配送中心不仅与生产厂家保持紧密的伙伴关系，而且直接与客户联系，能及时了解客户的需求信息，并沟通厂商和客户双方，起着桥梁作用。企业不仅为货主提供优质的服务，而且要具备运输、仓储、进出口贸易等一系列知识，深入研究货主企业的生产经营发展流程设计和全方位系统服务。优质和系统的服务使物流企业与货主企业结成战略伙伴关系，一方面有助于货主企业的产品迅速进入市场、提高竞争力；另一方面则使物流企业有稳定的资源，对物流企业而言，服务质量和服务水平正逐渐成为比价格更为重要的选择因素。

3. 信息化——现代物流业的必由之路

在电子商务时代，要提供最佳的服务，物流系统必须要有良好的信息处理和传输系统。美国洛杉矶西海报关公司与码头、机场、海关信息联网。当货从世界各地起运时，客户便可以从该公司获得到达的时间以及到泊(岸)的准确位置，使收货人与各仓储运输公司等做好准备，让商品在几乎不停留的情况下快速流动，直达目的地。良好的信息系统能提供极好的信息服务，以赢得客户的信赖。如世界上最大的快递承运商与包裹递送公司 UPS 和专门提供全球性运输、电子商贸及供应链管理服务的 FedEx，以及中国的邮政快递 EMS 等国内外许多快递公司均提供网上货单查询系统，客户根据运单号可以进行货物自发地送到目的地的全程跟踪。

电子商务要求商品与生产要素在全球范围内快速自由流动。EDI 与互联网的应用，使物流效率的提高更多地取决于信息管理技术，电子计算机的普遍应用提供了更多的需求和库存信息，提高了信息管理科学化水平，使产品流动更加容易和迅速。物流信息化，包括商品代码和数据库的建立、运输网络合理化、销售网络系统化建设等，目前还有很多工作有待实施。可以说，没有现代化的信息管理，就没有现代化的物流。

4. 全球化——物流企业竞争的趋势

20 世纪 90 年代早期电子商务的出现，加速了全球经济的一体化，使物流企业的发展达到了多国化。它从许多不同的国家收集所需要的资源，再加工后向各国出口。

全球化的物流模式使企业面临着新的问题，例如，当北美自由贸易区协议达成后，其物流配送系统已不是仅仅从东部到西部的问题，还有从北部到南部的问题，这里面有仓库建设问题也有运输问题。另一个困难是较难找到水平较高的管理人员，因为有大量的牵涉贸易合作伙伴的问题。如日本在美国开设了很多分公司，而两国存在不小的差异，势必会碰到如何管理的问题。还有一个信息共享问题，很多企业有不少内部秘密，物流企业很难与之打交道，因此，如何建立信息处理系统，以及时获得必要的信息，对物流企业来说是个难题。同时，在将来的物流系统中，能否做到尽快将货物送到客户手里是提供优质服务的关键之一。客户要求发出订单后，第二天就能得到货物，而不只是口头上的承诺。同时，客户还在考虑“所花费用与所得到的服务是否相称、是否合适”。

全球化战略的趋势，使物流企业和生产企业更紧密地联系在一起，形成了社会大分工。生产厂集中精力制造产品、降低成本、创造价值；物流企业则花费大量时间、精力从事物流服务，其业务范围不断扩大。例如，在配送中心，对进口商品的代理报关业务、暂时存储、搬运和配送以及必要的流通加工，从商品进口到送交消费者的手中实现一条龙服务。

9.2.3 新型物流配送中心的运作与发展

1. 物流配送中心运作类型

物流配送是流通部门连接生产和消费，使时间和场所产生效益的设施，提高物流配送的运作效率是降低流通成本的关键所在。物流配送又是一项复杂的科学系统工程，涉及生产、批发、电子商务、配送和消费者的整体结构，运作类型也形形色色。物流配送中心运营主体的类型大致有以下 4 种。

1) 以制造商为主体的配送中心

这种配送中心里的商品 100%是由制造商自己生产制造的，用以降低流通费用、提高售后服务质量和及时地将预先配齐的成组元器件运送到规定的加工和装配工位。从商品制造到生产出来后条码和包装的配合等多方面都较易控制，所以按照现代化、自动化的配送中心设计比较容易；但不具备社会化的要求。

2) 以批发商为主体的配送中心

商品从制造者到消费者手中之间的传统流通有一个环节，称为批发。一般是按部门或商品类别的不同，把每个制造厂的商品集中起来，然后以单一品种或搭配向消费地的零售商进行配送。这种配送中心的商品来自各个制造商，它所进行的一项重要的活动便是对商品进行汇总和再销售，而它的全部进货和出货都是由社会配送的，社会化程度高。

3) 以零售业为主体的配送中心

零售商发展到一定规模后，就可以考虑建立自己的配送中心，为专业商品零售店、超级市场、百货商店、建材商场、粮油食品商店、宾馆饭店等服务。社会化程度介于前两者之间。

4) 以仓储运输业者为主体的配送中心

这种配送中心最强的是运输配送能力高，地理位置优越，如港湾、铁路和公路枢纽，可迅速将到达的货物配送给用户。它提供仓储储位给制造商或供应商，而配送中心的货物仍属于制造商或供应商所有，配送中心只是提供仓储管理和运输配送服务。这种配送中心的现代化程度往往较高。

2. 物流配送模式的主要类型

1) 集货型配送模式

集货型配送模式主要针对上家的采购物流过程进行创新而形成。其上家生产具有相互关联性，下家互相独立，上家对配送中心的存储度明显大于下家，上家相对集中，而下家分散且具有相当的需求。同时，这类配送中心也强调其加工功能。此类配送模式适于成品或半成品物资的推销，如汽车配送中心。

2) 散货型配送模式

散货型配送模式主要是对下家的供货物流进行优化而形成。上家对配送中心的依存度小于下家，而且配送中心的下家相对集中或有利益共享(如连锁业)。采用此类配送模式的流通企业，其上家竞争激烈，下家需求以多品种、小批量为主要特征，适于原材料或半成品物资配送，如机电产品配送中心。

3) 混合型配送模式

混合型配送模式综合了上述两种配送模式的优点，并对商品的流通全过程进行有效控制，有效地克服了传统物流的弊端。采用这种配送模式的流通企业规模较大，具有相当的设备投资，如区域性物流配送中心。在实际流通中，采取多样化经营降低了经营风险。这种运作模式比较符合新型物流配送(特别是电子商务下的物流配送)的要求。

3. 新型物流配送中心的特征

电子商务下的物流配送，就是信息化、现代化、社会化的物流配送。它是指物流配送企业采用网络化的计算机技术和现代化的硬件设备、软件系统及先进的管理手段，针对社会需求，严格地、守信用地按用户的订货要求，进行一系列分类、编配、整理、分工、配货等理货工作，定时、定点、定量地交给没有地域范围限制的各类用户，满足其对商品的需求。可以看出，这种新型物流配送，能使商品流通较传统的物流配送方式更容易实现信息化、自动化、网络化、柔性化和智能化，使货畅其流、物尽其用，既减少生产企业库存、加速资金周转、提高物流效率、降低物流成本，又刺激了社会需求，有利于整个社会的宏观调控，也提高了整个社会的经济效益，促进了市场经济的健康发展，更有力地推动了电子商务的发展。

1) 信息化

物流系统中的信息系统是指企业从订货到发货的信息处理体系结构。物流信息化是电子商务发展的必然趋势。物流信息化表现为物流信息的商品化、物流信息收集的数据库化和代码化、物流信息处理的电子化和计算机化、物流信息传递的标准化和实时化、物流信息存储的数字化等。因此，条码技术(BarCode)、数据库技术(Database)、电子订货系统(EOS)、电子数据交换、快速反应(QR)及有效的客户反映(ECR)、企业资源计划(ERP)等技术与观念在物流业中得到普遍应用。信息化是一切的基础，没有物流的信息化，任何先进的技术设备都不可能应用于物流领域，信息技术及计算机技术在物流中的应用将会彻底改变世界物流的面貌。

2) 自动化

企业在传统的运输、装卸、配送、保管、包装等物流过程中，引进了各种机械化、自动化的技术，而自动化的基础是信息化、核心是机电一体化、外在表现是无人化、效果是省力化。另外，自动化还可以扩大物流作业能力、提高劳动生产率、减少物流作业的差错等。物流自动化的设施非常多，如条码/语音/射频自动识别系统、自动分拣系统、自动存取系统、自动导向车、货物自动跟踪系统等。在运输等方面，由于运用托盘、集装箱而发展起来的单位载荷制，提高了货物分拣机械化水平；在保管方面，由高层货架仓库发展为自动化仓库，大大提高了保管的效率。

3) 网络化

物流领域网络化的基础也是信息，这里指的网络化有两层含义。

物流配送系统的计算机通信网络，包括物流配送中心与供应商、制造商及下一环节顾客之间的联系。例如物流配送中心向供应商提出订单这个过程，就可以使用计算机通信方式，求助于增值网上的电子订货系统和电子数据技术来自动实现，物流配送中心通过计算机网络收集下游客户订单的过程也可以自动完成。

产销一体网。例如戴尔公司的“直接商业模式”，就是建立了一套与客户联系的渠道，由客户直接向戴尔公司发订单，订单中可以详细列出所需的配置，然后公司按照客户要求，通过它分布在全球各地的供应商将这些零部件、元器件和芯片，发往离客户最近的戴尔计算机制造中心进行组装，由该物流配送中心将组装好的计算机迅速发给客户。这种直接的商业模式消除了中间商，减少了不必要的成本和时间，可以更好地理解客户的需求。这种直接模式允许戴尔公司能以富有竞争性的价位，为每一位消费者定制并提供具有个性化配置的计算机系统。

物流的网络化是物流信息化的必然结果，是电子商务下物流活动的主要特征之一。当今世界互联网等全球网络资源的可用性及网络技术的普及为物流的网络化提供了良好的外部环境。

4) 柔性化

柔性化本来是为实现“以顾客为中心”的理念而在生产领域提出的，但要真正做到柔性化，即真正地能根据消费者的需求变化来灵活调节生产工艺，没有配套的柔性化的物流系统是不可能实现的。20世纪90年代，国际生产领域纷纷推出柔性制造系统(FMS)、计算机集成制造系统(CIMS)、企业资源计划(ERP)以及供应链管理(SCM)的概念和技术，这些概念和技术的实质是要将生产、流通进行集成，根据需求组织生产、安排物流活动。因此，柔性化的物流正是适应生产、流通与消费的需求而发展起来的一种新型物流模式，要求物流配送中心根据“多品种、小批量、多批次、短周期”的消费需求特色，灵活地组织和实施物流作业。

5) 智能化

智能化是物流自动化、信息化的一种高层次应用，物流作业过程中大量的运筹和决策，如库存水平的确定、运输(搬运)路径的选择、自动导向车的运行轨迹和作业控制、自动分拣机的运行、物流配送中心经营管理的决策支持等问题都需要借助于大量的知识才能解决。在物流自动化的进程中，物流智能化是不可回避的技术难题。好在专家系统、机器人等相关技术在国际上已经有比较成熟的研究成果。为了提高物流现代化的水平，物流的智能化已成为电子商务下物流发展的一个新趋势。

4. 新型物流配送中心对传统物流配送的影响

(1) 给传统的物流配送观念带来深刻的革命。传统的物流配送企业需要置备大面积的仓库，而电子商务系统网络化的虚拟企业将散置在各地的分属不同所有者的仓库通过网络系统连接起来，使之成为“虚拟仓库”，进行统一管理和调配，服务半径和货物集散空间被放大了。这样的企业在组织资源的速度、规模、效率和资源的合理配置方面都是传统的物流配送所不能比的，相应的物流观念也必须是全新的。

(2) 网络对物流配送的实施控制代替了传统的物流配送管理程序。一个先进系统的使用，会给一个企业带来全新的管理方法。传统的物流配送过程是由多个业务流程组成的，受人为因素和时间因素影响很大。网络的应用可以实现整个过程的实时监控和实时决策。新型的物流配送业务流程都由网络系统连接，当系统的任何一个神经末端收到一个需求信息时，该系统都可以在极短的时间内作出反应，并可以拟订详细的配送计划，通过各环节开始工作。这一切工作都是由计算机根据人们事先设计好的程序自动完成的。

(3) 物流配送的持续时间在网络环境下会大大缩短，这对物流配送速度提出了更高的要求。在传统的物流配送管理中，由于信息交流的限制，完成一个配送过程的时间比较长，但这个时间随着网络系统的介入会变得越来越短，任何一个有关配送的信息和资源都会通过网络管理在几秒内传到有关环节。

(4) 网络系统的介入简化了物流配送过程。传统物流配送环节极为烦琐，在网络化的新型物流配送中心里可以大大缩短这一过程。

网络支持下的成组技术可以在网络环境下更加淋漓尽致地被使用，物流配送周期会缩短，其组织方式也会发生变化；计算机系统管理可以使整个物流配送管理过程变得简单和容易；网络上的营业推广可以使用户购物和交易过程变得更有效率、费用更低；可以提高物流配送企业的竞争力；随着物流配送业的普及和发展，行业竞争的范围和残酷性大大增加。信息的掌握、有效传播和其易得性，使得用传统的方法获得超额利润的时间和数量会越来越少；网络的介入使人们的潜能得到充分发挥，自我实现的需求成为多数员工的工作动力。在传统的物流配送企业中，大量的人从事简单的重复劳动，人是机器、数字和报表的奴隶，辛苦的劳动是普遍存在的。在网络化管理的新型物流配送企业，这些机械的工作都会交给计算机和网络，而留给人们的是能够给人以激励、挑战的工作。人的自我实现的需求得到了充分的满足。

综上所述，推行信息化配送制，发展信息化、自动化、现代化的新型物流配送业是我国发展和完善电子商务服务的一项重要内容，势在必行。

9.3 物流业务外包

业务外包就是将企业的资源集中在核心竞争力上，而将那些不属于核心的或企业不擅长的业务外包出去，利用他人的资源，包括技术、知识、时间和资金，以获取更大的投资回报和竞争优势。

9.3.1 物流外包业务的发展

物流业务外包的主要目的是通过将物流业务外包来获得高水平的服务和实现高质量的物流运作，同时减少成本，避免在物流设施建设中投入大量资金。互联网和电子商务的出现为物流业务外包提供了更好的业务交流和沟通的手段。当企业利用网上商店作为新的销售渠道时，需要投入大量的人力、物力去管理，既要为客户提供 24×365 的服务，又要兼顾信息技术支持，当然还必不可少地涉及后台物流的一系列服务。当面临如此纷繁复杂的问题时，企业考虑更多的是应当依靠自身力量来做这项服务，还是应当借助外包力量来完成。IDC(Internet Data Center，互联网数据中心)观察到目前全球范围内的趋势是越来越多的传统企业以及.com 公司认识到了物流外包的重要性，因为利用外包的物流服务既能够使自己的主要精力放在生产、经营上，还可以充分享受外包服务商所提供的低成本、高效率的便利服务。按照供应链理论，将非核心业务外包给从事该业务的专业公司去完成，这样从原材料供应到生产，再到产品的销售等各个环节的各种职能，都是由在该领域内具有专长或核心竞争力的专业公司互相协调和配合来完成的，这样所形成的供应链才具有最大的竞争力，如图 9.4 所示。

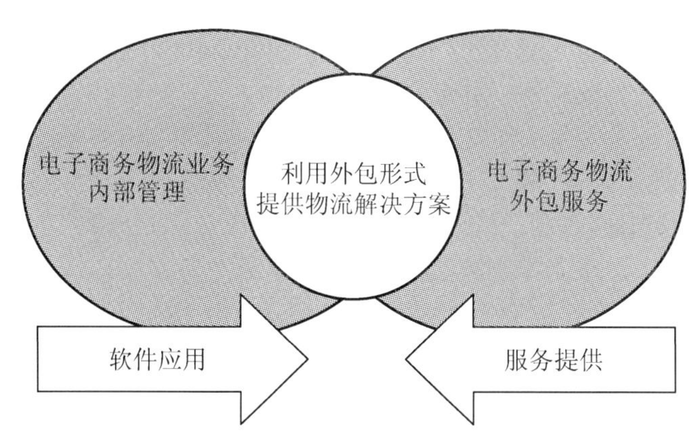

图 9.4 利用外包力量实现企业经营目标

物流界权威调查表明，美国、日本和韩国等在欧洲的配送业务中有 2/3 是由第三方物流公司管理的；在英国，早在 1997 年，配送中心与商店之间的配送业务就有近 47%是由外包实现的。企业由于业务外包而改进了对物流的控制。近年来，在物流业务外包的运作中不断涌现出新型的业务方式和管理模式。

9.3.2 第三方物流 3PL

1. 第三方物流的概念

第三方物流 3PL(Third Party Logistics)，是物流服务供给方在特定的时间段内按特定的价格向需求方提供个性化系列物流服务的交易方式，这种物流服务是建立在现代电子信息技术基础上的。物流活动和配送工作由专业的物流公司或储运公司来完成，由于它们不参与商品的买卖，只提供专门的物流服务，因此是独立于买方和卖方的第三方，故称“第三方物流”。第三方物流提供者部分或全部利用需求方的资源，通过合约向需求方提供物流服务，它是业务外包在物流中的具体表现。生产商、销售商或消费者将其物流业务委托给专业物流公司运作，而自己集中精力发展新业务。第三方物流又称为“契约物流”或“代理物流”。

第三方物流供应商为客户提供所有的或一部分供应链物流服务，以获取一定的利润。第三方物流公司提供的服务范围很广：它可以简单到只是帮助客户安排一批货物的运输，也可以复杂到设计、实施和运作一个公司的整个分销和物流系统。第三方物流公司和典型的运输或其他供应链服务公司的关键区别在于：第三方物流的最大附加值是基于信息和知识，而不是单提供最低价格的一般性的无差异的服务。常用于支撑第三方物流的信息技术有：实现信息快速交换的 EDI 技术、实现信息快速输入的条形码技术和实现网上交易的电子商务技术等。

2. 第三方物流的发展

从对外委托的形式来看，第一种方式是企业自己从事物流系统设计、库存管理和物流信息管理，而将运输及保管等具体物流活动委托给外部的物流企业；第二种方式是物流企业将其开发设计的物流系统提供给货主企业，由它承担物流作业；第三种方式是由专业企业站在货主企业的角度，代替其从事客户化的物流系统设计，并对系统运营承担责任。许多人认为第三种方式才是真正意义上的第三方物流，在国外，它已被企业，特别是一些物流业务较多的集团企业普遍采用，并形成一定的规模。

第三方物流是物流业发展到一定阶段的产物，是物流专业化的重要形式，而且第三方物流的占有率与物流企业的发展水平密切相关。西方国家的物流业实证分析证明，当独立的第三方物流至少占到社会物流总额的 50%时，物流产业才能形成，所以，第三方物流的发展程度反映和体现着一个国家物流业发展的整体水平。

3. 第三方物流运作的分类

一般来说，可以把第三方物流的运作分为以下 3 类。

(1) 提供基本的仓储和运输服务，如公共仓库和普通货运公司。它以资产密集和标准化服务为基本特征。

(2) 提供仓储和货运管理等增值服务。对仓储物流来说，可为客户提供集货物配送、分拣包装、配套装配、条码生成等业务服务；对货运物流而言，可为客户选择承运人、协议价格、安排货运计划、优选货运路线和货运系统监测等业务服务。

(3) 提供一体化的物流管理服务。这类第三方物流除了提供普通物流服务外，还能为客户提供市场需求预测、自动订单处理、存货控制和逆向物流支持等。它的基本特征是高技术和高素质。

4. 国内外第三方物流

1) 国外第三方物流的发展

据资料显示，在欧洲，第三方物流约占物流服务市场的1/4，其中德国4%的运输业务和50%以上的仓储业务已交给第三方物流，在商业领域已从货物配送发展到店内物流，即零售店将从开门到关门、从清扫店堂到补货上架等原先由商店营业员负责的一系列服务工作，全部交给第三方物流商完成。在美国，大型制造企业使用第三方物流的比例占到70%以上，美国第三方物流业的收入以年15%～20%的速度持续增长。

2) 我国第三方物流现状

我国目前提供第三方物流服务的企业主要是一些原来的国有大型仓储运输企业和中外合资、独资企业等。它们的营业范围都在不同程度上涉及全国配送、国际物流、多式联运等服务，并在不同程度上进行了综合物流代理运作模式的探索与实践。尤其是一些与外方合资或合作的物流企业还充分发挥国外公司在物流管理经验、人才、技术、观念和理论上的优势，率先进行综合物流代理运作。另外，随着物流市场的对外开放，邮件快递业务由中国邮政一统天下的时代已经过去。目前的国内物流行业处于内、外资企业群雄崛起的局面，这种多方竞争的格局，为国内的消费者和商家择优选择第三方物流单位创造了有利条件，众多的物流企业采取送货上门的递送方式，提供了低价位高质量的物流服务，受益的是广大消费者，也有力地支持了电子商务的顺利实施。

另外，我国越来越多的企业也开始将物流业务外包出去。例如，上海通用汽车公司将全部物流外包给第三方，而自身集中精力于汽车的设计、生产和制造。第三方物流公司负责上千种零部件的包装转换，按照通用公司发出的指令向公司零部件中转地交货，甚至在通用公司生产现场设置办公室，解决现场物流问题，使通用汽车公司的物流系统高效、有序地运转，能更加集中精力于核心业务。

我国第三方物流目前主要存在下列问题。

(1) 规模小。通过我国物流市场的调查，我们的物流企业的规模在500人以上、拥有较多的运输工具、服务范围大、配送能力大的企业并不多，而大多数都是在500人以下，它们拥有的运输工具少、配送能力差、服务范围小，使得企业在一些物流业务上产生了阻滞。从而让企业的利润及规模难以突破。

(2) 市场需求不足。近两年随着电子商务的发展，第三方物流企业的业务随之增长，但是随着一些物流公司在进度上拖延服务，在运送过程中的不规范给消费者的产品带来了严重的损失，因此很多消费者对第三方物流产生了不满意、怀疑甚至害怕的心理。而一些大的企业和单位也在寻找新的、更好的物流商，导致市场上很多物流公司缺少客源。

(3) 现代的物流知识和专业的物流人才缺乏。虽然我国物流企业发展较快，但是它在我国还是处于新兴产业，在物流方面的教育还是不足且落后，虽然我国一些大型的物流公司已经聘请了专业的物流人员，但是还是有很多人员是从其他各行各业中转行过来的，他们与对物流的知识和运行缺乏科学的理论知识作依托。而且我国的高等院校中没有为物流而专门设立的学校，只有在一些院校中设置了这一专业或仅仅开设了这一门课程。市场的竞争主要是来自于人才的竞争。而人才的缺乏，是阻碍企业进一步发展的重要因素。

9.3.3 第四方物流 4PL

1. 第四方物流的概念

第四方物流 4PL(Fourth Party Logistics)出现于 20 世纪 90 年代，最初由美国的 Accenture 咨询公司提出。针对第三方物流公司缺乏对整个供应链进行运作的战略性观念的问题和真正整合供应链流程的相关技术，Accenture 公司为第四方物流提供商给出的定义是：第四方物流提供商是一个供应链的集成商，它对公司内部和具有互补性服务供应商所拥有的不同资源、能力与技术进行整合和管理，提供一整套供应链解决方案。

第四方物流正日益成为一种帮助企业实现持续的低成本运作和区别于传统的外包业务的真正的资产转移物流方式。它依靠业内最优秀的第三方物流供应商、技术供应商、管理咨询顾问和其他增值服务商，为客户提供独特的和广泛的供应链解决方案。这是任何一家公司所不能单独提供的。

尽管 Accenture 公司拥有“第四方物流”这个专有名词，但其他的咨询公司也开始使用类似的服务，称为“总承包商”或“领衔物流服务商”。无论称谓如何，这些新型的服务供应商可以通过其影响整个供应链的能力来为客户提供更为复杂的供应链解决方案和价值。第四方物流可以使迅速、高质量、低成本的产品运送服务得以实现。

2. 第四方物流的特点

首先，第四方物流提供一整套完善的供应解决方案。第四方物流集成了管理咨询和第三方物流服务商的能力；更重要的是，一个前所未有的、使客户价值最大化的统一的技术方案的设计、实施和运作，只有通过咨询公司、技术公司和物流公司的齐心协力才能够实现。

第四方物流的特征体现在再造、创新、实施和执行 4 个层次上。

1) 再造

再造指供应链过程和过程协作的再设计。第四方物流最高层次的方案就是再造。供应链过程中真正的显著改善要么是通过各个环节计划和运作的协调一致来实现，要么是通过各个参与方的通力协作来实现。再造过程就是基于传统的供应链管理咨询技术，使公司的业务策略和供应链策略协调一致；同时，技术在这一过程中又起到了催化剂的作用，整合和优化了供应链内部和与之交叉的供应链运作。

2) 创新

创新指通过新技术使各个供应链职能加强。变革的努力集中在改善某一具体的供应链职能，包括销售和运作计划、分销管理、采购策略和客户支持。在这一层次上，供应链管理技术对方案的成败变得至关重要。领先和高明的技术，加上战略思维、流程再造和卓越的组织变革管理共同组成最佳方案，对供应链活动和流程进行整合和改善。

3) 实施

实施指流程一体化、系统集成和运作交接。一个第四方物流服务商帮助客户实施新的业务方案，包括业务流程优化、客户公司和服务供应商之间的系统集成以及将业务运作转交给 4PL 的项目运作小组。项目实施过程中应该对组织变革多加小心，因为“人”的因素往往是把业务转给4PL管理成败的关键。最大的目标应是避免把一个设计得非常好的策略和流程实施得非常无效，因此限制方案的有效性，将影响项目的预期成果。

4) 执行

执行指承担多个供应链职能和流程的运作。4PL 开始承接多个供应链职能和流程的运作责任。其工作范围远远超越了传统的第三方物流的运输管理和仓库管理的运作，包括制造、采购、库存管理、供应链信息技术、需求预测、网络管理、客户服务管理和行政管理。尽管一家公司可以把所有的供应链活动外包给4PL，但通常的4PL只是从事供应链功能和流程的一些关键部分。

其次，第四方物流通过其对整个供应链产生影响的能力来增值。4PL 充分利用了一批服务提供商的能力，包括 3PL、信息技术供应商、合同物流供应商、呼叫中心、电信增值服务商等，再加上客户的能力和4PL自身的能力。总之，4PL通过提供一个全方位的供应链解决方案来满足今天的公司所面临的广泛而又复杂的需求。这个方案关注供应链管理的各个方面，既提供持续更新和优化的技术方案，同时又能满足客户的独特需求。

预测表明，作为能与客户的制造、市场及分销数据进行全面、在线连接的一个战略伙伴，第四方物流与第三方物流一样，它是可以在可预见的未来得到广泛应用的。可以说，在社会分工上，第四方物流是第三方物流的管理和集成者，但是二者在服务上更多地应该是互补和合作，只有这样才能做到物流成本的最小化。

3. *第四方物流案例*

在美国，Ryder Integrated Logistics、信息技术巨头 IBM，以及第四方物流的提出者Accenture公司结为战略联盟，使Ryder拥有了技术和供应链管理方面的特长，但如果没有4PL的加盟，这些特长要花掉Ryder公司自身几十年的工夫才能够积聚起来。

在欧洲，Accenture公司和菲亚特公司的子公司New Holland成立了一个合资企业New Holland Logistics S.P.A，专门经营服务零配件物流。该公司由New Holland拥有80%的股份，Accenture占20%的股份。New Holland为合资企业投入了6个国家的仓库、995个雇员、资本投资和运作管理能力。Accenture方面投入了管理人员、信息技术、运作管理和流程再造的专长。零配件管理运作业务涵盖了计划、采购、库存、分销、运输和客户支持。成立仅9年，总投资回报就达6 700万美元。大约2/3的费用节省来自运作成本的降低，20%来自库存管理，其他15%来自运费节省。同时，New Holland Logistics实现了大于90%的订单完成率。

在英国，Accenture 公司和泰晤士水务有限公司的一个子公司——Content 2020，也进行了第四方物流的合作。泰晤士水务是英国最大的供水公司，营业额超过20亿美元。Content 2020成立的目的是为供水行业提供物流和采购服务。Content 2020把它所有的服务外包给ACTV——一家由Accenture管理和运作的公司。ACTV年营业额为1 500万美元，主要业务包括采购、订单管理、库存管理和分销管理，目前的运作成果包括：供应链总成本降低10%，库存水平降低40%，未完成订单减少70%。

4. *第四方物流的发展*

最近有人提出了第五方物流5PL的概念。5PL是另一类物流服务提供商，它不是具体的物流业务营运商，而是物流管理系统的咨询公司，由于他们具有高度专业的知识和丰富的物流运营经验，企业可以通过委托它们为自己提供适当的服务，协助企业管理物流系统内各环节流程的建立、运行，并管理提供物流服务的运营商。咨询公司受到委托后，为其选择合适的物流服务商，如 3PL、4PL，并与之签订合同，然后以它们的资源和能力，为委托企业提供物流服务。由于咨询公司是独立的实体，与其他参与方不存在利益上冲突，就会较客观地站在客户的立场上独立、长远地看问题，帮助客户评估和监督物流服务商的服务。

5PL 与 4PL 的区别在于其本身是否具有“物流服务营运者”的资质，但更细致的区别可以从它们所负的法律责任中看到。在法律上，5PL 要代与之签订合同的 3PL 或 4PL 承担有关货物的损失或延误的责任，需要向客户全面负责。可以看出，无论是 3PL、4PL 或 5PL，物流代理方升级的目的，都是要不断地为用户提供价值、降低成本和提高服务水平，在未来的市场竞争中，为用户提供更加完善的解决方案和服务，提高企业竞争力。

5. 我国发展第四方物流的局限性

1) 物流基础设施支撑不够

物流基础设施是物流业发展的重要支撑和保障，第四方物流的发展离不开物流基础设施的建设。虽然我国我国物流基础设施建设已经取得了一定程度的进步，建立起了五种运输方式构成的运输体系，但适合现代化第四方物流发展需要的基础设施、技术装备、管理水平和信息系统等还明显落后，还不能满足第四方物流发展的需要。

2) 第三方物流发展滞后

第四方物流的发展，不论是哪一种运作模式，都需要第三方物流的积极参与。而我国的第三方物流企业大多都是由传统物流企业转变而来的，先进的物流技术手段和物流管理能力都是比较欠缺的。很多国内企业对第三方物流企业的接受度也不高，导致第三方物流企业还没有发挥其应有的作用，对供应链的集成整合能力就更无从谈起。

3) 信息化水平和供应链技术低下

第四方物流对整个供应链的集成与整合有较高的要求，是以先进的物流信息化技术为媒介和手段的，信息化水平是第四方物流能力的集中体现。目前我国物流信息化的程度不高，信息化水平低下，还尚未形成非常成熟的可供供应链上各物流服务参与共同分享的信息平台，导致了物流系统运作效率低下，成本过高，严重制约了第四方物流对于供应链整合的能力和实际效果。另外，有关供应链整合、管理的相关能力和技术低下，无法将供应链上各参与者紧密连接，也就无法提供高效的第四方物流服务。

4) 第四方物流人才匮乏

人力是物流业发展的关键要素，第四方物流对物流人才的要求更高。我国物流人才数量的缺口非常巨大，第四方物流所需要的同时拥有丰富理论知识，又拥有实践经验的人才则少之又少。第四方物流人才不但要掌握一般的物流知识和经验，还需要具备信息技术、系统集成、综合管理等能力，而具备这种综合素质的物流人才在我国更是严重匮乏。

9.4 电子商务物流解决方案

9.4.1 国外电子商务物流模式

1. 美国的物流中央化

中央化的美国物流模式强调“整体化的物流管理系统”，是一种以整体利益为重、冲破按部门分管的体制、从整体进行统一规划管理的管理方式。在市场营销方面，物流管理包括分配计划、运输、仓储、市场研究、为用户服务 5 个过程；在流通和服务方面，物流管理过程包括需求预测、订货过程、原材料购买、加工过程，即从原材料购买直至送达顾客的全部物资流通过程。

2. 日本的离散配送中心

物流过程是生产—流通—消费—还原(废物的再利用及生产资料的补足和再生产)。在日本，物流是非独立领域，受多种因素制约。物流(少库存多批发)与销售(多库存少批发)相互对立，必须利用统筹来获得整体成本最小的效果；物流的前提是企业的销售政策、一定的商业管理水平和成功的交易。销售订货时，交货条件、订货条件、库存量条件对物流结果的影响很大。流通中的物流问题已转向研究供应、生产、销售中的物流问题。

3. 适应电子商务的物流代理

物流代理即 9.3 节介绍的 3PL、4PL 和 5PL。

从广义的角度以及物流运行的角度看，物流代理包括一切物流活动，以及发货人可以从专业物流代理商处得到的其他一些价值增值服务。提供这一服务是以发货人和物流代理商之间的正式合同为条件的。这一合同明确规定了服务费用、期限及相互责任等事项。

狭义的物流代理专指本身没有固定资产但仍承接物流业务、借助外界力量、负责代替发货人完成整个物流过程的一种物流管理方式。

物流代理公司承接了仓储、运输代理后，为减少费用的支出，同时又要使生产企业觉得有利可图，就必须在整体上尽可能地加以统筹规划，使物流合理化。

4. 美国的物流配送业

美国的物流配送业发展起步早、经验成熟，尤其是信息化管理程度高，对我国的物流发展有很大的借鉴意义。

1) 美国配送中心的类型

从 20 世纪 60 年代起，商品配送合理化在发达国家普遍得到重视。为了向流通领域要效益，美国企业采取了以下措施：一是将老式的仓库改为配送中心；二是引进计算机管理网络，对装卸、搬运、保管实行标准化操作，提高作业效率；三是连锁店共同组建配送中心，促进效益的增长。美国连锁店的配送中心有多种，主要有批发型、零售型和仓储型 3 种类型。

(1) 批发型。美国加州食品配送中心是全美第二大批发配送中心，建于 1982 年，建筑面积 10 万平方米，工作人员 2 000 人左右，共有全封闭型温控运输车 600 多辆。经营的商

品均为食品，有43 000多个品种，其中有98%由该公司组织进货，另有2%是该中心开发加工的商品，主要是牛奶、面包、冰激凌等新鲜食品。该中心实行会员制，各会员超市根据店铺的规模、所需的商品配送量向中心交纳不同的会员费。会员店在日常交易中与其他店一样，不享受任何特殊的待遇，但可以参加配送中心定期的利润处理。该配送中心本身不是盈利单位，可以不交营业税，所以，当配送中心获得利润时，采取分红的形式，将部分利润分给会员店，会员店分得红利的多少，将视其在配送中心的送货量和交易额的多少而定，多者多分红。

该配送中心主要靠计算机管理。业务部通过计算机获取会员店的订货信息，及时向生产厂家和储运部发出要货指示单；厂家和储运部再根据要货指示单的先后缓急安排配送的先后顺序，将分配好的货物放在待配送口处等待发运。配送中心24小时运转，配送半径一般为50km。

该配送中心与制造商、超市协商制定商品的价格，主要依据有3个：一是商品数量与质量；二是付款时间，如在10天内付款可以享受2%的价格优惠；三是配送中心对各大超市配送商品的加价率，根据商品的品种、档次不同以及进货量的多少而定，一般为2.9%～8.5%。

(2) 零售型。美国沃尔玛商品公司的配送中心是典型的零售型配送中心。沃尔玛在美国本土已建立110个配送中心，各中心24小时运转，每天为分布在全美各地的3 944家连锁店按时配送商品，确保各店稳定经营，其完整的物流系统号称“第二方物流”，运作相对独立，不仅包括配送中心，还有更为复杂的资料输入采购系统、自动补货系统等。全球10 700多个商店的销售、订货、库存情况可以随时调出查问；公司几千辆运输卡车，全部装备了卫星定位系统，每辆车在什么位置、装载什么货物、目的地是什么地方，总部一目了然。这样可以合理安排运量和路程，最大限度地发挥运输潜力、避免浪费、降低成本、提高效率。

沃尔玛正是通过信息流对物流、资金流的整合、优化和及时处理，实现了有效的物流成本控制。从采购原材料开始到制成最终产品，到最后由销售网络把产品送到消费者手中的过程都变得高效有序，实现了商业活动的标准化、专业化、统一化、单纯化，从而达到了实现规模效益的目的。

2004年，沃尔玛公司要求其前100家供应商在2005年1月之前在向其配送中心发送货盘和包装箱时使用无线射频标识(Radio Frequency Identification，RFID)技术，2006年1月前在单件商品中投入使用。预计沃尔玛供应商每年将使用50亿张电子标签，而公司每年可节省83.5亿美元。

(3) 仓储型。美国福来明公司的食品配送中心是典型的仓储式配送中心，它的主要任务是接受美国独立杂货商联盟加州总部的委托业务，为该联盟在该地区的350家加盟店负责商品配送。该配送中心建筑面积为7万平方米，经营8.9万个品种，其中有1 200个品种是美国独立杂货商联盟开发的，必须集中配送。在服务对象店经营的商品中，有70%左右的商品由该中心集中配送，一般鲜活商品和怕碰撞的商品，如牛奶、面包、炸土豆片、瓶装饮料和啤酒等，从当地厂家直接进货到店，蔬菜等商品从当地的批发市场直接进货。

2) 美国配送中心的运作流程

美国配送中心的库内布局及管理井井有条，使繁忙的业务互不影响，其主要具有以下经验。

(1) 库内货架之间设有 27 条通道、19 个进货口。

(2) 以托盘为主，4 组集装箱为一个货架。

(3) 商品的堆放分为存储的商品和配送的商品，一般根据商品的生产日期、进货日期和保质期，采取先进库的商品先出库的原则，在存货架的上层是后进的存储商品，在货架下层的存储商品是待出库的配送商品。

(4) 品种配货是数量多的整箱货，所以用叉车配货；店配货是细分货，小到几双一包的袜子，所以用传送带配货。

(5) 量轻、体积大的商品(如卫生纸等)，用叉车配货；重量大、体积小的商品用传送带配货。

(6) 特殊商品单独存放。如少量高价值的药品、滋补品等，为防止丢失，用铁丝网圈起，标明无关人员不得入内。

9.4.2 电子商务环境下的综合物流代理

综合物流代理是第三方物流的模式之一，是由一家在物流综合管理经验、人才、技术、理念上均有一定优势的企业，对电子商务交易中供求双方的所有物流活动进行全权代理的业务活动。通过利用计算机和网络通信技术，该代理系统在互联网上建立了一个多对多的虚拟市场，根据物流一体化的原则，有效地对供应链上下游企业进行管理。

1. 综合物流代理系统的特点

在我国电子商务环境下，经营综合物流代理的主要思路是：低成本经营和入市原则；将主要的物流服务工作委托他人处理，注重建立自己的客户营销队伍、物流管理网络和物流信息系统，提高自身的物流综合管理素质；实行特许代理制，将协作单位视为自己的战略伙伴，进一步可将其纳入自己的经营轨道；公司经营的核心就是综合物流代理业务的协调、组织、控制等管理工作，并且注重业务流程再造和组织创新。

从图 9.5 可以看出，基于互联网的综合物流代理系统就是一个通过互联网建立起来的综合物流代理的管理体系。

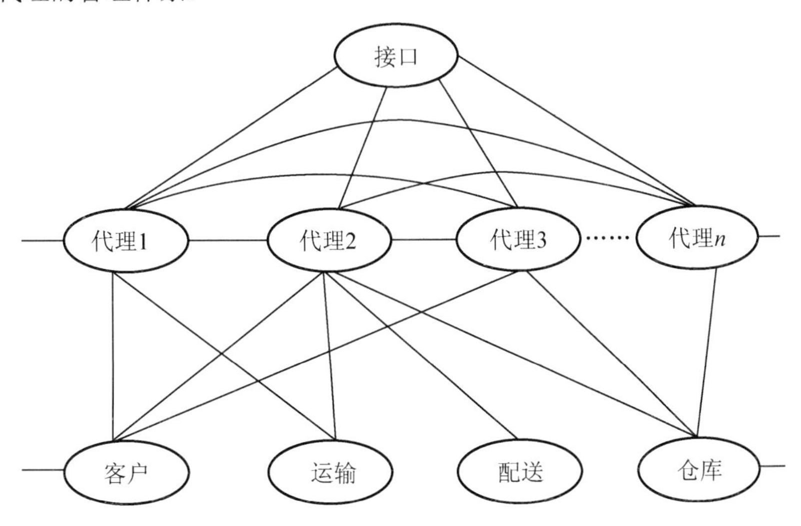

图 9.5 基于互联网的综合物流代理系统

该系统建立了一个基于互联网的电子市场。在这个虚拟市场中，主要产品是物流服务。客户(电子商务的交易双方)与物流代理商以多对多的方式进行物流服务的交易活动。物流代理商作为系统中供应链的重要一环，根据物流一体化的原则，对客户、运输企业、配送中心、仓储企业等进行统一的调配管理。

2. 综合物流代理系统设计目标

首先，将原有传统的物流业务过程，通过计算机和网络技术进行业务重组，删除冗余流程，有效地控制物的流向、提高物流过程的效率、降低物流成本；其次，真正实现以顾客为中心的服务理念。

(1) 提供个性化服务，即为客户群所提供的服务具有其他网站所不具有的特点，并能为客户所接受和喜欢，达到吸引客户的目的。

(2) 在设计中通过一系列的算法，对能实施物流服务的业务范围、经济地理上的网点布局是否与电子商务相应的要求相适应，对客户需求的反应速度、送货频率、送货可靠性、相关物流文档质量、物流费用、网点分布、管理制度、货物跟踪等方面提供完整的物流信息和决策支持，并通过系统评估来判断这些服务是否能够满足客户服务的要求。

(3) 建立网络化物流系统平台可以减少很多生产和流通中不必要的部门和环节，从而达到降低成本的目的；也可以减少物流企业组织仓储、运输环节的成本和麻烦，甩掉沉重的物流包袱，简化传统物流配送流程，方便客户使用。

3. 系统平台的主要特征

(1) 设计与开发的开放性和标准化。为保证各供应商产品的协同运作，同时考虑到投资者的长远利益，系统平台具有很好的开放性，并结合了相关的国际标准与工业标准。

(2) 满足B2B电子商务中对物流管理的需求。采用B/S系统构架，为客户提供基于互联网方式的网上下单、货物状态查询等全面的物流服务。

(3) 决策与管理的智能化。表现在通过第三方物流管理系统平台，用户企业的管理者可实时了解各部门的运行情况，调集相应数据的统计和分析报表，为决策分析提供参考依据，为业务规模的拓展奠定基础。

4. 构建技术

第三方物流管理系统平台包含系统集成技术、窗口技术、打包技术、组件技术，包含CRM(客户关系管理)、GIS(地理信息系统)、GPS(全球定位系统)、BI(商业智能)等先进功能；第三方物流管理系统平台采用通用标准，与货主、配送、运输、仓储等应用系统，既可相互独立使用，又可联合使用。

5. XML(可扩展标识语言)技术

系统平台与其他各系统之间采用XML进行信息交换，XML交换标准同时兼容现有的行业XML标准，因而与其他应用系统具有良好的接口性能，保证系统的扩展性和可维护性。

6. 组件技术

第三方物流管理系统平台中的每个应用系统由一个组件包提供，具有与平台无关的特性，开发商通过 API(应用编程接口)调用相应组件，实现组件提供的商务功能。

7. 硬件/软件的独立性

第三方物流管理系统平台采用的开发模型继承了多层、分布式的结构特点(图 9.6)，并可以跨平台应用，将 Java 的“一次编译，随处运行”特点体现在系统中，具备操作系统独立性和数据库独立性。

<table>
<tr><td colspan="6">第三方物流管理系统平台</td></tr>
<tr><td rowspan="2">管理系统</td><td>物流管理系统</td><td>物流作业系统</td><td>物流服务系统</td><td>电子商务系统</td><td rowspan="2">安全系统</td></tr>
<tr><td colspan="4">业务集成系统</td></tr>
<tr><td colspan="6">数据库</td></tr>
<tr><td colspan="6">服务器环境(操作系统)</td></tr>
<tr><td colspan="6">服务器环境：H/W硬件</td></tr>
<tr><td colspan="6">网络环境</td></tr>
</table>

图 9.6 第三方物流管理系统平台结构

电子商务环境下实现网络化物流的目标就是把电子化的物流网络和实体化的物流网络融为一体，形成真正的物流网络。

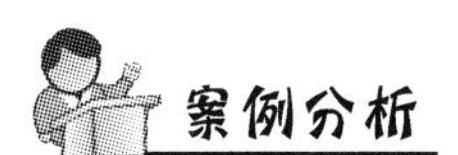

戴尔与沃尔玛的电子商务物流

下面从物流、技术支持和供应链的运作等方面入手，对以 IT 产品和网络订购服务为特征的戴尔公司和以连锁超市为主体的沃尔玛的物流和供应链进行比较和分析。

1. 物流方案

1) 戴尔：电子商务化物流

戴尔公司的日销量达千万美元，其销售全是通过国际互联网和企业内部网进行的。在日常的经营中戴尔公司仅保持两个星期的库存(行业的标准是超过 60 天)，存货一年周转 30 次以上。基于这些数字，戴尔公司的毛利率和资本回报率分别是 21%和 106%。它实施电子商务化物流后取得以下物流效果。

(1) 1998 年成品库存为零。

(2) 零部件仅有 2.5 亿美元的库存量(其盈利为 168 亿美元)。

(3) 年库存周转次数为 50 次。

(4) 库存期平均为7天。

(5) 增长速度4倍于市场成长速度。

(6) 增长速度两倍于竞争对手。

在现实企业的经营中，电子商务的实现的确可以使销售过程的中间环节成为多余，并可以构造一条最简短的流通渠道，这条渠道可以由专业的流通企业经营，也可由专业的制造企业经营，还可以由信息网络服务商来经营。

在戴尔的直销网站(http://www.dell.com)上，提供了一个跟踪和查询消费者订货状况的接口，供消费者查询已订购的商品从发出订单到送到消费者手中全过程的情况。戴尔对待任何消费者(个人、公司或单位)都采用定制的方式销售，其物流服务也配合这一销售政策而实施。戴尔的电子商务销售包括以下8个步骤。

(1) 订单处理。在这一步，戴尔接受消费者的订单。消费者可以拨打800免费电话叫通戴尔的网上商店进行网上订货，也可以通过浏览戴尔的网上商店进行初步检查。

采用信用卡支付方式的订单将被优先满足，其他付款方式则要更长时间得到付款确认，只有确认支付完款项的订单才会立即自动发出零部件的订货并转入生产数据库中，订单也才会立即转到生产部门进行下一步作业。用户订货后，可以对产品的生产过程、发货日期甚至运输公司的发货状况等进行跟踪。

(2) 预生产。从接收订单到正式开始生产之前，有一段等待零部件到货的时间，这段时间叫作预生产。预生产的时间因消费者所订的系统不同而不同，主要取决于供应商的仓库中是否有现成的零部件。一般地，戴尔要确定一个订货的前置时间，即需要等待零部件并且将订货送到消费者手中的时间，在戴尔向消费者确认订货有效时，会将前置时间告诉消费者。订货确认一般通过两种方式，电话和电子邮件。

(3) 配件准备。当订单转到生产部门时，所需的零部件清单也就自动产生，相关人员将零部件备齐传送到装配线上。

(4) 配置。组装人员将装配线上传来的零部件组装成计算机，然后进入测试过程。

(5) 测试。检测部门对组装好的计算机用特制的测试软件进行测试，通过测试的机器送到包装间。

(6) 装箱。测试完后的计算机被放到包装箱中，同时要将鼠标、键盘、电源线、说明书及其他文档一同装入相应的卡车运送给顾客。

(7) 配送准备。一般在生产过程结束的次日完成送货准备，但大订单及需要特殊装运作业的订单可能花的时间要长些。

(8) 发运。将顾客所订货物发出，并按订单上的日期送到指定的地点。戴尔设计了几种不同的送货方式由顾客选择。一般情况下，订货将在2～5个工作日内送到订单上的指定地点，即送货上门，同时提供免费安装和测试服务。

电子商务化物流使戴尔公司可以先拿到用户的预付款，待货运到后再由货运公司结算运费(运费还要用户自己支付)，戴尔既占压着用户的流动资金，又占压着物流公司的流动资金，按单生产又没有库存风险。戴尔的竞争对手一般保持着几个月的库存，而戴尔的库存只有几天，这些因素使戴尔的年均利润率超过50%。

当然，无论用什么销售方式，必须对用户有好处。戴尔的电子商务型直销方式给用户带来以下价值。

(1) 用户的需求不管多么个性化都可以得到满足。

(2) 戴尔精简的生产、销售、物流过程可以省去一些中间成本，因此其产品价格较低。

(3) 用户可以享受到完善的售后服务，包括物流、配送以及其他售后服务。

戴尔的物流提供商包括：Eagle Global Logistics、FedEx Express和UPS Supply Chain Solutions等国际著名物流企业。

2) 沃尔玛：整合物流体系

沃尔玛在美国本土已建立110个配送中心，整个公司销售商品的85%由这些配送中心供应，而其竞争对手只有约50%～65%的商品集中配送。沃尔玛完整的物流系统号称“第二方物流”，不仅包括配送中心，还有更为复杂的资料输入采购系统、自动补货系统等。

沃尔玛公司共有6种形式的配送中心。

(1) 第一种是“干货”配送中心。

(2) 第二种是食品中心。

(3) 第三种是山姆会员店配送中心。

(4) 第四种是服装配送中心。

(5) 第五种是进口商品配送中心。

(6) 第六种是退货配送中心。

其配送中心的基本流程是：供应商将商品送到配送中心后，经过核对采购计划、进行商品检验等程序，分别送到货架的不同存放位置。提出要货计划后，计算机系统将所需商品的存放位置查出，并打印有商店代号的标签。整包装的商品直接由货架上送往传送带，零散的商品由工作台人员取出后送到传送带上。一般情况下，商店要货的当天就可以将商品送出。

全球 10 700 多个店铺的销售、订货、库存情况可以随时调出查问。公司几千辆运输卡车，全部装备了卫星定位系统，每辆车在什么位置、装载什么货物、目的地是什么地方，总部一目了然。可以合理安排运量和路程，最大限度地发挥运输潜力、避免浪费、降低成本、提高效率。

沃尔玛正是通过信息流对物流、资金流的整合、优化和及时处理，实现了有效的物流成本控制。从采购原材料开始到制成最终产品，最后由销售网络把产品送到消费者手中的过程都变得高效有序，实现了商业活动的标准化、专业化、统一化、单纯化，从而达到实现规模效益的目的。

沃尔玛的物流提供商包括：ABF、CH Robinson、Exel、J.B. Hunt 和 Yellow Corp 等。

2. 技术支持

1) 戴尔的开放技术平台

(1) 交易引擎。戴尔是开放标准的技术和成本受益者。PC市场众多厂商的总体研发费用和竞争激烈程度是其他计算市场所无法比拟的，戴尔可以坐享开放标准和竞争带来的高性价比的零配件。戴尔每年6亿多美元的研发费用，对于芯片研发实在是太少了，但对于系统技术和流程改进等方面的研究来说就不算少了。

戴尔的供应链管理平台叫交易引擎。它的一级供应商(戴尔直接的供应商)和二级供应商(一级供应商的供应商)都在这个平台上，管理范围从订单、生产、运输直到设在附近的仓库的库存。后面的流程就由客户中心负责管理。

实际上戴尔是用交易引擎将供应链与戴尔在信息流上紧密地联系在一起的，形成一个虚拟企业。

在这个平台上，戴尔把供应商与最终市场的需求直接、实时地联系起来，比如，客户中心对中转仓库下单的情况，一、二级供应商当晚就能得到与自己相关的信息，可以随时调整自己的生产计划。这与间接模式下基于市场预测来决定生产计划大不相同。

(2) VMI 模式。“交易引擎”只是解决了供应链管理上的信息流问题，而物流则通过“供应商管理库存”(VMI)模式，借助于第三方物流公司来对遍布在全球各地数百家供应商的产品进行物流和仓储管理。

承担戴尔中国客户中心大部分物流工作的波灵顿公司(BAX)原本是家美国公司，2005年11月被德国铁路收购。德国铁路是欧洲最大的铁路公司、第一大内陆运输公司，也是全球第二大空运和第三大海运公司。

戴尔引入 BAX，从形式上看是增加了一个中间环节，实则是一次专业分工。像戴尔这种全球采购的跨国企业的日常运营对物流的要求较高，有仓储、通关、全球畅通的立体运输网络等，这些都不是戴尔和供应商擅长的，交给专业厂商去做是追求效率上的回报。

通常，戴尔会以两小时为周期向BAX发来订单。以此为起点，BAX必须在一个半小时内完成：下载订单数据、电子报关，在多达近万个货位中，按照订单的种类和数量取物，清点核实，重新包装，放到停放在仓库门口的卡车，经过20分钟的车程后，直接开到戴尔生产线的入口。剩余半小时还要留给戴尔。

BAX凌晨三四点钟会将上个工作日内戴尔的购买清单、BAX接到供应商的发货清单和现有库存情况发给相应的供应商。

借助BAX自己的物流管理平台，供应商可以随时查看其在BAX的库存状况，而戴尔的采购人员则可以看到全部库存情况。戴尔要求相关数据每半个小时给其生产线发一次，每天给其采购人员发两次。

此外，BAX还不断缩短提货时间，空运过程从领提单、保税区打单、报关、报检、机场提货直到点货入库，最快可在半个工作日内完成。

高品质的专业化服务确保了戴尔生产线能够按单连续生产，发挥最大能量。

VMI也是成本中心，因为无论是供应商还是戴尔都要向第三方物流付费，而且供应商的费用最终也是由戴尔买单。VMI还是利润中心，戴尔购买零配件的时间是从BAX仓储出门算起的，在此之前，货物所有权属于供应商，也就是说从出门的那天开始计算付款周期，通常付款周期从30天到60天不等，这取决于与不同类型的供应商的合约。由于戴尔是按单生产，当戴尔向BAX下单时，用户的钱已经到账。

2) 射频技术

沃尔玛的物流与库存管理采用先进的射频技术和无线终端技术。

(1) 射频技术RF(Radio Frequency)。在日常的运作过程中可以跟条形码结合起来应用。

(2) 便携式数据终端设备PDF。传统的方式到货以后要打电话、发E-mail或者发报表，通过便携式数据终端设备可以直接查询货物情况。

(3) 物流条形码BC。利用物流条形码技术，能及时有效地对企业物流信息进行采集跟踪。

(4) 射频标识技术(RFID)。这是一种非接触式的自动识别技术，它通过射频信号自动识别目标对象并获取相关数据，识别工作无须人工干预，可在各种恶劣环境中工作。

2004年，全球最大的零售商沃尔玛公司要求其前100家供应商在2005年1月之前向其配送中心发送货盘和包装箱时使用无线射频识别技术，2006年1月前在单件商品中投入使用。专家预测，2005—2007年，沃尔玛供应商每年将使用50亿张电子标签，沃尔玛公司每年可节省83.5亿美元。目前全世界已安装了约5 000个RFID系统，实际年销售额约为9.64亿美元。

3. 供应链的运作

1) 沃尔玛的供应链战略

在供应链环节中，沃尔玛的战略不是将物流环节视为企业的成本中心尽力缩减投入，而是将其视为利润中心，采用全方位的电子系统控制最先进的技术以及对供应商的高标准要求，实现供应链高效益运转。早在20世纪80年代初，沃尔玛便采用全电子化的快速供应QR这一现代化供应链管理模式，并且不断将更新的技术融入这一模式上。QR模式改变了传统企业的商业信息保密做法，将销售信息、库存信息、生产信息、成本信息等与合作伙伴交流分享。可以说，这是供应链管理由企业内部向企业之间合作的一个质的飞跃。

沃尔玛的这种先期的有远见的投入，是根据其企业整体战略的“天天平价，始终如一”而制订的。也就是企业整体采用成本与规模经济战略，其核心就是大批量订货的物流环节通过提高效益来控制成本。其次，沃尔玛总是供应链管理的弄潮者，从20世纪70年代条形码的推行，到20世纪80年代物流管理理念的创新，再到当今作为RFID的主力倡导者。沃尔玛甚至不惜重金，专门购置了几颗卫星来保证供应链网络的信息能及时传递。可以说，沃尔玛不是将物流管理作为成本中心加以缩减，而是将其不断改造更新，使其成为企业的核心竞争力，最终成为企业的第三利润来源。

透过表面现象可以发现，沃尔玛的成功与其说是优秀的商业模式或者先进的信息技术应用，不如说是其对自身的“商业零售企业”身份的超越，这种超越来自于两个方面。

首先，沃尔玛不仅仅是一家等待上游厂商供货、组织配送的纯粹的商业企业，而且也直接参与到上游厂商的生产计划中去，与上游厂商共同商讨和制订产品计划、供货周期，甚至帮助上游厂商进行新产品研发和质量控制方面的工作。这就意味着沃尔玛总是能够最早得到市场上最希望看到的商品。

其次是沃尔玛高水准的客户服务能够做到及时地将消费者的意见反馈给厂商，并帮助厂商对产品进行改进和完善，而不是简单地充当二传手或者电话筒。

2) 戴尔的虚拟整合

戴尔采用的是“虚拟整合”的供应链思想，它围绕着这样一个经营理念展开：专注自己最擅长的领域，把不擅长的环节给行业中做得最好的人去做，然后通过采购把最具性价比的产品买回来，自己做最后的整合。

为达到这样的目标，戴尔的目光越过了企业的四面围墙，把供应商看成了自己的车间。戴尔通过被称为“交易引擎”的 ERP 系统来管理分布在世界各地的供应商，让自己和供应商双方的信息可以做到极大程度的共享。它完全是按订单生产，客户打电话来或者从网上下订单之后，才按需求生产。这种生产和销售方式使戴尔可以按照顾客实际需求的变动不断地调整自己的物料需求，并通过信息系统和供应商共享这些信息。这是戴尔供应链最精妙的地方。

戴尔每一个半小时把清单发送给中转仓库的同时，还会发给供应商的总部，供应商会根据中转仓库里库存的波动情况确定要不要发货过来，并且根据这些信息安排生产，供应商每个星期都会收到更新的下3个月的生产预测，对于一些需求变化比较大的零部件甚至一天就要更新一次。这不仅使戴尔即使在市场情况变化大的情况下也能够得到及时的供货，而且供应商也可以根据实际情况安排生产、减少库存。戴尔根据市场需求不断调整自己的生产计划并且使供应商也不断地调整生产计划，使整个供应链上的生产在不停的调整过程中逐步贴近市场的真实需要，在这个过程中戴尔和供应商信息共享的程度如此之高，以至于它们就像一个整体在实施电子商务的协同运作，从而实现了戴尔“虚拟整合”的供应链管理思想。

可以看出，加强和供应商之间的信息沟通是戴尔供应链最重要的地方，难怪就连戴尔自己也说自己是“用信息代替库存”。

虽然沃尔玛和戴尔的经营策略有所差异，但两者原则是相同的，那就是为客户提供实效、便捷的服务，任何行业和组织要在激烈竞争中生存，只有充分利用现代化技术、遵循这个基本原则才是有效的。

案例思考：

1. 试比较和分析戴尔公司和沃尔玛的物流。
2. 请比较和分析戴尔公司和沃尔玛的供应链。
3. 戴尔公司和沃尔玛在技术支持方面各有什么特点？

复习思考题

一、名词解释

1. 电子商务物流
2. 业务外包
3. 物流代理

二、选择题

1. 在提供综合物流服务的营运者中，5PL 指的是(　　)。
   A. 第三方物流　　　　B. 咨询公司
   C. 第四方物流　　　　D. 物流代理
2. 支撑第三方物流的信息技术不包括(　　)。
   A. EDI 技术　　　　B. 条形码技术
   C. 电子商务技术　　　　D. RFID 标签技术

三、简答题

1. 电子商务中物流的作用是什么？
2. 试述电子商务物流的服务。
3. 传统物流服务与电子商务物流服务的区别是什么？
4. 电子商务从哪几方面影响了物流的理念？
5. 试述物流配送中心运营主体的类型。
6. 物流配送模式的主要类型是什么？
7. 试述新型物流配送中心的特征。
8. 第三方物流的运作分为几类，各有什么特点？
9. 试述第四方物流的特点。
10. 电子商务环境下的综合物流代理系统平台的构件技术有哪些？

电子商务网站案例

学习目标

本章介绍几种典型的不同应用模式的电子商务网站。这些网站从不同的角度反映出电子商务网站建设的方向和各个不同着眼点的电子商务网站的内容。通过本章的学习，了解电子商务网站的运营模式、网页设计特点、定位，以及数据库、服务器等。

教学要求

教学模块	知识单元	相关知识点
阿里巴巴：中小企业 B2B 交易的平台	(1) 阿里巴巴运营模式 (2) 阿里巴巴网站优势 (3) 安全诚信的网上支付模式	阿里巴巴运营模式取得成功的因素分析，阿里巴巴的网页特点，阿里巴巴网络交易支付模式分析
Amazon：B2C 电子商务网站	(1) 亚马逊网站与服务策略 (2) 亚马逊网站特色 (3) 亚马逊网站商务模式	亚马逊网站的内容、服务、策略，亚马逊网站的定位特点，亚马逊网站的经营模式分析
eBay：C2C 电子商务网站	(1) eBay 电子商务网站的策划 (2) eBay 电子商务网站总体结构设计 (3) eBay 电子商务网站建站方式选择 (4) eBay 电子商务网站页面的设计	eBay 电子商务网站的建站目标，eBay 站点功能，eBay 的计算机硬件系统与计算机软件系统，eBay 网页设计分析
企业门户网站案例——UPS.COM	(1) UPS.COM 的站点内容和服务 (2) UPS.COM 的页面设计 (3) UPS 的运行环境	UPS.COM 的站点服务，UPS 的数据库、服务器和网络

未来的电子商务网站会朝两个方向发展：一个是朝大型化、电子商务门户化发展，像阿里巴巴这样有实力的电子商务网站就是朝大型化和门户化发展，它们网站的内容包括多个行业以及各种信息；另一种电子商务网站将朝专业化和行业化发展，像本章将要介绍的其他网站。这些网站专门给某个行业的企业提供信息和服务，或是满足某一群体客户的特殊需求，业务和客户都比较专业和集中。这两种专门化的网站建设过程各有侧重，应用过程也各有特点和优势。一般来说，大型化的门户电子商务网站也许没有精力来提供某个行业或某种专业的服务，而专业化行业的电子商务网站也无法提供大型化门户电子商务网站的服务，它们之间的关系将是互补、互利和互助的。

10.1 阿里巴巴：中小企业 B2B 交易的平台

阿里巴巴是通过它的网站而出名的。在建立阿里巴巴之时，其创始人和首席执行官马云就充分认识到：所谓的电子商务，商务是本，电子只是一种手段。既然是以商业服务为主，当然一定要符合市场的需求。美国的经济是大企业一统天下的局面，但是在亚洲，情况正好相反，全世界 85%的中小企业都集中在这里，因此，在亚洲做电子商务，为中小企业提供服务才有前途。因此，阿里巴巴的成功，首先要得益于它在网站服务对象定位上的成功。

10.1.1 阿里巴巴简介

阿里巴巴是全球 B2B 电子商务的著名品牌，是目前全球最大的商务交流社区和网上交易市场。它曾两次被哈佛大学商学院选为 MBA 案例，在美国学术界掀起研究热潮；两次被美国权威财经杂志《福布斯》选为全球最佳 B2B 站点之一；多次被相关机构评为全球最受欢迎的 B2B 网站、中国商务类优秀网站、中国百家优秀网站、中国最佳贸易网站；被国内外媒体、硅谷和国外风险投资家誉为与 Google、Yahoo、Amazon 和 eBay 比肩的 5 大互联网商务流派代表之一。其创始人、首席执行官马云也被著名的“世界经济论坛”选为“未来领袖”、被美国亚洲商业协会选为“商业领袖”，并曾多次应邀为全球著名高等学府麻省理工学院、沃顿商学院、哈佛大学讲学，是 50 年来第一位成为《福布斯》封面人物的中国企业家。该公司于 1999 年成立，2002 年实现全年盈利，2013 年，阿里巴巴全年总营收 79.52 亿美元，净利润为 35.61 亿美元。从成立之初到现在，经过 15 年时间的发展，阿里巴巴从一个几十人的创业队伍，发展到拥有员工 20 400 余人，并成为市值有望达到 2 200 亿美元的中国最大的互联网公司。与此同时，随着阿里巴巴的成功，也带动了一批中国 B2B 网络公司的创立和成长。2014 年 9 月 19 日，阿里巴巴在美国纽交所正式挂牌交易，成为有史以来规模最大的科技互联网公司。

10.1.2 阿里巴巴的运营模式

阿里巴巴网站的目标是建立全球最大最活跃的网上贸易市场，让天下没有难做的生意。它从一开始创建就有明确的商业模式，不同于早期的主要是以技术作为驱动的互联网公司，创始人都是计算机或通信技术等方面的人才或爱好者，由自娱自乐到创造出有特色的网站，进而摸索可能的网络服务模式。

阿里巴巴创始人马云的经历使其网站能有明确的定位。他于1995—1997年创办中国第一家互联网商业信息发布站“中国黄页”，1997—1999年加盟外经贸部中国国际电子商务中心并成功运作该中心所属的国富通信息技术发展有限公司。在不到一年的时间内，开发了外经贸部官方站点、网上中国商品交易市场、网上中国技术出口交易会、中国招商、网上广交会和中国外经贸等一系列站点。1999年自立门户在杭州设立研究开发中心，以香港为总部创办阿里巴巴网站。

阿里巴巴从纯粹的商业模式出发，与大量的风险资本和商业合作伙伴相关联构成网上贸易市场，其运营模式取得成功主要有以下几方面的原因。

1. 以处理信息流为主

阿里巴巴网站汇聚了大量的市场供求信息。马云在一次电子商务研讨会上阐述了以下观点，即中国的电子商务将经历3个阶段，信息流、资金流和物流阶段，目前还停留在信息流阶段。交易平台在技术上虽然不难，但使用的人很少，企业对在线交易基本上还没有需求，因此做在线交易意义不大。阿里巴巴最大的特点就是做今天能做到的事，循序渐进地发展电子商务。

阿里巴巴在充分调研企业需求的基础上，将企业登录后上传的信息整合分类，形成网站独具特色的栏目，使企业用户获得有效的信息和服务。阿里巴巴的主要信息服务栏目包括以下几部分。

(1) 就业机会。有27个行业700多个产品分类的商业机会供查阅，通常提供大约50万条供求信息。

(2) 产品展示。按产品分类陈列展示阿里巴巴会员的各类图文并茂的产品信息。

(3) 公司全库。公司网站大全汇聚了4万多家公司的网页，用户可以通过搜索寻找贸易伙伴，了解相关企业的详细资讯。会员也可以免费申请将自己的公司加入阿里巴巴“公司全库”中，并链接到公司全库的相关类目中，方便会员有机会了解公司全貌。

(4) 行业资讯。按各类行业分类发布最新动态信息，会员还可以分类订阅最新信息，并直接通过电子邮件接收。

(5) 价格行情。按行业提供企业最新报价和市场价格的动态信息。

(6) 以商会友。成立商人俱乐部，会员在这里交流行业见解。其中每天的咖啡时间为会员提供新话题、分析如何做网上营销等。

(7) 商业服务。航运、外币转换、信用调查、保险、税务、贸易代理等咨询和服务，这些栏目为用户提供了充满现代商业气息、丰富实用的信息。构成了网上交易市场的主体。

2. 本土化的网站建设

阿里巴巴采用本土化的网站建设方式，针对不同国家采用当地的语言，简易可读，这种便利性和亲和力将各国市场有机地融为一体。阿里巴巴已经建立运作4个相互关联的网站：英文的国际网站(http://www.alibaba.com)面向全球商人提供专业服务；简体中文的中国网站(http://china.alibaba.com)主要为中国大陆市场服务；全球性的繁体中文网站(http://chinese. alibaba.com)则为中国台湾、香港地区，东南亚及遍及全球的华商服务；韩文的韩国网站(http://kr.alibaba.com)为韩文用户服务。阿里巴巴还即将推出针对当地市场的日文、欧洲语言和南美文网站。这些网站相互链接，内容相互交融，为会员提供一个整合一体的国际贸易平台，汇集全球220个国家(地区)的商业信息和个性化的商人社区。

3. 免费会员制和信息发布

在起步阶段，网站放低会员准入门槛，以免费会员制吸引企业登录平台注册用户，从而汇聚商流、活跃市场，会员在浏览信息的同时也带来了源源不断的信息流，并创造无限商机。早在2001年7月，阿里巴巴会员数目就已达73万人，他们分别来自202个国家和地区，每天登记成为阿里巴巴的商人会员超过1 500名。其会员多数为中小企业，免费会员制是吸引中小企业的最主要因素。在市场竞争日趋复杂激烈的情况下，中小企业当然不肯错过这个成本低廉的机遇，利用网上市场来抓住企业商机。截至2011年11月，阿里巴巴的中小企业会员数量总计已经超过5 000万人。大大小小的企业活跃于阿里巴巴的网上服务平台，为阿里巴巴的服务平台带来了更多的供需信息，扩大了网上交易平台的规模。

4. 盈利的增值服务

阿里巴巴通过增值服务为会员提供了优越的市场服务。增值服务一方面加强了这个网上交易市场的服务项目功能；另一方面又使网站能有多种方式实现直接盈利。尽管目前阿里巴巴不向会员收费，但据马云介绍，其网站目前是盈利的，其盈利栏目主要是：中国供应商、委托设计公司网站、网上推广项目、诚信通和贸易通。

(1) 中国供应商。中国供应商是通过阿里巴巴的交易信息平台，给中国的商家提供来自国际买家的特别询盘。

(2) 委托设计网站。客户可以委托阿里巴巴做一次性的投资建设公司网站，这个项目主要是阿里巴巴帮助企业建立拥有独立域名的网站，并且与阿里巴巴链接。

(3) 网上推广项目。网上推广项目由邮件广告、旗帜广告、文字链接和模块广告组成。邮件广告由网站每天向商人发送的最新商情特快邮件插播商家的广告；文字链接将广告置于文字链接中。

(4) 诚信通。阿里巴巴推出的诚信通项目能帮助用户了解潜在客户的资信状况，找到真正的网上贸易伙伴；进行权威资信机构的认证，确认会员公司的合法性和联络人的业务身份；展现公司的证书和荣誉，用业务伙伴的好评作为公司实力的证明。

(5) 贸易通。贸易通是为商人度身定做的商务沟通软件，让商家轻松找到客户，随时洽谈业务，发布和管理商务信息。

5. 成功的市场运作

福布斯评选提升了阿里巴巴的品牌价值和融资能力。阿里巴巴与日本互联网投资公司软库(Softbank)结盟，邀请软库公司首席执行官、亚洲首富孙正义担任其首席顾问，邀请世界贸易组织前任总干事、现任高盛国际集团主席兼总裁彼得·萨瑟兰担任其特别顾问。通过各类成功的宣传运作，阿里巴巴多次被选为全球最佳B2B站点之一。2000年10月，阿里巴巴荣获21世纪首届中国百佳品牌网站评选的“最佳贸易网”。

阿里巴巴凭据其可行的、具有说服力的商业模式，在快速增长的电子商务市场中处于领先地位，成功地缔造了得到国际资本市场认可的中国B2B模式。

10.1.3 阿里巴巴网站优势

阿里巴巴富有特色的页面主要体现在下面几点。

1. 主题明确，重点突出

网页的设计风格体现了阿里巴巴的一种精神：简约、明确、主题突出。阿里巴巴每天为浏览者提供大量的信息，但是它把页面处理得非常好，信息安排得非常有序。在首页，它尽量体现5大栏目：我要采购、我要销售、商业咨询、商人论坛、我的阿里助手，整齐、有条理、有层次感，体现了阿里巴巴的精神。此外它在首页制作了一个滚动的信息窗口，用来显示信息量的多少，而且在首页很显眼的地方还做了一个大型信息搜索栏目，使人们通过网站首页可以迅速找到自己所需要的信息。

2. 功能完善，操作简单

阿里巴巴的定位是为中小企业服务。在中国现在的情况下，中小企业老板的文化层次不是很高，对计算机的操作不是很熟练，这些都制约了企业上网的进程和广度。阿里巴巴针对这些情况，开发了操作简单的若干功能，使用户一看就知道如何操作。这种设计符合目前中国企业的实际情况。另外，阿里巴巴尽量采用先进的网络技术，满足企业上网宣传和推广的需要，全面介绍企业资料，条理清晰，有很大的吸引力。同时，它还利用论坛的形式，让会员了解网站，让会员之间有所交流、有所沟通，充分调动了会员参与的积极性。

3. 优秀的论坛

阿里巴巴不仅是一个成功的电子商务网站，它还拥有一个优秀的论坛。从论坛的模式、管理团队以及论坛与会员之间所培养的感情来看，达到了较好的效果。这里不仅是商人们学习和交流的场所，更是一些重要信息的咨询区。阿里巴巴的论坛满足了很多论坛会员的需要，让他们学到了自己需要的东西，或者让他们交到了自己需要的朋友。阿里巴巴的论坛是会员与会员之间以及会员与网站之间交流的地方，也是会员与网站培养感情的地方。很多人正是通过论坛了解网站，并且爱上网站；也许有些人是因为喜欢论坛而介绍自己的朋友也一起来浏览网站。论坛的作用还远远不止这些，论坛也是聚集人气、留住人气和培养客户忠诚度的地方。

4. 人性化的服务

虽然网站看起来是虚拟的，但是对待网站的心态和服务却不能是虚拟的，必须用心地投入和真实地服务。阿里巴巴成功的因素虽然很多，但是它的人性化服务却是很重要的一点。由于阿里巴巴在虚拟的网站中提供着真实和人性化的服务，所以使人们感觉到网站是实在的、可以信赖的和可以产生效益的。所以人性化的服务是阿里巴巴的一大特色，从人性化的页面到人性化的功能操作，以及人性化的论坛，最重要的是人性化的线下和售后服务，以及企业的上网服务。由于很多企业是初次进行网上电子商务，他们还不太了解和熟悉怎么进行网上电子商务的操作，所以阿里巴巴的人性化指导服务就显得很重要，比如电话指导及网上和网下的贸易培训等。通过各种方式，使企业在网上取得预期效益，也会防止一些企业因为不懂得网上操作，没有收效而流失客户的情况。阿里巴巴的人性化服务做得细致、全面、周到和热情。

5. 全面的信息服务

阿里巴巴认真对待会员、对待顾客，使虚拟的网站在他们热情的帮助和指导下，已经变得跟真实的一样。

(1) 信息及时更新。阿里巴巴的信息不会过期，每小时更新一次的频率使阿里巴巴的信息真实性和可信度比较高。

(2) 信息量大。阿里巴巴网站有供应信息、求购信息、代理信息、加工信息、项目合作、商务服务等，满足了不同公司的需要。

(3) 信息全面。阿里巴巴的信息全面，各个行业都有，并且其行业分类合理，针对企业的需要，既有行业分类，也有公司分类。

10.1.4 安全诚信的网上支付模式

一直以来，电子商务的交易安全和诚信是企业进行电子商务的瓶颈，一个没有安全保障的电子商务，是无真正的诚信可言的，要解决这些问题，必须从交易环节入手。

2005年2月，阿里巴巴全面升级了网络交易支付工具——支付宝，同时www.alipay.com正式上线。阿里巴巴同工商银行、建设银行、农业银行和招商银行联手，打造中国特有的网上支付模式。支付宝自2003年推出以来，经过十几年发展，已经完成了升级，不仅可以满足淘宝网商的使用，而且能扩展到阿里巴巴的企业用户。支付宝用户在购物网站(如淘宝网)上选择并发起“支付宝交易”，之后整个支付和货物的交割过程将由支付宝负责监控，保证交易双方的资金和货物安全。支付宝可以为买卖双方提供安全、快速的网上支付业务，并为买卖双方提供了交易资金记录的查询和管理。同时支付宝产品还为用户提供在“银行账户”和“支付宝账户”之间的资金划转业务，以及相应资金往来记录的查询和管理，其过程如图10.1所示。

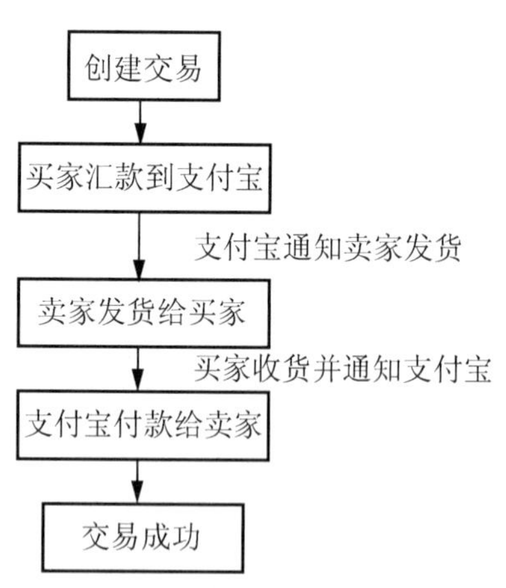

图10.1 支付宝工作过程

此外，阿里巴巴宣布支付宝推出“全额赔付”制度。对于使用支付宝而受骗遭受损失的用户，支付宝将全部赔偿其损失，目前这在国内电子商务网站尚为首例。这一制度一方面显示了阿里巴巴解决电子商务支付问题的决心；另一方面显示了其对支付宝产品有绝对的信心。

10.2 Amazon：B2C电子商务网站

B2C 电子商务是以 Internet 为主要手段，由商家或企业通过网站向消费者提供商品和服务的一种商务模式。在 B2C 电子商务中，网络企业希望赢得个体消费者，这是众所周知，也是人们最熟悉的一种电子商务类型。目前，在 Internet 上遍布了各种类型的 B2C 网站，提供从鲜花、图书到计算机、汽车等各种消费品和服务。由于各种因素的制约，目前以及未来比较长的一段时间内，这种模式的电子商务在整个网络经济市场中还只能占较小的比重。但是，从长远来看，这种电子商务将取得快速发展，并将最终在电子商务领域占据重要地位。亚马逊电子商务就是一个典型的面对消费者的零售网站，其案例向我们展示了如何利用高科技手段、通过网站来提供让客户满意的现代服务。

10.2.1 亚马逊网站与服务策略

1. 亚马逊公司简介

亚马逊公司最初是个网上书店，但现在其产品种类已经扩大至音像光盘、录像带、化妆品、服装、宠物用品及杂货等，并提供拍卖及贺卡等服务，它正在努力成为全球最大的网上零售商。

亚马逊没有固定的繁华店铺，没有面对面的亲切笑容，以无店铺经营，在 1995 年 7 月，它还只是个网站，但到 1999 年年底，其顾客已涵盖了 160 多个国家和地区，公司的市值达到 90 亿美元，远远超过了其对手——Barnes&Nobe 与 Boarders 两家公司的市值总和。

亚马逊网上书店无疑是 B2C 电子商务发展的里程碑，它创造性地进行了 B2C 电子商务中每一环节的探索，从 2002 年年底开始盈利，成为全球 B2C 电子商务发展的福音。2005 年 7 月，亚马逊网站迎来了 10 周年店庆。2005 年，在经历了互联网泡沫的破裂之后，亚马逊第二季度销售额比 2004 年同期增长 26%，净利润超过 5 000 万美元。到 2013 年，亚马逊全年净销售额年增长 22%，达 744.5 亿美元，为消费者提供的商品总数已达到 600 多万种。

2. 亚马逊网站内容与服务项目

“以客为尊”“以人为本”是亚马逊网站的最大特色与最高宗旨。亚马逊书店的网络售书属于“无店铺营销”，因此它知道在没有面对面的亲切笑容的情况下，更需要以无微不至的贴心服务来征服消费者。亚马逊书店的广受欢迎，主要是因为网络本身具有的特性，不过公司设计的种种贴心的人性化服务功能也扮演了不可或缺的角色。

亚马逊书店提供的人性化服务主要包括：提供方便的选取和创造“互动功能”。这些虽然是见仁见智的问题，但是从使用者的角度来看，有效率的搜索引擎、网络购物车服务、贴心的礼品包装、多样化的商品选择与简便的购物流程，确实都是以方便消费者使用的立场为考量，进而创造最高的服务价值。

1) 多样化的选择与互动

简单浏览一下亚马逊网站的内容，不难发现它所提供的选择之多、内容之丰富甚至可以与网络社区相媲美，而且这个社区的编辑内容还每天更新。就商品项目而言，除了可以购买各类的书籍外，还可以购买电子用品、玩具游戏、音乐CD、影视光盘、计算机组件、相机照片、美容保养品、厨房器具、婴儿用品等多种商品。就服务而言，还提供杂志订购、旅游导览、拍卖交易等，而且服务对象从个人到特定公司以及团体，甚至还利用其本身的知名度，为厂商提供贩售商品的新渠道。

2) 个性化的服务

就商品内容而言，亚马逊网站会根据商品的不同属性，给予顾客相关的商品信息与消费情报。以书籍为例，除了价钱与折扣之外，还给予不同等级的推荐，从1颗星到5颗星，5颗星最高，而且还让顾客留下自己的意见或体会，以作为其他消费者的参考书评，使人与人之间的互动关系通过网络接口愈显密切。此外，顾客若购买其中一本书，还可以得到购买同类书籍的推荐或书籍清单，无形中开拓了顾客的阅读视野，连带地刺激消费，可以说是一举多得。

3) 现代化的服务流程

就购物的服务流程而言，同样以书籍为例，顾客在网络下单后，会先收到确认的订单，里面包括运送的方式、运费、到达日期、书籍数量与价格，然后将顾客订单数据传回配送中心，通过特殊的书橱设备以红灯显示顾客订购的书籍位置，交给负责的员工从架上取货，然后放到流动的配送带上，再转送到一处斜槽，经由计算机扫描分类与人工包装后，将货物送到顾客手中，完成交易。

3. 亚马逊的多样化策略

亚马逊的成功引起了竞争对手的注意，巴诺书店和Borders也都进入了这个市场，而前者对亚马逊来说是一个特别强大的挑战。鉴于这种情况，亚马逊与美国在线签订合约，使它能够向美国在线的800万用户销售图书。

同时亚马逊通过不断地扩大已有的在线商店来吸引更多的顾客。例如，1998年3月，它开辟了Amazon.com儿童版，并配以“最齐全的儿童和青少年图书网站”的宣传。由于在图书市场上站稳了脚跟并取得巨大的成功，亚马逊开始了它的下一步计划。它所具有的能力使它能够销售书籍以外的其他商品，见表10-1。

表10-1　亚马逊的互联网领域

Amazon-electronics.com	Zshop.com
Amazon500.com	Prizewinners.com
Book-ology	Amazontelevision.com
Bookmatcher.com	Amazon-electronic.com
Amazontube.com	Acimages.com
Zpays.com	Bookeology.com
Zdvds.com	Zshoppe.org
Amazonvideo.com	Zsearchs.com
Amazonelectronic.com	Z-shoppe.net
Friend-click.com	Filmlovers.com

1998 年 6 月 11 日，亚马逊将它的产品系列扩大到了 CD 领域，顾客可以在超过 125 000 种音乐 CD 中挑选——这大约是一般音乐商店的 10 倍。亚马逊只花了 4 个月就超过了 Cdnow，成为在线音乐零售商的领先者，在 1998 年第 4 季度，音乐的销售额达到 3 310 万美元，而 Cdnow 为 2 090 万美元。1998 年 11 月在购物旺季开始之前，亚马逊在网站中加入了影像和礼物栏目，影像栏目有 60 000 部影片，其中有 2 000 部 DVD 影片，与许多在线商店展开了直接竞争；亚马逊还提供了数百种礼物，从芭比娃娃到任天堂电视游戏应有尽有。公司所挑选的礼物种类大多数与它所提供的图书、音乐或电影有关，还有一些能够吸引特定顾客的礼物。

1999 年 3 月亚马逊又引入了它自己的个人对个人的拍卖站点。这个站点具有取得信任所需的特征，不仅如此，公司还向那些能够证明在交易中受骗或没有收到拍卖品的顾客支付最高 250 美元的赔偿。同年 7 月，亚马逊又开了一家销售电子产品的商店。2002 年，亚马逊开始进入服装与百货领域。现如今，DVD、软件、家电、厨房项目、工具、草坪和庭院项目、玩具、服装、体育用品、鲜美食品、首饰、手表、健康和个人关心项目、美容品、乐器等应有尽有。

10.2.2 亚马逊网站特色

亚马逊网站定位为高科技产业，而不是流通业。以其书店为例，传统书店靠的是门市的店员，但是在亚马逊的公司里，最多的却是软件工程师。亚马逊之所以成功，有一半归功于科技，虽然网站可以为许多产业增加商业价值，但之前科技必须尽量成熟。正如专家所言，未来对所有零售业者的挑战，就决定于科技与自己从事的零售行业是如何相关的。

1. 丰富的标引

亚马逊具有高质量的综合书目数据库和便捷的图书检索系统。亚马逊网上书店的图书信息标引包括以下内容。

(1) 图书外部形态的标引。封面、尺寸、页数及装订形式(平装或精装)。

(2) 书的出版信息。书名、作者、出版者、出版日期、美国国会图书馆图书分类号以及 ISBN 号。

(3) 书的销售信息。书的价格和可获得性信息，以及亚马逊的销售号、销售排名等。

(4) 书的内容信息。在介绍书籍内容的深度和广度方面，主要由书评、内容提要和内容摘要来实现图书信息的检索。

2. 多样化的检索

在技术上，用户可以通过 9 种途径检索亚马逊的数据库。

(1) 关键词快速检索。可键入一个或多个关键词的组合，关键词包括作者姓名、书名或主题词。

(2) 作者检索。

(3) 书名查询。

(4) 出版社和出版日期检索。

(5) 有关儿童和青年人的书籍检索。

(6) 非英语语种图书的检索。在亚马逊的书目数据库中，还有法语、葡萄牙语、芬兰语、日语、德语等方面的图书。

(7) 强力查询。为了提高对图书的查准率，特别是在读者不能准确地掌握有关图书最主要信息特征的情况下，亚马逊提供了强力检索，可以按照读者提供的所要查询书的不同特征、这些不同特征各自的重要性以及这些特征和重要性之间的关系等方式进行查询。

(8) 在亚马逊中还可以以书籍、音像制品的载体形式作为检索入口，包括 Books、Audiobooks、Videos、CD、DVD。

(9) 主题指南浏览。读者通过在亚马逊主页左栏的主题浏览，以分类的方式查询书目数据库的内容。

3. 特色服务

除了上面所讲的标引和检索外，亚马逊还有许多特色的服务，使读者能够尽可能全面地了解所需的图书，其中包括推荐中心窗口。亚马逊编辑筛选了一批图书供读者选择，畅销书窗口专门用来查询最畅销的图书。亚马逊不仅设计了丰富的检索入口，而且在这些入口位置和层次的设计上也下了很大的功夫，以方便读者。其具体包括以下做法。

(1) 尽量利用主页空间，使某些检索入口可以以不同的形式反复出现，便于读者查询时随时利用。

(2) 它的推荐中心以 8 种不同的思路向读者进行推荐，或根据时间界限进行推荐，或根据获奖作品进行推荐，或从读者喜欢的特定作者入手，甚至还能根据读者不同的心情进行推荐。

(3) 在每个检索入口都提供了许多“帮助信息”，在查询作者、书名和主题中提出具体的建议或给出实例供作者参考，在主题查询的开头部位设立“浏览最流行的标题”等。

4. 快捷服务

亚马逊网站从以下 3 方面体现了快速特征。

(1) 搜索快速。亚马逊不断更新其技术设备，使用最先进的网络服务器，因此功能极为便利与快速。另外，除了搜寻选项之外，顾客也可以同时浏览 23 种不同的主题，这样也节省了上网的时间，提高了搜索的速度。这也是网络书店虽然没有传统书店的临场感，但是货比三家的机会却显得更为容易。

(2) 订购快速。亚马逊中有两套订购的操作方式：一种是常规方式“5 步走”，分别是：把选择的书放入购物篮→单击“购物篮”按钮→单击 Proceed to checkout 按钮查看购物篮内的商品→选择服务方式→提交订单。一本书在这几步后便可以买到。当用户消费过一次后，亚马逊将提供另一种更为便捷的服务“One-Click-Ordering”，所有与订购有关的个人信息已被存入个人账户之中，不用再填写任何文字，只需按一个键就可完成之后的手续，其中包括消费者的收件资料，甚至刷卡付费也可由网络系统代劳。

(3) 送货快速。亚马逊快速的送货时间，是其深受好评的重要原因。亚马逊书店对于订货到达的时间有一恒等式：找到订货商品+装运时间=所需的送货时间。举例来说，许多种类的商品在亚马逊书店都标榜可以全天候 24 小时购得，如果在美国当地的消费者选择境内标准的送件方式，那么装运时间约 3～7 个工作日，期间的差距是依据居住地的不同而定

的。套进上述公式，就是以一天的时间加3～7天，所以购物者可以预期在网络上下了订单后的4～8天就能看到货品了。

5. 价格优惠

在价格方面，亚马逊曾经自称是全球最大的折扣者，有高达30万种以上的折扣书目，减少了中间商流通成本，促使亚马逊销售的书籍或其他商品具有较平实的价格。事实上亚马逊书店的说法是，该公司已经有超过40万种以上的商品，包括书籍、音乐磁带以及唱片和光盘，可以节约高达40%的费用。

亚马逊非常善于打价格战，它提供的所有商品，其价格均低于市价，最高可享受40%的折扣。关于价格的规定，亚马逊做了非常细致的区分，它特别选定的图书，将给40%的折扣，一般的精装本可打30%的折扣，平装本的折扣则为20%。不过，大部分的特价书和所有绝版书均不再享有折扣的优惠。购书总费用=商品价格+运营费用(不计销售税)，其中，运营费用随着运输途径的差异而有区别。

6. 交易安全

在交易的安全方面，关于信用卡结账的安全性，亚马逊做出了专门的“安全消费保证”：如果你在亚马逊中得到了错误的索取，可以分文不付。另外，用户可以在亚马逊中建一个账户，预支一定数额的钱，在每次订购后，亚马逊会自动结账。在付款方式上，顾客可选择信用卡、现金汇款或支票等方式。亚马逊接受的卡有很多种，用户为自己的支付渠道设置密码，可通过全显示卡号或只输入后5位卡号来支付款额，亚马逊不在互联网上公开顾客的卡号，卡号将被存入专门的机器保存。

10.2.3 亚马逊网站商务模式

1. 对亚马逊网站的经营模式评价

据对亚马逊商务模式各个部分的分析，尽管它具有某些优势，但从一个纯零售商向零售商+市场运营商转变的过程并不全都是成功的，见表10-2。

表10-2 对亚马逊向零售商+中介商模式转变的评价

商务模式各个部分	纯零售商	零售商+市场中介
客户价值	高	高
客户范围	高	中
收入来源	低	中
业务定价	低	中
关联活动	低	低或更差
运作能力	高	高
可持续性	低	中
战略实现	高	高

(1) 客户价值。作为纯零售商，亚马逊拥有关于客户偏好的信息，并且使用这些信息向客户推荐新的产品。作为市场运作商它不必以这样的方式使用这些信息。这样，客户可能不会认为亚马逊还能提供与纯零售商水平相当的价值。而另一方面，客户会对能够有比

传统经济中更多的购物选择感到满意。不仅如此，避免重复输入信息卡号码和其他相关信息的好处也有很大价值。

(2) 客户范围。亚马逊为大众提供服务的基本商务模式仅仅是 B2C。作为纯零售商，亚马逊的多样化扩张行动带来了范围经济；作为市场运营商，它只从品牌、客户群和技术设施中获得范围经济，而不能从数据库、仓储设备或物流管理专家那里获得范围经济。因此，亚马逊目前客户范围的价值并不是很高。

(3) 收入来源。作为纯零售商，亚马逊的收入来源于最终消费者；作为中介，它还可以从商城建立的网络获得收入。例如商家在加盟时，需要交纳一定租金，同时对每笔交易还要向亚马逊交纳一定佣金。因此亚马逊拥有两种收入模式：租金和佣金。

(4) 业务定价。作为纯零售商，亚马逊的收入流依赖于交易的数量，变动较大；作为市场运营商，亚马逊既有可变的收入流也有固定的收入流，固定的收入流是零售商加入后交纳的一定租金。从过去的情形来看，亚马逊似乎对零售业务的定价的控制能力很小，而现在他们的定价能力增强了很多。

(5) 关联活动。亚马逊一直在以一种古怪的方式进行它的关联活动，它主要的增值活动是个性化、书评和产品推荐——这些是价值网络的方式，而在实践中它的关联活动总是围绕价值链进行的，例如，它将精力主要放在物流工作——仓储、运输、配送等上。如果亚马逊继续现在这样的运作，同时又更多地向中介商转变，那么它的关联活动将更加不相适应，情况将变得不是很理想。然而，如果亚马逊能够把精力集中于适合的价值结构活动中，情况将会有很大的好转。

(6) 运作能力。纯零售商和零售商+市场运营商这两种模式都能使公司向客户提供比其他竞争者更高的价值。由于一些因素的存在，包括产品开发的专有技术、客户数量和客户的需求、个性化软件提供的客户界面、数据收集和挖掘、对商标和专利权等知识产权的保护、品牌和物流等，这两种模式都是难以模仿的。因此，亚马逊有能力使网站运作保持在一个很高的水平上。

(7) 可持续性。作为一个纯零售商，亚马逊能够通过“快跑”保持它的增长率：产品系列的多样化、通过信息数据库和对品牌的投资提供更高的客户价值，尽管还需要了解它现在的商务模式在财务方面是否确实可行，但是亚马逊确实通过产品系列的扩展保持了它的领先位置。亚马逊会不会成为第二个 AOL(它曾经通过数年的亏损换来了大量的用户，最终变得非常具有营利性，并且占领了市场)？还是只是不断亏损，直到投资者撤资？比较亚马逊的零售模式和零售+市场运营商模式的可持续性，似乎新的模式比原来的模式更有可持续性。因此，我们可以得出这样的结论：亚马逊的可持续性可以由较低的水平上升到中等甚至更高的水平。

(8) 战略实现。作为纯零售商，亚马逊对它所选择的战略执行得很好，不管这些战略是否有用。可以肯定的是，现在的亚马逊执行和实现战略的能力似乎没有受到影响。因此我们可以断定，亚马逊作为零售商和零售商+市场运营商的战略实现从总体上讲都是一流的。

综上所述，对亚马逊从纯零售商向零售商+市场运营商的转变的比较可以看出，它的新商业模式很有发展前途，但并不是一帆风顺。表 10-2 列出的 8 个部分中，有 3 部分在转变

到中介商模式后得到了提高，两个部分变得更差。因此，这种新模式的转变应该是合理的，特别是如果亚马逊能够重新设计它的关联活动，使之能反映新的商务模式中不断增长的价值网络结构是很重要的。

2. 亚马逊网站收入构成

亚马逊在收集了大量有关客户购买习惯信息的同时，还在自己的网络平台上为许多商家开辟了营销空间，而只向他们收取少量的费用。亚马逊从中得到的最大好处是一笔稳定的现金流(见表 10-3)，而且没有任何有关库存货物的成本。

表 10-3 亚马逊的年收入结构

A 商家客户租金	每月 9.99 美元(3 000 件商品以上)
B 交易佣金	
交易额	佣金/(%)
少于 25 美元	5.0
25～1 000 美元	2.5
超过 1 000 美元	1.25
C 结算服务费	交易价格的 4.75%加每项交易收取 0.60 美元

资料来源：http://www.amazon.com。

每个在线商店每月支付 9.99 美元，这比其他同样的服务收费低(见表 10-4)。当与亚马逊 1 200 万顾客交易时，在线商店的每笔交易需要向亚马逊支付 1%～5%的佣金。如果这些在线商店需要让亚马逊进行交易的结算，还要将其销售额的 4.75%作为佣金。这种交易同时也给亚马逊带来很多有关顾客偏好和习惯等有价值的信息，使其能够拥有更佳的市场定位能力。

表 10-4 一些公司的加价率

公　司	加价率
MSN	根据采购的价格不同，分别为 1.5%和 5%
eBay	以开盘竞价为基础的滑动清单费，然后对销售价格收取 1.25%和 5%的佣金
亚马逊	0～25 美元为 5%，25～999 美元为 2.5%，1 000 美元以上为 1.25%

这种商务模式的战略意义通过两方面来体现：一方面，它建立了一个无限的网上购物商城，从而使它可以与美国在线和雅虎这样的互联网门户竞争；另一方面，由于 eBay、微软、Excite@Home 和 Lycos 等拍卖网站都同意共享拍卖清单，这使得亚马逊获得了分享收益的机会。

2004 年，亚马逊通过收购卓越网进入中国市场，在做好自身本地化发展的同时，更要面对中国国内 B2C 领域网站的激烈竞争。B2C 电子商务是在随需应变中成长起来的，它不再仅是传统商务的网络化，已经开始向互联网的各个领域渗透，B2C 电子商务网站的发展方向将是逐渐融合互联网的诸多元素，来满足、引导甚至创造用户需求。

10.3 eBay：C2C 电子商务网站创意

C2C 模式是指消费者通过互联网与其他消费者之间进行个人交易，是消费者对消费者的交易模式，C2C 电子商务平台就是为买卖双方提供一个在线交易平台，使卖方可以主动提供商品上网拍卖，而买方也可以自行选择商品进行竞价。C2C 虽然不是当今电子商务的主流，但它代表了电子商务的重要发展方向，已经引起业内人士的足够关注。国内外有很多成功的 C2C 电子商务网站案例：eBay、淘宝、拍拍等。

eBay 公司成立于 1995 年 9 月，总部设在美国，目前是全球最大的网络交易平台之一，为个人用户和企业用户提供国际化的网络交易平台。eBay 一成立就开始盈利，从 1998 年股票上市开始，其股票一直是纳斯达克前 10 名之一，众多投资者都看好它的盈利模式。

2001 年，通过 eBay 完成的交易超过 90 亿美元。公司的报告收入为 7.5 亿美元，经营收入为 1.4 亿美元，净利润为 0.9 亿美元。eBay 是当时唯一报告收益稳定增长的互联网公司。公司的市场资本股本高达 100 亿美元到 200 亿美元。eBay 同时积极寻找新的市场和产品，努力开辟世界市场，目前在加拿大、英国、德国、新西兰和澳大利亚等 20 多个国家经营或开通了贸易网站。

在 2001 年，国际化经营占 eBay 收入的 16%，2005 年已达到 1/3。2002 年 3 月收购了中国最大的网上拍卖网易趣。2014 年全年 eBay 盈利 4 600 万美元，营收的增长主要来自第三方支付业务以及企业部门，并非来自主营的网络卖场业务。

10.3.1 eBay 电子商务网站的策划

1. eBay 电子商务网站建站目标

企业要根据自己的产品、销售渠道和销售对象等情况明确自己建立网站的目标，给网站一个准确的定位，从而使网站的结构与功能满足电子商务运作的需要。每类电子商务网站都是为其所有者要达到的电子商务目的服务的。C2C 电子商务网站的建站目标为：在网上开展个人对个人的电子交易。

1) eBay 的宗旨

eBay 成立之初，决定使用拍卖的方式体现商品的价值，以提供个人化的虚拟交易市场为宗旨，并提供机会促使买卖双方成交。eBay 仅是一个交易市场，自己既没有商品，也没有库存，销售的只是信息，并在用户每次交易成功时收取佣金。1998 年 9 月，eBay 成功上市并迅速发展壮大，不仅盈利，而且每年以持续稳定的幅度增长。

2) eBay 的建站目标

eBay 最开始是一个基于互联网的社区，主要是一些收藏者在网上买卖其收藏品。成员列出要卖的商品清单，感兴趣的人可以通过竞价购买所列出的商品。如果卖者愿意，整个拍卖完成，出价最高者得到商品。近些年随着 eBay 的发展，其目标确定为“帮助地球上任意的人完成任意商品的买卖交易，并在世界上的每一个国家和地区标明我们的存在”。

2. eBay 通过网站实现创意

C2C 是用消费者对消费者的营销模式，其电子商务平台就是通过为买卖双方提供一个在线交易平台，使卖方可以主动提供商品上网拍卖，而买方可以自行选择商品进行竞价。所以，eBay 构建 C2C 电子商务网站的构想在网络社会化的条件下是可行的。

1) 社区构想

eBay 是由一个叫皮埃尔·欧米亚的软件工程师于 1995 年的劳动节在加利福尼亚的坎贝尔创建的。皮埃尔·欧米亚的妻子帕姆是一个糖纸收藏者，她感到很难与有相同兴趣的人联系。欧米亚相信使用新兴的互联网技术可以创建一个市场，使实物可以像股票那样有效地进行交易。eBay 刚开始是一个基于互联网技术的社区，在那里，成员(主要是一些收藏者)可以列出要卖的商品清单，感兴趣的人可以通过竞价购买所列出的商品，如果卖者满意，整个拍卖完成，出价最高者得到商品。所以，eBay 使成千上万的人可以足不出户就能满足个人的业余爱好，完成交易。

2) 迅速扩张

eBay 推出后，反响强烈。在开始的第一年内，上万人列出他们打算出卖的商品或购买商品。风险投资家们发现这是一个促使 eBay 转向商业化市场的好机会。1997 年，eBay 在加利福尼亚的圣何塞注册成立公司，并在国内迅速发展。加州以外出售商品的人不断增加，这归功于 eBay 良好的口碑和互联网营销。虽然 eBay 的商业基础设施(服务器和软件)在加州，但全国都可以访问。

3) 自助交易

与其他网络公司(诸如亚马逊)不同，eBay 的模式简单而且取得了不可思议的成功。在 eBay，顾客自己决定商品的价格；自己选择卖什么，打算多长时间卖出去；自主上传或下载图片，以便更好地描述商品。如果一个交易成交，卖家负责包装、邮寄，并确保商品准时到达买家，买家只要核实商品，然后付费即可。更重要的是，顾客通过给他们的交易伙伴评级来互相监督，系统自行监管。eBay 本身既不占有商品，也不实际拥有货物、金钱和文件。因此，eBay 的经营模式实现了真正意义上的可扩展，即无限扩大但不会带来相应成本的增加。

4) 可靠的服务

eBay 监督并最优化整个交易和准备过程，使商品列表和相关图片上传简单易行，使搜索更加直观准确。eBay 的管理者根据人们的想法和浏览方式创建了分类目录(运用它可列出特色商品)。eBay 还使拍卖出价和通知既有趣，又不失效率；使反馈与评级既简便，又能保证商品的价值；使图片上传方便，交易、付款保险。如果出现问题，eBay 将介入查找和解决问题。在提供高效、可信和有效的交易服务的同时，eBay 收取适当的列表和交易费用。

3. C2C 电子商务网站域名注册

电子商务网站属商业类型网站。C2C 网站应该保证域名简短、有特色，能体现一定的内涵，给浏览者一定的冲击和空间想象力以便于网站浏览者记忆。

1) ebay.com

eBay 为原域名 Echo Bay 的缩写。Echo Bay 十分形象地形容出了网上拍卖交易的过程，使用其缩写 eBay，简短易记。eBay 中国的域名为 ebay.com.cn，新加坡域名为 ebay.com.sg。

2) taobao.com

taobao 为“淘宝”的汉语拼音，其中“淘”的意思是“查找、购买”，“宝”即“宝贝”，指网站上的商品。所以 taobao 既符合 C2C 电子商务的含义，又便于记忆。

10.3.2 eBay 网站总体结构设计

1. eBay 站点功能

eBay 网站由买东西、卖东西、我的易趣、社区和帮助这 5 大版块构成。

1) 买东西

(1) 注册成为用户。包括“免费注册与注册确认”。

(2) 物品分类。把网站的商品按类别分为“电脑/软件/网络/办公”“男士服装与配件”“珠宝首饰/手表/眼镜”等 20 多大类。

(3) 寻找物品。包括“搜索物品”“浏览推荐物品”“关注新登物品”等。

(4) 买家实用信息。包括“撤销出价”“安全交易基金”“实用安付通”等。

2) 卖东西

(1) 登录您的物品。包括“物品登录标准版”和“物品登录快捷版”。

(2) 店铺。包括“开设店铺”“管理店铺”和“在店铺卖东西”。

(3) 卖家工具。包括“易趣助理”“图片服务”“图片管家”等。

(4) 卖家实用信息。包括“卖家认证”“成为超级卖家”“工具下载”等。

(5) 管理物品。包括“修改物品信息”“补充物品描述”“修改橱窗显示区图片”等。

3) 我的易趣

(1) 我的账户。包括“地址”“修改收货地址”“修改电子邮件地址”“修改电子邮件地址确认”“修改我的密码”等。

(2) 纠纷处理。包括“投诉物品未收到”“投诉物品未付款”。

4) 社区

(1) 信用评价。包括“了解评价专区”“为他人做评价”“为单个交易做评价”“公开或隐藏信用评价”等。

(2) 用户社区。包括“社区论坛”“公告栏”“我的展台”“易趣大学”等。

(3) 交易安全。包括“诚信与安全中心”“安付通”。

(4) 多种用户保护方案。包括“交易安全基金”“安付通保障基金”。

5) 帮助

(1) 帮助摘要。包括“成为易趣用户”“我的易趣”“买东西”“卖东西”等。

(2) 易趣学堂。包括“新手上路”“中级课程”“重要功能详解”。

(3) 其他相关帮助。包括“联系客服”“在线帮助(实时答疑)”。

2. eBay 的计算机硬件系统与计算机软件系统

虚拟主机虽然成本较低，但只适用于一般小型企业。因为小型企业网站内容比较少、功能简单、访问量也不大，采用虚拟主机即可。而对 C2C 电子商务网站，虚拟主机无法满足网站的正常运营及网站所需要的某些特殊功能，因此应选择主机托管或专线方式。

eBay 业务的按需特征表明了它的网络要提供 24×7 全天候服务，所以 eBay 需要一个强大的、回应速度快的、抗外部侵扰的新型平台来支持其不断扩大的顾客群。而 IBM 公司已经表示愿意为 eBay 提供 24×7 的不间断支持，由此减少了 eBay 的 IT 负担，让其集中精力在核心竞争业务上。eBay 使用 IBM 的 WebSphere Application Server 高级版和 IBM WebSphere Studio Application Developer 重新开发自己的拍卖网站，有了 WebSphere 软件，eBay 就拥有了可靠的工具来帮助它对客户的要求迅速做出回应——通过提供超过 99.9%的网站可用性。

在 IBM Software Services for WebSphere 工程师的帮助下，eBay 开始了网站重新设计工程。第一阶段是多阶段 IT 基础设施改进计划的一部分，用于提供一个可伸缩的抗外界侵扰的系统来对不断变化的系统资源需求做出有力回应，并改善客户服务。当前阶段使用 WebSphere 软件来提高 eBay 内部的技术效率，并提高开发人员的工作效率。此外，WebSphere 还通过减少重复劳动和缩短应用开发时间提高了 eBay 的工作效率，简化了 IT 流程。

新集成的平台基于 3 层体系架构：前端 Web 界面、管理商品与顾客信息的后端数据库。对于中间层，eBay 使用在 IBM xSeries 330 系统上运行的 WebSphere Application Server 作为 Java 组件的运行环境，Java 组件提供网站的业务逻辑——将大量的顾客数据与定制的业务横向集成，公司使用 WebSphere Studio Application Developer 开发这些 Java 组件。

3. eBay 网页设计分析

图 10.2 是 eBay 网站的主页，其页面设计有以下特点。

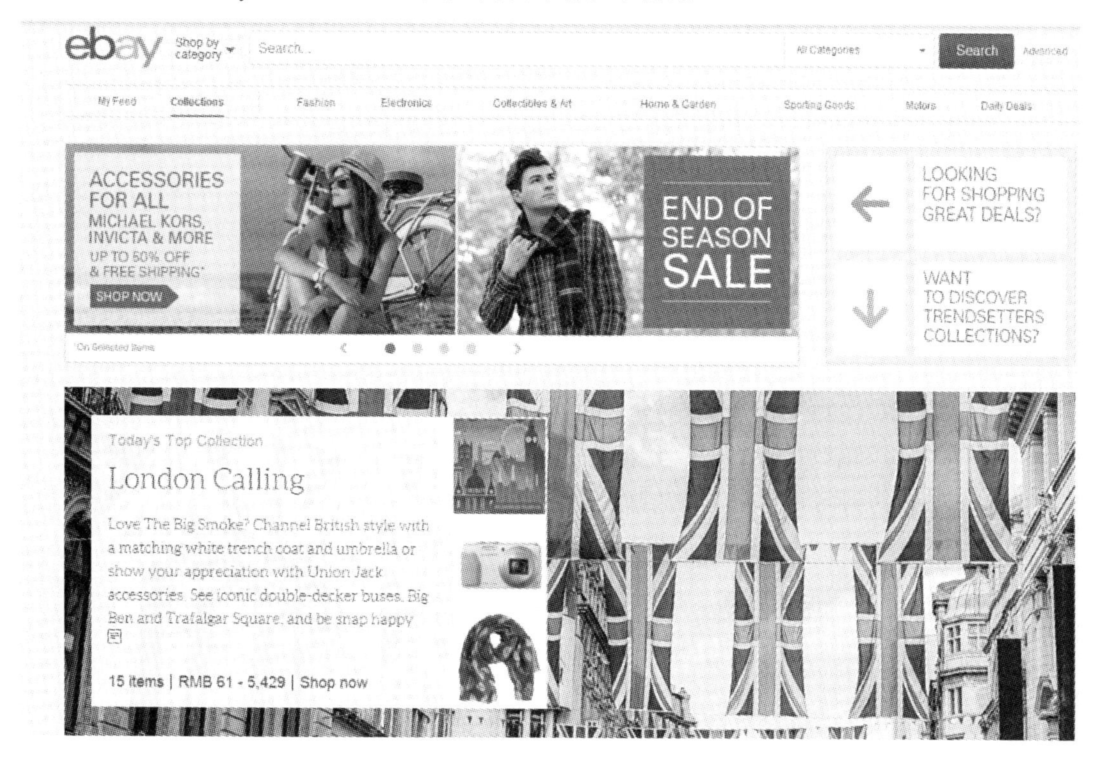

图 10.2 eBay 网站的主页

(1) 活泼的主题。采用活泼、靓丽、鲜艳的色彩。背景色为白色，图片颜色为黄色、绿色、红色等鲜艳的颜色，迎合网站浏览主要人群的个性——活泼、好动、充满朝气，让人眼前一亮。

(2) 版块的运用。用不同的版块将不同的主题区分开，便于网站的浏览者找到相应的主题。

(3) 突出页面文字。相对重要的地方都采用了红色字体，一目了然；而白色的背景都使用了黑色的文字。

(4) 页面布局明了。基本功能在最明显的位置，eBay 网站的主要功能均可以在主页的最上方找到，如“My Feed”“Fashion”“My eBay”“Daily Deals”“Customer Support”和站内产品搜索栏等，大大地方便了消费者的使用。

10.4 企业门户网站案例——UPS.COM

美国联合包裹服务公司 UPS(United Parcel Service)于 1907 年作为一家信使公司成立，通过明确地致力于支持全球商业的目标，如今已发展到拥有 360 亿美元资产的大公司。如今的 UPS 是一家全球性的公司，其商标是世界上最知名、最值得景仰的商标之一。作为世界上最大的快递承运商与包裹递送公司，UPS 同时也是专业的运输、物流、资本与电子商务服务的领先提供者。UPS 每天都在世界上 200 多个国家和地区管理着物流、资金流与信息流。其面对的客户是生产制造业、中小企业、网络企业以及包裹运送需求的个人及其合作伙伴，因此其企业网站的功能主要包括提供商业信息、在线提交运输请求、包裹追踪和结算等。《广告时代的商务营销》杂志曾经将 UPS 的企业网站(www.ups.com)列为世界 5 大企业商务网站之一。UPS.COM 始建于 1994 年，最初只是提供给客户和伙伴必需的商业信息，从第二年开始，UPS 开始在 UPS.COM 上增加可以追踪包裹运输的功能，这一功能的增加使 UPS.COM 的访问量大大增加。时至今日，UPS.COM 每天都有超过 1 000 万的追踪请求，而页面的访问量高达 1 850 万/日，它的竞争者包括 FedEx.com 和 DHL.COM 等。一份由 SOFTWARE-RESEARCH 的研究表明，在在线体验 10 个最快的网站比较中，UPS.COM 排名第 9 位，获得的评分为 A+，是最具竞争力的网站之一。UPS 约有 375 个有三级深度的具有唯一超链接的页面，结构非常清晰，极少有交叉性链接，是最快、最整洁和流畅的网站之一。

10.4.1 UPS.COM 的站点结构

图 10.3 是 UPS.COM 的站点结构图。

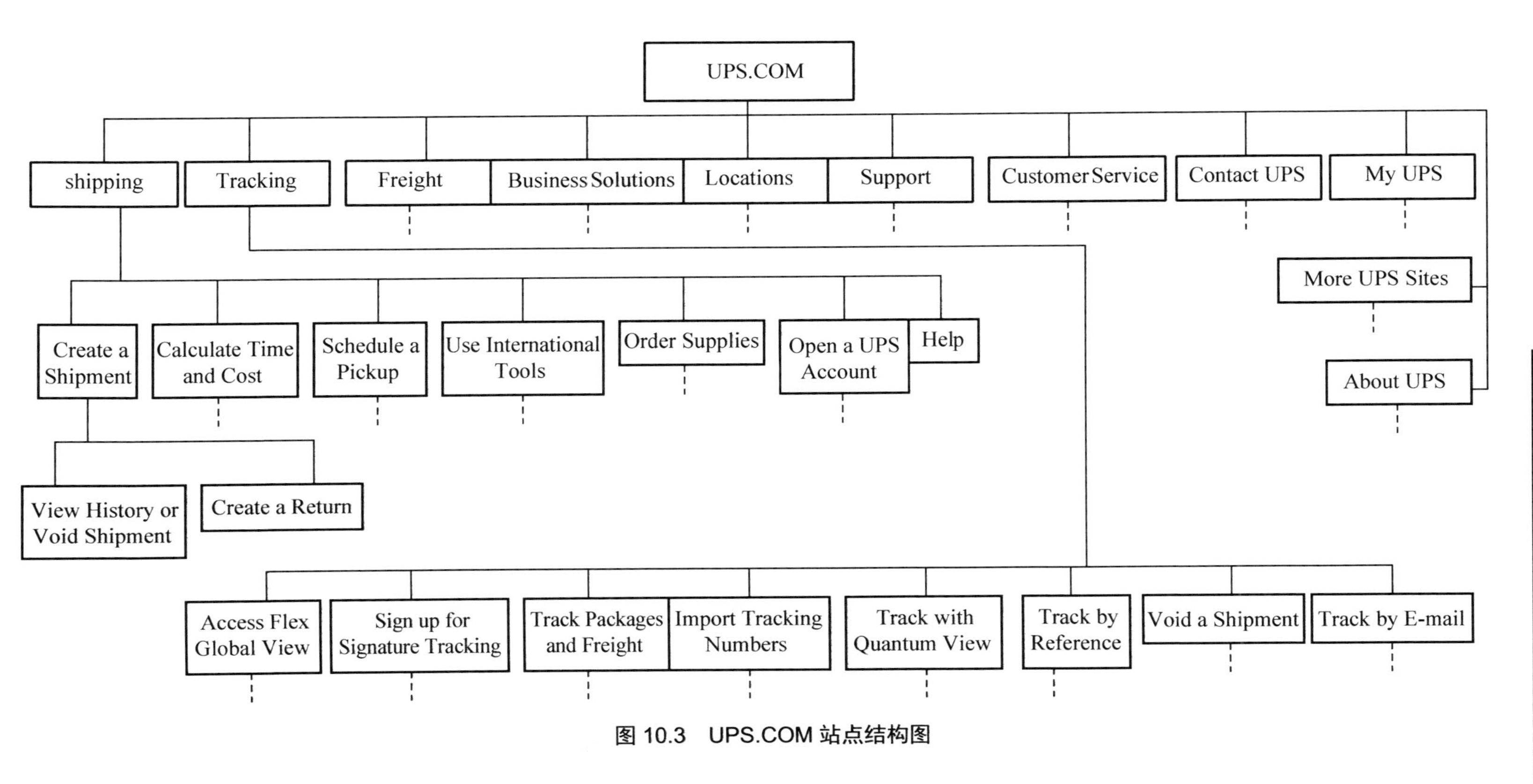

图 10.3 UPS.COM 站点结构图

10.4.2 UPS.COM 的站点内容和服务

1. 运输(Shipping)

提供网上预约和安排运输服务是 UPS.COM 服务内容的核心，也是站点的主要功能之一，包括创建一个货件(需要注册和登录)、安排取件(为客户的货件安排 UPS 取件。客户还可以检查前一个请求的状态，并查看自己的取件历史记录)、计算递送时间和费用(查找递送日期、时间和发布的费率，以便客户将货件用 UPS 发送到世界各地)、查找服务中心(查找最近的 UPS 服务中心)、开立 UPS 账户(建立客户自己的 UPS 账号以支付客户的运输费用并享受服务)、使用 UPS TradeAbility 工具(使用 UPS TradeAbilityTM 国际工具以更顺畅、更及时、更高效的方式有效管理跨边境的国际货物运输)、预订包装物料(从免费提供给客户的各种 UPS 包装中选择)。

2. 包裹追踪(Tracking)

包裹追踪是 UPS.COM 使用量最多的服务，是网站的主要功能之一。包括实时追踪已寄送的包裹和货物、UPS 签名追踪(作为 UPS 账户持有者，当客户追踪时，可注册以查看签名图像，迅速查看谁在签收货件)、通过电子邮件追踪包裹(可通过将包含客户的追踪编号的电子邮件发送至 totaltrack.cn-chs@ups.com 追踪，一次追踪多达 25 个 UPS 货件)、用 Quantum View 追踪等。

3. 货运服务(Freight)

UPS 为超过 150 磅的重量级货件提供各种货运服务，包括紧急货运、空运、海运等。

4. UPS 业务解决方案(Business Solutions)

为企业提供运输、物流(供应链管理)、资本与电子商务服务的一体化解决方案。

5. 地点(Locations)

地点用于查找 UPS 在全球各地的服务中心。

6. 支持(Support)

支持包括查找费率和递送时间、准备包裹、物料、凭证和标签、重量和尺寸、为货件付款、将货件交给 UPS(无论客户是在办公室、在家，还是在旅途中，UPS 均可随时满足各方的运输需要。通过请求取件或查找最近的运输营业网点，了解客户如何能够将货件交给 UPS)、清关和报关服务、检查货件状态、客户服务等。

7. 客户服务(Customer Service)

客户服务包括注册常见问题解答、硬件和软件常见问题解答、发电子邮件至 UPS、下载费率和服务向导、支持请求递送证明(提供了用于包裹追踪的增强功能)、经营日、保密条款、条款和条件等内容。

8. 联络 UPS(Contact UPS)

联络 UPS 包括发电子邮件至 UPS、UPS 公司和地区总部的联络地址方式等。

9. 我的 UPS(My UPS)

我的 UPS 包括用户注册和管理、通讯录、签名追踪等个性化服务。另外还有 UPS 简介、UPS 新闻、UPS 介绍、公司历史内容等。

10.4.3 UPS.COM 的页面设计

1. UPS.COM 的页面结构

UPS.COM 的页面结构相对来说比较简单，各个页面几乎是统一的风格，顶部的左边是网站的 Logo，右边就是它的导航栏和 Banner，和国内网站不一样的地方是，它很少采用下拉菜单的样式，而是把各级栏目的下级内容放在二级页面的左面，这样做是为了凸显网页的简洁性；Banner 以做广告之用，可以表明网站区域，下面是用户登录框，方便用户快捷登录，再往下就是列出几个最经常使用的小栏目的主要内容，页脚也是较详尽的导航以及版权说明，如图 10.4 所示。

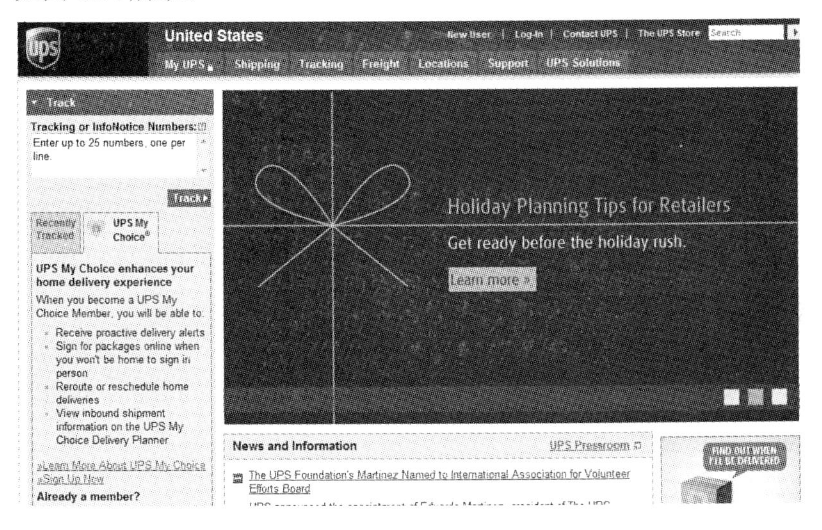

图 10.4 UPS.COM 首页

2. 色彩的运用

UPS.COM 的色彩运用比较简单而且统一，以深色调为主，对比并不强烈，但各页面风格一致，这表达 UPS 公司是一个稳重型的跨国大企业。UPS 公司为了区别于别的运输公司，早在 1916 年就使用棕色涂装其车辆，时至今日，棕色成为 UPS 的标志，UPS.COM 由于这种原因沿用了统一色系，以大面积的深棕色为主，配以淡棕色、浅棕色、灰色、白色这样的渐变色调来区分内容区域。在特别强调区域使用了绿色或橙色这两种以棕色为中间色调的色系，使站点看起来既简洁又内容丰富，具有层次感。区域间用色块区分而没有线条，采用灰色这种比较中性的而且容易搭配的颜色可以衬托文字，而且条块分明，显得整齐而时尚，反映出企业的主体形象。

3. GIF 动画及图片的运用

由于 UPS 主营业务为实体业务，因此访问网站的用户都以客户和合作伙伴为主，实用是网站的本质，所以浏览速度是必须考虑的因素。少量使用 GIF 动画图片，固定位置放置小幅图片是使网站成为最快的体验网站之一的原因。网站的图片负载广告宣传、介绍业务及导航的功能，一切都是基于简洁实用而达到宣传效果的原因。

4. 文字排版

网站虽然结构复杂、内容较多，但文字排列简单利于阅读。网站沿用了传统的左边导航右边文字内容的版式，版面随文字的多少而拉长缩短，如果文字过多会形成一个长页面影响阅读。页面简洁操作方便，以实用为主，这是国外很多网站的一贯风格。

10.4.4 UPS 的运行

1. UPS 的数据库

UPS 运行着世界上最大的 DB2 关系数据库。DB2 是一种由 IBM 开发的开源数据库。在新泽西 Mahwah 的 Ramap Ridge 数据中心担负着 UPS 所需的各种计算功能，而在亚特兰大的 Windward 数据中心则担负着 UPS 处理运输所需的功能。每个数据中心都是为了担负另外一个中心的冗余备份而设计的，可以独立运行支持 UPS 运作的。UPS 公司的数据库容量大、速度快，足可以支持追踪的信息、UPS 日常的文档处理和所有别的应用。

DB2 数据库一旦建立，无论是直接数据访问还是批处理，都将会发挥其优势。这个系统由一个大型主机管理的主数据库和一个代理主机管理的次数据库组成，代理主机管理的次数据库作为一个沟通工具在用户和主数据库之间起联系作用，这样设计是为了确保数据库的安全，保证外部用户不能直接访问主数据库。DB2 的另外一个特性是可以使用嵌套表，那样数据就可以像在电子表格中一样用行和列来管理。DB2 的数据接口支持各种数据源以增强数据的共享和处理。所有信息存储在 DB2 数据库和另外一个 Oracle 数据库里，这个数据库有 7 618TB 的容量，是世界上最大的 Oracle 数据库之一。基于数据仓库的日常回收和处理的数据高达 30 000TB，如图 10.5 所示。

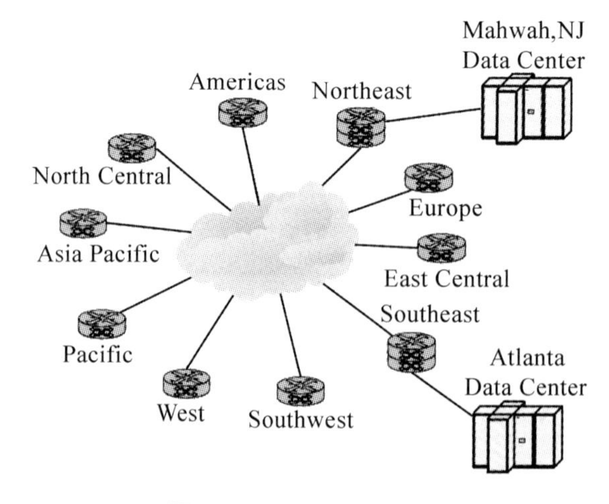

图 10.5 UPS 的数据中心

UPS 在这样强大的计算能力和各种软件的支持下为客户提供供应链管理和网站支持服务。例如，QUANTUM VIEW 是 UPS.COM 的一种在线查询追踪包裹的工具，它为大量客户同时在线提供包裹的实时信息。

2. UPS 的服务器和网络

UPS 的网络以及 Web 服务器结构如图 10.6 和图 10.7 所示。截至 2007 年年初，UPS 拥有服务器 8 700 台，主要由 SUN 公司提供，包括 Web 服务、其他在线工具的服务，以及各种应用服务。这些服务器由 Tivoli(一种服务器监控和管理以及软件分发系统)进行管理。从 2005 年开始，UPS 把这个系统从 6 000 个基于 RISC 芯片的惠普服务器上迁移到 50 个运行企业版的红帽子 Linux 的基于 Intel 芯片的服务器上。同时 UPS.COM 也开始从 SUN 的 Solaris 系统迁移到基于更高级的惠普服务器设备的红帽子 Linux 上来。在 2007 年 1 月，整个 UPS 网站已完成交由 Linux 服务器来运载的转换过程。Linux 是开源的网络操作系统，这样应用的主要目的正如 UPS 的构建服务主管 Nick Gray 所说，“你无须购买所有的商业应用软件去支持各种业务，所要做的是利用开源的软件，而不是要自行开发或者购买低端的应用程序，更不是放弃这个项目。”下一步，UPS 将会测试 64 位的红帽子 Linux 4 的企业版以作为运行它的 Oracle 数据仓库的替代选择。

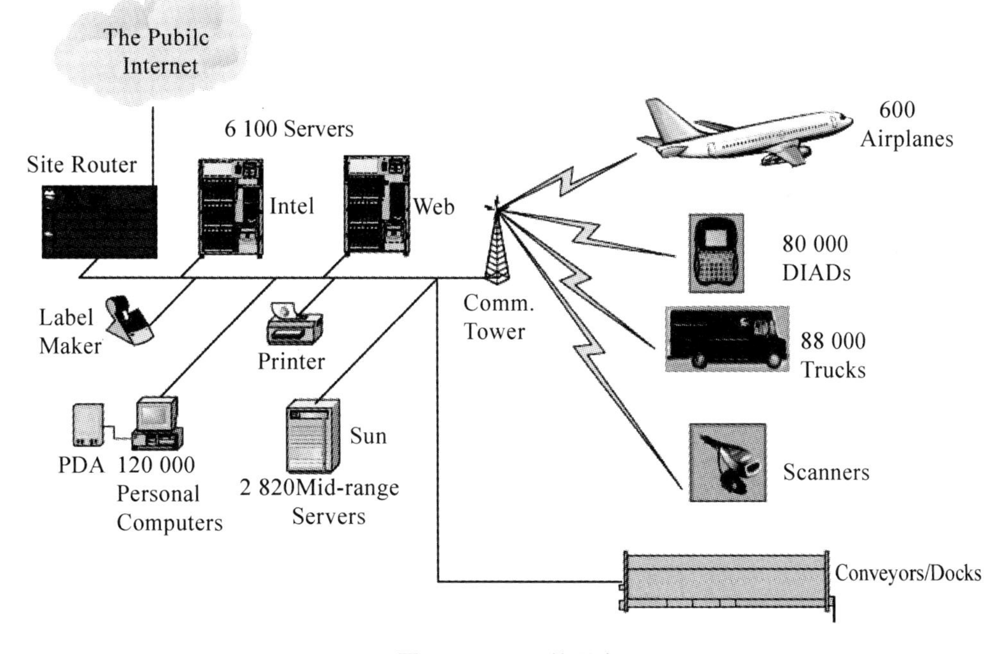

图 10.6 UPS 的网络

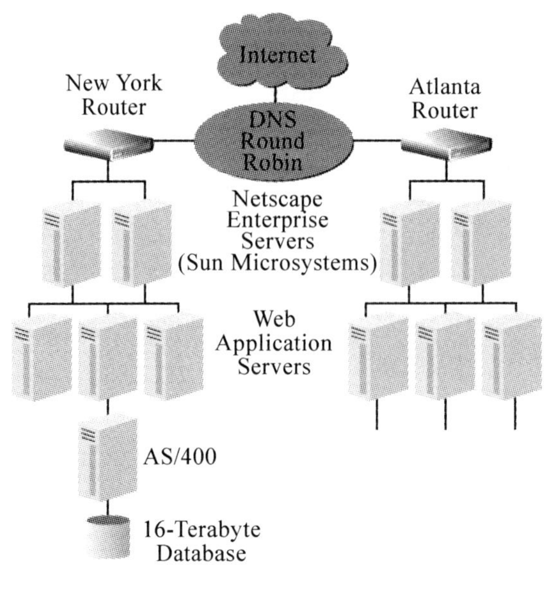

图 10.7　UPS Web 结构

复习思考题

1．阿里巴巴网站运营模式取得成功的原因主要有哪几方面？
2．阿里巴巴网站的优势是什么？
3．试分析阿里巴巴支付宝的工作流程。
4．亚马逊网站的特色是什么？
5．试述亚马逊网站的经营模式。
6．eBay 网页设计有哪些特点？
7．试述 UPS 为用户提供哪些服务？

参 考 文 献

[1] Tawfik Jelassi，Albrecht Enders．*Strategies for E-business*．Prentice Hall，2005．

[2] 李琪，彭晖．金融电子商务[M]．北京：高等教育出版社，2004．

[3] 杨坚争．网络广告学[M]．北京：电子工业出版社，2002．

[4] 杨坚争．电子商务基础与应用[M]．5 版．西安：西安电子科技大学出版社，2006．

[5] 苏雄义．企业物流总论——新竞争力源泉[M]．北京：高等教育出版社，2003．

[6] 刘华．现代物流管理与实务[M]．北京：清华大学出版社，2004．

[7] [美]托马斯·C·奥吉恩，克里斯·T·艾伦．广告学[M]．2 版．程坪，张树庭，译．北京：机械工业出版社，2002．

[8] 姜旭平．电子商贸与网络营销[M]．北京：清华大学出版社，2001．

[9] 印富贵．广告学概论[M]．3 版．北京：电子工业出版社，2014．

[10] 马先昆．网上营销的五大层次[J]．计算机世界，1999(1)．

[11] [美]威廉·阿伦斯．当代广告学[M]．11 版．丁俊杰，程坪，译．北京：人民邮电出版社，2013．

[12] 周虹．电子支付与网络银行[M]．北京：中国人民大学出版社，2006．

[13] 张宽海，李良华．网上支付与结算[M]．北京：高等教育出版社，2007．

[14] 齐二石．物流工程[M]．北京：高等教育出版社，2006．

[15] [美]杰弗里·雷波特．电子商务导论[M]．2 版．时启亮，杨坚争，译．北京：中国财政经济出版社，2004．

[16] 邵兵家．电子商务概论[M]．3 版．北京：高等教育出版社，2011．

[17] 李洪心．电子商务概论[M]．大连：东北财经大学出版社，2004．

[18] 方美琪．电子商务概论[M]．2 版．北京：清华大学出版社，2009．

[19] 姚国章．新编电子商务案例[M]．2 版．北京：北京大学出版社，2008．

[20] 刘西山．中国电子商务的发展研究[J]．电子商务探索，2003(10)．

[21] 宝贡敏．论电子商务革命及其战略管理[J]．电子商务，2003(4)．

[22] 李琪．电子商务概论[M]．北京：人民邮电出版社，2004．

[23] 陈德人．电子商务概论[M]．杭州：浙江大学出版社，2002．

[24] 黄云森．电子商务基础教程[M]．北京：清华大学出版社，2004．

[25] 吴以雯．网络金融[M]．北京：电子工业出版社，2003．

[26] 陈如刚．电子商务安全协议[M]．杭州：浙江大学出版社，2000．

[27] 冯矢勇．电子商务安全[M]．北京：电子工业出版社，2002．

[28] 姚国章．电子商务与企业管理[M]．2 版．北京：北京大学出版社，2009．

[29] 杨坚争，赵雯，杨立钒．电子商务安全与电子支付[M]．北京：机械工业出版社，2007．

[30] 张爱菊．电子商务安全技术[M]．2 版．北京：清华大学出版社，2013．

[31] 王嵩，张静．SWIFT 及其在我国推广应用的前景[J]．信息系统工程，1997(12)．

[32] 臧良运．电子商务支付与安全[M]．3 版．北京：电子工业出版社，2014．

[33] 张进．电子商务概论[M]．北京：北京大学出版社，2004．

[34] 孙瑞新．金融电子化与网上支付[M]．北京：电子工业出版社，2002．

[35] 张忠林．电子商务概论[M]．北京：机械工业出版社，2006．
[36] 覃征．电子商务概论[M]．2版．北京：高等教育出版社，2002．
[37] 李洪心．电子商务导论[M]．2版．北京：机械工业出版社，2011．
[38] 李洪心．电子商务案例[M]．2版．北京：机械工业出版社，2010．
[39] [美]道格拉斯·甘藤贝恩．直销与客户管理[M]．天宏工作室，译．北京：北京大学出版社，2001．
[40] 张波，孟祥瑞．网上支付与电子银行[M]．上海：华东理工大学出版社，2005．
[41] 中国互联网络发展状况统计报告，http://www.cnnic.net.cn．
[42] [法]塔菲克·杰拉希，[德]艾布里特·恩德斯．电子商务战略——概念与案例[M]．李洪心，译．大连：东北财经大学出版社，2006．
[43] 张卓其，史明坤．网上支付与网上金融服务[M]．大连：东北财经大学出版社，2006．
[44] 郑吉昌．网络经济环境下企业经营模式与营销渠道变革[J]．北京工商大学学报，2003(1)．
[45] 田旭，马云，赵廷超．大话阿里巴巴[J]．电子商务世界，2005(7)．
[46] 王祺．中国O2O电子商务模式研究[J]．商场现代化，2014，05：52．
[47] [美]帕斯卡．观止——微软创建NT和未来的夺命狂奔[M]．张银奎，译．北京：机械工业出版社，2009．
[48] 李洪心．电子商务案例分析[M]．大连：东北财经大学出版社，2013．
[49] 吴小钧．计算机网络应用教程[M]．西安：西安电子科技大学出版社，2013．
[50] 严伟中．企业网Intranet的构建技术探析[J]．科技咨询导报，2007，4．
[51] 李洪心，刘继山．电子商务网站建设[M]．北京：机械工业出版社，2013．
[52] 赵春朋，金鑫．我国第四方物流发展问题与对策[J]．现代企业，2014，4：21-22．
[53] 于华．浅析我国第三方物流现状及存在的问题[J]．商场现代化，2014，3：92．
[54] 李芳芳．我国第四方物流现状及对策探析[J]．现代交际，2014，2：180-181．
[55] http://www.56zg.com．
[56] 国际知名企业：供应链管理——企业成功之道. http://www.enet.com.cn．
[57] 网络营销前沿．http://www.marketingman.net/index2.htm．
[58] http://www.ciotimes.com．
[59] http://tech.ifeng.com/．
[60] http://news.sina.com.cn/．
[61] http://www.youth.cn．

北京大学出版社本科电子商务与信息管理类教材(已出版)

序号	标准书号	书　名	主　编	定　价
1	7-301-12349-2	网络营销	谷宝华	30.00
2	7-301-12351-5	数据库技术及应用教程(SQL Server 版)	郭建校	34.00
3	7-301-17475-3	电子商务概论(第 2 版)	庞大莲	42.00
4	7-301-12348-5	管理信息系统	张彩虹	36.00
5	7-301-13633-1	电子商务概论	李洪心	30.00
6	7-301-12323-2	管理信息系统实用教程	李　松	35.00
7	7-301-14306-3	电子商务法	李　瑞	26.00
8	7-301-14313-1	数据仓库与数据挖掘	廖开际	28.00
9	7-301-12350-8	电子商务模拟与实验	喻光继	22.00
10	7-301-14455-8	ERP 原理与应用教程	温雅丽	34.00
11	7-301-14080-2	电子商务原理及应用	孙　睿	36.00
12	7-301-15212-6	管理信息系统理论与应用	吴　忠	30.00
13	7-301-15284-3	网络营销实务	李蔚田	42.00
14	7-301-15474-8	电子商务实务	仲　岩	28.00
15	7-301-15480-9	电子商务网站建设	臧良运	32.00
16	7-301-24930-7	网络金融与电子支付(第 2 版)	李蔚田	45.00
17	7-301-23803-5	网络营销(第 2 版)	王宏伟	36.00
18	7-301-16557-7	网络信息采集与编辑	范生万	24.00
19	7-301-16596-6	电子商务案例分析	曹彩杰	28.00
20	7-301-16717-5	电子商务概论	杨雪雁	32.00
21	7-301-05364-5	电子商务英语	覃　正	30.00
22	7-301-16911-7	网络支付与结算	徐　勇	34.00
23	7-301-17044-1	网上支付与安全	帅青红	32.00
24	7-301-16621-5	企业信息化实务	张志荣	42.00
25	7-301-17246-9	电子化国际贸易	李辉作	28.00
26	7-301-17671-9	商务智能与数据挖掘	张公让	38.00
27	7-301-19472-0	管理信息系统教程	赵天唯	42.00
28	7-301-15163-1	电子政务	原忠虎	38.00
29	7-301-19899-5	商务智能	汪　楠	40.00
30	7-301-19978-7	电子商务与现代企业管理	吴菊华	40.00
31	7-301-20098-8	电子商务物流管理	王小宁	42.00
32	7-301-20485-6	管理信息系统实用教程	周贺来	42.00
33	7-301-21044-4	电子商务概论	苗　森	28.00
34	7-301-21245-5	管理信息系统实务教程	魏厚清	34.00
35	7-301-22125-9	网络营销	程　虹	38.00
36	7-301-22122-8	电子证券与投资分析	张德存	38.00
37	7-301-22118-1	数字图书馆	奉国和	30.00
38	7-301-22350-5	电子商务安全	蔡志文	49.00
39	7-301-22121-1	电子商务法	郭　鹏	38.00
40	7-301-22393-2	ERP 沙盘模拟教程	周　菁	26.00
41	7-301-22779-4	移动商务理论与实践	柯　林	43.00
42	7-301-23071-8	电子商务项目教程	芦　阳	45.00
43	7-301-23735-9	ERP 原理及应用	朱宝慧	43.00
44	7-301-25277-2	电子商务理论与实务	谭玲玲	40.00
45	7-301-26122-4	电子商务概论(第 2 版)	李洪心	40.00

如您需要更多教学资源如电子课件、电子样章、习题答案等，请登录北京大学出版社第六事业部官网 www.pup6.cn 搜索下载。

如您需要浏览更多专业教材，请扫下面的二维码，关注北京大学出版社第六事业部官方微信（微信号：pup6book），随时查询专业教材、浏览教材目录、内容简介等信息，并可在线申请纸质样书用于教学。

感谢您使用我们的教材，欢迎您随时与我们联系，我们将及时做好全方位的服务。联系方式：010-62750667，dreamliu3742@163.com，pup_6@163.com，lihu80@163.com，欢迎来电来信。客户服务 QQ 号：1292552107，欢迎随时咨询。